라틴아메리카의 국제노동이주와 초국가적 공동체

이 저서는 2010년도 정부재원(교육과학기술부 학술연구조성사업비)으로
한국연구재단의 지원을 받아 연구되었음(NRF-2010-812-B00041)

라틴아메리카의 국제노동이주와 초국가적 공동체

주종택 지음

Contents

Part 1
서론

　이주(migration)는 사람들이 본래 살던 거주지를 떠나 다른 곳으로 이동하여 정착하는 것을 의미한다. 오늘날 많은 사람들이 다양한 목적으로 이주를 하면서, 보다 나은 사회경제적 혹은 정치적 기회를 얻기를 원한다. 물론 이주자들이 새로운 주거지에서 항상 자신들이 원하는 것을 쉽게 얻을 수 있는 것은 아니다. 이들은 때로는 적응과정에서 어려움을 겪을 수도 있고, 현지인들과 예상치 못한 갈등에 빠질 수도 있다. 그럼에도 불구하고 과거에 비해 이주자들이 크게 증가하면서, 이주자들의 문제가 매우 중요하게 되었다. 각종 대중매체에서도 이주자들에 관련된 뉴스들이 자주 등장하고 있다. 이렇듯 현대사회에서 이주는 간과해서는 안 될 사회현상이며, 많은 사람들이 관심을 갖는 주제이다. 특히 다른 지역과 비교해서 이주가 많이 발생하는 지역은 더욱 관심을 갖고 살펴볼 필요가 있다. 이런 관점에서 최근에 다른 국가로 이주자들을 많이 보내는 라틴아메리카 지역의 이주문제를 파헤치는 것은 현대사회에서 이주의 전반적인 실상을 이해하는 데 매우 유익할 것이다.

　역사적으로 사람들이 한 지역에서 다른 지역으로 옮기는 현상은 자주 있었다. 환경의 변화로 생활여건이 달라져서, 아니면 새로운 농경지를 찾아서, 혹은 전쟁이나 정치적 사건에 의해 어쩔 수 없이 이주를 하는 경우도 있었다. 그러나 산업사회가 발전하면서 경제구조의 차이로 인해 농촌지역에서 도시지역으로 이주를 하는 사람들의 수가 빠르게 늘어났다. 그러다가 현대사회에서 교통수단의 발달과 정보의 교환이 활발해지면서 국가의 경계를 넘어서는 국제노동이주가 크게 증가하고 있다. 이주의 원인은 매우 다양하지만 이것이 이주자를 보내는 지역의 사회경제적 불평등에 의해 발생하고, 또한 이주자들이 벌어들이는 소득은 이주자를 보내는 지역의 사회적 변화를 초래한다는 점에서 중요한 사회과정의 하나이다. 대부분의 지역에서 이주는 농촌에서 도시지역으로 향하는 것이 보편적이지만, 지리적 여건에 따라 국가와 국가 간의 이주가 더 중요하고 활성화된 곳도 있다. 오늘날의 국제노동이주는 과거의 이주와는 다르게 매우 광범위하게 확산되고 있으며, 이전에는 볼 수 없었던 다양한 문제를 야기하고 있다. 이런 점에서 현대사회는 이주의 시대(Age of Migration)라고 부를 수 있다.

이주의 시대의 주요한 특징을 살펴보면 다음과 같다(Miller, 2009: 22∼23). 첫째, 이주의 세계화로, 갈수록 점점 더 많은 국가들이 이주의 영향을 받고 있다. 또한 이주자들의 수가 증가하면서 이주자들의 경제적, 사회문화적 배경도 더욱 다양해지고 있다. 둘째, 이주의 속도가 빨라지고 있어서, 현재 거의 모든 지역에서 이주자의 국제적인 이동이 급격하게 증가하고 있다. 셋째, 이주의 분화가 일어나서, 지금은 과거처럼 한두 가지의 이주유형에 국한되는 것이 아니다. 현재 노동이주 이외에 난민이나 영구정착 등 여러 형태의 이주가 동시에 진행된다. 넷째, 이주의 여성화로, 초기에는 이주자들이 대부분 남성이었으나 이제는 여성들도 이주대열에 적극적으로 참여한다. 특히 1960년대 이후에 여성들이 노동이주에 많이 가담하고 있다. 다섯째, 이주의 정치화로, 국제이주의 증가는 필연적으로 전 세계에 걸쳐서 국내 정치, 양국 간 혹은 지역 내의 관계, 국가안보 등의 문제에 영향을 미친다. 그래서 이주자를 보내는 국가와 받는 국가, 그리고 이주자들이 통과하는 국가들 사이에 서로 협력하여 이주정책을 결정하는 것이 요구된다. 여섯째, 이주의 변화로, 전에는 이주자를 내보내는 사회가 이제는 이주자를 받아들이는 사회로 바뀌는 경우도 있다.

이주의 시대를 맞이하여 현대사회에서 이주가 보편적으로 전 세계에서 발생하고 있지만, 그렇다고 해서 모든 지역에서 동일한 형태로 이주가 발생하는 것은 아니다. 지역에 따라 다양한 원인으로 이주가 발생하고, 이주의 방식과 과정, 이주의 영향과 결과도 각 사회의 주어진 조건에 따라 상이하게 나타난다. 통상적으로 국제이주에 많은 영향을 미치는 요소로 공통의 언어, 거리, 소득 등이 포함된다(Parsons et al., 2007: 40~44). 먼저, 아무래도 다른 국가로 이주를 원하는 사람들은 언어의 불편이 없는 지역이 이주의 장소로 가장 좋다고 생각할 것이다. 경우에 따라서는 이주자를 보내는 사회와 이주자를 수용하는 사회의 언어가 달라도, 이주자의 최종 목적지에 동일한 언어를 사용하는 사람들이 이미 많이 존재하면, 언어의 문제는 큰 변수가 되지 않을 수도 있다. 이런 현상은 이주가 오랜 기간에 걸쳐서 대대적으로 발생한 곳에서 나타난다. 다음으로 국제노동이주를 하려면 당연히 거리가 가까운 국가를 이주자들이 선호할 것이다. 이주를 하는 과정에서 위험부담도 적고 비용도 훨씬 적게 들기 때문이다. 또 이주노동자로 일을 하는 중간에 수시로 자신의 고향을 방문할 수 있어서 가족과의 유대관계도 유지할 수 있고, 필요하면 다양한 도움을 받을 수도 있다. 소득은 이주를 한 사회의 경제적 사정과 관련이 있다. 오늘날에는 국제노동이주를 하는 이유가 대부분 경제적 이익을 얻기 위한 것이기 때문에, 이주를 하려는 국가가 어떤 형태의 일자리를 제공할 수 있느냐가 이주를 결정하는 데에 중요한 역할을 한다.

이런 사실을 고려하면 라틴아메리카의 국제노동이주가 다른 지역에 비해 왜 광범위하게 발생하는지를 어렵지 않게 이해할 수 있다. 20세기 말에 라틴아메리카는 정치적 부패와 잘못된 경제정책으로 인해 주기적으로 경제위기를 경험했고, 이에 따라 빈부격차의 확대와 더불어 빈곤층이 급격히 증가했다. 한편 높은 실업률로 인해서 생활에 도움이 되는 적절한 일자리를 찾기가 매우 곤란한 상황에 놓여 있다. 이런 실정에서 경제적으로 여유가 있는 미국이 라틴아메리카에서 비교적 가까운 곳에 위치해 있어서, 많은 라틴아메리카의 이주노동자들이 미국으로 가려고 한다. 게다가 이미 미국에는 스페인어를 사용하는 사람들이 많이 살고 있어서, 라틴아메리카 사람들의 입장에서는 언어나 문화충격의 문제도 별로 심하지 않다. 이런 관점에서 라틴아메리카에서 미국으로의 국제노동이주의 원인과 배경, 현황과 과제, 영향과 결과를 체계적으로 분석하여, 이 지역의 국제노동이주의 특징이 다른 지역과는 어떤 차이나 유사한 점이 있는지를 알아볼 필요가 있다.

라틴아메리카에서 미국이나 다른 국가로 이주하려는 사람이 많아지면서 다양한 문제가 발생하고 있다. 이주자를 보내는 과정에서 문제가 생기기도 하지만, 이주자들이 이주를 한 다음에 생활을 하면서 이주자를 보내는 국가와 이주자를 받는 국가에 광범위한 영향을 미치기도 한다. 물론 이주자들이 원래 살던 지역으로 돌아온 다음에도 이주와 이주자들의 영향은 계속된다. 이렇게 라틴아메리카에서 이주와 이주자의 문제가 심각해지면서, 사회에서 이주를 둘러싼 많은 논란이 제기되기도 한다. 이주에 관한 문제를 해결하기 위해서는 이주에 관한 정확한 정보를 수집해서 체계적인 분석을 할 필요가 있다.

Part 2
라틴아메리카의
국제노동이주

1. 국제노동이주의 역사와 변화

현대사회에서 국제노동이주가 지속적으로 확산되면서, 각 국가마다 노동이주의 사회경제적, 문화적, 정치적 영향과 결과가 더욱 중요해지고 있다. 세계은행의 조사에 의하면 2006년에 전 세계 인구의 약 3%인 1억 8,000만 명이 자신들이 태어난 국가를 떠나서 다른 나라에서 거주하고 있다(Özden and Schiff, 2007: 1). 그만큼 많은 사람들이 이주에 관심을 갖고, 실제로 이주에 참여하고 있다는 것을 보여준다. 물론 다른 나라로 이주를 하는 사람 중에는 교육 등 다른 목적으로 가는 사람도 없지 않다. 그렇지만 대부분의 사람들은 보다 나은 경제적 기회를 찾아서 떠난다는 사실을 고려하면, 이주노동자의 수는 상당히 많다고 할 수 있다. 이렇게 이주노동자의 수가 증가하면서 사회에서 이들이 치지하는 역할과 기능이 커지지만, 실제로 각 지역이나 국가마다 정확한 이주노동자의 수를 파악하는 것은 매우 어려운 일이다(Özden and Schiff, 2007: 4). 이렇게 된 이유는 먼저 상당수의 사람들이 적법한 절차를 거치지 않고 국경을 넘는 불법 이주노동자(undocumented migrant workers)라는 사실이다. 이주노동자에게 정보를 제공해주거나 국경을 넘는 교통편을 알선하여 경제적 이익을 추구하는 사람들이 증가하면서, 불법 이주노동자의 수는 꾸준하게 늘어난다. 이런 까닭에 국제노동이주의 현황을 정확하게 파악하기는 거의 불가능하다. 그다음으로 일부의 국가들이 이주자에 대한 정확한 정보나 자료를 수집하고 공개하기를 꺼린다는 것이다. 이주자들의 어려운 생활과 이들에 대한 인권침해 등 여러 가지 논란이 있기 때문에, 이들의 수를 정확하게 알리는 것을 원하지 않는 국가들도 있다. 한편 이주자들은 일정한 장소에만 머물러 있는 것이 아니라, 다른 지역 혹은 다른 국가로 거주지를 옮기는 등 항상 변화가 심하기 때문에, 사실상 정확한 이주자의 수를 알아낸다는 것은 대단히 어려운 일이다. 따라서 많은 국가들이 이주노동자에 대한 정확한 정보를 갖지 못하는 경우가 흔하다. 마지막으로 어떤 사람을 이주자로 규정할 것인지에 대한 논란도 존재한다. 국경을 넘나드는 사람들이 수시로 거주지를 옮기고 동시에 특정한 국가에 들어온 사람이 나중에 체류자격이나 목적을 바꾸면서, 일정한 기준에 따라 이주자를 명확하게 정의하기가 곤란한 경우가 적지 않다. 예를 들면 관광이나 교육을 목적으로 입국한 사람들이 실제로는 이주노동자가 되기도 한다. 한편으로는 이주자에 관해 국가마다 상이한 용어나 법적 기준을 사용하면서 국가 간의 비교가 어렵게 되기도 한다. 그럼에도 불구하고 현대사회에서 국제노동이주가 차지하는 비중이 워낙 크기 때문에 이주의 원인과 과정, 배경, 영향 및 결과를 예측하고 이해하려는 노력은 지속적으로 이루어지고 있다.

국제노동이주의 형태와 규모, 목적, 방법, 시기 등이 역사적으로 많은 변화를 거치면서, 이런 현상을 이해하기 위한 이론적 접근도 여러 가지가 등장했다(Massey et al., 2006: 36~54). 첫째, 신고전주의 경제학에서는 거시적으로 국제노동이주가 노동의 수요와 공급이 지리적으로 차이가 발생하면서 나타난다고 본다. 한편 미시적인 측면에서는 각 개인이 합리적으로 비용편익 분석을 해서 이주를 결정한다는 것이다. 신고전주의 이론은 개인이 예상되는 소득을 극대화하는 문제에 초점을 맞추고 있으며, 시장이 완전하고 제대로 기능을 한다는 가정을 하고 있다. 물론 경제적 관점에서 두 국가 사이에 임금과 노동조건의 차이가 있으면 이주자들이 발생할 가능성이 크지만, 그렇다고 해서 유사한 조건에 놓인 모든 사람들이 이주를 결정할 수 있는 것은 아니다. 때로는 종교나 관습, 역사와 문화, 노동환경 등 비경제적 요소가 이주에 중요한 영향을 미치기도 한다.

둘째, 신이주경제학(the new economics of migration)에서는 이주가 단순히 개인적 결정이 아니라, 가족과 친족집단, 지역사회 등 많은 사람들의 집단적인 결정에 의해 이루어지는 것이라고 이해한다. 이런 과정에 관여된 사람들은 집단적으로 힘을 합쳐서 행동하기 때문에 예상되는 소득을 극대화할 수 있을 뿐 아니라 위험을 최소화하려는 노력도 병행한다. 보다 구체적인 내용을 살펴보면, 먼저 분석의 단위가 개인을 넘어서 보다 큰 집단이라는 것을 알 수 있다. 또 가구의 입장에서는 두 국가 간에 임금차이가 별로 없는 경우에도 위험을 분산시킨다는 차원에서 일부의 가구원을 국제노동이주에 참여시키기도 한다. 결과적으로 가구원들이 나뉘어서 다른 지역이나 국가에서 각각 경제활동을 하면 위험부담을 줄일 수 있고, 예상하지 못했던 일이 발생해도 용이하게 대처할 수 있다. 물론 원래의 거주지의 경제적 상황이 악화되거나 어려워지면 더욱 많은 사람들이 이주를 선택한다. 신이주경제학의 가장 중요한 장점은 이주와 송금의 관계를 잘 파악하고 있으며, 이주를 보다 넓은 사회의 입장에서 관찰한다는 것이다. 그러나 구체적으로 어떤 사람이 어떤 방식으로 이주를 결정하는지를 설명하기 어렵고, 또 경우에 따라서 개인의 선택이 이주에 중요한 역할을 한다는 점을 소홀히 할 수도 있다.

셋째, 이중노동시장 이론(dual labor market theory)에서는 선진국의 경제구조가 본질적으로 이주노동자들을 계속해서 요구하기 때문에 국제노동이주가 발생한다고 본다. 즉, 산업이 발전한 국가의 고용주들이 값싼 노동력을 필요로 하기 때문에 다른 나라로부터 이주노동자들을 받아들여야 한다는 것이다. 다시 말해 단순히 임금의 차이로 이주가 일어나는 것이 아니라, 임금수준이 낮은 노동시장에서 더욱 저렴한 다른 국가에서 온 이주자들의 노동력을 원한다는 사실에 주목한다. 그러나 모든 이주노동자들이 임금수준이 낮은 일거리를 찾는 것은 아니다. 이주하려는 국가의 임금수준이 지나치게 낮으면, 다른 국가로부터의 이주자는 줄어들 것이다. 더욱이 분절된 노동시장을 경험적으로 입증하는 것도 쉽지 않은 과제이다.

넷째, 세계체제론(world systems theory)은 자본주의 경제체제가 주변부나 아직 자본주의가 발전되지 못한 사회에 침투하면서 불균형 발전이 일어나고 경제구조가 왜곡되어, 해외로 노동이주를 떠나야 하는 사람들을 만들어낸다고 이해한다. 이런 관점에서는 자본제적 발전과정에서 경제구조가 해체되거나 극심한 변화를 겪으면서 일거리가 필요한 임금노동자가 발생하고, 이들이 경제적 기회를 찾아서 국제노동이주를 선택한다는 것이다. 그러나 노동이주가 자본주의가 충분하게 발전되지 못한 사회에서만 나타나는 것은 아니고, 자본주의가 발전된 사회끼리 이주노동자를 주고받는 경우도 존재한다.

다섯째, 네트워크 이론(network theory)은 이주노동자들과 과거에 이주노동을 경험했던 사람들, 그리고 아직 이주를 하지 않은 사람들이 대인관계를 위해 형성한 네트워크에 관심을 둔다. 이주자와 이주자를 보낸 사회에 속한 사람들은 친족관계, 우정, 그리고 공동체의 관계에 기반을 둔 네트워크를 발전시켜서 주요한 정보와 재화를 공유한다. 이렇게 함으로써 이주에 드는 비용과 위험을 줄일 수 있고, 이주의 결과로 얻어지는 경제적 이익도 상승시킬 수 있다. 결국 네트워크는 이주에 있어서 하나의 사회적 자본의 역할을 한다. 네트워크가 점점 더 커지면, 이주에 드는 비용과 위험이 현저하게 줄어들고 많은 사람들이 이주에 참여하게 되어 이주의 선택성(selectivity)[1]이 감소하게 된다. 네트워크 이론은 이주가 어

---

1) 한 지역에서 특정한 집단(연령이나 성, 교육수준, 경제적 계층 등)에 속한 사람들이 이주를 많이 하는 경우에 이주의 선택성이 높다고 말한다.

느 정도 활성화된 다음에 이주자들과 이주자를 보내는 사회의 역동적 관계를 잘 설명할 수 있지만, 이주자의 수가 많지 않아 네트워크가 제대로 형성되지 않거나, 이주가 아직 초기의 단계에 머무는 사회의 이주과정을 설명하기는 용이하지 않다.

여섯째, 제도화 이론(institutional theory)에서는 이주가 어느 정도 활성화되면 이주노동자들이 많아지면서 이들의 욕구를 충족시켜줄 다양한 사적 기구나 자발적 조직이 발생하는 것을 강조한다. 실제로 이주노동자들이 선호하는 국가에서는 이주를 통제하기 위한 다양한 정책을 실시하기 때문에, 이를 극복하거나 벗어나기 위해서 이주자들은 여러 형태의 조직이나 개인을 접촉해서 도움을 받을 수밖에 없다. 이런 까닭에 전 세계적으로 이주노동자들에게 이주과정에서 여러 가지 편의를 제공하고 경제적 이익을 얻는 합법 혹은 불법행위를 하는 사람들이 많다. 시간이 흐를수록 이런 활동에 참여하는 조직이나 개인은 수가 늘어나고 체계적인 틀을 잡아나간다. 이런 것들이 이주를 희망하는 사람들에게 널리 알려지고 이주자들이 해외의 노동시장에 보다 용이하게 접근하는 데 도움을 주기 때문에 또 다른 사회적 자본의 역할을 한다. 노동이주를 돕는 조직이 제도화되면서 국제노동이주는 더욱 촉진되고 과거에 존재했던 이주의 제약조건이 완화되는 효과를 거두게 된다. 제도화 이론도 네트워크 이론과 마찬가지로, 이주가 이제 막 시작된 사회에서는 그다지 효용성이 없다.

국제노동이주 현상을 분석하고 이해하려는 다양한 이론적 접근이 이루어지고 있지만, 어느 특정한 이론이 이주의 모든 문제를 설명할 수 있는 것은 아니다. 이주는 일정한 조건이 갖추어진 장소에서 기계적으로 발생하는 것이 아니라, 개인과 사회의 선택, 사회경제적 상황 등 다양한 요인에 의해 영향을 받기 때문이다. 특히 이주의 원인을 설명하는 데 있어서 여러 가지 변수들을 함께 고려할 필요가 있다. 또 이주가 한번 발생하기 시작하면 여러 요인이 서로 복합적으로 작용하여 또 다른 형태의 이주를 촉진시킨다. 이런 의미에서 뮈르달(Myrdal)이 제기한 '누적적 인과관계'(cumulative causation)의 관점에서 이주를 설명할 필요가 있다(Massey et al., 2006: 46~49). 이에 따르면, 통상적으로 농촌사회에서 이주는 소득분배, 토지분배, 농업조직, 문화, 인적 자본의 지역적 분포, 그리고 노동의 사회적 의미의 영향을 받고 이런 요소들과 관계를 갖는다. 여기서는 아직도 대부분의 이주노동자들이 농촌지역에서 온다는 것을 고려하여, 농업사회의 특징과 구조에 초점을 맞추고 있다. 구체적인 내용을 살펴보면, 먼저 소득의 분배가 공정하지 않아서 각 개인이나 가구가 상대적 박탈감을 느낄 때 사람들이 이주를 하려는 욕구를 많이 갖는다. 토지의 경우에도 분배가 공평하게 일어나지 않거나, 다른 나라에서 일을 하는 이주노동자들이 농업생산보다는 자신들의 미래의 자산 가치를 위해 고향의 토지를 구입하는 사례가 많으면, 농업노동에 종사하는 노동력이 많이 필요하지 않게 되어 이주를 하려는 사람들이 생긴다. 이주노동자가 있는 농촌가구에서는 노동력의 사용을 줄이기 위해 이주자가 없는 가구보다 자본을 많이 투자하여 농기계 등을 구입하여 농사를 짓는다. 이렇게 되면 농업노동력을 적게 사용하게 되어 농촌지역에서 일거리를 찾지 못한 사람들이 이주를 할 수밖에 없다. 즉, 이주가 활성화되면 농업의 자본제적 발전이 촉진되고, 이렇게 되면 더욱 많은 사람들이 토지에서 이탈하여 이주의 길로 들어서게 된다는 것이다. 이런 과정이 심화되면 마침내 '이주의 문화'(the culture of migration)가 자리를 잡으면서 사람들의 가치관과 문화적 인식론을 변화시키고, 더욱 빈번한 이주를 유도한다. 특히 발전된 산업사회의 경제를 경험한 이주노동자들은 새로운 동기를 부여받고 새로운 문화적 성향을 수용하게 되어, 다른 사회의 소비문화나 생활양식을 쉽게 받아들인다. 결과적으로 이주는 사회에서 하나의 통과의례가 되어간다. 이와 함께 다른 국가로의 이주가 지속되면 이주자를 보내는 사회의 인적 자본이 상당히 줄어든다. 예를 들면 특정한 농촌지역의 교육수준을 향상시키면, 더욱 많은 사람들이 도시나 다른 국가로 이주를 하려고 노력한다. 한편 이주자를 받아들이는 사회에서는 노동이 주자들이 특정한 직업에 몰리면서 이런 일자리가 '이주자들을 위한 일자리'로 문화적으로 인식되고, 원래 그 지역에 살던 사람들은 그런 일자리를 기피한다. 이렇게 해서 이주노동자들을 위한 노동시장이 만들어져서 사회적 차별이 발생한다.

뮈르달의 분석은 어느 정도 타당성을 갖고 있고, 농촌지역의 이주노동자들의 실정을 설명하는 데 유리하다. 그렇지만 실제로 국제노동이주자들과 이주자를 보내는 사회, 그리고 이주자들을 맞이하는 사회의 입장에서 이주 배경과 과정, 영향 및 결과를 단순한 논리로 이해할 수는 없다. 이것은 이주자의 특징과 이주자를 보내거나 받아들이는 사회의 구조, 그리고 이주를 하는 시기, 방법, 이주에 관련된 법률과 제도 등 다양한 요소에 의해 영향을 받을 수밖에 없기 때문이다. 따라서 국제노동이주를 체계적으로 이해하기 위해 복합적인 인과관계를 함께 고려하는 포괄적인 입장을 취하는 것이 바람직하다(Massey et al., 2006: 50).

지금까지의 대부분의 국제노동이주에 관한 연구는 거시적인 경제적 관점에서 사회의 역사적, 구조적 측면을 분석하였다. 특히 노동시장과 노동에 대한 수요가 주요한 관심사였다(Trager, 2005: 13). 그러나 단순히 두 국가 간에 임금 등 경제적 격차가 존재한다고 해서 무조건적으로 이주가 발생하는 것은 아니다. 이주자들은 경제적 요인 이외에 가족이나 친족 혹은 자신이 속한 집단과의 사회문화적 관계, 정치적 문제, 국경을 건너는 데에 필요한 사회적 자본, 정보의 획득과 이용, 언어나 문화적 차이, 지리적 위치 등 다양한 요소들을 고려하여 최종적으로 이주의 장소와 시기, 방법을 구체적으로 결정한다. 이런 맥락에서 이주자와 이주자를 보내는 사회 그리고 이주자를 받는 사회를 포괄하는 다양한 관점에서 이주 현상을 분석할 필요가 있다. 또한 이주를 하는 원인이나 유형뿐 아니라 이주자가 이주를 한 다음에 새로운 사회에서 어떤 정체성을 갖고 이주자를 수용하는 사회와 관계를 형성하는지도 파악할 필요가 있다. 마지막으로 이주자들이 만드는 초국가적 공동체와 이것이 이주자를 보내는 사회와 어떻게 연결되어 있는지를 검토하는 것도 매우 유익하다.

2. 라틴아메리카의 국제노동이주

라틴아메리카는 20세기 초반까지만 해도 다른 국가로부터 이주노동자들을 받아들이는 사회였다.[2] 그러나 20세기 후반이 되면서 상황이 바뀌어, 현재 라틴아메리카는 전 세계에서 국제노동이주자를 가장 많이 내보내는 지역이다. 특히 지난 30~40년 동안 이주자의 수가 상당히 늘어났다(Clark et al., 2004: 1871). 라틴아메리카에서 다른 국가로 이주하는 사람들 중에는 농촌지역에서 오는 사람들이 많다. 물론 도시지역 사람들도 다른 국가로 이주를 하지만 농촌지역 사람들이 이주를 더 많이 한다. 다른 국가의 농촌지역과 마찬가지로 라틴아메리카 농촌사회의 빈곤은 현재까지도 해결되지 않는 심각한 문제이다. 도시와 농촌의 경제적 격차는 갈수록 커지고, 경제발전에 따른 성과의 분배도 도시지역에 편중되어 있다. 게다가 농업을 위한 정부의 재정지원이 상대적으로 미약해서 농업

2) 식민시대가 시작되면서 16세기부터 스페인과 포르투갈 사람들이 이 지역으로 많이 유입되었다. 17~18세기에 이르러서는 카리브지역이 영국, 프랑스, 네덜란드의 식민지가 되면서 식민통치를 위해 이들 국가에서 유럽인들이 새로 들어왔고, 19세기에 들어서는 이탈리아, 독일, 동유럽, 중동 사람들이 라틴아메리카로 이주했다. 대표적으로 브라질과 칠레에 독일인들이 많이 이주하였고, 카리브지역에는 시리아인과 레바논인이 들어왔다. 20세기에는 유럽인과 더불어 유대인과 아시아인들이 이주해왔다. 20세기 초에는 약 20만 명의 일본인들이 브라질로 건너갔고, 3만 명은 페루로 향했다. 중국인들은 19세기에 30만 명이 계약 노동자로 라틴아메리카를 찾았는데, 그중에서 14만 명이 쿠바로 그리고 10만 명은 페루로 일거리를 찾아서 갔다. 특히 중국인들이 계약노동자로 어려운 생활을 영위하면서 많은 사회적 차별을 받았고 일부 지역에서는 추방되기도 하였다. 한국인들은 1905년에 1,033명의 사람들이 멕시코의 유카탄 반도에 에네켄(henequen) 농장의 노동자로 최초로 이주를 하였는데, 그 후 본격적인 이주는 1963년 브라질로 103명이 농업이민을 하면서 시작되었다고 하겠다. 2010년 현재 라틴아메리카에는 약 11만 명의 한국인이 거주하고 있는데, 주로 브라질, 멕시코, 아르헨티나, 과테말라, 파라과이에 대부분 거주하고 있다.

생산규모를 늘이거나 새로운 영농기술을 받아들이기는 어려운 형편이다. 이런 상태에서 가뭄이나 홍수 등 자연재해나 외적인 요인에 의한 피해를 입으면 영세농가로서는 엄청난 타격을 입게 된다.

역사적으로 형성된 불균등한 토지분배와 불합리한 토지제도는 가난한 농민들의 생활을 한층 어렵게 만든다. 멕시코를 비롯해 많은 지역에서 경작지가 부족하여 영세한 토지규모에 많은 노동력이 매달리는 실정이다. 또한 그나마 토지도 그다지 비옥하지 않은 한계지가 많아서 농업에서 획득하는 소득이 가구를 유지하기에 충분하지 않다. 특히 관개시설이 되어 있지 않은 토지에서 낮은 기술력과 열악한 농기구를 사용해서 농업에 종사하기 때문에 농업의 생산성은 지극히 낮다. 농촌산업도 그다지 발전하지 못해서 농촌지역에서 농업 이외에 다른 직업을 찾기도 매우 곤란하다(Wilson, 2002: 170). 이런 상태에서 농민들은 농업 외의 소득을 얻는 수단에 더 많은 신경을 쓸 수밖에 없고, 그중의 하나가 국제노동이주이다. 이런 상황에서 가난한 농민들은 부족한 가구의 소득을 보충하기 위해 다른 국가로의 국제노동이주를 선호한다.

어려운 여건 속에서 주기적으로 반복되는 라틴아메리카의 경제위기는 농촌 사람들에게도 상당한 부담을 주었다. 이런 경제적 위기는 여러 라틴아메리카 국가에서 새로운 일은 아니다. 예를 들어 '잃어버린 10년'이라고 불리는 1980년대의 경제위기는 농촌의 사회경제적 구조에 심각한 변화를 초래했다. 해외로의 이주 형태에도 엄청난 영향을 미쳐서 광범위한 지역에서 이주자들이 발생했고, 농촌지역뿐만 아니라 도시지역의 사람들도 이주대열에 합류했으며 이주를 하는 원주민의 수도 크게 증가했다(Gledhill, 1998: 282). 따라서 경제위기의 도래는 농촌사회의 변화와 더불어 이주의 증가를 초래할 것이다. 이렇게 어려운 농촌의 경제적 현실과 주기적으로 반복되는 경제적 위기 때문에 많은 농민들은 생계를 외부사회에 의존할 수밖에 없다. 그중에서 미국이나 다른 국가로의 국제노동이주가 차지하는 비중은 매우 높다. 이주자를 보내는 사회의 입장에서 이주는 중요한 사회과정의 하나이다. 라틴아메리카 농촌지역에서 발생하는 국제노동이주의 특징은 소득수준이 높고 경제적 기회가 많은 미국과 국경을 가까이하고 있기 때문에, 적은 비용과 짧은 시간에 미국으로 용이하게 넘어갈 수 있다는 것이다. 특히 미국과 긴 국경을 공유하는 멕시코의 입장에서는 이런 장점이 더욱 두드러진다. 미국으로의 이주가 다른 도시로 이주하는 것에 비해 시간이 조금 더 걸리고 약간 위험하기는 하지만, 일거리를 구하기가 상대적으로 용이하고 임금수준이 높기 때문에, 많은 가난한 농민들이 미국으로의 노동이주를 선호한다. 한 예로 미국과 멕시코 국내의 임금을 비교해보면 이런 경제적 격차가 확연하게 드러난다. 멕시코 오아하카(Oaxaca) 주의 믹스테카 바하(Mixteca Baja)의 산 미겔 틀라코테펙(San Miguel Tlacotepec) 마을의 경우를 보면, 이 마을에서는 일주일에 평균 55달러에 해당하는 급료를 받는다. 그러나 이 마을 출신으로 미국의 캘리포니아의 비스타(Vista)에서 일하는 이주자는 한 주에 508달러를 벌고, 수도인 멕시코시티로 이주해서 일을 하는 사람들은 150달러를 받는다(Appleby et al., 2009: 73; Cota-Cabrera et al., 2009: 27). 특히 자영업자의 임금을 비교해보면 미국과 멕시코의 차이는 더욱 커진다. 다른 조사의 결과를 참고하면, 미국으로 이주해서 자영업에 종사하는 사람들은 멕시코 농촌마을에서 자영업을 할 때와 비교해서 15배의 소득을 더 올린다고 한다(Erickson et al., 2009: 241). 즉, 국제노동이주를 선택함으로써 예상되는 소득이 현재 살고 있는 지역에서 벌 수 있는 소득에 비해 훨씬 많아서, 라틴아메리카 농촌경제의 악화로 더욱더 많은 사람들이 이주하는 문화적 현상을 낳는다(Arizpe 1981: 92; Cohen 2004; Reichert 1981: 64; Wiest 1973: 199). 이런 의미에서 라틴아메리카에서 미국으로의 노동이주는 거의 일상화되어 하나의 문화적 특징이 되었다.

<표 1> 라틴아메리카 국가별 해외이주자 수와 비율, 2000년도(단위: 천 명, %)

국가별	총인구	이주자의 수	이주자의 비율
라틴아메리카 전체	523,463	21,381	4.1
아르헨티나	36,784	507	1.4
볼리비아	8,428	346	4.1
브라질	174,719	730	0.4
칠레	15,398	453	2.9
콜롬비아	42,321	1,441	3.4
코스타리카	3,925	86	2.2
쿠바	11,199	973	8.7
도미니카공화국	8,396	782	9.3
에콰도르	12,299	585	4.8
엘살바도르	6,276	911	14.5
과테말라	11,225	532	4.7
아이티	8,357	534	6.4
온두라스	6,485	304	4.7
멕시코	98,881	9,277	9.4
니카라과	4,957	477	9.6
파나마	2,948	124	4.2
파라과이	5,496	368	6.7
페루	25,939	634	2.4
우루과이	3,337	278	8.3
베네수엘라	24,311	207	0.9
바베이도스	267	68	25.5
벨리즈	240	43	17.9
그레나다	81	56	69.1
가이아나	759	311	41.0
자메이카	2,580	680	26.4
네덜란드령 앤틸리스	215	118	54.9
수리남	425	186	43.8

자료: CEPAL, 2006: 28

<표 1>을 보면 2000년 현재 라틴아메리카 각 국가들이 많은 이주자들을 다른 국가로 보내고 있다는 사실을 알 수 있다. 전체 인구 5억 2,346만 명 중에 이주자가 2,138만 명으로서 4.1%가 이주자임을 알 수

있다. 이주자를 가장 많이 보내는 국가는 멕시코로서 총인구 9,888만 명 중에 이주자가 928만 명으로 9.4%를 점유한다. 다음으로는 남미의 콜롬비아가 총인구 4,232만 명 중에 이주자가 144만 명으로 3.4%로 나타난다. 그렇지만 멕시코와는 큰 차이가 난다. 세 번째로 쿠바는 총인구 1,120만 명 중에 97만 명이 이주자로 8.7%에 해당한다. 다음으로 중미의 엘살바도르, 과테말라, 그리고 남미의 아르헨티나, 브라질, 에콰도르, 페루, 그리고 카리브의 도미니카공화국, 아이티, 자메이카 등의 이주자의 수가 많다. 총인구 중에 이주자의 비율이 높은 국가는 비교적 인구가 적은 카리브지역에 분포되어 있다. 구체적으로 카리브지역에서 이주자의 비율이 높은 국가를 보면, 그레나다 69.1%, 네덜란드령 앤틸리스 54.9%, 수리남 43.8%, 가이아나 41.0%, 자메이카 26.4%로서 전체 인구의 1/4 이상이 이주자라는 사실을 확인할 수 있다. 중미국가들도 대체로 이주자의 비율이 높은 편인데, 대략 전체 인구의 8~15%가 이주자이다.

라틴아메리카에서 해외로 이주한 사람들의 절반 이상은 1990년대에 떠났다(CEPAL, 2006: 29). 이들이 선택한 이주지를 보면 거의 대부분이 미국이었다. 라틴아메리카 이주자의 약 88%가 미국을 향하고 있다(Clark et al., 2004: 1878). 물론 미국 이외에 다른 지역으로도 이주를 했지만 그 수는 많지 않다. 미국 이외의 지역으로의 이주자를 보면, 1990년부터 2005년까지 스페인을 비롯한 유럽과 캐나다, 일본으로 이주자들이 많이 떠났다. 2000년도에 라틴아메리카에서 유럽으로의 이주자의 수는 1,255,468명이었는데, 이들이 향한 주요한 이주국가를 보면 영국(500,000명), 스페인(283,778명), 네덜란드(157,745명), 이탈리아(116,084명), 독일(87,614명)의 순이다. 유럽 이외에 호주(74,649명), 캐나다(553,220명), 이스라엘(78,259명), 일본(284,691명)도 라틴아메리카 이주자들이 많다. 라틴아메리카에서 유럽으로 건너온 이주자들은 출신지역별로 특정한 국가에 몰려 사는 특징이 있다. 예를 들면 카리브지역 사람들은 네덜란드와 영국에 많고,

남미 사람들은 이탈리아, 프랑스, 그리고 포르투갈에 많다. 유럽이 아닌 지역에서는 호주와 이스라엘에 칠레와 아르헨티나에서 온 이주자들이 많이 거주한다. 약 300만 명의 라틴아메리카 이주자들이 미국을 제외한 다른 지역에서 살고 있다.

라틴아메리카에서 다른 국가로 이주하는 사람들은 대부분 경제적 이유로 떠나기 때문에, 어떤 국가에서 이주를 많이 하는지는 그 국가의 경제적 상황에 크게 영향을 받는다. 예를 들어 1980년대 이후에 경제성장률이 낮아지거나 경제적 상황이 안정적이지 못한 엘살바도르, 과테말라, 온두라스, 멕시코, 니카라과 같은 북중미의 국가들이 이주자를 많이 내보내고 있다. 반면에 경제성장이 어느 정도 이루어지고 있거나 경제구조가 안정된 국가에서는 이주자의 수가 크게 증가하지 않고 있다. 대표적으로 벨리즈, 코스타리카, 파나마가 이에 속한다(Díaz González, 2009: 86). 전반적으로 지난 20여 년 동안 멕시코와 중미에서 미국으로의 이주가 급격하게 늘어났다. 이 지역의 경제위기, 내전, 그리고 무역자유화와 경제개방을 위한 구조조정으로 노동력을 충분히 활용하지 못하는 상태에서 사람들이 이주를 결정하였다(Díaz González, 2009: 97). 엘살바도르는 인구는 많지 않지만 국제노동이주를 한 사람들의 수와 비율은 대단히 높다. 중미에서도 엘살바도르의 해외이주 역사는 꽤 오래되었다. 1970년대부터 미국이나 주변국가로의 이주가 꾸준하게 지속되었다. 특히 내전이 오래 지속되면서 전쟁으로 인한 피해자가 속출하여 많은 사람들이 사회적, 정치적 불안을 피해 다른 국가로 떠났다. 특히 산 미겔(San Miguel), 모라산(Morazán), 라 우니온(La Union) 등 정치적 갈등이 심각했던 동부 지역에서 이주자가 많았다. 1979년에서 1989년 사이에 전체 인구의 15%가 내전 등의 정치적 이유로 이주했다. 2000년의 미국 인구센서스에 따르면 81만 7천 명의 엘살바도르인이 미국에 거주하고 있는데, 그중에 60%는 1990년 이전에 들어왔다고 한다(Acosta, 2007: 144). 1990년대에 내전이

종식되고 엘살바도르에도 평화가 찾아왔지만, 그 후에도 이주는 멈추지
않고 계속되었다.

　중미의 과테말라도 총인구에 비하면 많은 이주자를 다른 국가로 보내
고 있다. 멕시코와 마찬가지로 거의 모든 이주자들이 미국을 목적지로
하고 있다. 1980년대 말부터 커피가격이 폭락하면서 농촌지역 사람들이
많이 이주하였다. 과테말라에서는 이주자들이 먼저 과테말라와 멕시코
사이의 국경을 한 번 넘고, 다음에 미국-멕시코의 국경을 다시 넘어야
하기 때문에, 미국으로 가는 것이 멕시코인들에 비해 위험하기도 하고
비용도 조금 더 든다. 그러나 커피가격의 변동이 극심해지면서 커피를
재배하던 많은 농민들이 부채에 허덕이게 되었고, 부채의 규모가 커지자
이를 해결하기 위해 이주를 선택했다(Reichman, 2011: 548~550). 과테말
라와 인접해 있는 멕시코의 국경도시 타파출라(Tapachula)는 중미와 남미
지역에서 미국으로 이주하려는 사람들이 몰려들면서 갱들의 활동도 활발
해서 매우 위험한 지역이 되었다.

　중미에서 정치와 경제가 가장 안정되어 있는 코스타리카는 해외로 나
가는 이주자의 수도 비교적 적다. 그러나 최근에는 국제노동이주자들이
조금씩 늘어나는 추세이다. 코스타리카도 다른 중미지역처럼 1980년대
커피가격의 폭락과 구조조정의 영향으로 피해를 본 사람들이 많아지면서
해외로의 이주가 나타나기 시작했다. 21세기에 들어서면서 이주를 하는
사람들은 꾸준하게 늘어간다. 이들은 주로 미국을 행선지로 선택하는데,
이주자들의 약 80%가 이에 해당한다(Chaves, 2011: 133). 2004년 현재
미국에 거주하는 코스타리카인들의 수는 8만 명에 이른다. 이들은 거의
뉴욕, 뉴저지, 캘리포니아, 플로리다 등지에 모여 산다(Caamaño, 2011:
159~162).

　남미에서는 오랜 이주의 역사를 지닌 콜롬비아의 사례가 두드러진다.
콜롬비아가 한국전쟁에 참전한 후에 미국은 콜롬비아의 노동자를 브라세

로(Bracero) 계획에 의하여 초청노동자(guest worker)로 받아들였다. 이들은 1950년대와 1960년대에 미국의 경제성장에 무시하지 못할 역할을 담당했다. 그러다가 1990년대에 내전으로 인한 무력충돌과 경제위기로 이주자의 수가 가파르게 증가하였다. 그중에서 무력충돌은 이주에 매우 큰 영향을 미쳤다. 첫째, 게릴라들과 불법무장단체, 그리고 정규군 사이의 갈등이 심각해지면서 많은 민간인들이 전투지역을 벗어나서 보다 안전한 곳으로 피신하였는데, 이들 중 상당수가 해외로 발길을 돌렸다. 둘째, 내전 중에 적대적인 세력으로부터 직접적인 위협을 받은 사람들은 추격자들을 따돌리기 위해 망명을 선택하였다. 셋째, 내전이 격화되면서 경제적 피해가 속출하였다. 경제적 불안정과 위기가 오래 지속되었고, 실업률은 빠르게 높아졌다. 특히 1990년대 후반에 경제위기가 매우 심각한 상태에 놓이면서 이주가 엄청나게 많아졌다(Khoudour-Castéras, 2007: 143). 2005년 인구센서스 자료에 의하면, 전체 인구의 8%인 약 330만 명이 해외에 거주하는 것으로 밝혀졌다. 콜롬비아인들이 많이 선택한 이주지를 보면 미국(35.4%), 스페인(23.3%), 베네수엘라(18.5%), 에콰도르(2.4%), 그리고 캐나다(2.2%)이다(Khoudour-Castéras, 2007: 143).

에콰도르도 적지 않은 수의 이주자를 내보내는 국가 중의 하나이다. 해외로의 이주는 1930년대에 미국으로의 이주가 시작되면서 활성화되었다. 1960년대에 서서히 이주가 많아지기 시작하면서 1970년대까지 지속되었다. 초기의 이주자들은 주로 뉴욕, 로스앤젤레스, 시카고 같은 미국의 대도시에 머물렀다. 1980년대부터는 이주가 본격적으로 확산되었다. 석유가격의 하락으로 국가경제가 쇠퇴하면서 더욱 많은 사람들이 이주행렬에 동참하였다. 농촌지역에는 임금이 하락하고 인플레이션이 심각해서 해외로 이주하기를 원하는 사람이 많아졌다. 1990년대의 경제위기 때에는 성, 연령, 직업, 고향 등의 분포에 있어서 이주자의 성격이 매우 다양해졌다(Abbots, 2012: 74).

  페루에서도 20세기 초부터 국제노동이주가 소규모로 존재했지만, 1980
년대와 1990년대에 신자유주의 경제개혁이 실시되면서, 경제적 고통을
견디지 못해 다른 국가로 일자리를 찾아 나가는 이주자가 많이 생기게 되
었다. 페루는 과거에는 이주자를 받아들이는 사회였지만 이제는 나가는
이주자가 훨씬 많다(Takenaka et al., 2010: 4). 현재 페루 인구의 10% 이
상이 다른 국가에서 거주하는 실정이다. 최근에는 이주자들이 더욱 많아
져서, 1990년과 2007년 사이에 약 200만 명의 페루인들이 모국을 떠났
다(Takenaka and Pren, 2010a: 29). 멕시코나 중미처럼 압도적이지는 않
지만, 페루에서도 이주자들의 주요한 목적지는 미국이다. 최초의 미국으
로의 이주는 1930년대에 일어났다. 1931년에 '아메리카 민중혁명동
맹'(Alianza Popular Revolucionaria Americana: APRA)이 주도한 쿠데타가
실패하면서 일부의 사람들이 미국의 뉴욕이나 시카고로 정치적 망명을
떠났다. 1950년대와 1960년대에는 수도인 리마에서 가정부로 일하던 안
데스 고지대 출신의 케추아(Quechua) 원주민들이 미국의 플로리다 등지
로 이주했다. 한편 리마의 노동자들도 1950년대에 호황을 누리던 미국의
섬유산업을 쫓아서 뉴저지로 이주했다. 그 뒤로는 뉴욕과 시카고에도 페
루인들이 이주해갔다. 1970년대에는 중산층의 페루인들이 로스앤젤레스
등 캘리포니아 지역으로 이주했으며, 일부는 댈러스, 휴스턴, 워싱턴, 샌
프란시스코 같은 대도시로 이주했다. 그러나 1980년대 이전까지는 페루
인들이 해외로 이주하기가 까다로웠다. 독재자였던 환 벨라스코(Juan
Velazco Alvarado, 1968~1975)와 프란시스코 모랄레스(Francisco Morales
Bermúdez, 1975~1980) 시절에는 실질적으로 페루인들의 다른 국가로의
이주를 막았다. 또 달러화도 구하기 어려워서 여행자들도 달러를 갖고
나가기 쉽지 않았다(Durand, 2010: 13). 그러나 이런 제한이 해제된 후에
는 국제노동이주가 가파르게 증가하였다.
  1980년대와 1990년대에 이주자들이 급격하게 증가한 이유는 먼저 국

내에서 테러행위가 빈번하게 발생했고 정치적 불안이 심화되었기 때문이었다. 페르난도 벨라운데(Fernando Belaúnde Terry, 1963~1968, 1980~1985) 대통령이 두 번째 임기를 수행하면서 신자유주의 정책이 시행되었고 경제개방, 국영기업의 파산이 이어졌으며, 내전과 테러가 시작되었다. 이 시기에 상당수의 페루인들이 미국 등 다른 국가로 이주를 했다. 이어서 등장한 알란 가르시아(Alan Gabriel Ludwig García Pérez, 1985~1990, 2006~2011)는 포퓰리즘에 입각한 정책을 내세우면서 국가를 끝없는 나락으로 떨어뜨렸다. 인플레이션이 걷잡을 수 없이 심각해지고, 통화가치는 빠르게 평가절하되었다. 1989년에는 연간 인플레이션이 2,775%에 이르러서 대다수의 국민들이 극심한 빈곤에 빠졌다(Berg, 2010: 124). 국가의 구매력이 50% 정도 하락하면서 국가부도 위기에 직면했다. 이때부터 나이가 많거나 교육수준이 높은 사람들이 다른 국가로 이주를 서둘렀다. 엎친 데 덮친 격으로 마오주의(Maoism)를 추종하며 반정부 게릴라 활동을 했던 '빛나는 길'(El Sendero Luminoso)이 정부와 맞서서 내전 상황에 돌입하면서, 중부 고지대를 비롯한 여러 지역의 사회불안이 극심해졌다. 1980년대 말에 페루는 정치적, 경제적으로 붕괴위기에 직면했다. 게릴라 조직인 '빛나는 길'은 중부와 남부의 안데스 고지대를 차지했을 뿐 아니라, 수도인 리마의 지역에서도 왕성한 활동을 했다. 가르시아는 정부를 통솔할 능력을 거의 상실했다. 이런 분위기에서 페루를 떠나 다른 국가로 가려는 사람들이 크게 증가했다.

다음으로 정권을 잡은 일본계 페루인인 알베르토 후지모리(Alberto Fujimori, 1990~2000)의 재임시절에는 상황이 더욱 악화되어, 취임 첫해부터 경제적 충격이 심각했다. 1990년대에 그는 친위 쿠데타를 일으켜 3번이나 연속해서 대통령에 재선되었다. 1992년에 후지모리는 계엄을 선언하고 자신의 정부에 대해 쿠데타를 일으켰다. 의회를 폐쇄하고 헌법을 정지시켰으며 사법부를 해체했다. 그는 테러에 맞서 강경한 입장을 고수하면서 어느 정도 경제성장을 이루었지만, 매우 부패한 정치인이었다. 권위주의 체제와 정치적 억압, 인권 위반 등으로 국민들의 생활은 날이 갈수록 힘들어졌다. '후지쇼크'(Fujishock)로[3] 인해 그의 임기가 끝날 무렵에는 페루 사회에 환멸을 느낀 많은 사람들이 해외로 떠나기를 희망했다. 신자유주의 정책과 더불어 정치적, 경제적 위기가 닥치면서 실업률이 빠르게 상승한 것도 이주를 촉진시켰다. 경제구조의 변화로 인한 사회적 위기와 약 20년간에 걸친 테러가 사회의 여러 분야에 영향을 미치면서, 많은 사람들이 이런 문제에서 벗어나기 위해 이주를 선택했다. 특히 도시지역의 중산층이나 상류층 사람들이 다른 국가로 이주하기를 원했다(Takenaka et al., 2010: 5). 뒤를 이은 알레한드로 톨레도(Alejandro Celestino Toledo Manrique, 2001~2006)에 대한 국민들의 기대가 컸지만, 그도 정치적 실패와 스캔들에 휩쓸리게 되어 성과를 거두지 못했다. 이 시기에는 이미 국제노동이주가 흔해져서 해외의 페루인들에 대한 지원정책이 필요하다는 것을 서서히 인식하게 되었다(Durand, 2010: 14). 21세기에 들어서면서 경제도 조금씩 안정이 되어가고, 국내경제가 6% 이상 성장을 했으며, 인플레이션도 약화되었고 정치적 민주화도 진전을 이루었다. 이런 사회적 변화에도 불구하고 대다수의 페루 국민들은 자신들의 일상생활이 크게 개선되었다는 것을 실감하지 못했고, 이주자의 수는 전에 비해 더욱 늘었다. 2001년에 약 10만 명의 페루인이 해외로 이주해서 돌아오지 않았고, 2005년에는 그 수가 45만 명에 이르게 되었다. 페루 외무부의 통계에 따르면 1990년에서 2005년 사이에 모두 166만 5천 명의 페루인이 해외로 나갔다고 한다(Berg, 2010: 125).

1980년대 후반부터는 미국뿐 아니라 유럽이나 아시아 등으로 이주를 하는 사람들이 증가했다. 1980년대 이전에는 소수의 엘리트들이 교육을 위해 유럽으로 이주하는 경우가 종종 있었다. 1986년에 미국에서 '이민

---

3) 후지모리 정부가 실시한 광범위한 신자유주의적 개혁을 의미한다.

개혁 및 통제법'(The Immigration Reform and Control Act: IRCA)이 통과 되면서 페루인들의 미국 이주가 곤란해졌다. 게다가 2001년의 9·11 사 태 이후에 미국이 국경통제를 강화하고 불법이주자들을 엄격하게 관리하 면서 이런 문제는 더욱 악화되었다. 이러던 차에 1980년대 후반부터 스 페인, 이탈리아, 그리고 일본 정부가 외국의 비숙련 노동자들을 끌어들이 기 위해 새로 이민법을 개정시켰다. 농업, 제조업, 가사노동 부문에서 일 자리가 마련되었다. 따라서 이런 지역으로의 이주가 증가하게 되었다. 그 밖에도 1990년대 후반에는 아르헨티나나 칠레로 노동이주를 하는 비숙련 노동자들도 많아졌다(Berg, 2010: 125; Takenaka et al., 2010: 6).

페루의 국제노동이주자들은 멕시코나 중미 혹은 카리브지역의 이주자 들과는 상당한 차이가 있다. 먼저 이주하는 국가들이 매우 광범위하다. 멕시코의 경우에는 국제노동이주자의 98%가 미국으로 간다. 그밖에 중 미의 엘살바도르, 과테말라나 온두라스의 이주자들도 사정은 크게 다르 지 않다. 페루에서 이주를 경험한 사람들을 상대로 한 표본조사에서 미 국으로 갔던 사람들의 비율은 42~43%밖에 되지 않았다(Durand, 2010: 20; Takenaka and Pren, 2010a: 34). 전체 이주자의 약 20%가 유럽으로 향하고, 아시아와 오세아니아 지역에 10%, 그리고 나머지는 남미의 다른 국가에서 일자리를 찾는다(Takenaka and Pren, 2010b: 182). 다음으로 멕 시코나 다른 지역에서는 주로 농촌지역에서 이주자들이 많지만, 페루에 서는 농촌과 도시지역 모두 이주자들을 내보낸다. 통상적으로 페루지역 의 농민들은 도시로 국내이주를 한 다음에 다른 국가로 이주해가는 경향이 있기 때문이다(Takenaka et al., 2010: 7). 또 대다수의 다른 국가 국제노동 이주자들이 비숙련노동자인 것에 비해, 페루인들은 교육과 기술수준이 상대적으로 높다. 구체적인 내용을 살펴보면 2000년에서 2003년 사이에 이주한 페루인들의 28.8%는 전문직 종사자이거나 과학자, 지식인, 혹은 기술자였다(Takenaka and Pren, 2010a: 30~31; 2010b: 183). 즉, 이주자

<表 2> 국가별 이주자들과 비이주자들의 평균 교육 수준(단위: 연)

구분	멕시코	니카라과	도미니카공화국	코스타리카	페루
이주자	6.2	10.6	10.1	8.4	14.8
비이주자	6.4	7.7	7.8	7.9	11.8

자료: Takenaka and Pren, 2010a: 35

들이 이주를 하지 않는 사람들에 비해 교육과 기술 수준이 높은 편이다.

<표 2>를 보면 페루 이주자들의 평균 교육 수준은 14.8년으로 페루의 비이주자들보다도 3년이 길고, 다른 국가들에 비해서도 월등하게 길다는 것을 확인할 수 있다. 특히 멕시코는 6.2년으로 페루의 절반에도 미치지 못하고 있다. 멕시코의 경우에는 이주자들의 교육수준이 비이주자에 비해 약간 낮은 특성을 보이고 있다. 멕시코인들 중에 교육수준이 다소 높은 사람들은 미국으로 이주하기보다 멕시코 국내로의 이주를 선호한다. 미국에서 요구하는 이주노동자들의 교육수준이 높지 않고, 이주자들이 고등교육을 이수하였거나 자격증 혹은 기술을 갖추고 있어도 별도의 혜택이 주어지지 않기 때문이다(McConnell, 2008: 773). 이와 반대로, 페루인들의 교육에 대한 관심은 미국 내의 페루인들에서도 그대로 드러난다. 2000년의 미국 인구센서스를 보면 20%의 페루인들이 대학을 마쳤는데, 도미니카인들은 단지 7.7%, 멕시코인들은 3.3%, 코스타리카인들은 18%만 대학을 마쳤다. 미국의 전국 평균이 16.5%라는 것을 감안하면 페루인들의 교육수준이 높은 편이라는 것을 확인할 수 있다(Takenaka and Pren, 2010a: 34).

<표 3>의 이주자들의 직업별 분포를 보면 페루의 이주자들은 42.0%가 전문직 종사자인데 비해 비숙련 노동자는 불과 10.8%에 그친다. 여기서도 멕시코의 이주자들과 확연한 차이가 난다. 멕시코의 이주자들 중 전문직 종사자는 4.5%뿐이고, 비숙련노동자가 52.0%를 점유한다. 나머지 국가들은 멕시코와 페루 사이에 있으며 대체로 서비스 종사자들이 많

<표 3> 국가별 12세 이상 이주자들의 직업별 분포(단위: %)

구분	멕시코	니카라과	도미니카공화국	코스타리카	페루
비숙련노동	52.0	21.9	21.2	28.7	10.8
서비스	24.7	36.3	46.0	31.7	39.7
숙련노동	18.8	16.3	19.3	23.4	7.5
전문직	4.5	25.5	13.6	16.2	42.0

자료: Takenaka and Pren, 2010a: 35

다. 이렇게 멕시코나 중미와는 상이하게 페루의 경우에 가난하고 교육을 제대로 받지 못하거나 기술이 부족한 사람들이 적극적으로 해외로 이주하기 어려운 것은 여러 가지 이유가 있다. 먼저 다른 남미국가의 이주자들처럼 페루에서 미국이나 유럽, 호주, 일본과 같이 거리가 먼 지역으로 이주하려면 비용이 많이 들고 위험도 감수해야 한다. 게다가 다른 남미국가와는 달리 페루의 국제노동이주는 비교적 늦게 시작되어 이주를 활성화시킬 이주 네트워크가 아직 확고하게 자리를 잡지 못해서, 많은 사람들이 이용하기 어렵다(Takenaka and Pren, 2010a: 36). 중산층이나 상류층 사람들의 입장에서는 자국에서 테러의 위협이 많아질수록 자신들의 재산이나 이해관계가 피해를 볼 가능성이 커지고, 소득이 줄어들 것을 우려한다(Durand, 2010: 26). 이런 이유로 가진 것이 별로 없는 사람들보다 정보의 습득이 용이하고 이주비용을 감당할 여유가 있는 사람들이 이주를 결정하기 쉽다.

3. 미국으로의 노동이주

앞 장에서 살펴본 바와 같이 라틴아메리카의 국제노동이주자들은 거의 미국을 최종 목표지로 삼고 있다. 특히 멕시코와 카리브, 그리고 중미지역의 이주자들은 이런 현상이 더욱 심하다. 게다가 미국으로 향하는 이주자의 수와 비율도 시간이 흐를수록 더욱 증가하고 있다. 비록 21세기에 들어서서 9 · 11 사태와 미국의 경제침체, 그리고 강화된 국경정책 때문에 이주자 수의 증가가 다소 주춤하지만, 상황이 호전되면 언제든지 이주자의 수가 다시 늘어날 가능성은 항상 존재한다. 이렇게 라틴아메리카에서 미국으로의 이주자가 많은 것은 지리적 위치뿐만 아니라 역사적, 정치적 상황과 밀접하게 관련되어 있다. 미국은 전 세계에서 오는 이주자들에 대한 규제와 통제를 필요에 따라 지속적으로 수행했다. 그러나 20세기 중반까지 미국 역사상 서반구에서 오는 이주자에 대한 양적인 제한은 없었다. 결국 라틴아메리카에서 미국으로 이주를 하는 것이 그다지 까다롭지 않았다는 것을 알 수 있다. 이렇게 라틴아메리카에서 오는 이주자의 수를 제한하지 않았지만, 1970년 이전만 해도 상당한 규모의 이주자를 미국으로 보내는 국가는 매우 적었다. 그때까지만 해도 미국과 지리적으로 인접해 있거나 역사적 혹은 정치적 사건에 휘말려 있던 멕시코와 쿠바에서만 많은 이주자들이 미국으로 들어갔다. 20세기 말에는 라틴아메리카의 경제가 침체되면서 일자리를 찾아 미국으로 가려는 사람들이 많아졌다. 특히 '잃어버린 10년'이라 불리는 1980년대에는 정치적, 경제적 위기가 겹치면서 미국으로 가려는 이주자들이 폭발적으로 증가했다. 멕시코와 쿠바에 이어, 중미와 다른 카리브 국가의 이주자들이 뒤를 이었다. 최근에는 미국으로의 이주가 남미까지 확산되어 페루, 브라질, 아르헨티나, 에콰도르 등에서도 많은 국제노동이주자들을 미국으로 보낸다.

라틴아메리카에서 미국으로 이주하는 사람들의 수를 지역별로 살펴보면 다음과 같다. 1980년대에 멕시코에서 합법적인 절차를 따라 미국으로 이주하는 사람들의 수는 일 년에 평균적으로 10만 1천 명이었으나, 1990년대에는 27만 6천 명으로 증가하였다. 그러나 2000년 이후에는 연간 17만 3천 명으로 감소했다(Massey and Riosmena, 2010: 295). 카리브지역에서 미국으로 향하는 이주자는 1980년대에는 연평균 7만 9천 명이었고, 1990년대에는 10만 명을 유지했다. 2000년 이후에는 9만 4천 명으로 약간 줄었다. 중미와 남미지역에서는 계속해서 이주자들이 많아지고 있다. 1980년대에는 7만 4천 명, 1990년대에는 11만 8천 명, 그리고 2000년 이후에는 14만 2천 명이 해마다 미국으로 이주한다. 라틴아메리카 전체에서 1980년에서 2006년까지 1,030만 명의 이주자들이 합법적으로 미국으로 이주했다(Massey and Riosmena, 2010: 296).

<표 4> 미국 내의 라틴아메리카 이주자(단위: 명)

구분	1990	2000
총인구	248,709,873	282,224,000
외국인 인구(비율)	19,767,316 (7.95%)	31,107,889 (11.02%)
외국인 인구 중 라틴아메리카 출신(비율)	8,220,223 (41.6%)	16,086,974 (51.7%)
중미 카리브 출신	7,224,987	14,156,703
멕시코 출신	4,298,014	9,117,487
남미 출신	995,236	1,930,271

자료: Clark et al., 2004: 1874

구체적인 자료를 확인해보면, 1960년과 1970년에는 전체 라틴아메리카의 해외이주자 중에 미국으로 간 사람들의 비율이 56%였지만, 1980년에는 65%, 1990년에는 75%로 계속 상승하고 있다(Clark et al., 2004: 1875). 이렇게 되면서 미국으로 들어오는 이주자 중에 라틴아메리카에서 오는 사람들의 수와 비율은 가파르게 늘어나고 있다. <표 4>를 보면 외국인 인구 중에 라틴아메리카 출신의 비율이 1990년에는 41.6%였지만, 2000년이 되면 51.7%로 절반을 넘어서고 있다. 라틴아메리카 중에서도 중미와 카리브지역 출신이 많은 것으로 되어 있는데, 이것은 쿠바에서 온 이주자들의 수가 많기 때문이다. 멕시코와 중미, 카리브, 남미출신의 이주자를 보면 모두 10년 사이에 두 배가 넘는 것을 확인할 수 있다.

<표 5> 미국으로의 지역별 이주자 수(단위: 천 명)

지역	1971~1980	1981~1990	1991~2000
라틴아메리카	1,813.8	3,460.6	4,319.2
유럽	801.3	705.6	1,311.4
아시아	1,633.8	2,817.4	2,892.2
캐나다	114.8	119.2	137.6
아프리카	91.5	192.3	383.0
오세아니아	N/A	N/A	48.0
계	4,493.3	7,338.1	9,095.4

자료: US Census Bureau, Clark et al., 2004: 1879

라틴아메리카에서 미국으로 이주하는 사람들이 빠르게 증가하면서 라틴아메리카 이주자들의 수가 세계의 다른 지역에서 이주하는 사람들의 수를 능가하게 되었다. <표 5>를 보면 1970년대에는 아시아 지역에서 미국으로 오는 이주자의 수와 라틴아메리카에서 오는 이주자의 수가 거의 비슷했었다. 그러나 1990년대에 이르면 라틴아메리카 출신의 이주자가 다른 지역 출신의 이주자보다 월등하게 많아졌다는 것을 알 수 있다. 21세기에 들어서서 라틴아메리카의 이주자 수가 크게 감소하지 않고 있다는 사실을 감안하면, 이런 차이는 더욱 뚜렷해질 것이다.

19세기 말부터 라틴아메리카의 여러 국가 중에 멕시코가 가장 많은 이주자를 미국으로 보냈다. 미국의 남부와 멕시코의 북부가 국경을 공유하고 있다는 사실을 고려하면 전혀 놀라운 일이 아니다. 미국의 2000년 인구센서스를 보면 2,064만 명의 멕시코 출신 인구가 미국에 살고 있고 이것은 라티노 전체 인구의 56%에 해당한다. 2010년에는 3,180만 명으로 증가하고, 라티노 인구에서 차지하는 비율도 63%로 상승한다. 멕시코에서 미국으로의 이주는 상당히 오랜 역사를 지니고 있다. 먼저 1848년에 멕시코와 미국 사이의 전쟁에서 멕시코가 패하면서, 인구이동보다는 국경이 바뀌면서 많은 멕시코인들이 미국에 편입되게 되었다.[4] 이런 과정에서 약 5만 명의 멕시코인들이 미국의 영토 안으로 들어가게 되었다

(Riosmena, 2010: 272). 그렇지만 실질적으로 19세기 말이 되어야 멕시코에서 미국으로의 이주가 시작된다. 미국의 철도건설과 농장 및 광산에서 일을 할 노동자가 필요하게 되면서 멕시코의 노동자들을 끌어들였다. 많은 수의 노동자들이 미국에서 일을 하기 위해 들어왔다. 미국에서 남북전쟁이 끝이 나고 산업시설을 새로 확충하는 과정에서 농업, 광업, 철도건설 등 다양한 분야에서 노동력이 필요해서 멕시코의 이주노동자들을 불러들였다. 미국의 고용주들은 중국과 일본에서 온 노동자들을 대체하기 위해 적극적으로 멕시코의 남성 이주노동자들을 모집했다. 당시에 멕시코에서는 독재자인 포르피리오 디아스(José de la Cruz Porfirio Díaz Mori, 1876~1911)가 대토지소유제인 아시엔다(hacienda) 제도를 마련하면서, 많은 농민들이 토지를 잃고 농업노동자로 전락하였다. 이들 중에 일부가 미국에 이주노동자로 갔고, 이들은 미국에서 일을 마친 뒤에 다시 멕시코로 돌아갔다.

경제적 문제와 아울러 멕시코에서 여러 가지 정치적 불안을 일으키는 사건이 발생하면서 1900년에서 1910년 사이에 약 50만 명의 멕시코인들이 미국으로 갔다(Miller, 2009: 20). 1910년에 멕시코 혁명이 발발하면서 폭력과 경제적 혼란은 극에 달하였고 많은 사람들이 혁명을 피해 미국으로 도망갔다. 이들은 주로 텍사스, 캘리포니아, 그리고 애리조나에 정착했고, 일부는 캔자스, 일리노이, 콜로라도까지 가기도 했다. 이때부터 로스앤젤레스나 샌안토니오 같은 도시에 멕시코인들의 거주지인 '바리오'(barrio)가 형성되었다. 1917년에 멕시코 혁명이 종료된 다음에 미국은 계약노동을 제한하는 1885년의 법을 적용하지 않고 멕시코로부터 이주

---

4) 멕시코로부터 독립했던 텍사스 공화국이 1845년에 미국과 합병한다고 발표하자, 1846년에서 1847년까지 멕시코와 미국 사이에 영토를 둘러싼 전쟁이 발발했다. 미국은 월등한 전력을 앞세워 뉴멕시코와 캘리포니아 및 멕시코 북부지역을 점령했다. 멕시코가 전쟁에서 패배하자, 1848년 2월 2일에 미국과 멕시코는 과달루페-이달고 조약(The Treaty of Guadalupe Hidalgo)을 체결하게 되었다. 이렇게 해서 리오그란데(Rio Grande) 강을 사이에 두고 미국과 멕시코의 국경이 형성되었다. 미국은 멕시코로부터 오늘날의 캘리포니아, 네바다, 유타, 뉴멕시코, 그리고 애리조나와 콜로라도의 대부분, 그리고 텍사스, 오클라호마, 캔자스, 와이오밍 지역의 일부를 양도받았고, 대신에 멕시코에 1,825만 달러를 지불했다.

노동자를 불러들였다. 1920년대까지 유럽에서 오는 이주자에 대한 규제는 계속되었지만, 멕시코인들에게는 그런 법을 적용하지 않았다. 1921년까지 약 50만 명의 멕시코인들이 추가로 미국으로 들어갔다. 1917년에서 1923년까지 실질적으로 최초의 '초청노동자'(guest worker) 정책이 시행된 것이나 마찬가지였다. 국경을 넘는 멕시코인들을 통제하기 위해 국경순찰이 1924년부터 시작되었지만, 상징적인 수준에 머물렀고 효과도 거의 없었다. 그래서 계절적인 미국의 노동력의 수요에 따라 멕시코와 미국을 주기적으로 오고 가는 계절적 이주가 나타났다. 결국 미국과 멕시코 사이의 국경은 물리적이라기보다는 정신적인 구조물에 불과했다.

그러다가 미국에서 1929년에 대공황이 시작되면서 노동자에 대한 수요가 감소하여 약 50만 명의 멕시코에서 온 노동자들이 미국에서 자발적으로 나가거나 강제적으로 추방되었다. 당시에는 심지어 멕시코 출신으로서 미국 시민이거나 영주권을 가진 사람도 쫓겨나는 경우가 있었다. 멕시코인들 때문에 실업이 늘어나고, 멕시코에서 온 이주자들이 공적 재원을 많이 축낸다는 이유로 이런 행위가 합리화되었다(Hondagneu-Sotelo, 2009: 52). 미국에서 일자리가 줄어들었고, 멕시코에서는 카르데나스(Lázaro Cárdenas del Río, 1934~1940) 대통령이 가난한 농민들에게 토지를 분배하면서, 1930년대에 미국 내의 멕시코인 인구가 41%나 줄었다(Siavelis, 2009: 107).

그러나 1942년에 브라세로(Bracero) 계획이 시행되면서, 다시 멕시코에서 미국으로 노동자들의 이주가 재개되었다. 이 시기에 많은 멕시코인들이 초청노동자의 자격으로 미국으로 이주할 수 있었다. 당시에 미국은 제2차 세계대전을 치르면서 많은 젊은이들이 징병제도에 의해서 전쟁터로 나가게 되면서 농촌에서는 심각한 노동력의 부족을 느끼게 되었다. 특히 캘리포니아와 텍사스의 농업 분야는 노동력의 부족이 심각한 상황이었다. 이렇게 되면서 한시적으로 멕시코의 노동력을 받아들여서 농장과 철도건설 등에 활용하게 되었다. 1945년의 경우에 농업부문에 7만 5

천 명, 철도건설에 5만 명의 브라세로 노동자들이 고용되었다. 처음에는 브라세로로 미국에 가면 전쟁터로 보낸다는 소문이 멕시코에 퍼져서 지원자가 많지 않았지만, 해가 갈수록 미국으로 가서 브라세로로 일하는 사람들이 증가했다. 1950년대가 되면 한 해에 40만 명 이상의 멕시코인들이 브라세로 계획에 참여했다. 1942년과 1964년 사이에 약 500만 명의 멕시코인들이 브라세로의 자격으로 미국에서 한시적 취업 허가를 받았다(Hondagneu-Sotelo, 2009: 53). 이중에 상당수의 브라세로 노동자들이 나중에 영주권과 합법적인 체류자격을 취득하였다. 그러나 브라세로 계획을 수행하는 데에 여러 가지 문제가 노출되었다. 1960년대에 이르면서 고용주들은 브라세로 계획을 활용하는 것보다 불법 이주노동자를 고용하는 것이 훨씬 이익이라는 판단을 하게 되었다(Cohen, 2004: 54). 멕시코의 이주노동자들도 브라세로 자격을 얻기 위한 까다로운 절차를 기다리는 것보다, 불법으로 미국으로 이주하는 편이 용이하다는 생각을 가졌다. 특히 텍사스의 고용주들이 미국과 멕시코 사이의 협정에 명시된 규정을 어기고, 불법으로 멕시코의 이주노동자들을 많이 고용했다. 미국 정부는 1952년에 협정을 어기는 고용주를 처벌하는 '이민 및 국적법'(Immigration and Nationality Act)을 도입했다(Miller, 2009: 21). 결과적으로 제2차 세계대전이 끝나서 노동력이 많이 필요 없게 되었고, 또한 브라세로를 악용한 불법 이주노동자가 크게 증가하자 미국 정부는 1964년에 브라세로 계획을 종료시킨다.

브라세로 계획이 폐지된 다음에 1965년부터 1985년까지 불법이주가 꾸준하게 증가되었다. 약 2천8백만 명의 멕시코인들이 불법적으로 미국으로 들어갔다(Siavelis, 2009: 108). 브라세로 계획이 끝났지만 멕시코에서 미국으로의 불법 노동이주는 그치지 않았고 오늘날까지 지속되고 있다. 그 이유는 다음의 3가지로 요약된다. 첫째, 브라세로 계획에 따라 저렴한 멕시코의 노동력에 의존하던 미국의 농장주들은 미국의 농업노동자보다는 멕시코에서 오는 이주노동자를 선호하였다. 둘째, 브라세로 계획을 실행 중에 있을 때에도, 제2차 세계대전이 종식된 후에 이주자의 수를 제한하는 정책 때문에 충분한 노동력을 제공받지 못한 농장주들은, 과거에 자신들이 브라세로로 고용했던 사람들을 다시 부르거나, 그들의 가족 혹은 그들의 친구를 불법적으로 불러들였다. 이것은 불법이주자로 일을 하려다가 체포된 멕시코인의 수가 1945년에는 6만 9천 명이었으나, 1950년에는 88만 3천 명으로 증가했다는 사실을 보면 명확해진다. 셋째, 브라세로 계획은 많은 멕시코인들을 미국 사회의 문화와 경제에 익숙하게 만들었다. 이들은 미국에서 일을 하는 동안에 영어도 배우고 미국의 생활양식도 자연스럽게 습득했다. 또 미국에서 일자리를 구하거나 일을 하는 방법도 알게 되어 필요에 따라 언제든지 다시 미국으로 와서 일을 하는 데에 별 무리가 없었다(Eisenbrey, 2009: 203).

멕시코와 비교해서 다른 라틴아메리카 국가로부터 미국으로의 이주역사는 근래에 시작되었다. 멕시코 다음으로 미국으로 이주자를 많이 보내는 곳은 카리브지역이다. 2000년 미국 센서스에 따르면 라티노 인구의 15%가 카리브에서 왔다. 카리브지역에서 미국으로의 이주는 각 국가마다 독특하고 다양한 정치, 경제, 사회적 상황과 결부되어 있다. 처음에는 1960년대에 쿠바인들, 이어서 도미니카인들이 1970년대에 뒤를 따랐다. 쿠바 사람들은 난민으로 도미니카인들은 합법적 이주자로 많이 갔다(Duran and Massey, 2010: 34).

쿠바에서 많은 이주자들이 미국으로 향했는데, 쿠바의 경우에는 초창기에는 정치적 사건과 미국과 쿠바의 역사적 관계로 인해 이주를 많이 했다. 1959년 쿠바혁명 이후 카스트로(Fidel Castro)가 소비에트 연방과 동맹을 맺고 사회주의 정부를 수립하면서 미국과 갈등을 빚게 되었다. 미국 정부는 쿠바로부터 오는 난민들을 제한 없이 수용했고, 이들에게 신속하게 합법적인 체류자격을 주었다(Duran and Massey, 2010: 24). 결국 사회주의 정부에 반대하는 많은 정치·경제 엘리트들이 쿠바를 떠나서 미국에 정착했다. 이들 대부분은 미국 남부의 플로리다에 거주하면서 자신들만의 독특한 사회를 구성했다. 소비에트 연방이 붕괴되면서 쿠바의 정치·경제적 상황이 악화되어, 쿠바에서 미국으로 가기를 희망하는 사람들은 더욱 많아졌다. 이런 현실을 잘 보여주는 사건이 1980년에 마리엘(Mariel) 항구에서 12만 명의 쿠바인들이 미국으로 떠난 것이었다. 초기에는 주로 사회주의 쿠바 정부에 반대하는 중산층 이상의 백인들이 미국으로 갔지만, 그 뒤에는 경제적으로 고통받는 흑인이나 물라토(mulato)[5]의 노동자들도 대거 쿠바를 떠났다.

미국으로의 이주자가 상대적으로 많은 카리브지역의 도미니카공화국의 경우에, 1960년대까지 해외로의 이주는 독재자 라파엘 레오니다스 트루히요(Rafael Leónidas Trujillo)에 의해 통제되었다. 1961년 그가 암살당한 후에 이런 규제가 사라지고, 후계자를 둘러싼 정치적 혼란이 뒤따랐다. 이 시기에 많은 도미니카인들이 다른 국가로 이주했다. 특히 1962년 쿠바 미사일 위기가 고조되면서 도미니카 사람들은 심각한 정치적 불안을 경험하게 되었다. 이런 상황에서 미국은 라틴아메리카 국가와의 관계를 촉진하기 위해 케네디(John F. Kennedy, 1961~1963) 대통령이 추진한 미국의 라틴아메리카 개발워조 계획인 '진보를 위한 동맹'(the Alliance for Progress)의 일환으로, 도미니카인들의 미국으로의 이주를 도왔다. 이런 까닭으로 도미니카인들은 합법적인 절차를 거쳐 미국으로 들어올 수 있었다(Riosmena, 2010: 273).

중미지역에서 미국으로 오는 이주자의 수는 1980년대에 정치적 폭력과 반란이 널리 확산되면서 급격하게 증가했다. 이 기간에 엘살바도르, 과테말라, 그리고 니카라과에서 많은 사람들이 미국으로 떠났다. 주로 불법이

---

5) 백인과 흑인의 혼혈로 이루어진 사람들을 일컫는다. 라틴아메리카에서는 주로 브라질과 카리브지역 국가에 많이 살고 있다.

주자나 정치적 망명신청자들이 많았다. 2000년 미국의 인구센서스를 보면 중미에서 온 사람들이 라티노 전체인구의 4.8%를 점유한다. 중미에서 미국으로 이주를 하게 된 주요한 배경을 살펴보면 1976년과 1979년 사이의 니카라과 내전, 그리고 이 내전의 여파로 발생한 1979년과 1991년 사이의 엘살바도르 내전, 그리고 1980년에서 1996년까지의 과테말라 내전 등이 있다. 최근에는 1988년 온두라스의 허리케인 미치(Mitch)의 피해를 본 사람들 중의 일부가 미국으로 이주를 했다(Duran and Massey, 2010: 34).

니카라과의 독재자였던 소모사(Anastasio Somoza Debayle)가 1979년에 공산주의 게릴라였던 '산디니스타 민족해방전선'(Frente Sandinista de Liberación Nacional: FSLN)에 의해 물러나면서, 처음에 미국의 카터 (Jimmy Carter, 1977~1981) 대통령은 니카라과에 대한 경제원조를 개시했다. 그러나 레이건(Ronald Wilson Reagan, 1981~1989) 대통령이 들어서면서 1981년에 니카라과에 대한 원조를 중단했다. 대신에 온두라스에서 시작해서 활동하던 반정부 세력이었던 '콘트라스'(Contras)를 지지했다. 1984년에 산디니스타들이 선거를 치르면서 미국 의회가 콘트라스에 대한 군사지원을 금지시켰지만, 레이건 행정부는 니카라과에 대한 무역봉쇄 정책을 단행하면서 반정부세력에게 자금을 지원했다. 무역에 대한 통제와 더불어 1988년 허리케인 조안(Joan)이 이 지역을 통과하면서, 1989년 마침내 평화협정이 체결될 때까지 니카라과 경제는 완전히 마비되었다. 정치경제적 갈등으로 폭력과 경제적 불안 및 빈곤이 가중되면서 많은 니카라과인들이 1970년대 후반과 1980년대에 니카라과를 떠났다. 이중에서 사회경제적으로 다소나마 좋은 여건을 가진 사람들은 미국으로 향했다. 이들은 불법으로 미국에 들어가거나 관광비자로 입국한 다음에 체류기간을 넘기고 나서 나중에 정치적 이유를 들어 구제를 요청했다(Riosmena, 2010: 274). 쿠바에서 1960년대에 많은 사람들이 미국으로 이주한 것과 마찬가지로, 1980년대 니카라과에서 미국으로 사람들이 많이 이주한 것은 상대적으로 사회경제적 지위가 높은 사람들이 새로운 좌파 정권의 설립이 자신들에게 불리하게 작용할 것을 우려했기 때문이었다 (Hiskey and Orces, 2010: 120).

엘살바도르의 경우에 1979년에서 1992년까지 미국의 지원을 받은 군사정부와 좌익 게릴라인 '파라분도 마르티 민족해방전선'(Frente Farabundo Martí para la Liberación Nacional: FMLN) 사이에 치열한 내전이 전개되면서, 무차별적인 폭력과 정치적 억압을 피해서 많은 사람들이 엘살바도르를 떠나서 다른 국가로 이주했다. 이들 대부분이 미국을 최종 목적지로 선택했다. 1990년대에 정전이 되고 평화가 찾아왔지만, 한번 시작된 미국으로의 국제노동이주의 흐름은 중단되지 않았다. 엘살바도르는 중미에서도 인구가 적고 국토도 매우 협소하지만 이주자의 수와 비율은 가장 높다. 이것을 보면 엘살바도르에서 국제노동이주의 의미와 역할이 대단히 크다는 것을 짐작할 수 있다. 엘살바도르인들은 미국에서도 특정한 지역에 집단적으로 거주하면서 네트워크를 형성하여 자국민들의 미국으로의 이주를 돕고 있다. 이렇게 해서 장기간에 걸쳐 연쇄적인 이주가 가능해졌다(Gammage, 2006: 77). 이런 영향으로 엘살바도르는 라틴아메리카에서 멕시코 다음으로 송금수입이 많은 국가이다(Gammage, 2006: 80).

비록 멕시코인들이 1986년에 만들어진 '이민개혀 및 통제법'(Immigration Reform and Control Act 혹은 Simpson-Mazzoli Act: IRCA)의[6] 주요한 수혜자였지만, 내전을 피해서 미국으로 왔던 중미인들도 이 법의 일반사면에 관한 조항의 혜택을 보았다. 이 조항에 의하면 1982년 이후에 미국에서

---

6) 미국 내의 불법이주자들을 통제한다는 명목으로 1986년 11월 6일에 시행되었다. 주요한 내용으로는 고용주가 고용인들의 체류자격을 확인하도록 하고, 의도적으로 불법 이주노동자를 고용하는 행위를 금지하였다. 대신에 부족한 노동력을 확보하는 차원에서 그동안 농업분야에서 주기적으로 일을 했던 불법이주자들에게 합법적 지위를 부여했다. 또 미국에 1982년 1월 1일 이후에 입국하여 계속 살고 있던 불법이주자에게 영주권을 주었다. 이 법의 제정으로 약 300만 명의 불법이주자가 합법적 지위를 갖게 되었다. 이 법이 적용되면서 불법 이주노동자들의 취업이 다소 영향을 받았지만, 상당수의 고용주들은 하청업자들을 통해서 계약노동자들을 고용함으로써 자신들의 책임을 회피하면서 노동력을 확보하는 방법을 사용하기도 했다.

계속 거주했던 사람들에게 합법적인 체류자격을 부여할 수 있었는데, 적지 않은 수의 중미인들이 이미 이전에 미국에 들어왔기 때문에 합법적 지위를 얻을 수 있었다. 200만 명 이상의 멕시코인들과 더불어 13만 6천 명의 엘살바도르인, 5만 명의 과테말라인, 그리고 1만 5천 명의 니카라과인들이 '합법적 영주권자'(Lawful Permanent Resident: LPR)가 되었다(Riosmena, 2010: 275). 20세기 후반에 들어서면서 과테말라, 온두라스, 니카라과 등 중미에서 미국으로의 국제노동이주가 활성화되면서 멕시코와 과테말라 사이의 국경은 이주자들로 붐비게 되었다. 이주자들로 국경이 혼잡해지면서 이들을 상대로 상업을 하는 사람들도 많아지고, 이주자들을 미국 국경까지 데려다주고 돈을 받는 사람들도 날이 갈수록 증가하고 있다. 한편 이주자들을 대상으로 한 강도, 강간, 살인 등의 범죄도 빈번하게 발생한다(Ruiz, 2006: 51). 그러나 이들을 보호할 법적인 제도도 미비하고, 편의시설이나 도움을 줄 기구도 존재하지 않아서 이주자들의 인권이 침해되는 경우가 많다(Ogren, 2007: 204). 멕시코 관리들의 부정부패도 우려할 만한 수준이고 법 집행도 자의적인 경우가 많아서 이주자들이 부당한 대우를 받기도 한다(Ogren, 2007: 221). 과거에는 중미의 내전이나 정치적 억압, 혼란을 견디지 못해 미국으로 가려는 이주자들이 많았지만, 1990년대 이후에는 경제적 목적으로 미국으로 이주를 하려는 사람들이 대부분이다. 멕시코-과테말라 국경에서 2004년도에 구금된 이주자들을 국적별로 구분해보면 과테말라인 43.8%, 온두라스인 33.7%, 엘살바도르인 16%이다(Ogren, 2007: 212).

이밖에도 1990년대가 되면 남미지역에서도 미국으로 이주를 하는 사람들이 많아졌다. 2000년 미국의 센서스에서 남미 출신의 사람들은 라티노 전체인구의 3.8%를 차지한다. 1990년대가 되어서야 콜롬비아에서 온 이주자들의 수가 50만 명을 넘었고, 에콰도르와 페루 출신의 이주자들은 1980년과 2000년 사이에 세 배로 늘어났다(Duran and Massey, 2010:

34). 불법적으로 국경을 넘는 멕시코나 중미의 이주자들과는 달리 남미의 이주자들은 통상적으로 관광비자로 미국에 입국한 다음에 체류기간을 넘기고 정착하는 사례가 많다(Duran and Massey, 2010: 35).

라틴아메리카에서 미국으로 온 이주노동자들은 모국에 남아 있는 사람들보다 훨씬 노동시장에 적극적으로 참여한다. 이렇게 노동자들이 이주하면 라틴아메리카에는 노동력의 공급이 감소하지만 미국의 노동력은 증가하게 된다(Clark et al., 2004: 1876). 미국에서 일을 하는 라틴아메리카의 노동이주자들은 페루와 같이 일부 예외적인 사례가 있지만, 대체로 자신들의 모국에 남아 있는 사람들보다 교육수준이 높고 경제적 활동도 활발하다. 그러나 미국인들에 비하면 라틴아메리카 이주자들의 교육수준이 평균적으로 조금 낮은 편이다(Clark et al., 2004: 1877).

라틴아메리카에서 미국으로 향하는 국제노동이주의 성격을 보면 상당수의 이주자들이 수시로 국경을 통해서 드나든다는 의미에서 이들의 이주형태는 일시적이라고 주장하는 사람들이 있다. 불법 혹은 합법이주자에 대한 미국의 정책이 수시로 바뀌기 때문에 상당수의 이주자들이 순환적, 일시적 노동이주를 목표로 하는 사례가 흔하다(Durand and Massey, 1992; Hulshof, 1991: 46)는 것이 이들의 주장이다. 그렇지만 이주자 개인의 의도나 생애 경력에 따라서 '일시적' 이주와 '영구적' 이주를 구분하기 어려울 때가 많다(Escobar et al., 1987: 43). 즉, 라틴아메리카와 미국의 지리적 근접성으로 인해 이주성향은 짧은 시간에도 많은 변화를 보일 수 있다. 예를 들어 영구히 정착할 목적으로 넘어간 사람도 마을의 축제나 가족이나 친척 혹은 친구의 경조사에 참여하기 위해 수시로 방문할 수 있고, 또 일시적으로 부족한 가구의 소득을 늘리기 위해 단기간 동안 일할 목적으로 간 경우에도, 계속 머물러 있으면서 합법적인 영주권을 얻어서 영구적 이주의 성격을 띨 경우도 있다. 따라서 이주자를 보낸 라틴아메리카 지역에서 이주자들이 어떤 역할을 하고 있는가를 세밀히 분석하는 것이 필요하다.

라틴아메리카와 미국 사이의 지리적 근접성은 이주자의 거주기간과도 관계가 있다. 라틴아메리카에서 노동이주를 한 사람들의 특징은 상대적으로 다른 나라에서 온 이주자들보다 미국에서 오래 머물지 않았다는 것이다(Marcelli and Heer, 1997). 이것은 라틴아메리카가 미국과 인접해 있기 때문에 수시로 왕래를 할 수가 있어서, 상대적으로 최근에 넘어온 사람이 다른 나라에서 온 사람들보다 많기 때문일 것이다. 멕시코에서 온 이주자의 경우는 더욱 그렇다. 또한 라틴아메리카 농촌가구의 사회경제적 변화에 의해 예상했던 것과는 달리 일찍 돌아갈 필요도 있다. 이런 점을 고려하면 라틴아메리카 국내의 정치경제적 상황과 이주자 가구의 사회경제적 변화에 의해 이주자의 수와 거주기간이 쉽게 달라질 수 있다는 것을 예측할 수 있다.

특히 경제 위기 다음에는 이주의 빈도와 형태에 확연한 변화가 있다. 먼저 노동이주를 함으로써 임금을 벌어들일 수 있는 20대와 30대의 노동인구가 있는 가구가 유리하다고 하겠다. 경우에 따라서 나이가 많은 가구주가 먼저 이주를 하고, 이어서 젊은 가구원이 뒤따라서 이주를 하는 것이 보편적이다. 그러나 젊은 사람들이 많다고 모두 다 이주에 참여하는 것은 아니다. 이주를 해서 일자리를 찾아도 대부분이 숙련노동에 종사할 수 없는 상태에서 임금노동을 원하지 않는 사람도 있다. 국제노동이주는 어느 정도의 가족 규모가 되어야 유리한 조건이라고 할 수 있다. 가족의 규모가 일정한 수준 이상이 되어서 마을에 남아 있는 토지를 이용해서 생계작물을 재배할 수 있어야 나머지 구성원들이 자유롭게 이주를 할 수 있다. 농촌지역의 경우에는 대부분의 토지가 천수답이어서 많은 작물을 생산하지 못하고 경우에 따라서 강수량이 적거나 작물의 재배시기에 따라 비가 고르게 내리지 않으면 수확을 제대로 못 한다. 그렇지만 가구 구성원이 미국에 건너가서 일을 한다고 해도 일거리를 잡지 못하거나 일을 해도 정당한 노동의 대가를 받지 못하는 경우도 있어서 항상 일정한 수입이 확보된다고 보기는 어렵다. 따라서 최악의 상황에서도 생계를 유지할 수 있는 최소한의 농작물을 재배하는 것이 필수적이고 이에 따라 집을 돌보고 농사를 지을 수 있는 농업인구가 적어도 가구당 1~2명은 필요하다. 이에 따라 미국으로 이주자를 내보내는 가구의 경우에도 노동력을 사용할 수 있는 사람을 모두 보내지는 않는다. 이렇게 하는 것이 노동력을 효율적으로 이용하는 것이 된다.

다음으로 정보와 관련하여 미국과 접촉이 가능한 가구가 훨씬 용이하게 구성원을 보낼 수 있다. 가족이나 친척 중의 일부가 이미 가 있는 경우는 더욱 도움이 될 것이고, 그렇지 않으면 마을 내의 친구나 이웃의 도움을 얻어서 국경을 넘을 수 있는 정보를 획득할 수 있어야 용이하게 갈 수 있다. 사회관계의 형성은 가구의 형편에 따라 달라지고, 이것을 이용하는 데에도 나름대로의 의사결정이 필요하다. 실제로는 정보를 얻을 수 있고 이주를 한 후에 도움을 받을 사람이 있어도 제대로 활용하지 못하는 경우도 흔하다. 일부의 경우에는 미국에 사는 친척이나 가족과 연락이 되지 않는 경우도 있고, 사이가 좋지 않아서 도움을 주고받기 힘든 사례도 발견된다.

마지막으로 경제적 여건의 급격한 변화이다. 이것은 가구 내의 경제적 여건의 변화와 더불어 국가적인 경제 위기를 포함해서 기존의 경제활동으로서는 도저히 생활을 할 수 없는 형편에 이르게 되었을 때 이주가 선호되는 것이다. 특히 1995년의 경제 위기 이후 라틴아메리카에서 미국으로 이주하는 사람들의 수가 많아졌는데, 이는 급박하게 닥친 현재의 경제적 문제를 해결하고, 또 미국에서 계속해서 일을 하면서 가구를 유지하는 데 필요한 소득을 벌 수 있으면 다행일 것이라는 기대감이 커진 것이다. 즉, 평소에도 농촌 사람들이 국제노동이주를 해서 라틴아메리카에서는 해결하기 어려운 소득증대를 원하는데, 경제적 여건의 악화가 이런 결정을 촉진하도록 유인하는 결과를 가져왔다. 이렇게 된 것은 라틴아메리카에서 빈부의 격차가 심하고 농촌의 경제적 기회가 상대적으로 빈약한 실정에서 발생하는 것이다.

4. 자유무역협정과 국제노동이주

라틴아메리카 국가들이 신자유주의 정책을 실시하면서 사회 내부에서 빈부격차가 심화되고, 경제적으로 어려움을 겪는 사람들이 많아졌다. 이들은 국내의 어려움을 극복하기 위해 다른 사회로 눈을 돌려 경제적 기회를 찾게 되는데 그중의 하나가 국제노동이주이다. 신자유주의 정책 중에서 가장 큰 영향력을 갖는 것 중의 하나가 북미자유무역협정(North American Free Trade Agreement: NAFTA 혹은 Tratado de Libre Comercio de América del Norte: TLCAN)이다. 특히 멕시코의 경우에는 1994년 1월 1일부터 멕시코와 미국, 캐나다 사이에 맺어진 북미자유무역협정으로 가난한 사람들이 직접적인 영향권에 들 수밖에 없고, 이들이 미국으로의 국제노동이주를 많이 선택한다. 미국으로의 불법이주자의 변화를 보면, 전체 불법이주자의 30% 정도가 2000년 이후에 미국으로 왔고 2/3는 북미자유무역협정이 발효된 1994년 이후에 이주했다(Coates and Siavelis, 2009: 5). 이것을 보면 북미자유무역협정이 미국으로의 이주에 무시하지 못할 영향을 미쳤다는 것을 확인할 수 있다.

멕시코의 신자유주의 정책과 북미자유무역협정은 장기간에 걸친 경제적 변화와 긴밀한 관계를 갖는다. 대부분의 라틴아메리카 국가처럼 멕시코도 1930년대와 1970년대 사이에 국가주도의 '수입대체 산업화'(import substitution industrialization) 정책을 시도했다. 국가가 주도하는 부문을 확대하고 국내산업을 보호하며 국가경제의 주요한 기관과 자원을 국유화하는 것이었다. 국가가 발전을 주도하면서 멕시코인 5명 중에 1명은 국가에 의해 고용되었다. 이 기간에 석유수입의 증가와 더불어 멕시코는 급격한 경제성장을 달성했다. 석유 수출가격이 상승하자 1970년대에 멕시코는 해외의 금융기관으로부터 많은 자금을 빌려서 사회기반 시설을 확충하거나 국민들의 지지를 받을 수 있는 곳에 활용했다. 이런 정책은 당초에는 별다른 문제없이 진행되어, 1977년과 1981년 사이에 GDP가 연평균 7%나 성장했다. 그러나 1981년이 되면서 상황은 급변했다. 미국의 금리는 상승하고 국제유가가 하락하면서, 국가의 재정적자가 심화되었다. 경제가 위기에 빠지면서 자국통화인 페소(peso)화는 평가절하되고, 자본의 해외이탈, 인플레이션이 통제할 수 없는 상태가 되었고, 급기야 중앙은행이 지불불능 상태에 빠졌다. 1982년 9월에 멕시코는 채무불이행을 선언하고 미국과 해외의 금융기관에 긴급구제를 요청했다(Siavelis, 2009: 98).

경제가 악화된 상태에서 미국 정부와 국제기구는 멕시코 정부에 구조조정을 요구했고, 이것이 멕시코에서 신자유주의 정책이 시작되는 계기가 되었다. 델 라 마드리드(Miguel de la Madrid Hurtado, 1982~1988) 대통령은 시장경제의 기능을 강화하여 신자유주의 정책을 본격적으로 집행했다. 이런 정책은 살리나스(Carlos Salinas de Gortari, 1988~1994)와 세디요(Ernesto Zedillo Ponce de León, 1994~2000) 행정부에서도 그대로 지속되어 멕시코의 경제가 재편되게 되었다. 구체적으로는 관세가 삭감되고 해외에서의 투자에 대한 제한이 사라졌다. 국영기업의 민영화도 진행되어 1982년에 1,155개였던 국가소유의 기업이 1986년에는 412개로 크게 줄었다. 다음으로 멕시코는 1986년에 '관세 및 무역에 관한 일반협정'(General Agreement on Tariff and Trade: GATT)에 서명하고, 공식적으로 무역장벽을 철폐하기로 공언했다. 농업에서도 변화가 일어나서 에히도(ejido)[7] 같은 공동토지가 사유화되고, 대규모의 자본제적 농업생산

---

7) 식민시대 이전부터 존재했었던 원주민 사회의 공동토지이다. 마을을 위해 의무를 적절하게 수행한

이 장려되었다. 공공부문의 축소도 병행되어 국가기관의 규모가 축소되고 관료들의 수도 줄어들었다. 이런 노력으로 1994년에 미국, 캐나다와 함께 북미자유무역협정을 체결하게 되었다. 이렇게 되자 상품에 대한 관세가 더욱 줄어들고, 과거에는 정부의 보호를 받던 국내산업이 국제적인 경쟁에 휘말리게 되었다. 세디요 행정부는 국가 소유의 석유회사인 페멕스(Petróleos Mexicanos: Pemex)에 대한 국가 보조금을 삭감하고 일부의 노동자들을 해고했다. 이어서 연료, 임대료, 전화요금에 붙는 세금도 인상했다(Siavelis, 2009: 99).

사실상 북미자유무역협정은 멕시코에서 미국으로 가는 불법이주자들의 문제를 해결하려는 목적을 가지고 있었다. 당초의 예상으로는 경제협력을 강화하여 멕시코의 산업을 발전시키면 일자리가 많이 생겨서 멕시코인들이 미국으로 일자리를 찾으러 가기보다 국내에서 경제활동을 할 것이라 판단했다. 그러나 당초의 이런 기대는 전혀 실현되지 않았고, 오히려 북미자유무역협정이 본격적으로 시행되면서 더욱 많은 멕시코인들이 미국으로의 노동이주를 선택하였다(Hing, 2010: 10). 이론적으로는 농업분야의 자유무역은 경쟁적 우위에 있는 작물의 생산을 촉진시켜서 농촌지역의 일자리를 늘리면서 점진적으로 농민들의 이주 욕구를 감소시킨다. 그러나 선진국의 농업인들에게 지급되는 보조금과 기계화된 농업생산은 라틴아메리카 농촌사회에 왜곡된 결과를 초래했다. 미국과 멕시코의 경우에 농업에서의 자유무역은 대규모의 토지에 농기계와 비료, 화학약품을 사용하는 미국의 농업생산자가 비교우위를 갖게 만들었다. 미국의 농업은 전 세계에서 가장 기계화가 잘 되어 있으며 노동생산성도 매

구성원들은 일정한 토지를 분배받아 경작할 수 있다. 에히도 토지는 상속은 할 수 있으나, 사고 팔 수는 없었다. 식민시대에 에히도는 정복자들에게 토지를 부여하고 원주민으로부터 공물과 노동력을 이용할 수 있는 대신에 정복자들에게 원주민들을 개종시킬 권한을 부여한 엔코미엔다(encomienda)로 대체되었다. 1917년 멕시코혁명 이후에 이런 토지들이 다시 토지가 없는 농민들에게 분배되면서 에히도 제도가 다시 등장했다. 1992년 법의 개정으로 에히도 토지도 개인이 토지를 등록할 수 있게 되었고, 이 토지를 사고 팔 수 있게 허용되었다. 이 외에도 원주민들이 식민시대 이전부터 지금가지 계속해서 공동으로 경작해왔던 공동토지인 '테레노스 코무날레스'(terrenos comunales)도 있다.

우 높다. 게다가 미국의 농업은 미국 정부로부터 각종 보조금을 지원받기 때문에, 정부의 재정지원이 빈약한 노동집약적인 멕시코의 농업에 비해 훨씬 유리하다. 자유무역이 활성화될수록 미국의 농업생산은 늘어나고, 결과적으로 농업노동자도 더욱 많이 필요하게 된다. 이런 현실에서 농업분야의 자유무역은 오히려 멕시코 농촌지역의 이주를 촉진시킨다(Cantú et al., 2007: 137; Hing, 2010: 12). 물론 멕시코에서도 북부지역에는 제한적이지만 대규모의 토지에 기계화된 농업생산을 통해서 과일과 야채를 재배해 미국시장에 판매한다. 그렇지만 중부와 남부지역은 전혀 사정이 달라서, 농업생산만으로는 가구를 유지하기 어려운 상태에 놓여 있다.

농업분야에서도 공동체 중심의 생산에서 사유화된 농업생산으로 이동하고 있다. 특히 농업을 지원하는 시설을 민영화하면서 가난한 농민들에게 피해를 주고 있다. 그동안 여당과 함께 활동을 했던 농민조직들은 와해되어서 이들이 정치적 영향력을 발휘하기도 힘들다. 농민들은 더 이상 자신들의 정치적, 경제적 이해를 실현시키기 위해 노력하기 어려운 실정이다. 반면에 그동안 국가에서 지원해주었던 신용대부, 비료, 종자, 가격보장 정책, 기술지원 등은 1980년대의 경제위기를 지나면서 거의 사라지거나 대폭 축소되었다(Siavelis, 2009: 100~101). 정부의 무관심 속에 아직도 농업노동자로 남아 있는 사람들의 임금도 계속 내려가고 있다. 1991년에서 2003년 사이에 멕시코의 농업노동자의 월평균 임금은 535페소에서 483페소로 하락했다. 같은 기간에 자작농의 월평균 소득은 1,995페소에서 228페소로 내려가서 88%의 손실을 보았다. 농업의 상황이 어렵게 되자, 농업에 종사하는 사람들의 수도 줄어들었다. 1980년에는 2,600만 명이었으나, 1990년에는 2,260만 명, 2000년에는 1,580만 명으로 감소했다. 특히 옥수수를 생산하는 사람들이 가장 큰 타격을 입어서 100만 명 이상이 일자리를 잃었다(Siavelis, 2009: 106).

농업분야의 보조금 문제를 상세히 살펴보면, 멕시코 정부는 과거에 농업생산자에게 생산비를 지원하는 정책을 펴서 농산물 가격을 낮은 수준으로 유지했다. 그러나 북미자유무역협정이 실행되면서 이런 지원을 철회했다. 반면에 미국은 농업분야에 상당한 보조금을 지원했고, 특히 옥수수의 경우에는 대규모의 재정지원을 계속 유지했다. 1999년에서 2002년 사이에 미국에서 생산된 옥수수는 멕시코의 옥수수보다 30% 낮은 가격으로 판매된다. 이렇게 해서 멕시코의 옥수수 생산은 엄청난 타격을 받게 되었다. 멕시코의 사례를 보면 북미자유무역협정의 결과로 2003년에 멕시코와 중미 사람들의 주식인 옥수수로 만든 토르티야(tortilla) 생산은 대규모 기업의 손에 넘어갔고, 그중에서 마세카(Maseca)라는 기업을 소유한 그루마(Gruma)가 70% 이상을 통제하고 있다(Zermeño, 2008: 29). 한편 토르티야의 가격도 엄청나게 뛰어올랐다. 즉, 해외의 대기업에 의해 농업생산이 통제되면서 해외 곡물가격이 급격하게 상승하여 가난한 농민들은 치명적인 타격을 입는다. 멕시코는 세계에서 최초로 옥수수를 재배한 국가이지만, 현재는 옥수수를 수입하는 국가가 되었다. 2000년에 미국의 농업 보조금은 280억 달러에 이르렀고, 2008년에는 적어도 250억 달러 이상이 되었다(Cantú et al., 2007: 136; Hing, 2010: 13). 미국 정부가 농장주에게 주는 보조금은 연평균 2만 달러에 달하지만, 멕시코는 720달러에 불과하다. 더욱이 미국에서는 농업생산에 관여하는 대규모의 기업이 보조금을 받아서 작물을 재배하기 때문에, 소규모의 토지에서 별다른 자금투자나 재정지원이 없이 농업생산을 하는 멕시코의 대다수 농민들은 국제시장에서 경쟁을 할 수 없다(Siavelis, 2009: 106). 멕시코는 과거에도 농업분야에서 미국과의 교역이 적자였는데, 자유무역이 본격적으로 시행되면서 무역적자 규모는 더욱 확대되었다.

특히 북미자유무역협정 이후에 미국에서 대량 생산된 곡물의 유입으로 자신이 생산한 작물을 상업화하기 점점 더 어려운 멕시코의 소규모 경작자들은 이주가 유일한 탈출구이다(Farrag, 1997: 329). 농민들은 대규모 상업작물을 재배하기 어려운 실정에서 경쟁력이 있는 농업을 발전시키기 힘든 상황에 빠져 있다. 소규모 경작자들이 생산하는 작물은 생산비가 많이 들어 시장에서 제값을 받고 팔기 어려워졌다. 소규모 농업생산에 종사하는 사람들은 사라진 관세의 혜택을 보는 값싼 수입 작물과 경쟁을 할 수 없다. 즉, 농업과 비농업 분야에서 자유무역협정은 농민들에게 불리한 결과를 가져다주었고 농민들을 노동이주로 유도하는 계기를 만들어주었다. 멕시코가 다른 국가에 비해 미국의 농산물에 대한 관세를 훨씬 많이 낮추었기 때문에, 농업분야의 무역자유화는 멕시코 농업 분야의 일자리를 축소시키는 데 중요한 역할을 했다. 북미자유무역협정이 맺어지기 전에는 멕시코의 농업부문에 약 810만 개의 일자리가 있었다. 그러나 1994년 이후에 이런 일자리가 서서히 줄기 시작해서 2006년이 되면 단지 600만 명만 농업에 고용되어 있는 실정이다. 이런 문제에 직면했지만 멕시코 정부는 보다 경쟁력 있는 대체작물 재배를 위한 지원이나 다른 일자리 개발 등 형편이 어려워진 농민들을 돕기 위한 대안을 마련하지 못했다. 멕시코 정부는 단지 자유무역협정으로 다른 산업 분야의 성장이 이루어지거나 농업에 자본이 투자되면, 농촌의 잉여인력이 활용될 것이라는 안이한 생각을 가지고 있었다(Hing, 2010: 14). 그러나 멕시코의 농업에 대한 해외자본의 투자는 제대로 이루어지지 않았다. 일부의 자본이 유입되기는 했지만, 가축사육이나 작물저장을 위한 시설을 구입하는 데에 집중되었다. 타이슨(Tyson)과 필그림스 프라이드(Pilgrim's Pride)라는 미국 업체가 멕시코의 닭고기 생산시설을 흡수한 것이 그 예이다.

농업분야를 제외하더라도 북미자유무역협정이 멕시코의 산업발전을 촉진시키지는 못했다. 국경지역에 형성된 마킬라도라[8] 이외의 지역에서

---

8) 멕시코의 산업발전을 목표로 시행된 자유무역지대에 위치한 제조업체를 의미한다. 1964년 미국의 브라세로 계획의 종료로 미국에서 일하던 이주노동자들이 귀국하자 이들을 위한 새로운 일자리를 만들기 위해 시작되었다. 기업들은 관세 혜택을 받아 원료와 장비를 수입해서 조립이나 가공을 한 다음에 미국이나 다른 국가로 수출한다. 초창기에는 국경지역에서만 허용되었으나, 이제는 내륙지역에서도 인정된다.

는 1994년에 비해 오히려 산업체의 수가 줄었다. 2006년을 기준으로 북미자유무역협정 시작 이전보다 13만 개의 일자리가 감소하여 126만 개의 일자리가 존재했다. 근래에는 미국의 경기침체와 중국에서 수입된 저렴한 상품의 유입으로 멕시코의 일자리가 더욱 많이 사라지고 있다. 북미자유무역협정이 발효된 후에 멕시코의 생산성은 다소 상승하였으나 실질임금은 낮아졌고 소득 불평등은 더욱 확대되었다. 멕시코 국내의 제조업이 쇠퇴하고 임금도 낮아지면서 미국과 멕시코 사이의 임금격차는 더욱 커졌다. 구체적 자료를 보면 1975년에 멕시코의 임금수준은 미국의 23%에 해당했다. 북미자유무역협정이 시행되기 직전에는 15%까지 하락했었다. 그러나 2003년이 되면 격차가 더욱 벌어져서 멕시코의 임금은 미국의 12%에 불과하게 되었다(Hing, 2010: 15). 이렇게 멕시코의 산업이 위축되어 일자리가 감소하고, 미국과의 임금격차가 벌어지기 때문에 많은 사람들이 미국으로의 국제노동이주에 관심을 두게 되었다.

신자유주의 정책은 멕시코인들의 경제적 형편을 개선시키지 못했고, 새로운 기회를 마련해주지도 못했다. 오히려 경제적으로 불리한 위치에 있는 사람들에게 미국으로의 이주를 부추기는 결과를 초래했다. 1980년대 후반 이후에 실질 최소임금은 꾸준하게 하락하고 있다. 1인당 GDP도 1980년대부터 1997년까지 정체되어 있거나 오히려 낮아졌다. 1980년 이전의 30년 동안은 연간 GDP 성장률이 6~7%에 이르렀다. 그러나 1990년대에는 4%로 내려앉았고, 1994년에서 2003년 사이에는 3%에 그치고 있다. 한편 신자유주의 정책 실시 이후에 그나마 달성된 성장은 불균형하게 분배되어 가난한 사람들을 어렵게 만들었다(Siavelis, 2009: 100~101). 다음으로 신자유주의 개혁은 비공식부문의 고용이 늘어나게 만들었다. 산업분야의 고용이 줄어들면서 많은 사람들이 가정부나 거리의 행상, 그리고 소규모의 상업활동에 종사하고 있다. 이런 분야의 직업은 아무런 사회적 혜택을 받을 수 없어서 문제가 크다. 현재 멕시코 GDP의

1/3을 비공식 경제부문이 담당하고, 전체 노동력의 1/3 이상이 이런 부문에서 일을 한다(Siavelis, 2009: 100~101).

북미자유무역협정 이후에 수출이 다소 증가하고 외국인들의 직접투자가 일부 이루어졌지만, 멕시코인들의 평균임금과 생활수준은 과거에 비해 전혀 개선되지 못했다. 수출 증가는 협정의 효과를 어느 정도 보아서 1994년 이전에는 멕시코의 수출 증가율이 연 6.4%였지만, 그 후에는 연 29%에 달한다(Hing, 2010: 16). 한편 수입의 경우를 보면, 실제로 자유무역의 덕택으로 미국이나 캐나다의 상품을 멕시코인들이 조금 싸게 구입할 수 있게 되었다. 그러나 멕시코의 빈곤율이 50%에 이르고 생활비가 점차 오르고 있다는 사실을 고려하면 큰 도움이 되지 않는다. 1994년에 하루에 4.20달러에 해당하는 최저임금으로 44.9파운드의 토르티야를 살 수 있었지만, 2003년에는 최저 임금으로 18.6파운드의 토르티야를 살 수 있다. 또 2003년의 최저임금으로 휘발유 7리터를 살 수 있을 뿐이지만, 1994년에는 24.5리터까지 구입할 수 있었다. 설상가상으로 일자리를 잃기 쉬운 가난한 가구들의 생활비가 가장 심각한 타격을 입게 되었다. 멕시코의 국내정책도 자유무역 이후에 시장경제에 충실하다 보니 물가상승이 빠르게 진행된다. 2007년에 멕시코인들의 생계에 필수적인 43개 물품의 가격은 34%가 올랐지만, 법정 최저임금은 단지 4% 상승하는 것에 그쳤다(Hing, 2010: 23).

북미자유무역협정의 체결 이후에 멕시코인들의 경제적 기대치는 높아졌지만, 멕시코의 고용기회가 전체적으로 늘어난 것은 아니다. 오히려 빈부의 격차가 심해지는 문제도 발생하는데, 예를 들어 해외의 값싼 공산품이 유입되면서 소규모의 공장들이 경영난으로 문을 닫게 되어 가난한 노동자들이 일자리를 잃게 되는 사례가 나타난다(Gutmann, 1998: 300~302). 결과적으로 신자유주의 정책은 멕시코인들의 경제적 형편을 획기적으로 개선시키지 못했고, 새로운 기회를 마련해주지도 못했다. 오히려 경제적으로 불리한 위치에 있는 사람들이 미국으로 이주를 하도록 부추기는 결과를 초래했다. 1980년대 후반 이후에 실질 최소임금은 꾸준하게 하락하고 있다. 1인당 GDP도 1980년대부터 1997년까지 정체되어 있거나 오히려 낮아졌다. 이런 현상은 도시지역에만 한정된 것이 아니라 농촌지역에서도 나타나고 있다. 실제로 많은 농촌 가구 구성원들이 인근의 도시에 나가서 일을 하고 있어서, 이들도 고용기회의 감소에 즉각적인 영향을 받는다. 또한 도시 사람들의 소득감소는 농촌에서 생산하는 농작물이나 기타 생산품의 판매에도 타격을 준다. 자유무역의 확산으로 기계화된 자본제적 농장에서 생산되는 값싼 농작물이 유입됨으로써 생계작물을 주로 재배하고 부분적으로 남는 작물을 파는 가난한 농민들은 농업부문에서 경쟁력을 유지하기 어려워졌다.

자유무역의 확산은 중하층 계급의 사람들에게는 경제적 기회가 확대되기보다는 오히려 축소되고, 오히려 미국의 입장에서 멕시코의 시장이 확대되어 미국에 더 많은 기회가 주어지는 것이 아니냐는 의견이 제시되고 있다. 농촌과 도시지역에 값싼 수입품이 들어오면서 소규모 산업을 하는 사람들은 무시하지 못할 영향을 받는다. 중소기업이 생산하는 제품은 가격이 싼 물건의 유입으로 어려운 상태이다. 대체로 자영업이나 도시에서 일하는 사람들이 직접적으로 영향을 받는다고 한다. 한편으로는 북미자유무역협정이 멕시코 농민들의 기대감만 증폭시키는 결과를 가져오기도 한다. 이런 생각에서 과거보다 노동이주를 생계를 해결하는 대책의 하나로 고려하는 사람이 많다.

이런 문제 때문에 가장 피해를 보는 사람들은 고립된 환경에서 생계작물을 재배하며 간신히 생계를 유지하는 원주민 집단이다. 오늘날 많은 원주민들이 미국으로의 이주에 가담하고 있다. 멕시코에서도 원주민들이 많이 사는 오아하카, 치아파스, 게레로 주에서 많은 이주자들이 발생하고 있다. 한 연구에 따르면 미국에 이미 오아하카에서 온 50만 명의 원주민이 있고, 그중에 캘리포니아에만 30만 명이 있다(Bacon, 2008: 23). 원주민들이 많이 사는 멕시코의 치아파스는 더욱 문제가 심각하다. 이 지역은 1994년 1월 1일 북미 자유무역협정의 발효와 함께 사파티스타 민족해방군(Ejército Zapatista de Liberación Nacional: EZLN)[9]이 봉기를 일으켜 신자유주의 정책으로 인해 발생한 원주민과 농민들의 피해에 대해 비판했다. 경제적으로 멕시코의 농촌사회는 지속되는 경제위기와 신자유주의적 개혁정책의 영향으로 심각한 어려움에 봉착하게 되었다. 특히 토지개혁을 제한하는 헌법의 개정과 북미자유무역협정의 서명은 불균등한 농지 분포와 농촌의 빈곤에 대한 불만을 가중시켰다. 그러나 무장봉기가 일어난 지 20년 정도가 흘렀지만 원주민들의 요구가 멕시코 정부에 의해 거의 수용되지 않았고, 생활여건의 개선도 이루어지지 않았다. 무장투쟁을 하면서 사회경제적 변화와 원주민 사회의 자치를 요구했던 많은 원주민들은 그들이 기대했던 것들이 제대로 실현되지 않자 매우 실망하게 되었다. 이런 실정에서 2001년이 지나면서 치아파스의 많은 원주민들이 멕시코 정부에 대한 더 이상의 기대를 접고 미국으로의 국제노동이주에 참여하게 되었다(주종택, 2012b: 142~143; Mancina, 2011: 206). 라칸돈(Lacandón) 정글의 카냐다 에스트레야(Cañada Estrella) 마을의 사례를 보면 1990년대 중반에는 무장봉기를 주도한 사파티스타(Zapatista)들이 근처의 대토지인 아시엔다를 점유하면서 자긍심을 갖기도 했다. 그러나 토지 자체가 충분하지 않았고, 농작물 재배를 위한 재정지원이나 농업구조

---

9) 미국과 멕시코, 그리고 캐나다 사이에 북미자유무역협정이 공식적으로 발효된 1994년 1월 1일 멕시코의 남부지역인 산 크리스토발 델 라스 카사스, 오코싱고, 라스 마르가리타스, 알타미라노, 차날, 옥스축, 그리고 우익스탄 등 치아파스 고지대의 7개 도시가 사파티스타 민족 해방군에 소속된 약 3,000여 명의 원주민들에 의해 무력으로 점거당했다. 이들은 공식성명서를 통해서 토지와 일자리, 주택, 식량, 의료, 교육, 자치, 자유, 민주주의, 정의, 평화 등의 요구사항을 제시했다. 특히 사파티스타(Zapatista)들은 토지 소유제도, 원주민의 권리, 정치적 민주화 등을 강조하였다. 예기치 못한 원주민들의 봉기에 당황한 멕시코 정부는 무력으로 이들을 제압하려고 했다. 무력 충돌이 발생한 다음에 멕시코 정부와 사파티스타들 사이에 여러 차례 협상이 진행되었지만, 아직까지 완전한 합의를 이루지 못하고 있다. 사파티스타들은 실질적인 원주민의 완전한 자치를 요구하고 있지만, 멕시코 정부는 문화적 의미의 제한된 자치만 인정하겠다고 맞서고 있다.

의 개혁이 달성되지 못했다. 또 밀려드는 수입곡물에 비해 농업생산성이 높지 않아서, 경제적 여건을 획기적으로 변화시키기에는 역부족이었다(Mancina, 2011: 210~211).

북미자유무역협정과 함께 미국의 신자유주의 정책은 모순에 빠져 있다. 이런 정책은 국경을 초월하는 자본의 자유로운 이동을 지지하기 때문에, 필연적으로 토지나 다른 자원의 상업화를 촉진하고 농촌지역에서 도시지역으로, 그리고 국가 간의 사람들의 이동을 자극한다. 그럼에도 불구하고 미국의 이주정책은 저임금 노동자에 대한 자본의 요구를 고려하여 해외에서 들어오는 노동자의 수를 제한하는 정책을 사용한다(Hayduck, 2009: 161). 따라서 멕시코나 다른 라틴아메리카 국가들은 미국의 신자유주의정책을 따르면서 다른 측면으로는 신자유주의의 문제점을 고스란히 수용해야 하는 곤경에 처하게 되었다. 북미자유무역협정의 결과로 멕시코는 미국의 이주정책에도 적극적으로 협조하지 않을 수 없게 되었다. 멕시코는 경제적 종속과 군사적 열세 때문에 미국의 입장을 그대로 수용할 수밖에 없다. 2005년 3월에 멕시코의 비센테 폭스(Vicente Fox Quesada, 2000~2006) 대통령은 미국의 조지 부시(George W. Bush, 2001~2009), 캐나다의 폴 마틴(Paul Martin, 2003~2006)과 함께 '안보 및 번영 협력관계'(Security and Prosperity Partnership: SPP)를 맺어 미국의 요청에 따라 중미와 남미지역에서 미국으로 이주하려는 사람들이 통행하는 멕시코 남부지역에 군대를 파견하게 되었다. 또한 멕시코는 미국으로 가려는 중미와 남미의 이주자들을 적극적으로 통제할 것도 요구받았다(Carlsen, 2008: 20). 그동안 멕시코는 과테말라와의 국경에 그다지 신경을 쓰지 않았고, 자유로운 물자와 사람의 이동을 허용했었다. 그러나 북미자유무역협정과 더불어 미국과의 관계를 염두에 두어야 하기 때문에 중남미국가와의 마찰을 피할 수 없게 되었다.

Part 3
라틴아메리카 사회의
변화와 이주

1. 미국-멕시코 국경지역의 변화

멕시코 북부지역은 건조해서 과거에는 농작물을 재배하기에 적합하지 않은 지역이라고 생각되어 사람들이 그다지 선호하지 않는 지역이었다. 그래서 국경도시의 인구도 그다지 많지 않았다. 그러나 마킬라도라 산업이 발전하고, 국경을 건너서 미국으로 가려는 국제노동이주자들이 많아지면서 20세기 후반부터 멕시코의 국경도시는 빠르게 성장했다. 이주자들의 왕래가 빈번해지면서 티후아나(Tijuana), 메히칼리(Mexicali), 노갈레스(Nogales), 시우닷 화레스(Ciudad Juárez), 누에보 라레도(Nuevo Laredo), 레이노사(Reynosa), 마타모로스(Matamoros) 등 멕시코 국경도시의 인구는 짧은 시간에 크게 증가하고 있다. 인구가 증가하고 미국과 멕시코 사이에 물자와 사람의 이동이 활발해지면서 문화의 혼성화도 빠르게 진행되고 있다. 예를 들면 멕시코의 국경도시의 영향을 받아 미국의 국경도시에도 멕시코 음식을 제공하는 식당이 우후죽순처럼 생겼다. 그 후에는 이런 식당들이 라티노들이 많이 사는 지역을 중심으로 미국의 내륙에 자리한 도시까지 진출했다. 20세기에는 국경지역과 남서부지역을 중심으로 백인들을 상대로 하는 식당에서도 멕시코 음식과 미국 음식을 결합한 파히타(fajitas) 같은 텍스멕스(Tex-Mex) 음식이 생겨나기도 했다. 그다음에는 타코(tacos), 엔칠라다(enchiladas), 토스타다(tostadas), 부리토(burritos) 등 다양한 형태의 멕시코 음식이 미국에 대대적으로 소개되었다(Pilcher, 2001: 210).

특히 1962년에 설립된 '타코벨'(Taco Bell)이라는 멕시코 음식을 취급하는 패스트푸드 체인이 등장하면서 멕시코 음식의 미국시장 진출은 가시화되었다. 타코벨은 옥수수 토르티야를 미리 튀기는 방식을 개발함으로써 조리시간을 단축시켜서 햄버거 체인과 경쟁했다(Pilcher, 2001: 212). 이제는 동네의 작은 상점이나 슈퍼마켓에서도 멕시코 음식을 만드는 재료를 쉽게 구입할 수 있게 달라졌다. 이런 현상은 언어와 다른 문화요소에도 광범위하게 영향을 미쳤다.

멕시코 만에서 태평양에 이르는 미국－멕시코 사이의 국경은 총 길이가 1,969마일(3,169km)에 달한다. 국경지역은 서부와 동부처럼 인구가 밀집한 지역도 있지만 중부지역은 강, 사막, 산악지역으로 형성되어 있어서 국경을 넘는 것을 통제하기가 용이하지 않다. 미국으로의 이주자가 늘어날수록 국경지역에서의 갈등과 문제는 더욱 증가할 수밖에 없다. 최근에는 멕시코나 중미의 이주노동자들뿐 아니라 남미지역에서 오는 이주노동자들도 미국－멕시코 국경을 통과하는 경우가 있어서 문제가 더욱 복잡해졌다. 이렇게 사람들의 통행이 많아지면서 사건이나 사고도 수시로 발생하며, 사회문제도 많이 일어난다. 이 지역을 거치는 사람들을 대상으로 하는 매춘행위도 날이 갈수록 성행하고, 시우닷 화레스 지역은 여성들을 대상으로 한 범죄행위도 기승을 부리고 있다(Campbell, 2007: 266). 사람이나 물자의 교류가 왕성해졌지만 국경지역은 사회불안이 심각할 뿐 아니라, 경제적으로도 매우 열악한 형편에 놓여 있다. 국경도시들은 아직도 일자리를 찾아 다른 지역에서 온 가난한 사람들로 인해 빈곤한 지역이 되었다(Mora, 2006: 886).

20세기 말부터 많은 불법이주자들이 국경을 넘어 미국으로 일자리를 찾아오자 미국은 '국경순찰대'(Border Patrol)를 조직하여 적절한 허가 없이 국경을 넘는 사람들을 통제하고 있다. 이주자들의 수가 끊임없이 늘어나면서 국경순찰대에 소속된 요원들의 수도 따라서 늘어나서 현재는 약

2만 명이 넘는다. 이와 더불어 각 주마다 '주방위군'(National Guard)을 활용하여 국경을 관리한다. 국경의 길이가 길고 험준한 지형이 많아서 인적자원만으로는 불법이주를 단속하기가 거의 불가능하기 때문에, 통행량이 많은 서부의 티후아나-샌디에이고와 내륙의 시우닷 화레스-엘 파소 지역에는 높은 장벽이 설치되어 있다. 현재 미국-멕시코 국경지역의 9개구간 중에 첨단 보안 카메라나 장벽 등의 저지시설을 설치하지 않은 구역은 단 하나뿐이다. 이곳은 마르파(Marfa)라고 불리는 구간으로서 미국의 뉴멕시코 주와 멕시코의 치와와(Chihuahua) 주 사이의 300마일이 넘는 지역이다. 이 지역은 사막으로 구성되어 있으며 인구밀도도 가장 낮은 장소이다(Martínez, 2011: 8). 이렇게 이주자를 막으려는 노력이 전개되지만, 1년에 약 50만 명에 달하는 불법이주자들을 효과적으로 통제하는 것은 곤란해서, 현실적으로 약 200마일 정도의 국경만 국경순찰대에 의해 제대로 관리되는 형편이다.

미국 정부의 여러 가지 대책에도 불구하고 지금까지 불법이주자의 수가 감소하지 않는 데는 여러 이유가 있다. 그중의 하나는 국경을 넘어가려는 사람들에 대한 통제가 그다지 효율적이지 못하다는 것이다. 20세기까지 국경을 넘는 것이 갈수록 쉬워진다는 것은 국경을 넘다가 체포될 확률이 해마다 줄어들고 있다는 것을 의미한다. 예를 들어 1970~1975년 사이에는 한 번 국경을 넘을 때마다 체포될 확률이 0.35~0.40이었는데 1990~1994년 사이에는 0.15~0.20에 그치고 있다(Singer and Massey 1998: 585). 물론 1990년대 후반 이후에는 국경통제가 강화되면서 불법으로 국경을 건너려는 사람들이 체포되는 확률이 높아졌다. 2002년에서 2004년 사이에 국경순찰대에 구금된 불법이주자들은 평균 1.38번 체포되었다. 2년 후에는 이 수치가 1.57번으로 올라갔다. 샌디에이고나 엘 파소 같이 장벽이 설치된 지역에서는 체포되는 불법이주자의 수가 급격하게 감소하는 대신에 애리조나, 뉴멕시코, 그리고 텍사스 주의 장벽이 없는 지역에서 검거되는 이주자의 수가 늘어나는 실정이다. 그러나 이주자들이 체포되는 확률이 상승했다고 해서, 그들이 근본적으로 국경을 넘을 가능성이 줄어들었다고 말할 수는 없다. 멕시코의 틀라코테펙(Tlacotepec) 마을의 사례를 보면, 최근에 미국으로 밀입국하려던 사람들의 48%가 체포되었지만, 97%의 이주자들은 궁극적으로 마을로 돌아오지 않고 미국으로 들어갔다. 다시 말해 국경을 통제하기 위한 다양한 수단을 강구하더라도, 이주노동자들은 국경을 성공적으로 넘기까지 계속 시도하기 때문에 최종적인 성공률은 높게 나올 수밖에 없다(Cornelius, 2007: 11; Hellman, 2011: 240). 또한 1990년대까지는 국경을 불법으로 넘다가 잡혀도 별다른 제재 수단이 없었고, 단순히 다음 날 국경 너머 멕시코로 돌려보냈기 때문에, 실질적으로 누구나 원하면 언제든지 국경을 넘어서 일거리를 찾아갈 수 있다. 불법으로 멕시코에서 국경을 넘어 미국에 일자리를 찾아가는 이주자들은 미국 정부에 의해 만들어진 여러 가지의 장벽을 헤쳐 나가기 위해 다양한 인적, 사회적 자본(human and social capital)을 활용한다. 이런 이주자들의 풍부한 개인적, 사회적 자원으로 인해 제도나 법의 제정, 물리적 장애물을 이용해서 국경을 통제하려는 미국 정부의 노력은 그다지 효율적이지 못했다(Singer and Massey, 1998: 562).

이런 난관을 극복하려고 미국은 1990년대부터 보다 적극적으로 국경에 관한 정책을 선언했다. 미국은 1993년 이래로 텍사스의 엘 파소 지역을 중심으로 '봉쇄작전'(Operation Blockade)이라는 이름으로 국경을 군병력을 이용하여 통제하고 있다(Zlolniski, 2011: 251). 그러나 2013년 1월 9일에 보도된 워싱턴 타임스(The Washington Times)의 보도에 의하면, 미국이 국경 감시를 위해 많은 인력을 투입하고 있지만, 미국 의회의 조사 결과를 보면 아직도 불법이주자의 61%만 통제하는 수준이라고 한다. 회계감사원(The Government Accountability Office)의 보고에 따르면 2011년에 327,118명의 밀입국자를 검거했고, 208,813명은 잡히지 않았다고 한다. 이 중에 85,827명은 미국으로 넘어갔고, 나머지는 본국으로 돌아갔다고 한다. 그러나 국경을 넘으려는 사람들의 행방을 구체적으로 추적하기는 매우 어려워서, 이렇게 추정을 근거로 작성한 자료를 그대로 수용하는 것은 문제가 있다. 그리고 실제로 적발되지 않고 국경을 넘는 사람들의 수는 정확하게 파악하기 불가능하다.

<표 6> 미국의 국경지역 국가별 체포자 수(단위: 명)

국가별	2002	2003	2004	2005	2006	2007	2008	2009	2010	2011
전체	1,062,270	1,046,422	1,264,232	1,291,065	1,206,417	960,772	1,043,863	869,857	752,329	641,633
브라질	3,493	5,740	10,082	32,103	2,957	2,902	3,890	3,321	3,421	3,107
콜롬비아	1,748	1,581	919	1,545	1,647	1,893	3,618	3,429	2,891	2,646
쿠바	2,750	2,425	1,831	4,285	5,088	4,931	6,677	4,701	3,947	4,691
도미니카	3,225	4,073	3,635	4,586	3,713	2,118	5,470	5,129	5,241	4,405
엘살바도르	9,209	11,757	19,180	42,885	46,315	19,699	27,152	26,778	27,539	25,594
과테말라	8,344	10,355	14,288	25,909	25,135	23,907	33,697	33,882	36,230	39,153
온두라스	11,295	16,632	26,555	55,756	33,383	28,265	33,779	31,822	29,942	29,122
자메이카	1,748	1,443	976	1,557	1,347	804	3,069	3,057	2,965	2,775
멕시코	994,724	956,963	1,142,807	1,093,340	1,057,206	854,275	884,082	715,914	598,004	489,547

자료: U. S. Department of Homeland Security, 2012: 92~93

　　<표 6>에서 국경지역에서 일 년 동안 체포된 사람들의 수를 출신국가별로 살펴보면, 주요 국가는 모두 라틴아메리카 국가이다. 체포된 사람의 수는 2000년대 초반에는 백만 명이 넘는 수준이었으나 2006년부터 다소 감소되어 2011년에는 64만 명에 이르는 것을 알 수 있다. 2000년대 후반에 들어 미국의 강화된 국경경비와 2007년 12월부터 시작된 미국의 경기 침체로 불법이주자의 수는 다소 감소하였다. 그러나 과테말라는 다른 국가와는 상이하게 2002년에 비해 2011년에 체포자가 늘어났다. 최근에 국경에서 검거되는 이주자가 감소되는 경향은 불법이주자의 수가 줄어들었을 가능성도 있지만 다른 이유도 존재한다(Hicken et al., 2010: 56~61). 먼저 멕시코나 중미의 이주노동자들은 노동력의 수요를 반영하여, 계절에 따라 본국과 미국을 왕래하는 순환이주의 사례가 많았다. 그러나 국경통제가

심해지면서 이런 주기적 순환이주가 점차 줄어들고 국경을 왕래하는 빈도도 함께 감소한다. 그래서 국경에서 국경순찰대에 체포될 확률도 자연히 낮아진다. 둘째로 과거와 달리 현재는 아주 험난한 지역을 제외하고는 거의 국경순찰대가 통제하기 때문에, 불법이주자들이 오히려 공식 통로를 이용하는 경우도 많다. 미국의 입국허가 없이 국경검문소를 통과하려면 약 5,000달러 이상을 주고 위조문서를 구입하는 등 비용이 많이 들지만, 불법으로 국경을 넘는 번거로운 절차를 피하기 위해 어쩔 수 없이 이런 방법을 사용하는 사람들이 증가하고 있다. 그렇기 때문에 국경순찰대와 부딪히지 않는 불법이주자들이 많아진다. 셋째로 국경순찰대의 단속을 피해서 국경을 넘는 것을 도와줄 사람에게 의존하는 것이다. 이렇게 국경을 건너는 데에 전문적인 정보를 가진 사람들과 함께 하면 체포될 확률은 더욱 낮아진다. 전반적으로 체포된 사람들의 수가 감소되었다고 하지만, 아직도 많은 사람들이 국경을 넘다가 미국 관리들에 의해 체포된다는 것을 확인할 수 있다. 국가별로 살펴보면 멕시코에서 온 사람들이 압도적으로 많다는 사실을 보여준다. 2011년에는 전체 체포자 중에 멕시코인이 약 49만 명으로 전체에서 차지하는 비율이 76.3%에 이른다. 2002년에는 멕시코인의 비율이 93.6%였다는 것을 고려하면, 현재는 멕시코 이외의 중미나 카리브, 남미지역에서 많은 불법이주자들이 미국-멕시코 국경을 이용하여 미국으로 가려 한다는 것을 알 수 있다. 앞에서도 본 것처럼 중미국가에서 이주를 하려는 사람들이 많고, 그다음으로 카리브지역의 이주자가 많다. 최근에는 국경을 감시하거나 불법으로 밀입국을 시도하는 사람들을 검거하기 위해 레이더, 센서, 적외선 모니터, 헬리콥터, 무인항공기 등 첨단장비를 이용해서 국경을 관리한다. 국경순찰대 요원의 수도 빠르게 늘어서 1993년 9월에는 3,965명이었으나, 1996년에는 5,878명, 2005년에는 11,106명, 그리고 2007년에는 14,923명으로 증가한다(Cornelius, 2007: 2; Parks et al., 2009: 36). 국경 전체에 장벽을 설치하는 것은 멕시코 정부와 미국의 라티노 사회, 그리고 인권단체가 강력하게 반대하고, 또 어마어마한 예산이 소요되는 사업이어서 어려움이 많다. 1990년대부터는 미군이 첨단장비를 가지고 직접 국경을 감시하기도 한다. 그렇지만 완벽하게 국경을 관리하기는 쉽지 않다. 오히려 국경을 관리하거나 국경을 넘으려는 이주자의 비용이 증가하고 이주자들의 신체적 위험이 가중되는 형편에 놓이게 되었다. 국경을 넘은 사람들의 증언에 따르면, 국경 근처에는 소총이나 산탄총으로 무장한 노상강도들이 엄청나게 많은데, 이들은 이주자들의 소지품을 강탈하거나 여성들을 강간하기도 한다(Martínez, 2011: 6). 이들 강도들은 이주자들이 국경을 넘기 전에 이주자들을 습격하여 금품을 갈취한다(Fuentes et al., 2007: 56).

미국의 국경통제가 날이 갈수록 엄격해지면서 시간이 흐를수록 불법으로 국경을 넘기가 어려워지고 있다. 그러나 미국에서 불법으로 국경을 넘는 사람들을 처벌하는 규정이 생기면서, 밀입국을 노리는 사람들은 통제가 곤란한 지역을 찾아서 국경을 넘으려고 시도한다. 과거에 국경을 넘기 위해 주로 이용되었던 인구가 많이 밀집된 도시지역은 현재는 순찰이 강화되어 이주자들이 접근하기가 용이하지 않다. 따라서 이들이 험난하고 위험한 사막지역이나 산악지역을 선택하면서, 국경을 넘는 데 많은 시간과 돈이 필요해졌으며, 심지어 생명에 위협을 느끼기도 한다(Binford, 2005: 32). 또한 산악지역에서는 야생동물에 의해 피해를 보기도 한다. 불법이주자들이 미국으로 가기 위해 전통적으로 자주 이용하던 캘리포니아지역에 대한 통제가 심해지면서 근래에는 애리조나를 경유하는 사람들이 부쩍 늘었다. 더욱이 애리조나는 건설경기도 양호하고 주거비도 저렴하며 국경과 도시 사이의 거리도 가까워서, 미국으로 향하는 사람들에게는 매력적인 곳이다. 퓨 히스패닉 센터(The Pew Hispanic Center)의 보고를 보면 불법이주자들이 애리조나를 통해 오면서, 현재 약 50만 명의 불법이주자가 애리조나에서 일을 하고 있다고 한다. 이것은 주 전체 노동력의 8%에 해당하는 수치이다(DeVivo and Fernández, 2009: 118).

이렇게 불법이주자들이 몰려오면서 애리조나 주에서는 이주자들에 대한 반감이 커지고 이들을 규제하는 법안도 속속 마련되었다. 대표적으로 2004년에 '주민발의안 200호'(Proposition 200)[10]를 준비하여 이주자들을 당황하게 만들었다. 상당수의 이주자들이 이 법안이 통과되면서 체포되어 추방될 수 있다는 우려에 몸이 아파도 의료기관을 찾지 않았다. 심지어 임신한 여성이 건강검진을 포기하는 경우도 있었다. 그 이후에도 애리조나 주에서는 이주자들을 탄압하는 다양한 법안이 줄을 이었다. 예를 들면 영어를 주의 공식 언어로 지정하면서 성인을 대상으로 하는 영어교육에 대한 주정부의 예산지원을 삭감했다. 2006년에는 '주민발의안 300호'가 이어서 나오면서 불법이주자 자녀의 보육비를 주정부가 지원하는 것을 금지시켰다(DeVivo and Fernández, 2009: 119).

2008년 1월 1일부터 적용된 '애리조나 노동자법'(Legal Arizona Workers Act 혹은 HB 2779)은 고용주가 새로운 노동자를 채용할 때 연방정부의 데이터베이스에서 '사회보장번호'(Social Security Number)를 확인하고, E-Verify라는 연방정부의 이민자 기록도 확인하도록 만들었다. 사업자는 불법이주자를 고용하면 처음 위반하면 10일간 사업허가가 정지되고, 두 번 위반하면 허가가 완전히 취소된다(DeVivo and Fernández, 2009: 126). 이렇게 불법이주자를 고용하면 고용주에게 불이익이 주어지는 법안이 계속 양산되자, 애리조나 주의 경제는 상당한 타격을 입었다. 고객과 노동자의 수가 줄면서 많은 업체가 문을 닫았고, 다른 주로 사업장소를 옮기거나 노동자의 신규채용을 동결했다. 이런 영향으로 판매세 수입이 줄어

---

10) 주요한 내용은 투표를 하기 위해서는 시민권이 있어야 되고, 투표장에서는 사진이 있는 신분증을 제시하며, 주정부와 지방정부는 지원이나 혜택을 신청하는 사람들의 이민신분을 확인하도록 한다는 것이다. 이 발의안을 찬성한 사람들은 애리조나 주에서 일 년에 약 10억 달러의 돈이 불법이주자들의 교육, 의료서비스, 수감비용에 든다고 주장했다. 이 법안이 이주자들에 대한 인종차별이며 라티노 시민의 권리를 위반한 것이라면서 반대하는 사람들은, 이것이 1994년의 캘리포니아 주의 주민발의안 187호와 유사하다고 주장했다. 이 법안은 2004년 11월에 56%의 찬성률로 통과되었다.

피닉스나 메사시티 같은 곳에서는 재정이 바닥나기도 했다(DeVivo and Fernández, 2009: 127).

최근에는 코카인 등을 거래하는 마약밀매업자들이 멕시코-미국 국경을 활용하면서 불법으로 이주하는 사람들이 갱단에 이용당하거나 이들에 의해 육체적, 물질적 피해를 입기도 한다(Martínez, 2011: 7). 그밖에 자연적인 지형조건도 이주자들에게 유리하지 않다. 실제로 근래에 국경을 넘다가 사망하는 이주자의 수는 지속적으로 증가하고 있다. 1990년 이전에는 미국-멕시코 국경을 건너다가 사망하는 사람들의 수는 미미했다. 그러나 그 후에는 매년 평균 300명 정도가 미국으로 가는 도중에 사망한다(Fernández-Kelly, 2009: 138). 국경순찰대의 보고를 참고해보면 2004년도에 국경지역에서 373명의 이주자가 사망했는데, 대부분 열사병이나 저체온증이 사망의 원인이었다고 작성되어 있다(Fuentes et al., 2007: 55). 한 조사에 따르면, 국경지역을 점차 군사화하는 행위와 이주자들의 사망은 상관관계가 있다고 한다(Rubio Goldsmith and Reineke, 2010: 48).

미국의 경제사정이 악화되어 불법이주자들을 제한하려는 정책을 시행하면서 밀입국을 하려는 사람들의 권리와 혜택을 제한하는 가혹한 조치는, 그렇지 않아도 경제적으로 열악한 이주노동자들의 삶을 더욱 어렵게 만든다. 더욱이 근래에 미국 정부는 불법으로 국경을 넘으려는 사람들과 체류기간을 넘겨 미국에 남아 있는 사람들을 범죄자로 간주하고 있다. 국경지역에서도 불법이주자들을 발견하면 구금하거나 국외로 추방하는데, 이런 사람들의 수가 엄청나게 증가하고 있다. 또한 국경을 통제하는 관리들이 불법이주자나 그의 가족들에게 신체적인 위해를 가하거나 인권을 위반하는 사례도 비일비재하다. 현재 미국의 감옥에 수감된 사람들 중에 이주자들이 가장 빠르게 증가하는 집단이다. 시기별로 추방된 불법이주자의 수를 비교해보면, 1900년에서 1990년까지는 한 해에 약 2만 명 정도였는데, 1990년에서 1995년 사이에는 4만 명으로 증가했다. 1996년부터 2005년까지는 연간 18만 명 정도가 추방되는 실정이다 (Hagan et al., 2008: 66). 그 뒤에는 2007년 한 해에만 28만 명 이상의 이주자들이 수감되었고, 27만 명이 추방되었다. 1996년 이후로 거의 200만 명의 이주자들이 추방되었다. 2008년에는 처벌받은 불법이주자의 수가 가장 많았고, 새로 발생한 범죄 중에 57%가 이주자들과 관련이 있었다. '트랜스보더 프로젝트'(TransBorder Project)의 보고에 따르면 1994년에서 2007년까지 미국의 국토안보부(Department of Homeland Security: DHS)의 이민세관집행국(Immigration and Customs Enforcement: ICE)에 의해 억류된 이주자들의 수는 하루에 1994년의 6,785명에서 2007년에는 30,295명으로 거의 다섯 배가 상승했다(Hayduck, 2009: 161).

미국 법무부(Department of Justice) 소속의 연방보안관(US Marshalls: USMS)에 의해 체포된 이주자의 수는 1994년 이후에 6배로 증가했다. 2008년에 연방보안관이 구금하고 있는 18만 명 중에 1/3 이상이 이주자로서, 수감된 사람들 중에 이주자들이 마약관계자와 무기관련자들 다음으로 많다. 급증하는 이주자들 때문에 연방교도국(Federal Bureau of Prisons: BOP)은 외국인 범죄자들을 수용할 다섯 개의 새로운 사설감옥을 개장해야 했다. 이나마 실제로 수감된 불법이주자는 체포된 불법이주자의 10%에 불과해서 별로 효과도 없다. 현재 연방 법원 재판정에는 이주자들과 마약사범으로 넘쳐나고 있다. 경제적 비용도 만만치 않아서 이주자 한 명을 수감하는 데 하루에 드는 비용이 90달러에서 119달러 정도 소요된다(Parks et al., 2009: 38). 많은 이주자들이 범죄자로 처벌받게 된 것은 1996년의 '이민개혁 및 이주자 책임법'(Illegal Immigration Reform and Immigrant Responsibility Act: IIRIRA 혹은 IIRAIRA)이 통과된 여파가 크다. 그리고 9·11 사태로 인해 외국인들이 테러리스트일 수도 있다는 가정하에 불법이주자들에 대한 강압적인 정책이 펼쳐지고 있다. 그래서 이주자들은 사회에서 전보다 의심을 많이 받고 시민권자와 같은 헌법상의 권리도 인정받지 못한다. 또한 이주자들을 단속할 기관이 확대되고, 이에 반해 이주자들을 보호할 장치가 거의 없다는 문제점이 노출되고 있다(Hayduck, 2009: 162).

이렇게 국경을 넘는 문제가 힘들어지면서, 다른 사람들의 도움을 얻어서 미국으로 가는 길을 선택하는 사람들이 전에 비해 크게 늘었다. 1990년대 이전에는 불법이주자들이 집단을 형성하여 다른 사람들의 별다른 도움 없이 국경을 넘는 일이 그다지 어려운 것이 아니었다. 그러나 이제는 국경에 설치된 장벽이 늘어나고 익숙하지 않고 사람들의 왕래가 거의 없는 비밀스러운 지역을 통과해서 미국으로 가야 한다. 위험한 사막이나 산악지역을 거쳐서 가려면 경험과 지식이 풍부한 가이드의 도움이 필수적이다. 불법이주자들은 육제적인 위험을 줄이고 국경순찰대를 피할 가능성을 높이기 위해 도움을 줄 사람을 구하려고 한다(Cornelius, 2007: 5; Parks et al., 2009: 50). 지금은 불법이주자 중에 여자들도 많은데, 여자들은 남자들에 비해 더욱 국경을 넘는 것을 도와줄 사람을 필요로 한다(Donato and Patterson, 2004: 126). 특히 '이민개혁 및 이주자 책임법'이 적용되면서 전통적인 국경통로를 많이 이용하는 여성들은 국경순찰대에 체포될 가능성이 더욱 커졌다(Donato et al., 2008: 335). 그래서 여성들로서는 돈을 지불하고 국경을 넘는 데 도움을 줄 사람을 찾을 수밖에 없다. 대체로 여성들은 처음으로 국경을 넘을 때 체포되는 비율이 남성보다 높다(Donato et al., 2008: 353). 결과적으로 불법이주자들에게 미국－멕시코 국경을 넘는 길을 안내해주거나 미국에서의 일자리를 찾는 것을 도와주는 '코요테'(coyote)나 '포예로'(pollero)[11]의 활동은 확실하게 증가했다. 국경의 군사화 이전에는 전문적인 코요테에 의존해서 국경을 넘는 사람들의 비율이 21%였으나, 그 이후에는 50%로 증가했다(Zlolniski, 2011: 254).

---

11) 코요테는 북미지역에 사는 늑대를 의미하며, 포예로는 닭을 키우는 사람을 부를 때 사용하는 용어이다.

<표 7> 연도별 이주자가 코요테에게 지불한 비용(단위: 달러)

구분	1982~1992	1993~1995	1996~1998	1999~2001	2002~2004
중간값	613	980	1,259	1,585	1,634
평균값	924	1,232	1,300	1,691	1,783

자료: Fuentes et al., 2007: 67

국경을 넘는 일이 점점 더 어려워지고 코요테에 대한 수요도 증가하면서, 코요테들이 이주자들에게 국경을 넘어가는 것을 도와주면서 요구하는 비용도 많이 오르고 있다. <표 7>에 나타난 것처럼 멕시코의 사카테카스(Zacatecas) 주의 라스 아니마스(Las Ánimas)와 할리스코(Jalisco) 주의 틀라키타파(Tlacuitapa) 마을의 사례를 보면, 1980년대에 이주자들이 코요테에게 지불한 비용의 중간값은 613달러였으나, 1990년대 초에는 980달러, 1990년대 후반에는 1,259달러로 올랐다가, 2000년대가 되면 1,634달러로 상승했다는 것을 알 수 있다. 2000년대 후반에는 미국의 국경통제가 훨씬 엄격해졌다는 점을 감안하면 코요테에게 이주자들이 지불하는 비용은 더욱 증가했을 것이다. 또 다른 조사결과를 참고하면, 코요테를 이용하는 평균비용이 1995년에는 978달러였지만, 2005년에서 2007년 사이에는 2,124달러였다고 한다(Parks et al., 2009: 51). 한편 코요테를 이용하는 비용의 중간값과 평균값을 비교해보면, 1980년대에는 300달러 이상으로 상당한 차이가 났지만, 최근으로 갈수록 차이가 거의 없어져서 비슷해지는 것을 확인할 수 있다. 과거에는 잘 모르는 소수의 이주자들이 국경을 넘는 대가로 과다한 비용을 지불하는 경우가 있었다는 것을 암시한다. 지금은 이주자들이 코요테를 많이 활용하면서 정보가 많이 공유되어 비슷한 비용을 지불하는 사람들이 많아졌다는 것을 알 수 있다.

코요테는 다음과 같은 3가지 형태로 구분할 수 있다(Fuentes et al., 2007: 63). 첫 번째는 이주자를 보내는 마을에 근거지를 둔 지역 코요테이다. 이들은 이주자들의 마을에서 출발해서 이주자들과 국경을 도보로 함께 넘고, 이주자들이 최종 목적지에 도착할 수 있게 기차나 버스를 타는 곳까지 안내한다. 이런 코요테들은 대부분 이주자들과도 잘 아는 사이인 경우로 비교적 신뢰할 수 있고, 비용도 가장 저렴하다. 두 번째는 국경지역을 기반으로 하는 코요테들이다. 이들은 국경지역에서 주로 활동을 하지만, 자신들의 출신지역에서 오는 이주자들을 주로 상대한다. 이들은 국경지역에서 어느 정도 안정된 위치에 있어서, 자신들의 차로 많은 이주자를 싣고 국경을 넘기도 한다. 상대적으로 이들은 다소 높은 비용을 이주자들에게 청구한다. 세 번째는 국경에서 이주자들을 대상으로 사업을 하는 코요테들이다. 이들은 이미 멕시코와 미국의 국경에 관한 다양한 정보를 갖고 있으며, 국경을 통제하는 미국과 멕시코의 관리들과도 협조하여 이주자들을 보다 안전하고 효율적으로 안내하는 경우가 있다. 이런 경우에 코요테들은 이주자들에게 더 많은 비용을 요구한다(Fuentes et al., 2007: 69). 이들은 이주자들에게 가짜 문서를 대여해주거나 팔기도 하며, 이주자들이 국경을 넘어 미국에 도착한 후에도 한동안 머물 수 있는 시설을 확보해놓고 있다. 세 번째 유형의 코요테들은 가장 높은 비용을 받으며 가장 많은 이주자들을 국경으로 안내한다. 이들은 국경순찰대의 전술도 잘 파악하고 있으며, 이것을 모면하는 전략도 개발한다.

그러나 모든 코요테들이 다 안전하게 이주자들을 미국으로 데리고 가는 것은 아니다. 일부의 코요테들은 이주자들을 대상으로 사기를 치거나 강도짓을 하는 경우도 있다. 심지어 어떤 코요테들은 이주자들을 국경 근처에 버리고 도망가서, 아무런 정보나 지식이 없는 이주자들이 사막을 헤매다가 열사병에 걸려 죽는 경우도 있다. 국경을 넘으려는 사람들은 다양한 경로를 통해 자신들을 도와줄 코요테를 찾는다. 가장 많이 쓰이는 방법은 국경을 넘어본 적이 있는 신뢰할 만한 친척이나 친구가 이용했던 코요테에게 의존하는 것이다. 코요테를 이용한 사람들에 대한 조사 결과를 보면, 전체 이주자의 약 2/3가 이주하기 전에 미국이나 멕시코에 살고 있는 친척이나 친구에게 추천을 받아서 이미 코요테와 접촉했고, 나머지 1/3만 국경에 도착해서 코요테를 고용한다. 대부분의 이주 희망자들은 미국에 있는 친척들에게 정보를 얻어서 구한 코요테가 국경에서 만난 코요테보다 좋은 서비스를 받는다고 믿는다(Parks et al., 2009: 52). 실제로 국경 근처에서는 국경을 넘으려는 사람들에게 다가가서 마치 자신이 코요테인 것처럼 속이고 돈을 훔치거나 빼앗아 달아나는 사람들이 많이 있다.

2. 이주의 일상화와 '이주의 문화'

라틴아메리카에서도 농촌지역은 주기적인 경제위기와 농업생산 조건의 악화로 많은 사람들이 일자리를 찾아서 국경을 넘어 미국으로 이주하고 있다. 미국에서 일을 하는 라틴아메리카 출신의 이주노동자의 수는 해마다 증가하고 있으며, 특히 1990년대 이후에는 더욱 많은 이주자들이 발생하고 있다. 근래에 들어서 미국의 국경통제가 강화되는 동시에 미국 정부에 의해 불법이주를 제한하거나 규제하는 법이 제정되었지만, 이주자의 수를 줄이는 데에는 별다른 역할을 하지 못하고 있다. 지금까지 라틴아메리카는 다른 어떤 국가보다 많은 국제노동이주자를 배출하고 있고, 이들 대부분은 미국으로 간다는 데에서 차별성이 있는 분명한 특징을 갖고 있다(The World Bank, 2008: 3). 라틴아메리카의 농촌지역에서 발생하는 이주의 특징은 도시로의 이주뿐만 아니라 합법적 혹은 불법적으로 국경을 넘어서 미국에 쉽게 건너갈 수 있다는 것이다. 다시 말해 미국으로의 이주가 라틴아메리카의 다른 도시로 이주하는 것보다 시간이 많이 걸리고 약간 위험하기는 하지만 훨씬 일거리가 많고 임금 수준이 높기 때문에 많은 가난한 농민들이 미국으로 노동이주를 한다.

농촌의 경제적 기회가 빈약하고 상대적으로 생활여건이 불리한 실정에서 라틴아메리카에서 북미지역으로의 국제노동이주는 농촌가구의 생계수단으로 대단히 중요한 역할을 한다. 농업을 위한 정부의 지원이나 기본시설이 미약한 상태에서 노동이주는 예상치 못한 상황에서 수시로 발생하는 경제위기를 일시적으로 해결하고 극복하는 훌륭한 수단이다. 이렇듯이 국제노동이주를 함으로써 예상되는 소득이 현재 살고 있는 지역에서 버는 것보다 많아서, 라틴아메리카 농촌경제의 악화에 따라 더욱 더 많은 사람들이 이주하는 현상을 '이주자 신드롬'(the migrant syndrome) 이라고 부른다(Arizpe, 1978: 92; 1981: 645; Reichert, 1981: 64; Wiest, 1973: 199). 미국으로의 노동이주는 특정한 지역이나 집단에 한정되어 발생하는 것이 아니라 보편적으로 나타난다. 이런 의미에서 라틴아메리카의 여러 농촌지역에서 북미로 노동이주를 떠나는 것은 이제 거의 일상화되어 문화적 특징의 하나로 되어 있다(Gledhill, 1991: 231). 결국 라틴아메리카 농촌의 자본제적 발전에 수반되는 변화에 따라 노동이주가 광범위한 영향을 받는다. 농업부문에 대한 정부의 개방정책과 자본주의 발전, 특히 1980년대 이후의 신자유주의 정책과 북미자유무역협정에 의한 경제적 양극화로 인해 점점 많은 수의 사람들이 이주 이외의 다른 대안을 찾지 못하고, 또한 토지에 묶여 있는 사람들도 줄어든 소득을 만회하기 위해 일시적 이주를 선호한다(Escobar et al, 1987: 49).

라틴아메리카에서는 사람들이 국제노동이주를 결정할 때, 널리 확산되어 있는 사회적 관계가 경제적 협력을 유도하는 중요한 사회적 자본이 된다(Wilson, 1998: 395~396, 398). 라틴아메리카 사회에서는 전통적으로 인간관계에서 '쌍대적 관계'가 강조된다(주종택, 2012a: 288~289). 쌍대적 관계란 두 사람 사이의 경제적·정치적 행위에 있어서 상호 간에 호혜적인 교류를 통해 도움을 제공하는 것을 말한다. 이런 관계가 지속되면 하나의 결속으로 발전한다. 통상적으로 자발적인 조직이나 핵가족을 넘어서는 혈연집단이 발전하지 않은 지역에서 개인들이 서로 친밀한 관계를 맺어서 노동, 재화, 서비스 등을 교환하는 것이다. 라틴아메리카에서는 친족관계가 발전하지 못해서 친족 이외의 많은 사람들과 사회관계를 형성하는 것이 생활에 상당한 도움을 준다. 경우에 따라서는 예수, 성모 마리아, 성인 등 초자연적인 존재와도 관계를 설정해서 특정한 정신적·물질적 축복을 기대하기도 한다. 지위가 서로 다른 사람들끼리 맺는 양자적 관계의 대표적인 예가 '후견인-수혜자 관계'(patron-client relationship)이다. 각자 다른 지위를 가진 사람이 서로 관계를 맺어서 여러 가지 지원과 보호를 주고받는 것이다. 보통 후견인은 권력과 사회적 영향력, 지위를 가진 사람으로서 정치인, 공무원, 성직자 등이 이에 해당한다. 수혜자는 계속 빚을 짐으로써 후견인과 지속적인 관계를 유지하게 되는데, 이런 사회관계는 상대적으로 강하지 못하고 쉽게 깨어질 수도 있다.

종교적 의미가 부여되는 대부관계인 '콤파드라스고'(compadrazgo)도 이런 사회관계의 연장선상에 있다. 대부관계는 '유사친족제도'의 하나로서 단순한 혈통으로 이어진 가족과 친족집단을 넘어서는 사회적 관계를 실현시켜서 정치적·경제적 협동을 강화하려는 것이다. 식민시대에는 대토지 소유자인 아센다도(hacendado)가 원주민들의 대부 역할을 했는데, 이는 상호 간의 의무와 권리가 주어지는 대표적인 후견인-수혜자 관계였다. 예를 들어 아센다도는 부채관계에 얽매여 있는 소작인인 페온(peón)들이 질병이나 기근으로 고통받을 때 도와주면서, 정치적·경제적 안정을 추구하는 동시에 그들로부터 계속 지지를 받을 수 있었다. 이런 현상은 아직도 지속되어 친척이 아닌 사람과 자기 자녀들의 대부모를 구성하는 관계를 가지려 한다. 대부관계는 한 개인과 다른 사람을 수평적, 수직적 관계로 엮어서 사회관계를 확대시켜준다. 수평적인 관계에서는 대부(compadres)들과 대모(comadres)들을 연결시켜주고, 수직적 관계에서는 이들과 대자(代子, ahijado) 혹은 대녀(代女, ahijada)를 연결시켜준다.

대자녀는 대부모를 존경하며 복종해야 하고, 반대로 대부모는 대자녀를 보살펴주고 어려울 때 도와야 될 책임이 있다(Wilson, 2010: 413). 보통 자녀의 출생, 입학, 세례, 결혼 등 다양한 통과의례나 중요한 사회적 시기마다 대부모를 선정하기 때문에 한 사람이 많은 대부모를 갖는 경우가 많다. 실제로 대부모관계를 맺은 뒤에도 여러 가지 이유로 경제적 도움을 받기 어려운 사례가 많아서 많은 대부모를 갖는 것이 전략적으로 안전하다. 사람들은 대체적으로 자녀를 보호하고 지원해주기 위한 목적으로 자기보다 사회경제적·정치적 지위가 높은 사람을 대부모로 받아들이려 한다. 도시지역이나 미국으로 이주한 농민들의 경우는 대부관계를 잘 활용하면 네트워크를 형성하여 일자리나 주거문제 등 여러 문제들을 원활하게 해결할 수 있다. 최근 들어 라틴아메리카에서 천주교의 약화와 다양한 사회관계의 확산으로 대부의 의미가 과거보다는 덜 중요하게 되었다. 그렇지만 아직도 대부제도는 어렵고 불안한 현대생활에서 계층 간의 경계를 넘어서서 가난하고 힘없는 사람들에게 긴장과 고통을 완화시켜주는 제도로서 작용하는 측면이 있다. 그러나 이런 제도의 지속은 불평등한 사회구조를 심화시키는 결과를 초래하기도 한다.

위험부담이 많이 수반되는 미국으로의 불법이주를 원하는 사람들은 자연스럽게 사회적으로 형성된 인간관계를 활용한다. 실제로 많은 국제이주노동자들이 자신들의 가족을 벗어난 쌍대적 사회관계를 이용하여 미국으로의 이주에 대한 정보를 공유한다. 이주자들은 주어진 시기와 장소에 따라 자신이 확보하고 있는 여러 지역의 연결망을 이용한다. 이렇게 해서 하나의 라틴아메리카 농촌 지역에서 가는 이주자들도 미국에 가서는 다양한 장소에 가서 일을 할 수 있다. 또한 시간의 흐름에 따라 목적지가 달라지기도 하고, 노동시장의 수요에 따라서도 일을 하는 장소가 변화한다. 이주를 한 다음에도 이주자들은 연결망을 형성하는 구성원들의 도움을 통해 일자리를 찾는다(Wilson, 1998: 396~397). 노동을 하는 장소나 형태가 연결망의 주요 지점이 되어서 필요할 때면 요긴하게 사용된다. 가난한 농민들의 이런 전략을 분석해 보면 '약한 연결(weak ties)의 힘'이 일거리를 획득하는 데 중요하다는 것을 알 수 있다. 약한 연결은 자신과 그가 알고 있는 느슨한 안면관계를 통한 연결망을 의미하고, 강한 연결(strong ties)은 자신과 친한 친구, 가족 및 친척의 긴밀한 사회적 관계를 의미한다. 그런데 정보는 주로 약한 연결을 따라 사회체계의 먼 부분에서 흘러나오기 때문에, 아는 사람들이 친척과 친구들 사이의 정보의 다리를 구성한다(Wilson, 1998: 397~398). 예를 들어 하층의 사회경제적 집단에서 일거리는 주로 고용인(patrón)에 의해 주어지고, 이들은 친구나 친척 그리고 같은 마을 사람들 사이에서 일할 사람을 구한다. 이렇게 약한 연결을 통해 취업이 되면 이런 관계는 점차 강한 연결로 바뀌게 된다. 또는 결혼이나 대부제도를 통해 약한 연결이 강한 연결로 변화하기도 한다. 미국으로 이주를 하는 사람들에게도 이런 과정이 동일하게 적용된다. 즉, 이주자들은 초기에는 약간의 안면관계를 가진 사람의 도움으로 국경을 넘거나 일자리를 구하게 되지만, 시간이 지나면서 점차 사회적 관계를 확립해서 강한 연결망으로 발전시키는 것이다. 이주를 했다고 해서 고향마을과의 관계가 소홀해지는 것은 아니다. 이주를 하기 전이나 이주 후에도 지속적인 사회적 유대를 가지려 하기 때문에 이주자들은 수시로 방문을 해서 고향 마을과의 관계를 유지하려고 한다(Eades, 1987: 10). 이런 독특한 라틴아메리카 사회의 특징 때문에 특정한 지역에서 국제노동이주가 빠른 시간에 그 사회의 전체 구성원에게 확산되고, 그다음에는 다시 새로운 연결망을 통해 더 큰 사회로 퍼져나간다. 이런 과정이 지속적으로 반복되면서 이주가 일상화되고, 사회에서 '이주의 문화'가 확고하게 자리를 잡는 것이다.

Part 4
라틴아메리카 이주노동자의
적응과 생활

1. 미국 이주정책의 역사적 변화

미국 정부는 불법 혹은 합법의 이주노동자들이 자국으로 많이 들어오는 것을 고려하여, 경제적 상황에 따라 외국인들의 이주를 통제하려고 지속적으로 노력했다. 미국의 경제적 상황이 좋아서 노동자에 대한 수요가 많으면 이주자들을 많이 받아들이고, 경제적 상황이 좋지 않으면 이주자들을 규제하는 정책을 실시했다. 미국에서는 20세기에 들어 노동력이 필요해서 계속해서 라틴아메리카에서 오는 이주노동자들을 요구했다(Bustamente, 1997: 1116). 그렇기 때문에 20세기에 이주가 증가하게 된 것은 자연스러운 일이었다. 20세기 후반에 들어서면서 많은 이주자가 멕시코와 다른 라틴아메리카 국가에서 왔기 때문에, 미국의 이주정책의 변화는 라틴아메리카의 이주자들에게 대단히 중요하다. 특히 현재는 많은 라틴아메리카의 불법이주자들이 미국-멕시코 국경을 지나서 미국으로 오기 때문에, 미국 정부는 멕시코로부터의 이주에 대해 지속적으로 이주를 제한하는 법을 제정하면서 국경을 통제하려는 소위 '토르티야 커튼'(tortilla curtain) 정책을 추진해왔다. 20세기 후반과 21세기에 들어서면서 불법 혹은 합법이주자의 수가 증가하면서 미국의 이주정책은 과거보다 훨씬 강화되었다. 미국 정부가 이주 문제에 적극적으로 대처하기 시작하면서, 이주자들이 국경을 넘는 일이 전보다 더욱 어려워지고 비용도 많이 들게 되었다. 한편으로는 국경 순찰이 강화되고, 국경의 장벽이 서부지역에서 점차 내륙지역까지 확대되면서, 이주자들의 경제적 부담이 가중되고 있다.

이렇게 미국의 이주정책과 국경통제 방식이 이주자들에게 불리한 형태로 계속 바뀌면서, 멕시코에서 미국으로 일자리를 찾아나서는 이주노동자들은 생존을 위해 과거와는 다른 이주전략을 세우는 것이 필요해졌다. 이런 문제에 대처하기 위해 단순히 국경을 넘는 방식을 변화시키는 것도 필요하지만, 이주의 시기와 규모, 방식 등 이주하기 이전에 계획을 체계적으로 수립하는 것도 필요하고, 고향 방문과 재이주 등 이주한 다음의 행동도 신중하게 선택해야 한다. 물론 이주는 다양한 요인에 의해 영향을 받기 때문에 미국의 이주정책만 라틴아메리카의 이주를 결정하는 것은 아니다. 그러나 이주자들의 입장에서 미국의 이주정책이 어떻게 이해되고 있으며, 이것이 실제적으로 라틴아메리카로부터의 국제노동이주의 과정에 어떻게 반영되는지를 정확하게 알 필요가 있다.

(1) 브라세로 계획의 시기(1900~1964)

20세기 초에 미국은 다른 국가에서 오는 이주노동자들에 대해 체계적인 계획을 갖고 있지 않았다. 앞 장에서 논의한 것처럼, 당시에는 정치경제적 상황에 따라 라틴아메리카인들이 미국으로 오는 경우가 있었다. 미국의 이주정책의 획기적인 전환점은 제2차 세계대전 중의 노동력의 부족을 해결하기 위해 1942년에 시행된 브라세로 계획이었다. 1942년 6월 23일에 미국과 멕시코는 쌍무적인 초청노동자 협정을 체결했다. 이 계획으로 1964년 이 제도가 종료될 때까지 약 460만 명의 멕시코 이주노동자들이 초청노동자의 자격으로 미국의 농업부문에서 일시적으로 일을 할 수 있었다. 브라세로 노동자들이 캘리포니아, 애리조나, 뉴멕시코, 텍사스 농업노동자의 1/4을 차지해서 미국의 필수적인 식량생산에 유익했을 뿐 아

니라, 미국이 다른 국가에 비해 농업분야에서 우위를 지킬 수 있게 도왔
다(Hing, 2010: 149). 처음에는 미국 정부가 브라세로 계획 자체를 보장
했다. 그래서 만일에 미국의 농장주가 멕시코 이주노동자에게 임금을 지
불하지 못하면, 미국 정부가 대신 지급하는 것이었다. 한편 이 제도를 유
지하면서 이주노동자들은 자신이 받은 임금을 마음대로 쓰지 못하고 강
제적으로 저축해야 했다. 이것은 멕시코 정부가 달러화를 자국 내로 끌
어들이려고 했기 때문이었다. 1942년에서 1949년까지 25만 6천 명의 멕
시코의 브라세로 노동자들은 자신들의 급료를 미국 은행을 통해 멕시코
의 은행으로 보내야 되었다(Calderón et al., 2008b: 336).

브라세로 계획이 시행되는 동안 많은 불법이주자들도 함께 멕시코에
서 국경을 넘어 미국으로 넘어갔다. 실제로 브라세로 계획이 진행되는
동안 국경을 경비하는 요원들은 찾아보기 어려웠고, 밀입국을 막을 물리
적 장애물도 거의 없었다(Henríquez et al., 2007: 123). 그래서 이 기간
중에도 합법 이주노동자보다 불법 이주노동자들이 더 많았다. 해가 갈수
록 불법이주자가 더욱 많아지자, 미국은 주기적으로 불법 이주노동자들을
몰아내기 위해 노력했다. 그중의 하나가 1954년 이민귀화국(Immigration
and Naturalization Service)이 주도한 '웻백12) 작전'(Operation Wetback)이
다. 이 작전의 시행으로 그 해에만 약 100만 명의 멕시코인들이 미국에
서 추방되었다(Hing, 2010: 150). 이 작전은 캘리포니아와 애리조나에서
1,075명의 국경순찰대원과 주 및 지역경찰이 가담하여 시작되었다. 주로
관리들이 멕시코계 미국인들이 많이 사는 지역을 방문하거나, 교통신호
를 대기하는 사람들의 이민신분을 점검하는 방식으로 이루어졌다. 하루
에 1,000명 정도가 검거되었고, 캘리포니아와 애리조나 두 주에서 7월까

---

12) 웻백(wetback)은 미국에서 멕시코인들 특히 불법이주자들을 경멸적으로 표현할 때 사용하는 용어이
다. 일부의 멕시코인들이 국경을 넘어 텍사스로 몰래 들어올 때, 미국과 멕시코 사이의 리오그란데
(Rio Grande, 멕시코 측에서는 Rio Bravo라고 부른다)를 헤엄쳐 건너면서 등이 젖기 때문에 이런 표
현이 생겼다. 라틴아메리카 사람들은 이 용어 대신에 스페인어로 '젖은' 혹은 '젖은 사람'이라는 의
미의 '모하도'(mojado)라는 표현을 사용한다.

지 약 5만 명의 불법이주자들이 붙잡혔다. 단속이 심해지자 약 48만 8천 명의 불법이주자들이 체포될 것을 우려하여 자발적으로 출국했다. 텍사스에서는 9월까지 8만 명이 구금되었고, 약 50만에서 70만 명의 불법이주자가 자발적으로 출국한 것으로 추정되었다. 불법이주자들이 멕시코로 추방당한 다음에, 다시 국경을 넘어 미국으로 들어올 것을 염려하여, 텍사스에서는 불법이주자들을 배로 실어 멀리 멕시코의 베라크루스(Veracruz)로 보내기도 했다. 이런 과정에서 일부 불법이주자들이 배에서 탈출하려다 바다에 빠져 익사하자, 선박을 이용한 추방은 중단되었다. 이런 과정을 모두 분석해보면, 브라세로 계획은 불법 이주노동자들을 합법화하는 경로로 활용된 것이 아니라, 불법이주자들을 더욱 많이 양성하는 계기가 되었다는 것을 알 수 있다(Miller, 2009: 22).

(2) 브라세로 계획 이후의 시기(1965~1985)

브라세로 계획이 끝나서 더 이상 합법적인 절차를 거쳐서 멕시코의 이주노동자들을 고용할 수 없게 되자, 미국의 고용주들은 다른 방법을 통해 계속 멕시코인들을 고용했다. 이미 미국에 와 있던 이주노동자들이 자신들의 가족이나 친구들을 미국으로 불러들였다. 고용주들이 직접 이주노동자들에게 새로운 노동자를 데려오라고 요구하기도 했다. 이렇게 해서 수십만 명의 불법 이주노동자들이 발생하게 되었다(Ilias et al., 2008: 758). 브라세로 계획이 종료된 후에도 입국허가를 받지 않은 사람들이 국경을 넘어오는 일이 빈번해지자, 멕시코로부터의 불법이주에 대처하기 위해 미국 의회는 새로운 법을 제정하였다. 즉, 1965년에 '이민 및 국적법'(Immigration and Nationality Act: INA, 혹은 Hart-Celler Act)이 개정되면서 미국의 이주정책은 전환점을 맞게 된다. 여기서는 '특혜제도'(preference system)를 도입하여 이주자의 기술이나 이주자와 미국 시민 또는 영주권자와의 가족관계에 초점을 맞추는 것이었다. 이것은 국적을 기준으로 이주자의 수를 할당하던 1924년의 이민법을 바꾸는 것이었다. 새로 제정된 법률에 의거해서 매년 동반구에서 17만 명의 이주자를 받아들일 수 있고, 한 국가에서는 2만 명을 초과할 수 없다. 한편 역사상 최초로 서반구지역에서 오는 이주자의 수를 제한하는 규정도 마련했다. 1968년 7월 1일부터 미주지역에서 오는 이주자의 수를 1년에 12만 명으로 제한하였다. 이 규정은 1976년에 한 번 더 개정되어 국가별로 이주자의 수를 2만 명으로 할당하는 안을 포함했다. 1978년에 또 이 법을 개정하면서 서반구와 동반구의 구분 없이 전 세계에 걸쳐서 한 해에 29만 명의 이주자를 받을 수 있도록 변경했다. 1980년에는 이주자의 수가 27만 명으로 줄어들었다.

1965년이 지나면서 멕시코에서 대규모의 이주자들이 미국으로 몰려들었다. 이들은 과거와는 달리 더 이상 농업분야에만 매달리지 않고, 도시와 교외지역으로 퍼져나갔다. 1970년대에 이민귀화국은 7백만 명의 멕시코 불법이주자들을 체포했다. 이렇게 불법이주자들이 급속하게 증가하게 된 것은, 그동안 계속된 이주로 다양한 집단의 사람들이 사회적 네트워크를 형성하여 미국으로 넘어오기가 과거보다 상대적으로 용이해졌기 때문이었다(Hondagneu-Sotelo, 2009: 53). 갑자기 불법이주사들이 많아지자 미국에서는 반이민정서가 싹트기 시작했다. 1970년대에 이미 미국－멕시코 국경의 통제를 엄격하게 해야 한다는 소리가 워싱턴에서 들렸다.

(3) 이민개혁 및 통제법의 시기(1986~1992)

미국 정부는 불법 이주노동자를 효율적으로 통제하기 위해, 법을 재정비하고 새로운 관리방식을 도입할 필요성을 느꼈다. 그 가운데 불법이주자를 고용하는 미국의 고용주들을 제재함으로써 멕시코로부터의 불법이주를 막자는 제안이 등장했다. 로널드 레이건(Ronald Wilson Reagan, 1981~1989) 대통령은 1986년 11월에 새로운 법에 서명했다. 1986년에 시행된 '이민개혁 및 통제법'은 멕시코로부터의 불법이주를 감소시키면서, 동시에 국경통제를 강화하고 불법 이주노동자를 고용하는 미국의 고용주를 처벌하려는 목적으로 만들어졌다. 한편으로는 노동력을 확보한다는 차원에서 라틴아메리카에서 온 약 260만 명, 그리고 전체적으로는 약 310만 명의 불법체류자들에게 합법적인 지위를 부여했다. 이 중에 멕시코에서 온 불법이주자만 2백만 명을 넘었다. 이 법에 의해 불법이주자들이 시민권의 혜택을 얻으려면 일정한 기간 동안 미국에 살고 있었다는 사실을 증명해야 했다. 물론 불법이주자의 합법화로 이주노동자들이 자신들의 가족을 미국으로 불러들이면서 이주자가 일시적으로 더 많아지기는 하지만, 대신에 미국 정부는 합법적 체류자격을 갖게 된 이주자들이 본국으로 돌아가지 않고 미국에 영구 정착하면서 국경통제의 부담이 줄어들 것이라는 판단도 했다(Duran and Massey, 2010: 27).

이민개혁 및 통제법이 확정되면서 두 가지 현상이 나타났다. 첫째, 캘리포니아에서 일하던 불법이주자들이 합법적인 체류자격을 많이 얻었기 때문에, 캘리포니아 노동시장에는 합법적인 노동자의 수가 엄청나게 증가했다. 새롭게 노동허가를 받은 사람들은 거주이전의 자유를 얻어서, 과거와는 다른 직업도 구하고, 또 다른 지역으로 새로운 일거리를 찾아 떠나기도 했다(Hondagneu-Sotelo, 2009: 54). 이런 일련의 조치에도 불구하고 멕시코로부터의 이주가 끊임없이 증가하자, 미국 정부는 불법노동자에 대한 벌칙을 강화하는 '불법 이민개혁과 이주자 책임' 법령을 발표했다. 국제이주노동자들의 입장에서는 새로운 제도가 정착되면서 여러 가지 변화를 겪게 되었다(Siavelis, 2009: 109). 먼저 이제부터는 자유롭게 국경을 왕래할 수 없기 때문에 멕시코나 다른 라틴아메리카 본국으로 돌아가면, 자신이 원하는 시기에 순조롭게 미국으로 돌아올 수 있다는 보장을 할 수 없었다. 결국 이제는 게임의 규칙이 변경되어 기존에 지속되었던 계절적, 순환적 이주가 어려워지고, 고향에 돌아가기를 기대하기보다 미국에 영구 정착하는 방법을 찾아야 한다는 것이었다.

⑷ 강화된 국경통제의 시기(1993~현재)

1993년이 되면서 과거와는 전혀 다른 강력한 반이민정책과 국경통제가 시작되었다. 그리고 국가가 적극적으로 나서서 불법이주자의 문제를 처리하려고 했다. 빌 클린턴(William Jefferson Bill Clinton, 1993~2001)은 1993년부터 불법으로 국경을 넘는 사람들이 자주 이용하는 통로의 통제를 강화하는 계획을 발표했다. 이렇게 되면서 국경통제의 정책이 과거와는 상이한 양상으로 전개되었다(Henríquez et al., 2007: 118). 클린턴의 국경강화 정책은 '억제를 통한 통제'(control through deterrence) 전략이었다. 클린턴 행정부는 취임 초기부터 국경의 안보를 강화하는 방안을 짜내느라 고심했다. 오랜 기간의 연구결과는 불법이주자들이 국경을 넘어온 다음에 그들을 체포하려고 노력할 것이 아니라, 불법이주 자체를 억제하는 데에 초점을 맞추어야 한다는 것이었다. 이와 함께 여러 형태의 물리적 장애물과 최신의 감시장비 등 밀입국을 어렵게 만드는 다양한 조치도 강구되었다.

클린턴의 새로운 국경강화 정책의 대표적인 사례는, 1993년 9월부터 엘패소지역에서 봉쇄작전이라는 이름으로 시작했다가, 나중에 명칭을 변경한 '국경선 지키기 작전'(Operation Hold the Line)을 들 수 있다. 이것은 실베스트레 레예스(Sylvestre Reyes)라는 한 국경순찰대원의 아이디어로 시작되었다. 이 작전의 주요한 내용은 국경순찰대원이 더 이상 불법으로 국경을 넘어온 사람을 체포하는 것이 아니라, 순찰대원이 국경 가까이 근접해서 이주노동자들이 불법으로 국경을 넘는 것을 즉각적으로

제지하거나, 이들이 더 외진 지역을 통해 국경을 넘도록 유도하는 것이
었다. 예를 들면 그는 자신들의 요원들을 리오그란데 근처에 자동차를
바짝 붙여서 주차한 사이에 배치시켰다. 그래서 밀입국자들이 겁을 먹고
강을 건널 생각을 못하게 만들었다. 이주자들이 순찰이 심하지 않은 다
른 지역으로 이동해서 국경을 넘으려고 시도한다면, 도시의 골목길보다
는 넓게 공개된 사막에서 밀입국자를 검거하는 것이 훨씬 용이하다는 것
이었다. 실제로 이 작전이 진행되면서 엘패소 도시지역에서는 불법이주
자들이 많이 줄었다. 다만 다른 국경지역을 통해 미국으로 오려는 사람
들의 수가 증가했다. 이 작전은 언론에 크게 보도가 되었고, 의회와 이민
귀화국은 엘패소의 성공사례를 샌디에이고부터 시작해서 다른 국경지역
까지 확산시켜야 한다고 생각했다(Hing, 2010: 122).

엘패소지역의 성과에 자극받아서 1994년에 '문지기 작전'(Operation Gatekeeper)
이 캘리포니아 샌디에이고 근처의 국경지역에서 불법이주를 막기 위한
노력의 일환으로 준비되었다. 이 작전의 목적은 미국에서 가장 붐비는
국경지역의 안전을 회복하기 위한 것이라고 했으며, 10월 1일부터 공식
적으로 시작되었다. 이 작전이 시행되면서 태평양 해안에서 산 이시드로
(San Ysidro)까지 서쪽을 주로 통제했는데, 곧 불법이주자들이 동쪽으로
방향을 옮겨서 국경을 넘었고, 코요테들의 활동도 더욱 활발해졌다. 그러
자 미국은 1995년에 '파괴 작전'(Operation Disruption)을 착수하여 코요
테들을 근절시키려고 노력했다. 특히 국경순찰대는 인력과 자원을 불법
이주자들이 몰리는 구역에 집중시켰고, 요원들이 우수한 장비를 더 많이
활용하여 더 많은 시간을 국경통제에 할애하도록 만들었다(Hing, 2010:
123). 이어서 산 이시드로에 이민재판소를 처음으로 세우고, 국경검문소
에서 허위문서를 이용하여 미국으로 불법적으로 들어오려는 사람들을 조
사하고 추방하는 업무를 신속하게 처리하도록 도왔다. 법무부와 이민귀
화국 그리고 국경순찰대는 문지기 작전이 불법이주를 통제하는 데 상당

한 기여를 했다고 평가했지만, 의회와 여론은 이 정책에 그다지 호의적
이지 않았다. 이 작전 때문에 불법이주자들이 대중들의 눈에서 많이 사
라졌지만, 실제 통계를 보면 불법이주자들은 그들이 성공할 때까지 계속
국경을 넘는 행위를 시도했다. 밀입국자들이 체포될 염려가 적은 다른
경로를 선택하면서, 이 작전은 불법 입국 자체를 막은 것이 아니라, 이주
유형만 변경시켰을 뿐이었다. 어쨌든 이 작전을 수행하면서 국경을 강화
해야 한다는 여론이 조성되었고, 국경순찰대와 다른 기관을 확대하기 위
한 자금도 보충되었다. 1997년이 되면서 '이민귀화국'(Immigration and
Naturalization Service: INS)의 예산은 8억 달러로 두 배로 증액되었고, 국
경순찰대 요원의 수도 두 배로 증가했다. 그밖에 국경을 감시하는 센서
도 더 많이 설치되었고 장벽도 길어졌다. 엘패소와 샌디에이고 다음으로
애리조나에서도 1994년부터 이민귀화국은 '보호작전'(Operation Safeguard)
이라는 명칭으로 국경강화 계획을 발표했다. 투산(Tucson)지역에 순찰대
원을 집중시키고 국경도시인 노갈레스(Nogales)지역에 장벽을 설치하는
것이었다. 이어서 1997년에는 텍사스 주의 브라운스빌(Brownsville)에서
'리오그란데 작전'(Operation Rio Grande)이라는 유사한 국경강화 정책이
시도되었다.

연방정부가 강화된 국경정책을 계속 준비하는 동안에, 캘리포니아 주
에서는 1994년에 '주민발의안 187호'(California Proposition 187)가 등장
해서 전국적인 논란이 발생했다. '주 구출 계획'(Save Our State (SOS)
initiative)이라고도 불리는 이 제안은, 주 내에서 시민들의 신분을 구별하
는 제도를 운영하고, 불법체류 외국인이 의료서비스, 공공교육, 기타 사
회서비스를 이용하지 못하게 하는 것이었다. 유권자들은 1994년 11월의
투표에서 이 제안을 통과시켰다. 그동안 이민관계법은 연방정부에서 담
당했기 때문에 주 차원에서 이에 관한 법을 만드는 것은 처음 있는 일이
었다. 주민발의안 187호는 다음과 같은 내용을 담고 있다. 첫째, 법을 집

행하는 모든 관리들은 체포된 사람이 이민법을 위반했다는 의심이 들 경우에, 반드시 그 사람의 이민신분을 확인해야 한다. 그리고 불법행위가 드러났을 때에는 캘리포니아 검찰총장과 연방 이민귀화국에 보고해야 한다. 둘째, 지방정부는 이런 요구사항을 제한하거나 방해해서는 안 된다. 셋째, 정부관리는 공공서비스를 신청한 사람이 불법이주자로 의심이 들 때에는 반드시 서면으로 관계당국에 보고해야 한다. 넷째, 각 개인은 자신이 미국 시민이거나 적법하게 거주하는 사람이라는 것을 입증하지 못하면 공공 사회서비스나 의료서비스를 받아서는 안 된다. 다섯째, 초등학교나 중등학교는 불법이주자의 자녀를 입학시켜서는 안 된다. 여섯째, 1996년까지 각 교육구는 그 구역에 속한 학생들과 그들의 부모의 법적 신분을 확인한다. 일곱째, 위의 조건을 충족시키지 못한 학생은 검찰총장과 이민귀화국의 통지가 있은 날로부터 90일이 지난 다음에는 학교에 다녀서는 안 된다. 여덟째, 검찰총장은 모든 사례를 기록하고 정부기관이 검사하기를 원할 때에는 허용해야 한다. 아홉 번째, 허위 시민권이나 거주자 문서를 제작, 배포, 판매 또는 사용하는 행위는 구속이나 벌금으로 처벌받을 수 있는 중죄이다.

주민발의안 187호가 캘리포니아에서 통과된 이유는 다음과 같은 견해가 확산되었기 때문이었다(López et al., 2007: 86). 첫째, 불법이주자들이 공적 자금을 축내기만 하고 기여하는 것은 별로 없다. 둘째, 이주자들은 미국에서 공적 복지혜택을 누리기 위해 온다. 셋째, 유권자들이 이민법을 집행하는 방식에 대해 연방정부에 메시지를 전달해야 할 필요가 있다. 이런 논의과정에서 1994년 11월 8일에 캘리포니아 유권자들은 58.93% 대 41.07%로 이 제안을 통과시켰다. 로스앤젤레스 타임스(Los Angeles Times)의 출구조사 결과를 보면, 백인의 63%, 그리고 라티노의 23%가 찬성했고, 아프리카계 미국인과 아시아계 미국인들은 의견이 엇갈렸다. 백인의 비율이 캘리포니아 전체 인구의 57%밖에 되지 않지만, 유권자의

81%를 차지해서 이들의 의견이 많이 반영되었다. 라티노는 캘리포니아 인구의 26%를 차지했지만, 유권자는 단지 8%밖에 되지 않았다. 대체로 공화당 지지자들의 78%가 찬성한 것에 비해, 민주당 지지자들은 64%가 반대했다. 캘리포니아에서 주민발의안 187호가 통과된 것은 그만큼 캘리포니아 주의 불법이주와 라티노의 문제가 심각하다는 것을 반영한다. 이 안을 반대하는 사람들은 이것이 라틴아메리카나 아시아에서 오는 이주자들을 차별하는 것이라고 강조했다. 반대로 찬성하는 사람들의 입장에서는, 경제적인 문제가 워낙 어려워서 캘리포니아 주는 그렇게 많은 불법이주자들에게 사회서비스를 제공할 여력이 없다는 것이었다. 캘리포니아 주에 의하면 1994년에 약 130만 명의 불법이주자가 있었고, 이 중에 어린아이만 30만 8천 명이어서 이들에게 혜택을 계속 제공할 경우에 재정적 부담이 매우 크다는 것이었다. 이들에게 해마다 약 30억 달러가 사용되었고, 그중에 절반은 불법이주자 자녀의 교육에 쓰인다는 것이었다. 그렇지만 클린턴 대통령은 주민발의안 187호가 연방정부의 이민정책에 방해가 된다면서 이 안을 거부할 것을 촉구했다. 그 대신에 연방정부가 수행하는 정책을 지켜볼 것을 요구했다.

이 법안이 준비되는 과정에 라티노 학생들은 강하게 반발했다. 심지어 멕시코 국기를 들고 시위를 하기도 했다. 법안이 통과된 이후에는 반발이 더욱 거세졌다. 전국에 걸쳐서 비난 여론이 들끓었다. 반대자들은 이 법이 외국인 혐오증을 불러일으키는 것이고, 소수민족, 특히 라티노들에 대한 인종차별이라고 주장했다. 다른 사람들은 주정부에서 직접 시민권을 점검하는 제도를 채택하면 연방정부의 지원금이 사라질 것이라면서, 이것이 결국 불법이주자들에게 혜택을 주지 않음으로써 얻어지는 이익을 상쇄하게 될 것이라고 말했다. 이 법이 승인된 다음 날에 라티노와 시민단체들은 주 법원에 소송을 제기했다. 멕시코의 카를로스 살리나스(Carlos Salinas de Gortari, 1988~1994) 대통령도 이 법으로 인해 이주노동자의 인권이 피해를 입을 것이라고 비난했다. 법안이 승인된 지 일주일 후에 살리나스 대통령은 멕시코인들이 미국에서 합법적으로 일을 할 수 있도록 허용하는 초청노동자 프로그램을 개발하자는 논의를 제안했다. 1994년 12월에 법원에서 고등교육과 허위문서에 관한 조항을 제외하고, 모든 조항이 영구적 금지명령을 받게 되자, 이 문제는 연방정부의 재판정으로 옮겨지게 되었다. 1997년 11월 연방법원은 주민발의안 187호가 이민에 관한 연방정부의 권한을 침해했다는 이유로 헌법에 위반된다고 결정했다. 이 결정에 캘리포니아 주지사가 항소했지만, 1999년 7월에 새로 선출된 주지사가 항소를 스스로 철회하면서 법안은 완전히 효력을 잃었다. 이 사건으로 공화당에 대한 비판 여론이 거세게 일어났다. 이런 소동이 있고 난 다음에 1994년 이후에는 캘리포니아에서 아놀드 슈워제네거(Arnold Schwarzenegger) 외에 어떤 공화당 후보도 주지사로 당선되지 못했다. 불법이주자를 통제하려는 캘리포니아 주의 노력은 수포로 돌아갔지만, 이것의 파장은 매우 컸다. 전 국민들의 불법이주자에 대한 관심이 급증했고, 일부의 주에서는 유사한 법안을 준비하기도 했다.

캘리포니아의 사태에 자극을 받아, 1990년대 중반부터 미국은 연방정부의 권한을 상승시켜서 미국 시민권을 소지하지 않은 사람들을 체포하거나 억류하고, 심지어 추방까지 할 수 있게 법안을 정비했다. 1996년 9월 30일에 발표된 '이민개혁 및 이주자 책임법'이 그 대표적인 예이다. 이 법은 1952년에 제정된 '이민귀화법'(Immigration and Nationality Act: INA)을 수정한 것이다. 이를 통해, 지역 경찰이 이민귀화국의 대리인 역할을 하며, 지역에서 연방이민법을 집행할 수 있게 되었다. 이 법이 적용되면서 법을 집행하는 사람들이 미국에 거주할 수 있는 신분을 증명할 서류를 소유하지 못한 사람들을 신속하게 추방할 수 있게 되었다. 또 시민이 아닌 사람들을 추방할 수 있는 28개의 경우도 구체적으로 명시했다. 전에는 5년 이상 수감된 사람들만 추방할 수 있었으나, 이제는 가게에서 물건을 훔치는 절도행위만 해도 추방될 수 있게 바뀌었다. 이 법에 의하면, 미국에 180일 이상 365일 이하 동안 머물고 있는 불법이주자는 사면을 받지 않는 한 3년 동안 미국 밖에서 있어야 한다. 미국에 365일 이상 있었던 사람들은, 사면을 받지 않는 한 10년 동안 미국 밖에 나가 있어야 한다. 사면을 받지 않고 이들이 미국으로 돌아오면 향후 10년 동안은 면제를 신청할 수 없게 된다. 이 법은 9·11 사태가 발생하면서 많이 활용되었다. 또 검찰총장이 사면을 통해 형편이 곤란한 사람들의 입국을 허용하는 권한을 제한했고, 불법이주자들이 사회보장 혜택을 받지 못하게 만들었다. 게다가 각 주가 공적 자금을 불법이주자에게 제공하는 것을 제한했고, 외국인에 대한 자료를 수집할 것을 요구했다. 학교는 학생에 관한 정보를 제공하도록 했고, 직장 내에서도 조사를 철저히 하도록 했다(Smith, 2007: 118). 이민개혁 및 이주자책임법의 시행과 더불어 'E-Verify'라고 하는 제도를 마련하여, 고용주가 자신이 고용하는 사람들의 법적 신분을 간단하게 확인할 수 있도록 만들었다. 이 제도는 국토안보부와 사회보장국(Social Security Administration)의 정보가 고용인이 작성한 정보와 일치하는지를 파악하는 데 활용되었다. 2009년 초에 10만 개 이상의 사업체가 이 제도를 신청했다. 2008년에 통과된 연방법은 연방정부와 10만 달러 이상의 계약을 한 업체는 반드시 이 제도에 등록할 것을 요구하고 있다(Hicken et al., 2010: 83).

미국의 이주정책이 멕시코에 불리하게 진행되면서 멕시코 정부는 북미자유무역협정을 이용하여 문제를 해결하려고 시도했다. 2001년 초에 캐나다의 오타와에서 북미자유무역협정의 정상들이 회동을 가졌을 때, 멕시코의 폭스 대통령은 3개국 사이에 자유로운 이주를 허용하자고 제안했다. 유럽연합처럼 노동자들이 자유롭게 국경을 넘어서 일을 할 수 있게 하자는 것이었다. 그러나 폭스가 2001년 여름에 미국을 방문하여 미국의회에서 연설을 했지만, 그의 제안을 지지하는 의원들은 별로 없었다.

폭스는 빈손으로 귀국해야 했고, 9·11 사태가 발생하면서 그의 노력은 완전히 허사로 돌아갔다(Miller, 2009: 29). 불법이주자 문제에 대해 미국 정부가 고심하던 차에 2001년에 9·11 사건이 발생했다. 9·11 사태 이후에 미국 정부는 보다 강렬한 이민규제 및 국경정책을 실시하기로 결정했다. 새로운 기구가 발족했고 불법이주자와 테러리스트를 다루는 기관의 인력과 예산이 대폭 늘었고, 새로운 정부의 계획도 속속 발표되었다. 먼저 2002년의 '국토안보법'(Homeland Security Act)에 의해 11월 25일에 국토안보부가 창설되었다. 국토안보부는 22개의 연방기관을 흡수하고, 재정비해서 형성되었다. 한편 이민세관단속국이 9·11 사태 이후에 국토안보부에 속한 기관으로 설립되어, 과거의 이민귀화국의 업무를 인수받았다. 이렇게 된 것은 이민문제가 국가안보와 직결되는 문제라는 것을 암시한다(Hicken et al., 2010: 81). 이민세관단속국은 예전에 여러 곳으로 분할되어 존재하던 국경과 관세에 관련된 기관들이 합쳐져서 구성되었다. 불법이주자의 문제가 사회적으로 심각해지자 수십억 달러의 예산이 국경과 이민을 담당하는 기구에 쏟아졌다(Hing, 2010: 116). 이민세관단속국의 예산은 2004년에 37억 달러에서 2008년에는 51억 달러로 증가했다. 국경순찰대의 연간 예산은 1993년과 2006년 사이에 332%가 증가하여 160억 달러가 되었다. 앞 장에서 살펴본 바와 같이 국경순찰대원의 수도 크게 늘었다. 국토안보부 내에서 국경순찰대의 모기관인 세관 및 국경보호국의 예산은 2004년에 60억 달러에서 2008년에는 93억 달러로 증가했다(Hing, 2010: 116).

한편 9·11 사태가 발생한 다음 달인 2001년 10월에 미국은 '애국자법'(Patriot Act)을 만들어서 정부관리들에게 국가안보에 위협이 될지 의심되는 이주자들을 간단한 절차에 의해 구금하고 추방할 수 있는 권리를 부여하였다(Hagan et al., 2008: 65). 테러를 지지하는 사람의 입국을 거부하고, 테러와 관련이 있는 사람을 계속 구금할 수 있도록 허용했다

(Smith, 2007: 119). 이런 미국의 이주정책의 변화와 국경통제의 영향으로 2006년 중반 이후에 이주자의 수가 다소 감소하는 경향도 있다(Passel and Cohn, 2009: 3). 9·11 사태 이후에 미국인들의 이주자에 대한 견해는 조금 더 부정적으로 바뀌었고, 이주자의 수를 제한하는 안에 찬성하는 사람들이 많아졌다. 특히 실업률이 이주자에 대한 여론과 밀접한 관계에 있어서, 대체로 실업률이 높은 지역에서는 이주자를 반대하는 의견이 많다.

2004년 1월에 조지 부시 대통령은 불법이주자의 문제를 다소나마 해결하고, 노동력이 부족한 산업부문에 안정적인 노동력을 확보하기 위해 일시적으로 초청노동자 제도를 부활시키려고 시도했다. 부시 행정부의 의도는 농업, 건축업, 서비스 업종에 종사하는 불법이주자에게 한시적 노동자로서 법적 지위를 부여하여 점차 합법화시키겠다는 것이었다. 이 계획이 실행된다면, 미국에 살고 있는 불법이주자들은 비용을 내고 자신들이 일을 하고 있었다는 증명서를 제출하면 합법적 지위를 신청할 수 있게 되었다. 물론 이 제도가 시행되고 난 다음에 미국에 불법으로 들어와서 일을 하는 사람들에게는 이 계획이 적용되지 않을 예정이었다. 이 제도에 적합한 자격을 갖춘 사람들은 한시적으로 갱신이 가능한 비자를 발급받을 수 있고, 자신들의 고국을 자유롭게 방문하는 것도 허용되었다 (Délano, 2009: 786; Ilias et al., 2008: 742). 부시 대통령의 제안에 대해 정치적인 반응은 다소 혼란스러웠다. 미국 의회의 의원들은 1986년의 이민개혁과 통제법이 만들어진 이후에 불법이주자의 수가 급증했다는 점에서는 대다수가 동의하고 있었다. 그러나 새로운 이민개혁안이 어떻게 바뀌어야 하는지에 대해서는 전혀 의견의 일치를 이루지 못했다. 한편 새로운 초청노동자 제도를 마련하는 데에도 여러 가지 비판이 나왔다. 적지 않은 수의 의원들은 이미 과부하가 된 이주관련 제도 속에서 수백만 명의 초청노동자들의 신청을 효율적으로 그리고 적절하게 처리할 수 있을지 의문이라는 것이었다. 일부의 진보적인 세력들은 새로운 초청노동자 제도가 현재의 불법이주자들을 참여하게 유도할 만한 충분한 지원이 이루어지지 않았다고 비판했다. 이주자들을 옹호하는 단체는 불법이주자들이 합법적 지위를 신청하기 위해 지불해야 되는 각종 벌금과 위약금이 지나치게 많아서 일반적인 노동자 가구들이 감당하기 어렵다고 지적했다. 또한 이 제도가 결국에는 과거의 브라세로 계획이 그랬던 것처럼 인권을 위반하는 사태를 재연시킬 것이라고 주장했다(Ilias et al., 2008: 743). 이렇게 논란만 지속되면서 이 제도는 결국 실천되지 못했다.

국경지역에서도 과거와는 달리 보다 강화된 정책이 나타나기 시작했다. 불법이주자들을 막기 위한 물리적 장벽과 인력증강에도 별다른 효과를 보지 못하자, 미국 정부는 처벌에 근거한 무관용(zero-tolerance) 원칙을 적용하는 정책을 채택하게 되었다. 2005년 국경순찰대의 '스트림라인 작전'(Operation Streamline)이 이런 변화된 정책의 대표적 사례이다. 이 정책은 2005년 12월에 텍사스의 델 리오(Del Rio) 구역에서 실험 프로젝트로 시작되었다. 이 작전의 핵심적 내용은 이 구역에서 체포된 모든 불법이주자들을 반드시 수감하고, 연방법에 따라 불법 국경침입죄로 처벌한다는 것이었다. 억류된 사람들은 최고 180일 동안 수감될 수 있고, 형기를 마치면 추방되었다(Parks et al., 2009: 36).

2006년 5월의 '점프스타트 작전'(Operation Jump Start)은 조지 부시(George Walker Bush, 2001~2009) 대통령이 '세관 및 국경보호국'(Customs and Border Protection: CBP)을 돕기 위해 준비된 계획이었다. 이 작전으로 미국-멕시코 국경에 주 방위군을 투입할 수 있게 허용되었다. 또 국경의 보안을 강화하는 방법으로 국경장벽을 건설하는 내용이 포함되어 있었다. 주 방위군은 실제로 법을 집행하지는 않고, 세관 및 국경보호국과 국경순찰대의 업무를 지원하는 것이었다. 군은 각종 무기와 헬리콥터 등의 장비를 이용해서 불법이주자를 주로 감시하고 이에 대한 보고를 하였다. 2008년 7월 15일에 점프스타트 작전은 공식적으로 종료되었다. 군이 활발하게 작전을 수행할 때에는 약 6천 명의 군인들이 불법이주자들과 마약거래자들을 체포하고, 자동차와 마리화나나 코카인 같은 마약을 압수했다.

2006년의 '안전한 국경계획'(Secure Border Initiative: SBI)은 국토안보부의 주도로 세관 및 국경보호국, 이민세관단속국(Immigration and Customs Enforcement: ICE), 미국이민국(U. S. Citizenship and Immigration Services: USCIS), 미국해안경비대(the U. S. Coast Guard: USCG) 등 4개의 기관을 엮어서 국경보안을 확고하게 한다는 계획이다. 여러 곳으로 분할되어 존재하던 국경과 관세에 관련된 기관들이 합쳐져서 구성되었다. 주요한 목표는 세 가지로, 국경보안을 개선하고, 국내의 이민 및 관세법의 집행을 증대시키고, 마지막으로 한시적 노동 프로그램을 시행하는 것이었다. 즉, 국경의 안전을 확보하기 위해 인력을 증강하고 최첨단 탐지기술을 도입하며, 연방정부와 주정부, 지방정부, 그리고 국제적 차원에서 협력하여 국경을 안전하게 유지한다는 것이었다.

최첨단의 모니터 시스템과 처벌조치를 강화하는 한편, 물리적 장애물의 설치도 한층 확대되고 있다. 2006년에 미국의회가 승인하고 부시 대통령이 10월 26일에 서명한 '안전 장벽법'(Secure Fence Act)에 의해, 국토안보부는 850마일의 새로운 장벽을 국경에 설치하고 자동차의 통과를 막는 장애물을 설치했다. 또 열화상법, 지상 레이더, 동작 감지기 등 소위 스마트 기술을 활용하여 밀입국자가 국경을 넘는 것을 감시했다. 이 법안에 찬성하는 사람들은 장벽을 추가로 설치하면 자동차를 이용하거나 걸어서 국경을 넘기가 어려워져서, 불법이주자의 이동을 제한할 것이라고 주장했다. 또 불법으로 국경을 넘으려는 사람들을 체포하기도 쉽다고 말했다. 더욱이 불법 마약이 미국으로 들어오는 것을 막을 수 있으며, 테러리스트들의 침입으로부터도 안전할 것이라고 주장했다. 이 법안을 부정적으로 보는 사람들은 불법이주자들이 장벽 위로 넘거나 장벽 아래로 국경을 넘을 수 있기 때문에, 궁극적으로 장벽의 설치가 불법이주를 막을 효과적인 전략이 아니라고 강조했다. 이와 더불어 장벽으로 인해 미국과 멕시코의 관계가 악화되고, 환경과 야생동물의 자연적인 이동을 방해하며, 국경을 넘으려는 불법이주자들의 안전을 위협할 것이라고 주장했다. 그리고 국경을 통한 왕래가 위험하게 되면, 과거에는 계절적으로 미국에서 일을 하고 일이 끝나는 시기가 되면 멕시코로 돌아가던 불법이주노동자들이, 이제는 자신들의 가족을 미국으로 불러들여서 영구히 정착할 것이라고 했다. 경제적 측면에서 장벽의 설치는 엄청난 비용이 드는 것으로 실제 효용성은 그다지 높아 보이지 않았다. 최초에 샌디에이고 국경지역에 장벽을 건설할 때에는 1마일당 300만 달러의 비용이 소요되었지만, 그다음에는 1마일당 약 130만 달러가 드는 것으로 밝혀졌다. 장벽을 관리하는 데에도 무시하지 못할 비용이 들어간다. 25년 동안 국경의 손상 정도에 따라 1마일에 164만 달러에서 700만 달러의 경비가 필요할 것이라고 예상된다. 따라서 약 2천 마일에 걸친 국경을 모두 장벽으로 막는다면 적어도 250억 달러의 비용이 들고, 이것을 25년간 유지하는 데에만 다시 328억 달러에서 1천4백억 달러의 비용이 추가로 드는 셈이다(Hing, 2010: 116; Parks et al., 2009: 35). 국토안보부는 2008년 말까지 670마일의 국경에 장벽을 설치하였다.

2005년에서 2006년에 미국의회는 이주자들을 통제하기 위한 법안을 마련하려고 다양한 시도를 했다. 시작은 2005년 12월 16일 하원에서 239표 대 182표로 통과된 '국경보호, 반테러 및 불법이주 통제법'(Border Protection, Anti-terrorism and Illegal Immigration Control Act, 혹은 H. R. 4437)으로부터 출발했다. 이 법안은 미국에 적합한 증명서 없이 입국하거나, 불법이주자를 도와주고 안내하거나, 혹은 미국에 거주하도록 알선하는 사람들을 중죄로 처벌한다는 것으로, '센센브레너 안'(Sensenbrenner

Bill)이라고도 불렀다. 또 고용주가 노동자를 채용할 때 신분을 확인하게 하고 현재의 불법 이주노동자를 합법화하지 않으며, 새로운 초청노동자 제도도 시행하지 않는다는 내용을 포함하고 있다. 이 법안은 상당히 많은 내용을 담고 있는데, 주요한 내용은 다음과 같다. 먼저 불법이주자의 출입이 많은 국경지역에 700마일의 장벽을 설치한다. 지역기관이 억류한 불법이주자를 연방정부가 보호 관리하도록 해서 밀입국자를 잡았다가 풀어주는 행위를 반복하지 않게 한다. 또 국경 부근의 지방정부가 불법이주자를 억류하는 데에 들인 비용을 보상해준다. 고용주는 노동자의 법적 신분을 확인한다. 모든 불법이주자는 자발적으로 출국하기 원하면 추방되기 전에 3천 달러의 벌금을 낸다. 그리고 자발적인 출국 기간은 60일로 단축한다. 허위문서를 이용했을 경우에는 10년의 징역과 벌금을 부과하고, 마약거래나 테러의 경우에는 더욱 중형을 선고한다. 국토안보부는 18개월의 기간 동안 국경을 통제하고 이 법이 시행된 지 일 년 뒤에 진행보고서를 제출한다. 불법이주자가 합법적 이민신분을 갖기 전에, 반드시 범죄기록, 테러리스트 감시명단, 사기문서 작성에 들어 있거나 관여했는지를 점검한다. 불법이주자를 고용하면 처음 위반할 경우에 벌금이 7천5백 달러이고, 두 번째는 1만 5천 달러, 그리고 그다음부터는 4만 달러의 벌금을 부과한다. 미국에서 추방된 사람의 입국을 지연시키거나 거부하는 국가로부터 이주자를 받는 것을 금지한다. 한편 불법이주자가 미국에 남아 있도록 도와주는 행위도 범죄로 다루게 했다.

하원의 안은 다양한 이주자들과 인도주의 단체, 종교집단들로부터 거센 항의를 불러일으켰다. 가장 큰 문제는 이 법이 1천1백만 명이 넘는 불법이주자와 그들과 연관된 사람들에게 부정적인 영향을 미친다는 것이었다. 사실상 이 법은 특정한 집단을 명시하지는 않았지만, 라틴아메리카에서 오는 불법이주자의 수가 많다는 이유로 거의 모든 항의와 비판은 멕시코인들과 라티노 사이에서 나왔다. 이 법을 지지하는 사람들은 미국이 그동안 소홀히 했던 국경의 관리와 이민관계 규정을 재정비하는 것이라고 주장했다. 또 국경을 통제하기 위해 많은 요원들을 배치함으로써, 미국을 테러의 위협에서도 보호할 수 있다고 했다. 이에 대해 반대자들은 정당한 절차를 무시함으로써 정치적 망명을 신청하는 사람들의 인권을 위반할 소지가 있다고 우려를 표명했다. 또 이주자를 범죄인으로 규정하면서 이들을 돕는 행위도 처벌을 하는 것이 잘못되었다고 지적했다. 수백만 명의 사람들이 법안을 반대하며 시위에 참여했다. 이들은 의회가 불법이주자들에게 합법적 지위를 부여하도록 허용해야 한다고 요구했다. 일부 노조도 반대의견을 제시했다. 법을 반대하는 목소리가 커지자, 상원은 하원의 안 중에서 불법이주자를 흉악 범죄인으로 간주하거나, 불법이주자를 돕는 행위를 범죄시하는 등 논란이 있는 부분을 수정하는 안을 제시했다. 포괄적 이민개혁안이라는 의미에서 불법이주자에 대한 규제를 강화하는 데 그치지 않고, 한시적 초청노동자 제도와 현재 미국에서 불법으로 일하고 있는 사람들을 합법화하는 내용도 담고 있다(Martin, 2009: 150). 여론은 하원 혹은 상원의 안을 지지하여 이민관계 법을 수정해야 한다는 쪽으로 많이 기울었다. 이런 분위기에 대해 법을 반대하는 사람들은 2006년 5월 1일을 '이주자가 없는 날'(a day without immigrants)로 정하고, 물건을 사지 않고 학교나 직장에도 가지 말 것을 촉구했다. 이렇게 해서 이주자들이 미국 사회와 경제에 얼마나 큰 기여를 하는지를 보여준다는 것이었다. 이와 더불어 로스앤젤레스, 뉴욕, 시카고, 댈러스 등 44개 주의 60개 이상의 도시에서 3백만~5백만 명이 모여서 항의하는 행진을 했다(Fraga and Segura, 2009: 74). 그 이전에도 이런 시위는 많이 발생했다. 한 예로 플로리다 남서부의 포트 마이어스(Fort Myers)에서는 2006년 4월 10일에 약 8만에서 10만 명의 멕시코 이주자들이 대대적인 시위를 벌였다. 이 시위는 지역의 상인들과 축구클럽 회원들이 중심이 되어 벌어졌다. 이 시위는 하루 동안 전국에 걸쳐 발생한 시위 중의 하나였다.

'메가 마르차스'(mega-marchas)라고 불리는 이 행사는 하루 동안 일을 중단하면서, 미국 내의 400여 지역에서 500만 명의 인원이 참석했다(Zepeda-Milán, 2010). 반대의 목소리는 높아지고 논란만 증폭되는 가운데, 결국 하원과 상원은 완전한 타협을 이루지 못했다. 부시 대통령은 재선된 다음에 포괄적인 이민법 개혁을 약속하고 적극적으로 추진했지만, 원하던 성과를 이끌어내지 못했다(Miller, 2009: 29). 이민개혁에 관해 상원이 새로운 안을 내세웠지만, 다시 이것이 하원으로 전달되어 논의되지 못했다. 결국 의회는 2006년 여름에 불법이주자에 관련한 입법과정을 포기했다.

연방정부가 불법이주자들을 규제하는 합의안을 마련하는 데 실패하자, 실망한 주정부와 지방정부가 이 문제에 나서기 시작해서, 이주자들을 통제하는 수백 개의 법안을 만들었다(Allegro, 2010: 178). 몇 가지 사례를 보면 다음과 같다. 2007년에는 오클라호마 주에서 불법이주자와 그들을 고용하는 고용주, 그리고 그들을 돕거나 방조하는 일반 시민 모두를 범죄인으로 간주하는 '오클라호마 납세자와 시민보호법'(Oklahoma Taxpayer and Citizen Protection Act: HB 1804)이 통과되었다. 불법이주자들이 자신들의 일자리를 빼앗고 임금을 떨어뜨린다는 이유가 제시되었다. 이런 일이 발생한 다음에 오클라호마에서는 이주자 전제를 사회에 해악을 끼치는 존재로 여기는 인식이 확산되었다. 2005년의 인구센서스를 보면 오클라호마의 라티노 인구는 7%에 불과하다. 미국 전체의 라티노 인구비율이 14%라는 점을 감안하면 비교적 낮은 수준이다. 더욱이 오클라호마 주의 상당수의 라티노는 미국 시민이어서 실제로 불법이주자들의 수는 상대적으로 미미하다. 이 법의 영향으로 라티노를 불법집단으로 간주하면서 이들을 위협하거나 적대적으로 대하고, 직장에서도 차별을 하는 사례가 늘어났다(Allegro, 2010: 179). 이 법에 대한 대중적인 지지가 상승하자 여성 불법이주자가 낳은 아이에게 출생신고를 하지 못하게 막고,

영어를 주의 유일한 공식언어로 인정하며, 추방된 불법이주자들의 재산을 몰수하는 방안을 내놓기도 했다. 한편 이 법의 시행에 반대하는 세력도 있었다. 그 지역의 상공회의소와 사업자단체들이 이 법이 실행되는 것을 방해하기 위한 소송을 제기했다. 소송을 제기한 이유는 새로운 법이 노동자들을 쫓아내고, 자신들의 사업이 인접한 주에 비해 경제적으로 불리함을 감수해야 한다는 것이다(Allegro, 2010: 173). 그러나 이들이 제기한 소송은 고용주를 규제하는 조항을 일시적으로 금지하는 것에 그쳤다. 2007년 봄에 이 법안이 통과되자 화가 난 라티노들은 오클라호마 주를 떠나기 시작했다. 약 2만 5천 명 이상의 라티노가 이때 떠난 것으로 확인된다. 이들 중 상당수는 인접한 다른 주로 옮겼고, 일부는 본국으로 돌아갔다. 이 사건의 여파로 오클라호마에서는 빈 아파트가 속출했고, 직장에 출근하지 않는 사람도 많았으며, 회사에서는 고용인을 구하기가 쉽지 않게 되었다. 상당수의 이주자들은 자신들의 자녀를 학교에 보내지 않았으며, 라티노들이 많이 거주하는 지역의 사업체는 문을 닫을 지경에 처했다(Allegro, 2010: 180). 지금은 상황이 다소 호전되어 이주자들이 조심스럽게 다시 오클라호마로 돌아오고 있다. 직장에서 불법 이주노동자를 파악해서 처벌하던 것은 지역경찰이나 보안관이 담당하는 것으로 변경되었다. 지금은 고속도로, 거리, 공원 등 공공장소에서 불법이주자를 감시하는 경우가 많아졌다. 법이 시행된 지 약 2년이 지난 후에 이주자 사회는 불안감을 완전히 떨쳐버리지 못하면서도 자신들의 노동력이 중요한 가치가 있다고 생각하고 있다. 결과적으로 이주자들이 어느 정도 무시하지 못할 경제적 기여를 지역사회에 하고 있다는 사실을 주민들이 느끼게 만들었다는 점을 긍정적으로 평가하고 있다(Allegro, 2010: 181).

애리조나 주는 2010년 SB 1070호를 통해 불법이주자로 인해 발생하는 문제를 해결하려고 시도했다. '법집행 지지 및 안전한 이웃법'이라고 불리는 애리조나 상원 법안 1070호(SB 1070)는 미국 역사상 가장 엄격하고 광범위한 반불법이주자에 대한 법안이었다. 이 법안이 제정되면서 국내외에서 많은 관심을 불러일으켰고, 격렬한 논쟁도 벌어졌다. 미국의 연방법은 14세 이상의 외국인은 미국에 30일 이상 체류할 경우에 미국 정부에 등록을 해야 하고, 항상 적합한 문서를 지니고 있어야 한다고 규정한다. 애리조나의 법은 이보다 한 단계 더 나가서 외국인이 필요한 문서를 지니지 않고 애리조나에 머무는 것은 경범죄에 해당한다고 정했다. 그리고 특정한 사람이 불법이주자라고 의심이 될 때에는 관련 있는 관리들이 이것을 확인할 수 있게 허용했다. 애리조나 주의 경우에 신분을 확인할 수 있는 문서는, 애리조나 운전면허증, 애리조나 신분증, 원주민 부족 신분증, 그리고 기타 연방정부나 주정부 그리고 지방자치단체에서 발행한 신분증이다. 연방법에서는 신분에 관한 문서를 확인하는 것을 위반한 사람에게 처음에는 최대 100달러의 벌금과 20일 동안 수감할 수 있다고 되어 있다. 다시 위반할 경우에는 30일까지 수감한다고 규정한다. 애리조나주에서는 첫 번째 위반한 사람에게 500달러의 벌금을 부과하고, 다시 위반하면 최소 1,000달러의 벌금과 최대 6개월 동안 수감할 수 있게 만들었다. 또 주나 지역의 관리들이 연방법을 제대로 집행하지 않는 것을 제한하고, 등록되지 않은 외국인을 보호하거나 숨기고, 실어 나르는 행위를 처벌하기로 했다. 자동차로 불법이주자를 운송하는 사람은 자동차를 압수당하고 벌금을 물도록 했다. 더욱이 애리조나 주민이면 누구나 법 집행이 잘못되고 있다고 판단되면, 관리나 기관을 상대로 소송을 제기할 수 있게 규정했다. 이 법안은 애리조나 하원법안 HB 2162호로 약간 수정되었다. 수정된 내용은 경찰이 적법한 경우에만 이민신분을 확인할 수 있게 했고, 적합한 체류를 증명할 문서를 소지하지 못한 사람들의 벌금을 500달러에서 100달러로, 수감일수를 6개월에서 20일로 낮추었다. 여론조사 결과는 애리조나와 전국적으로 다수가 찬성하는 것으로 알려졌다. SB 1070호는 4월 23일 주지사의 서명에 이어 7월 29일부터 효력이 발생하는 것으로 예정되었다.

애리조나는 최근에 급격하게 불법이주자들이 증가하는 지역이다. 앞 장에서도 언급했듯이, 전통적으로 이주자들이 많이 이용했던 캘리포니아 지역의 국경에 새로운 장벽을 설치하는 등 통제가 심해지자, 많은 불법 이주자들이 애리조나로 몰려들었다. 그래서 1990년대에 비해 20년 후에는 약 5배나 많은 불법이주자들이 애리조나에서 생활하고 있다. 근래에는 멕시코 정부가 마약과의 전쟁을 선포하자, 이에 반발한 마약거래자들이 정부와 일반인을 상대로 폭력을 행사하면서 많은 인명피해가 발생하고 있다. 이 영향이 애리조나에도 그대로 전달되어 상당한 피해가 있었다. 이와 더불어 경제침체가 장기화되면서 주민들의 불안이 커졌다. 이런 현실에도 연방정부의 이민법 개정이 전혀 진전이 없자, 불법이주자들을 보다 적극적으로 규제하는 법안에 많은 사람들이 찬성한 것이었다. 오바마(Barack Hussein Obama Ⅱ, 2009～) 대통령은 즉각적으로 애리조나의 법안에 대해 깊은 우려를 표명하고, 이것이 공정성을 해치며 경찰과 지역사회의 신뢰를 무너뜨릴 것이라고 언급했다. 이 법이 실제로 집행되면 불법이주자로 의심되는 사람들이 괴롭힘을 당하거나 체포될 수도 있다는 것이었다. 그는 장기적으로 불법이주자 문제를 해결하기 위해서는 연방정부의 이민법 개혁이 조속히 달성되어야 한다고 강조했다.

애리조나의 강력한 반이민법에 가장 타격을 입을 사람은 멕시코인들이라는 견해에서, 펠리페 칼데론(Felipe de Jesús Calderón Hinojosa, 2006～2012) 멕시코 대통령은 이 법이 이주를 범죄시하는 것이라고 비난했다. 또 이 법이 인권을 위반했다고 강조했다. 일부의 애리조나 주의 경찰도 이 법이 시행되면 불법이주자들이 경찰을 접촉하기를 꺼려서 긴급한 상황에서도 경찰의 도움을 받지 않을 것이며, 이주자들이 범죄와 관련된 중요한 정보도 제공하기를 기피할 것이라고 주장했다. 라티노 사회는 이 법을 과거 남아프리카 공화국의 인종차별 정책인 아파르트헤이트

(Apartheid)나 제2차 세계대전 중에 미국 정부가 일본계 미국인을 수용한 것과 마찬가지라고 거세게 반발했다. 특히 문서를 항상 휴대하라는 것은 나치 독일이 유태인들을 박해하던 시절의 법과 유사하다고 주장했다. 일부의 시민사회도 반대 입장을 분명히 밝혔다. 법안의 내용이 알려지자 5월 1일에 수만 명의 시위대가 70개 이상의 도시에서 항의했다. 로스앤젤레스에서는 약 5만에서 6만 명의 시위대가 멕시코 국기를 흔들면서 "그래, 할 수 있다"(Sí se puede)라는 구호를 외쳤다. 소수의 사람들은 백악관 앞에서 "오바마, 우리 엄마를 추방하지마!"(Hey Obama! Don't deport my mama)라는 피켓을 들고 포괄적인 이민법 개혁의 제정을 촉구하면서 시민불복종 운동을 전개했다. 새로운 법안에 대한 반대 움직임이 본격화되면서 애리조나 주는 여러 가지 타격을 입었다. 관광객이 줄면서 호텔과 음식점이 영향을 받았다. 많은 이주자들이 애리조나 주를 이탈하면서 학교, 사업체, 의료기관을 이용하는 사람들의 수가 상당히 감소했다.

이 법에 이어서 여러 주에서 유사한 법안이 등장했다. 펜실베이니아, 로드아일랜드, 미시건, 미네소타, 사우스캐롤라이나 주에서도 유사한 법안을 준비했다. 그렇지만 멕시코와 국경을 공유하는 텍사스, 뉴멕시코, 캘리포니아 등 다른 주는 별다른 관심을 보이지 않았다. 이들 지역은 애리조나와는 달리 라티노 사회가 상당히 강력하고, 여러 가지 측면에서 멕시코와 문화적 관계가 돈독하며, 불법이주자의 문제가 그다지 심각하지 않다는 생각을 지니고 있었다. 이 법안에 대해 여러 소송이 전개되었는데, 법무부는 이민과 관계되는 규정은 연방정부만이 담당할 수 있으며, 이 법이 헌법과 시민의 권리를 위반하는 것이라고 주장했다. 법원은 애리조나 주의 안이 적법하지 않다고 인정했다. 이런 분위기에 만족하지 못하게 되자, 2011년 2월에 애리조나 주는 연방정부를 상대로 맞소송을 제기했다. 정부가 이 법안의 통과를 방해하면서 멕시코와의 국경에서 넘어오는 많은 수의 불법이주자 문제를 해결할 수 없다는 이유를 제시했다.

대법원은 2012년 6월 25일의 판결에서 법 집행을 하는 과정에서 주 경찰이 이주자의 신분을 확인하는 것은 합법적인 것으로 인정했지만, 이주자들이 신분을 증명하는 문서를 소지하지 않아서 처벌받아야 하거나, 주 경찰이 영장 없이 개인을 체포하거나, 연방정부의 노동허가 없이 개인이 일자리를 신청하는 행위를 불법화하는 것 등 나머지 주요한 논쟁이 되는 조항은 헌법위반이라고 판결했다.

애리조나 주가 2010년에도 SB 1070호라는 법을 제정하여 불법이주자들을 통제하려고 시도한 것을 보고 조지아 주도 2011년에 HB 87호라는 이민법을 통과시켰다. 이것은 현재까지 가장 강력하게 불법이주자를 규제하는 법안이다. HB 87호의 주요 내용은 다음과 같다. 먼저 더 많은 지방 자치단체가 연방정부의 이주자 통제정책에 동참하게 하고, 경찰과 보안관들은 시민들을 상대로 그들의 이민신분을 묻거나 체포할 수 있으며, 이민법을 어긴 사람들을 억류하거나 이송할 수 있게 허용했다. 다음으로 종업원을 고용할 때 고용주는 그들이 미국에서 합법적으로 일할 수 있는 자격을 갖추고 있는지를 확인해야 한다. 마지막으로 사람들이 공적인 혜택을 지원받으려면 신분이 분명해야 한다.

1990년대 이후에 강화된 국경 및 이민정책이 별다른 성과를 거두지 못하고 경제적 비용만 눈덩이처럼 불어났지만, 미국민들의 여론은 불법이주자의 문제를 해결할 필요가 있다고 생각하는 사람이 많은 것으로 나타났다. 1997년에 로스앤젤레스 타임스와 블룸버그(Bloomberg)의 여론조사에 따르면 응답자의 63%가 국경안보와 미국에 이미 들어와서 장기 거주하고 있는 이주자에 대해 다면적인 접근을 선호했다. 그러나 2005년의 국경보호, 반테러 및 불법이주 통제법에서 제시한 것처럼 불법이주자를 내쫓거나 범죄인처럼 다루는 것은 거부한다. 즉, 불법이주자의 처지를 어느 정도 이해하지만, 미국의 국내 현실이 어렵기 때문에 통제는 필요하다는 의견이 지배적이다. 이런 여론을 등에 업고 연방정부의 정책이 다소 혼선을 빚거나 제대로 준비가 안 된 상태에서, 각 주정부는 자체적으로 새로운 법을 만들어 불법이주자의 문제를 해결하려는 시도를 하고 있다(Fraga and Segura, 2009: 75). 몇 가지 구체적인 사례를 살펴보면 다음과 같다. 콜로라도 주에서는 불법 이주노동자인 줄 알면서 고용한 사업체와 계약을 맺지 않았다. 루이지애나에서는 적합한 문서를 소지하지 못한 노동자를 해고하지 않은 채로 주정부와 계약을 맺은 고용주에게 벌금을 부과했다. 조지아에서는 공무원이나 주정부와 계약을 맺는 사람들은 반드시 새로운 노동자를 고용할 경우에 연방정부의 자료를 통해 이민신분을 점검해야 했다. 앨라배마에서는 불법이주자를 체포하기 위해 70명의 주 경찰을 훈련시킬 것을 허가했다. 애리조나에서는 불법이주자들이 성인교육, 아동보육, 주립대학의 주민 학비감면(in-state-tuition), 민사소송에서 징벌적 손해배상제도 같은 서비스를 받지 못하도록 금지했다. 펜실베이니아에서는 주의 프로젝트에 불법이주자를 활용하는 것을 금지했다. 텍사스에서는 사업체가 자신의 소득에서 불법 이주노동자의 임금과 복지혜택의 비용을 공제하지 못하도록 했다. 그밖에도 애리조나, 아칸소, 캘리포니아, 코네티컷, 델라웨어, 켄터키, 미네소타, 몬태나, 뉴저지, 뉴멕시코, 뉴욕, 노스캐롤라이나, 사우스다코타, 테네시, 텍사스, 버지니아, 위스콘신 등의 주에서는 국경지역에 병력을 파견했다.

연방정부나 주정부와는 달리 대체로 미국의 지역사회는 늘어나는 불법이주자 문제에 두 가지 방식으로 접근하는데, 이주자의 '정착에 찬성'(pro-settlement)하거나 '정착에 반대'(anti-settlement)하는 것이다. '정착에 찬성'하는 정책은 불법이주자들이 자신들의 사회에 통합될 수 있도록 포용하는 것이다. 예를 들면 주정부에서 발행하는 신분증이 없는 불법이주자의 편의를 위해, 멕시코 영사관을 통해 멕시코 정부가 이주자에게 발행하는 신분증인 '영사관 등록증'(matrículas consulares)을 정당한 신분증으로 인정하는 것이다. 이런 영사관 등록증이 여러 지방 자치단체와 경찰서에서 인정되었다. 또 다른 형태의 '정착에 찬성'하는 정책은 피난 처를 마련하는 조례이다. 이런 조례를 통과시킨 도시들은 중한 범죄를 저지른 경우를 제외하고, 연방이민국을 재정 혹은 인력 부문에서 돕지 않는다는 것이다. 이런 지역에서는 시의 관리나 고용인들이 자신의 관할 구역에 불법이주자가 거주한다는 것을 알아도 연방정부와 협조하거나 알 리지 말도록 요구한다. 워싱턴, 뉴욕, 로스앤젤레스, 시카고, 샌프란시스 코, 샌디에이고, 오스틴, 솔트레이크시티, 댈러스, 디트로이트, 휴스턴, 저 지시티, 미니애폴리스, 마이매미, 덴버, 오로라(콜로라도), 볼티모어, 시애 틀, 포틀랜드(오리건), 포틀랜드(메인), 세나스(미주리) 등이 피난도시가 되었다. 이 지역에서는 개인의 이민신분을 결정하기 위해 질문을 하거나 가던 길을 가로 막는 행위가 허용되지 않는다. 이 두 가지 정책은 불법이 주자들이 눈에 띄지 않도록 하고, 이들이 지역사회와 잘 협조해서 원만 한 생활을 유지하게 만드는 데 목적이 있다(Hicken et al., 2010: 74).

반면에 불법이주자의 정착을 반대하는 정책은 이들을 지역사회와 분 리시키려고 노력한다. 구체적으로는 불법 이주노동자를 고용하는 고용주 나, 불법이주자에게 집을 빌려주는 임대주를 처벌하는 것이다(Fraga and Segura, 2009: 77). 구체적인 사례를 보면, 펜실베이니아 주의 헤이즐턴 (Hazelton) 시의회는 2006년에 '불법이주 구호법'(Illegal Immigration Relief Act: IIRA)을 마련하여, 불법이주자를 고용하는 사업체의 허가를 취소하고, 불법이주자에게 집을 임대해주는 주인에게 한 사람당 1천 달러의 벌금을 부과하며, 시의 문서를 영어로만 작성하도록 요구했다. 유사한 사례로 텍 사스 주의 댈러스 시 인근의 파머스 브랜치(Farmers Branch)에서도 2006 년에 조례를 통과시켜서 불법이주자에게 집을 임대해준 주인에게 벌금을 부과했고, 경찰이 국토안보부의 요원처럼 활동할 수 있을 권한을 부여했 다. 임대주는 한 사람당 5백 달러의 벌금을 내야 했다. 캘리포니아의 에 스콘디도(Escondido)에서는 시의회가 임대주에게 10일의 기한을 주고 불법이주자를 내쫓을 것을 요구했다. 이에 불응하면 하루에 최고 1천 달러의 벌금과 6개월의 징역, 그리고 사업면허 정지의 처벌을 받을 수 있게 만들었다. 이 지역에서 불법이주자의 단속은 주로 경찰이 신호등에서 자동차가 서는 경우 면허증을 점검하는 방식으로 이루어졌다. 만일에 운전자가 적법한 운전면허증을 제시하지 못하거나, 자신의 이민신분이 의심받을 만할 때, 경찰은 이들을 억류하거나 연방기관에 인계해서 조사를 받게 할 수 있다. 헤이즐턴과 에스콘디도의 조례는 모두 헌법에 위반된다는 판결을 받았다(Hicken et al., 2010: 75).

미국 정부가 국경강화 정책을 지속적으로 수행하고, 국내 경기 침체로 이주자에 대한 여론이 좋지 않은 점을 이용하여 이주자에 대한 부적절하고 과도한 단속이 발생해서 문제가 되고 있다. 특히 새로 만들어지면서 막강한 권한을 갖게 된 이민세관단속국이 무리하게 법을 집행하는 경우가 많았다. 이민세관단속국은 직장에서 불법이주자들을 색출하려고 시도하고 가정집을 습격하기도 했으며, 심지어 학교를 감시하기도 했다. 이런 과정에서 불법이주자 이외에 많은 시민권자와 영주권자들을 억류하는 사례도 발생해서 국토안보부를 상대로 하는 소송이 줄을 이었다. 이런 노력 끝에 소수의 불법이주자들이 발각되어 추방되기는 했지만, 전체 불법이주자 1천 1백만 명을 모두 찾아내는 것은 불가능한 일이었다. 이민세관단속국의 지나친 단속사례를 살펴보면 다음과 같다(Hing, 2010: 126~127).

2006년 노동절 직전의 9월 1일 금요일에 조지아의 스틸모어(Stillmore)라는 도시에서 사건이 터졌다. 2006년 5월에 이민세관단속국은 '본국으로 돌려보내기 작전'(Operation Return to Sender)을 실행하고 있었다. 연방정부의 보고에 의하면 조지아는 전국에서 불법이주자의 수가 가장 빠르게 증가하는 주였다. 2006년 초에 조지아 주는 이민법을 통과시켜서, 고용주들이 노동자들을 채용할 때 노동자들의 신분을 E-Verify라는 연방 데이터베이스를 사용해서 확인하도록 만들었다. 스틸모어에는 크라이더

(Crider)라는 닭고기 가공공장이 있었는데, 인구가 약 1천 명에 불과한 도시에서 가장 많은 노동자들을 고용하는 사업체였다. 이 공장은 900명 이상의 노동자를 고용하고 있었는데, 2006년 중반에 이민세관단속국이 공장 관리인들과 노동자들의 신분서류를 검토한 결과, 약 700명이 문제가 있는 것으로 드러났다. 단속이 있기 이전에 크라이더 공장은 노동에 필요한 서류가 충분하지 않은 사람들을 해고하거나 이들에게 사직하라고 권고했었다. 이민세관단속국은 여름이 끝나자 바로 단속을 시작하여, 노동자들의 집을 수색하고 노동절 주말의 첫째 날인 9월 1일 자정에 여러 집을 습격했다. 이것을 시작으로 약 3주일 동안 스틸모어와 인근지역에 대한 대대적인 불법이주자 단속이 진행되었다. 스틸모어에서 이민세관단속국 요원들은 주로 남자들만 집중 단속하여 여자들과 어린 자녀들을 궁지에 몰았다. 많은 가족 구성원들은 구금을 피하기 위해 마을 근처의 숲으로 피신했다. 어떤 사람은 숲에서 2일 동안 숨어 있었다. 단속을 하는 과정에서 여러 집과 이동주택 주차장이 습격당했고, 지나가는 운전자를 제지하기도 했다. 심지어 사람들을 최루가스로 위협하기도 했다고 한다. 크라이더 닭 공장이 습격을 받는 동안 지역의 사업체들은 고객이 줄어들어 큰 손실을 입었다. 한 간호사는 불법이주자 부모에게서 태어난 2세 된 미국 시민인 아이를 대신 돌보고 있었다. 그의 어머니가 불법이주자 단속에 걸릴까봐 아이를 계속 데리고 있을 수 없었다고 한다. 간호사의 말에 의하면, 자신의 고객들이 이민세관단속국 요원들의 습격이 있은 다음에 모두 스틸모어를 떠났다고 한다.

또 다른 사례도 잘못된 이주정책의 사회적 비용이 엄청나게 크다는 것을 잘 드러낸다(Fernández-Kelly, 2009: 145). 1987년에 넬슨 루이스(Nelson Ruíz)의 부모와 그의 두 형제는 멕시코 게레로(Guerrero) 주의 작은 마을에서 미국으로 이주했다. 그들은 한 코요테에게 1천5백 달러를 지불하고 위조문서를 전달받고 안전하게 미국까지 데려다줄 것을 요청했다. 미국에

도착한 다음에 넬슨의 아버지는 샌디에이고 근처의 홈스테드(Homestead)에 위치한 보육원에서 일했고, 그의 어머니는 주택을 청소하는 일을 맡았다. 1990년에 넬슨은 미국에서 태어났다. 그의 부모와 두 형제들은 불안한 이주 신분문제로 힘겨운 생활을 이어나가고 있었다. 2006년 어느 날 아침에 넬슨과 그의 가족은 이민세관단속국 요원들이 거칠게 문과 창문을 두드리는 소리를 들었다. 그날 넬슨의 부모와 두 명의 형제들 그리고 삼촌 한 명 등 모두 다섯 명이 수갑과 족쇄에 묶인 채 끌려갔다. 그들은 3개월 동안 구치소에 감금되어 있었고, 마침내 멕시코로 추방되었다. 이제 미국에는 외롭고 두려움에 떠는 넬슨 혼자만이 남았다. 그런 일이 있은 지 2개월 뒤에 넬슨은 비슷한 일을 겪은 다른 아이들과 갱단을 조직했다. 그들의 희망은 수를 늘려서 힘을 키운 다음에, 자신들의 가족에게 닥쳤던 폭력으로부터 서로를 보호하는 것이었다. 친척들과 함께 사는 그의 부모와 형제들의 안부가 걱정이 되고, 한편으로는 자신이 다른 사람에게 양육될 수 있다는 생각에, 더 이상 학교에 흥미를 가질 수 없었다. 그는 지역 복지관에서 생활을 하면서 그가 신뢰할 수 있는 단 한 사람이며 자신에게 동정적인 사회복지사와 겨우 대화를 한다. 그의 앞날은 어떻게 될지 자신도 알 수 없다.

국경을 강화하고 사회에서 불법이주자를 걸러내는 일에 천문학적인 비용을 들였지만, 상황은 크게 개선되지 못했다. 미국의 불법이주자 수는 1990년에 350만 명에서 지금은 1천1백만 명 이상으로 3배 이상 증가했다. 즉, 다른 분야에 쓸 돈을 끌어다가 예산을 쏟아 부어도, 불법이주 자체를 완벽하게 막거나 통제할 수 없었다(Hing, 2010: 120). 한편 국경을 넘으려다가 사망하는 사람들의 수도 급증했다. 1994년에는 23명이 사망했는데, 그중에 2명은 저체온증과 열사병, 그리고 9명은 익사가 원인이었다. 1998년에는 사망자 수가 147명으로 늘어났고, 저체온증과 열사병으로 71명, 익사로 52명이 목숨을 잃었다. 1999년도 1998년과 유사했고,

2000년에는 전체 사망자 수가 499명이었고, 열사병과 저체온증으로 죽은 사람이 84명이었다. 2000년대에는 1년에 평균적으로 300~400명의 사망자가 나오고 있다. 2005년에는 약 500명이 사망했고, 2009년에는 450명의 사망자가 발생했다. 사망자의 수가 적지 않지만 많은 사망자들이 고립된 지역에서 발견되지도 못하고 있다는 점을 감안하면, 발견된 시신의 수만으로 희생자 전체의 수를 판단할 수는 없을 것이다(Hing, 2010: 124). 이렇게 1993년 이후에 국경지역에서 사망자가 빠르게 상승하는 것은, 강화된 국경정책으로 전통적으로 밀입국자들이 이용하던 국경지역의 경비가 날이 갈수록 삼엄해지면서, 이주자들이 지형적 조건이 매우 좋지 않은 지역을 통과하다가 피해를 많이 입기 때문이다. 예를 들어 험준한 계곡, 건조한 사막, 고립된 황무지에서는 지형에 익숙하지 않은 사람들이 치명적인 피해를 입기 쉽다(Hing, 2010: 125). 미국 정부의 이주자 통제정책에서는 국제노동이주자가 미국으로 들어오려고 결정하는 데에는 이주과정의 위험, 어려움, 국경을 넘는 데 드는 비용이 중요한 역할을 한다고 가정한다(Fuentes et al., 2007: 54). 그러나 이주자들은 앞장에서 언급한 것처럼 일부의 정치적 요인을 제외하고 대부분이 경제적 문제를 해결하기 위해 미국으로 들어가려고 한다는 것이다. 그래서 이런 통제정책이 목표하는 대로 작용하지 않는 것이다.

오바마 대통령도 2009년에 취임하면서 이민관계법을 개혁하겠다고 강조했지만, 가시적인 성과를 보여주지 못했다. 그는 2009년 4월의 취임 첫 해에 포괄적 이민개혁을 최우선 과제로 삼겠다고 선언했다. 그의 계획대로라면 계속해서 국경을 강화하고, 미국에 살고 있는 불법이주자를 합법적인 거주자로 만들고, 불법 이주노동자를 색출한다는 명목으로 작업장을 조사하는 것이 아니라, 이주자들을 고용하는 고용주를 목표로 한다는 것이었다. 오바마 행정부는 2006년과 2007년에 의회가 이민개혁안을 통과시키지 못한 과제를 해결하려고 시도했다. 2006년 6월에는 불법

이주자에게 합법적인 지위를 주는 것과 초청노동자 문제로 의회가 타협을 하지 못했다. 우익집단은 이미 미국에 와 있는 불법이주자를 합법화하는 것은 연방이민법을 위반한 사람들에게 보상을 하는 것과 마찬가지라고 비판했다. 좌익집단은 개인의 인적 자본과 전문적 자격에 따라 비자나 영주권을 주는 '포인트 제도'(point system)는 미국에 거주하는 사람들의 가족관계를 고려하여 이민비자를 주는 과거의 제도를 바꾸는 것이라고 반발했다. 한편 초청노동자 제도는 참여하는 사람들의 노동권을 훼손할 우려가 있다는 점에서 노동조합과 인권단체의 비판을 받았다. 2007년에는 다시 이 법안을 수정하려는 시도가 있었지만 역시 실패하고 말았다(Hicken et al., 2010: 51).

그러나 오바마 대통령이 재선되면서, 자신이 지난 4년 동안 실행하지 못했던 포괄적인 이민개혁을 다시 추진할 것이라고 약속했다(로이터통신, 2012.11.14). 오바마는 재선에서 라티노들의 적극적인 투표에 힘입어 당선이 되었기 때문에, 이들이 원하는 이민관계법을 개혁하려는 것이다. 그는 민주당의 지지를 얻고, 공화당과 협조하여 이민개혁을 완수할 것이라고 다짐했다. 오바마가 생각하는 이민개혁에 포함시킬 내용은 국경강화, 불법 이주노동자를 고용하는 고용주의 처벌, 미국에 이미 거주하는 많은 불법이주자들을 미국에 합법적으로 체류시키는 문제 등이다. 앞의 두 가지는 지금까지 여러 번의 정책을 통해 이미 제시된 것인데, 그중에서 3번째 문제는 합의를 이끌어내기가 용이하지 않다. 퓨 히스패닉 센터의 보고에 따르면 2010년 현재 미국에는 1,120만 명의 불법이주자가 있다고 한다. 이렇게 많은 수의 이주자 문제를 단번에 해결하기는 쉽지 않다.

오바마 대통령이 이민개혁에 적극적인 관심을 보이자 미국의회도 이민개혁안을 다시 제안했다. 특히 공화당은 라티노들이 오바마를 많이 지지하면서 2012년의 대통령 선거에서 패배하자, 이민개혁안에 참여할 필요성을 느끼게 되었다. 그러나 이런 개혁안이 순조롭게 진행되기는 어려울 것이다. 왜냐하면 보수적인 견해를 가지고 있는 사람들은 불법이주자를 합법화하는 것에 강력하게 반대하기 때문이다(Los Angeles Times, 2013.01.28). 상원의 민주당과 공화당의 '8인 위원회'가 2013년 1월 28일에 발표한 이민법 개혁안 초안의 핵심적 내용은 현재 입국해 있는 불법이주자는 최대한 양성화하고, 새로운 불법이주자가 생기는 것은 철저히 막자는 것이다. 초안은 미국 정부의 허가 없이 입국했거나 체류기한을 넘긴 불법이주자들이 정부에 등록해 합법적인 임시 이주자 지위를 가질 수 있도록 했다. 임시 지위를 가진 이주자들은 미국 내에서 합법적으로 거주하고 노동도 할 수 있지만, 대신에 신분조사를 받고 세금과 벌금도 내야 한다. 신분조사 결과 심각한 범죄 전력이 발견되거나 국가 안보에 위협이 되면 추방되지만, 그렇지 않으면 추가 신분조사와 영어능력, 세금 납부 등 추가요건을 갖춰 영주권 취득을 기다리게 된다. 다만 이들은 불법입국 당시 미성년자였거나 미국 내에서 일손이 부족한 농축산업분야에서 오래 일한 경우를 제외하고는, 합법적으로 입국한 이들보다 후순위로 영주권을 얻는다. 초안은 무인기기 등 감시장비와 국경검문 요원을 늘리는 등 밀입국은 철저히 막기로 했으며, 취업자 검증을 강화해 합법적 지위가 없는 불법이주자의 취업은 더 어렵게 했다. 다만 미국인이 일하기를 꺼리는 분야에서는 비숙련 노동자라도 외국인을 한시적으로 고용할 수 있도록 하고, 특히 농축산업분야에 별도의 취업 프로그램을 마련할 예정이다. 이 분야에서도 수년간 일해 지역사회에 대한 기여가 인정되면 영주권을 준다. 이번에 마련된 안은 보수주의자들의 불만을 줄이기 위해 국경강화 대책을 지시했지만, 기본적으로 과거 2007년에 상원과 하원에서 합의를 이루지 못한 안과 큰 차이가 없다. 보수주의자들은 불법이주자를 합법화하면 엄청난 비용이 들고, 또 이것이 더 많은 불법이주를 부추기게 될 것이라고 주장한다. 이와 함께 당시에 이민 개혁안을 반대하던 의원들이 아직도 의회에 많이 남아 있다는 것도 걸림돌이다.

2. 미국의 이주정책과 이주자들의 전략

미국의 이주정책이 변화하면서 이주자를 많이 보내는 라틴아메리카 국가들이 상당히 영향을 받으며, 그중에서도 멕시코가 가장 직접적인 영향을 받는다. 이런 의미에서 달라진 미국의 정책이 이주자를 보내는 멕시코 사회에 어떤 결과를 초래하는지, 그리고 이주자나 이주자가 속한 가족, 그리고 이주자를 보내는 사회는 어떻게 대응하는지를 구체적으로 살펴보겠다. 구체적인 자료는 멕시코에서도 근래에 많은 이주자를 미국에 보내는 오아하카(Oaxaca)의 '산 환 델 에스타도'(San Juan del Estado) 마을의 사례를 알아보기로 한다(주종택, 2011: 10~20). 산 환 델 에스타도는 오아하카 계곡의 북서쪽에 위치하며 주도인 오아하카 시로부터 30km 정도 떨어져 있다. 이 마을에서 미국으로의 국제노동이주는 1950년대 중반부터 시작되었다. 1980년대와 1990년대 초까지는 주로 젊은 사람을 중심으로 일자리를 찾아서 국경을 넘었다. 그러나 1990년대 후반이 되면서 미국에 가서 일을 하고 있거나 일을 했던 사람의 수가 급격히 증가하면서 이주가 보편화되는 현상이 일어났다. 서서히 개인 중심의 이주 대신에 가족 구성원 전체가 이주하게 되었고, 많은 이주노동자들이 미국의 캘리포니아 남부의 산 마르코스(San Marcos), 비스타(Vista), 엔세나다(Ensenada) 같은 지역에 몰려서 함께 거주하였다. 이렇게 되면서 이주에 관한 정보의 교류도 촉진되고 이주비용과 위험부담도 상당히 줄어들어서 이제는 가난한 계층도 이주과정에 동참할 수 있게 되었다. 현재는 마을에서 약 절반 정도의 가구에 미국에서 일하는 사람이 있으며, 몇몇 가구에서는 가족 구성원 전체가 완전히 마을을 떠났다. 미국의 이주자들이 보내는 송금의 액수도 지속적으로 늘어나서 현재는 송금이 마을과 가구 경제의 유지에 상당한 영향을 미치는 단계에 와 있다. 지금은 이주하기에는 너무 빈곤한 여건을 가진 사람을 제외한 많은 사람들이 이주에 참여하거나 곧 이주를 할 예정이라고 볼 수 있다. 멕시코에서는 마을 단위의 국제노동이주자에 관한 공식 통계가 매년 발표되지 않기 때문에 정확한 이주자의 수를 알기 어렵다. 게다가 주기적으로 방문하는 사람들도 있고, 이주한 다음에 전혀 소식이 없고 돌아오지 않는 경우도 많아서 이주자의 수를 정확하게 파악하는 것은 매우 힘든 과제이다. 마을 사람들의 말로는 대략 미국에 800명에서 1,000명의 이주자가 있다고 한다. 조사자가 무작위로 추출하여 조사를 실시한 163가구의 표본 중에는 2006년을 기준으로 76가구에 194명의 이주자가 있었다. 당시의 마을 전체 가구 수가 549개인 것을 고려하면 마을 사람들의 생각이 크게 어긋난 것은 아니다.

(1) 이주정책의 이해와 이주형태

라틴아메리카의 다른 지역도 마찬가지이겠지만, 미국의 이주정책에 대해서 마을 사람들은 항상 관심을 갖고 있고 기회가 있을 때마다 적절한 정보를 얻기 위해 노력한다. 이것은 이주자가 있는 가구나 없는 가구나 비슷하다. 다만 새롭게 이주를 할 계획이 있는 사람들이 더욱 높은 관심을 나타낸다. 이주노동자로 미국에서 일을 하다가 고향을 일시적으로 방문한 사람이 있으면, 마을 사람들이 몰려가서 최근의 국경 통제나 미국에서의 일자리에 관한 소식을 물어본다. 한편 오아하카의 다른 마을에서도 미국으로의 이주가 이미 광범위하게 퍼져 있기 때문에, 시내나 다른 마을을 방문할 때에는 다른 사람들로부터 이주에 관한 소중한 정보를 알아온다. 이밖에도 신문, 방송, 잡지 등 다양한 언론 매체를 통해서 새로운 사실을 알게 되는 경우도 있다.

이주정책에 대해서 구체적으로 알려면 미국에서 현재 일을 하고 있는 이주노동자들과 직접 연락을 취해서 정보를 얻는 것이 가장 확실하다. 10

년 전만 해도 이 마을에서는 마을 사람들이 공동으로 사용하는 전화가 하나밖에 없어서, 이주자와 마을에 남아 있는 가구원들이 통화를 하기가 쉽지 않았다. 게다가 통화요금도 소득수준에 비하면 매우 높은 편이어서, 국제전화는 긴급한 상황이 발생했을 때 짧게 사용하는 것이 고작이었다. 그래서 이주에 관한 유익한 정보를 얻는 것이 매우 어려웠다(주종택, 2000: 177). 그러나 지금은 전화나 컴퓨터를 소유하고 있는 가구가 전체의 절반이 넘어서, 미국에 있는 가족이나 친척, 친구들과 훨씬 용이하게 정보를 교환할 수 있다. 마을 사람들은 이제는 필요한 시기에 언제라도 정보를 확인할 수 있기 때문에, 미국의 이주정책이 강화되어도 적절하게 대처하기가 쉬워졌다고 한다. 이렇게 다양한 방법으로 미국의 이주정책을 인식할 수 있고, 마을 사람들도 자신들의 필요에 의해 적극적으로 이에 관련된 정보를 교환하면서, 마을에서 미국의 이주정책에 대한 이해는 완전하지는 않지만 상당한 수준으로 이루어진다.

달라진 미국의 이주정책에 따라 각 가구의 이주전략은 다양한 형태로 나타난다. 경제적 자원이나 노동력이 비교적 풍부한 가구에서는 미국에서 장기적으로 일을 할 수 있도록 적극적으로 나서는 반면에, 그렇지 못한 가구에서는 가능하면 피해를 최소화하려고 노력한다. 이 중에서 가구의 규모와 발달주기(development cycle), 그리고 마을에서의 직업과 농지 소유 같은 요소들이 새로운 이주전략을 짜는 데 영향을 미친다. 먼저 가구원의 수가 많으면, 상황을 보아가면서 탄력적으로 이주자를 조정할 여지가 많다. 예를 들면 이주가 어려운 여건에서는 1~2명의 가구원만 먼저 미국으로 보낸 다음에, 이들이 안정적으로 터전을 잡으면 나머지 가구원들을 나중에 보낸다. 또한 가구의 발달주기도 무시하지 못하는 변수인데, 대부분의 가구에서 자녀가 너무 어리거나 학교를 다녀야 할 시기이면 자녀를 조부모에게 맡기고 가장이나 부부만 먼저 이주를 하고, 나중에 자녀가 어느 정도 성장을 하면 같이 미국으로 간다. 예전에는 영어

구사능력이 이주에 결정적인 영향을 미치지는 않는다고 생각했다. 즉, 영어를 그다지 잘하지 못해도 일을 열심히 하면 돈을 벌 수 있다고 생각했다. 그러나 이제는 자녀들이 미국에서 보다 나은 생활을 즐기고 좋은 일자리를 구하려면 학력과 더불어 영어를 잘 구사하는 것이 중요하다고 생각하게 되었다. 그래서 어느 정도 형편이 허락하면 자녀들이 중고교를 마치고 난 뒤에 미국으로 일을 하러 보내려고 노력한다. 직업이나 농지의 소유도 이주와 상당한 관련이 있다. 현재 마을이나 오아하카에서 비교적 안정적인 직업을 가지고 있거나, 마을 내에서 경작 가능한 비교적 비옥한 토지를 소유하고 있으면, 이것을 포기하고 모든 가구원들이 이주하지는 않는다. 이런 가구에서는 잉여 노동력이 있을 경우에 일부의 가구원들만 이주를 결정한다. 물론 이런 구분이 항상 엄격하게 나타나는 것은 아니고, 가구의 경제적 상황에 따라 탄력적으로 변화한다. 이주정책의 변화의 결과로 나타나는 주요한 이주형태의 변화는 다음과 같다.

1) 이주자 수의 증가

근래에 미국의 국경을 건너는 일이 더욱 힘들어지고, 비용도 계속 오르는 경향이 있어서 이주를 원하는 사람들의 입장에서는 불안감이 매우 커지고 있다. 앞으로 이주에 관한 미국의 통제가 더욱 강화되면 국경을 건너는 일이 더욱 위험할 수 있으며, 심지어 아예 국경 자체가 봉쇄되는 것이 아니냐는 걱정도 하고 있다. 그렇게 되면 이주를 하려고 해도 할 수 없게 된다고 말한다. 그래서 될 수 있으면 지금 가능하면 많은 가구원들이 이주를 하는 것이 좋다는 생각이다. 이런 까닭으로 미국의 억압적인 이주정책의 실시는 멕시코의 국제노동이주를 소수의 이주에서 다수의 이주로 변화시킨다.

마을 사람들의 생각은 조사지의 가구당 평균 이주자를 보면 분명하게 드러난다. 면접 조사를 실시한 자료를 분석해보면, 1994년에는 집중면접

대상이었던 163가구 중에 미국으로의 이주자가 있었던 가구는 31개였고, 이주자의 수는 53명이었다. 가구당 이주자의 수는 1.71명이었다. 그러나 동일한 조사집단 중에 2006년에는 76가구에서 194명의 이주자가 있어서 가구당 2.14명이었다. 2010년에는 92가구에서 231명으로 평균 2.51명이 이주에 참여하고 있다. 이것을 보면 계속해서 가구당 이주자가 늘어나고 있다는 것을 알 수 있다. 더욱이 새롭게 이주자를 보내는 가구는 1명의 이주자로 시작하는 경우가 많다는 점을 고려하면, 기존의 이주자가 있던 가구에서는 전보다 훨씬 많은 가구원을 미국으로 보내고 있다. 이주자를 보내는 가구의 입장에서는 소수의 가구원이 이주를 하는 것보다, 많은 가구원이 함께 이주하여 일을 하는 것이 경제적으로도 유리하고, 심리적인 안정감도 도모할 수 있어서 좋다고 한다. 그래서 먼저 이주했던 가구원의 권유로 고향에 남아 있던 가족 중의 일부가 다시 이주에 참여한다. 물론 이주를 하는 가구원이 점차 증가하다 보면 가족 모두 미국으로 떠나는 경우도 있다. 이렇게 가구 전체가 떠나면 실제로는 많은 사람이 미국으로 이주를 한 결과가 되지만, 장기적으로 마을 내의 이주자 통계에서는 사라지게 된다.

2) 계절적 이주에서 장기이주

미국으로의 이주가 처음 시작되었을 때에는 이주자들이 미국에 장기적으로 혹은 영구적으로 체류하기보다, 경제적 필요에 의해 단기적으로 일을 하고 고향으로 돌아온다는 생각이 주류를 이루었다. 그래서 이주한 다음에도 고향에서 농업이나 다른 경제활동에 부분적으로 참여했다. 예를 들면 봄에 마을에 와서 밭에 옥수수나 다른 생계작물의 씨를 뿌리고, 가을에 다시 돌아와서 수확을 도왔다. 그밖에 빵이나 치즈를 만들어 팔거나 가구를 만드는 등 다양한 농촌산업에 종사하는 가구에서도, 생산하는 제품의 수요가 급증하는 시기에는 이주자들이 주기적으로 고향을 찾아와서 일손을 도왔다. 이런 의미에서 초기의 미국으로의 이주는 계절적 이주라고 부를 수 있었다. 그러나 국경을 넘나드는 일이 비용이 많이 들고 시간도 많이 소요되면서 주기적 이주의 형태는 현격하게 감소하였다. 물론 지금도 가족 중에 일을 할 수 있는 사람이 없고, 부모가 모두 연로하거나 병에 시달리는 경우에는 가끔 마을로 돌아와서 일을 거드는 경우가 없지는 않지만, 이런 일은 보기 드물어졌다. 계절적 이주가 줄어들고 장기이주 혹은 영구이주의 형태가 늘어나는 것은 가구의 규모와 밀접한 관련이 있다. 가구의 규모가 커져서 노동력을 제공할 사람이 많을 때에는 미국에서 일을 하고 있는 가구원의 도움을 받지 않아도 경제활동에 큰 문제가 없다. 따라서 가구원이 많은 집에서는 이주자들이 돌아오지 않는 사례가 많다.

결과적으로 최근의 미국의 이주정책은 미국으로 건너간 이주자들의 정착과정과 이주의 근본적인 형태에 많은 영향을 미쳐서, 점차로 이주자들이 멕시코로 돌아가는 대신에 영구이주 혹은 장기이주 같은 반영구이주의 형태를 선호한다(Reyes, 2001: 1198; Riosmena, 2004: 273). 특히 여러 난관을 극복하고 미국에 도착하게 된 최근의 이주자들은 한번 국경을 넘은 다음에는 가능하면 미국에 오래 머물러 있기를 원한다(Marcelli and Cornelius, 2001). 이런 현상은 구체적인 통계자료에서도 잘 나타나고 있다. 1992년 이전에는 불법으로 미국에 입국한 다음에 이주노동자들이 멕시코로 돌아갈 가능성은 60~70%에 이르렀다. 그러나 1993년부터 국경통제가 서서히 강화되면서 1996년에 이르면 그 확률은 45%에 머물게 되었다(Durand and Massey, 2004: 12). 이런 문제는 21세기에 들어서서 더욱 심화되고 있고, 조사지에서도 동일하게 나타난다. 또한 이주자들은 일단 미국에 넘어오기만 하면 일정한 시간이 흐른 뒤에, 언젠가는 불법 체류자에게 합법적인 체류 자격이 부여된다는 것을 알기 때문에, 미국에 오래 장기간 머무는 것이 유리하다고 생각한다(Reyes, 2004: 316). 이렇게 되면서 과거에 비해 미국에 돌아오지 않으면서 합법적인 혹은 비합법적인 절차를 통해 미국에 영구적으로 거주할 수 있는 권리를 얻으려는 사람들이 매우 많아졌다.

3) 고향방문 빈도의 감소

계절적 이주의 감소와 더불어 이주자의 고향 방문의 빈도도 낮아지고 있다. 과거에는 이주자들이 고향을 자주 방문하여 마을 내에서 좋지 않은 문화적 영향을 주기도 했지만(주종택, 2007: 101~112), 이주자들은 마을의 주요한 행사나 축제에 수시로 참석하여 마을 사람들과 교류를 지속해왔다. 특히 마을에서 가장 큰 축제가 벌어지는 6월 24일의 산 환 축제나 크리스마스, 그리고 사순절의 3번째 금요일에는 많은 이주자들이 참석하여 함께 즐겼다. 이주자들은 이런 시기에 마을을 방문하면서 축제에 필요한 물품을 지원하고, 마을을 위해 기부금도 냈다. 이와 더불어 마을에 관한 소식도 접하고, 미국으로 가서 일을 하려는 사람에게 정보도 제공하며, 마음에 맞는 사람은 함께 데리고 가기도 했다. 이렇듯 국경을 넘는 일이 용이할 때에는, 이주자들이 마을을 방문하여 중요한 활동에 참여하고 자신들의 정체성을 확인하는 계기로 삼았다. 그러나 이주자들이 고향을 방문하는 것이 어려워지면서 축제가 열려도 이주자를 찾아보기 힘들게 되었다.

이주자들이 고향을 방문하는 횟수가 급격하게 줄어들면서 미국으로 간 사람들에 대한 마을 사람들의 태도도 상당히 부정적으로 변화하였다. 과거에는 이주자들이 고향을 잊지 않고 찾아주며, 축제 등 비용이 많이 드는 행사에 자발적으로 경제적 지원을 하는 것에 대해 비교적 만족하고 있었다. 그러나 미국의 이주정책이 달라져서 이주자들이 고향을 방문하기가 매우 까다로워지면서, 이주자들에 대한 마을 사람들의 인식은 상당히 부정적으로 바뀌었다. 즉, 이주자들은 미국의 눈치만 보면서 마을 사람이나 마을의 입장에서는 별다른 생각을 하지 않는 사람이라는 것이다. 이주자들은 마을의 행사에 적극적으로 참여하지 못하는 것뿐만 아니라, 집안에 급한 일이 있어도 고향으로 돌아가서 가족들을 돌보기가 현실적으로 곤란하다고 말한다. 특히 나이가 많은 부모가 마을에 남아 있는 경우에 이들이 갑자기 병이 나거나 사고를 당하면 돈을 보내는 것 이외에 다른 형태로 도움을 주기가 힘들다고 한다. 이런 까닭으로 이주자들은 미국에서 어느 정도 돈을 벌어서 안정적인 생활을 하게 되면 나이가 든 부모를 미국으로 데려가는 것이 오히려 마음이 편하다고 한다.

4) 가족 전체의 이주

이주자가 있는 가구에서는 노동력을 적절하게 분배하여 가구원들이 미국과 멕시코에서 각각 경제활동을 하여 소득을 올리려고 노력한다. 그래서 수시로 자신들의 필요에 의해 미국에서 일을 하려는 사람과 멕시코에서 남아 있는 사람을 선택하여 바람직한 결과를 얻기를 원한다. 과거와 같이 국경을 비교적 자유롭게 적은 비용으로 넘을 수 있을 때에는 이렇게 유연하게 노동력을 활용하는 전략이 무리 없이 적용되었다. 예를 들면 부모나 자녀들 중에 나이가 많은 사람들이 먼저 가서 일을 하다가 나중에는 어린 형제들이 성인이 되면 이주에 함께 참여하고, 그 후에 나이가 많은 형제나 자매들이 다시 고향으로 돌아오는 경우였다. 그렇지만 미국의 이주정책의 변화로 수시로 유연한 전략을 수행하기가 매우 어려워졌다. 이런 상태에서 미국과 멕시코에 각각 별도의 살림을 하려면 비용이 많이 든다는 생각에서 하나의 가구로 합치려는 시도가 많아졌다. 이렇게 해서 가족 전체가 이주하게 된다. 전에는 보통 남편과 자녀들이 미국에 가서 이주노동을 하고, 아내와 나이 어린 자녀들이 멕시코에 남아 있었는데, 국경을 넘나들면서 비용을 낭비할 바에는 가족 모두가 미국으로 이주하여 사는 것이 경제적으로 유리하다는 생각이다. 한편으로는 마을에서 미국으로의 이주에 대한 부정적 평가가 점차 많아지면서, 멕시코에 남아 있는 여자들이 불안해하고 외로움을 많이 느낀다는 점에서 가족 전체가 이주하기도 한다. 따라서 젊은 부부들이 자녀를 모두 데리고 이주하는 경우가 많이 발견된다.

조사지에서도 가구 전체의 이주는 계속해서 늘어난다. 1994년에 전체 조사 대상이었던 163가구 중에서 2006년에 9가구가 가족 모두 이주하였다. 2010년이 되면 15가구로 늘어났다. 이전의 조사에서는 12년 동안 9가구만 전체 가족이 이주를 하였으나, 최근 4년 사이에 6가구가 완전히 이주하여 점차 가족 전체가 이주하는 비율이 높아지고 있음을 알 수 있다. 이주자의 수만 느는 것이 아니라, 가족 전체가 완전히 미국으로 떠나는 가구의 수와 비율도 함께 증가하고 있다.

5) 미국에서의 거주지역의 다양화

조사지에서 미국으로 노동이주를 위해 떠나는 사람들은 2000년대 초까지는 주로 국경도시인 티후아나를 거쳐서 미국의 샌디에이고로 넘어가는 경로를 선호하였다. 아무래도 그 지역이 교통편을 이용하기도 용이하고, 다양한 농장과 서비스업 등 일자리도 풍부하기 때문이었다. 그렇기 때문에 이주자들은 거의 캘리포니아 남부지역에 몰려서 살고, 새로 온 이주자들도 이 지역을 정착지로 선택해왔다. 그렇지만 불법이주자에 대해 캘리포니아 사람들의 반발이 거세지고, 국경장벽을 확장하고 강화하는 등의 대책이 끊임없이 나오게 되면서, 이 지역을 통해서 이주하는 것은 날이 갈수록 어려워지고 있다. 게다가 경제적 여건의 악화로 일자리가 줄고, 이 지역에서 불법이주를 제한하는 각종 법안이 지속적으로 시행되면서 이주노동자들은 심한 불안을 느끼게 되고, 결국 미국 내의 다른 지역으로 생활의 터전을 옮기는 일이 많아졌다(Striffler, 2007: 675). 그래서 이제는 마을 사람들도 텍사스나 애리조나 등 과거에는 이용하지 않았던 경로를 따라서 이주를 하고 있다. 이런 문제는 이 마을에만 국한된 것이 아니라 보편적으로 나타나는 현상이다(Orrenius, 2004: 294).

일단 미국의 중부나 동부지역의 국경을 넘게 되면 상황은 매우 달라진다. 그 지역에서 다시 사막이나 산악지역을 지나서 캘리포니아로 가기는 쉽지 않고, 또 경제적 상황도 좋지 않은 캘리포니아를 구태여 찾아가는 것도 바람직하지도 않다. 그래서 상당수의 이주자들이 전통적인 정착지를 떠나서 미국의 내륙지역으로 파고들고 있다. 그래서 현재는 텍사스나 애리조나, 뉴멕시코 등 국경지역뿐 아니라, 위스콘신, 오리건, 뉴욕, 뉴저지, 루이지애나 등 광범위한 지역에 흩어져서 일을 하고 있다. 이렇게 거주지역이 넓게 확산되면 고향을 수시로 찾기는 더욱 불편해져서 방문의 빈도는 더욱 낮아지고, 이것은 영구이주나 가족 전체의 이주를 촉진할 가능성이 커진다고 하겠다. 자연히 내륙지역에 거주하는 사람들은 고향에서 온 사람들을 만날 기회가 거의 없어서, 이주자들끼리 친밀한 사회문화적 관계를 유지하기가 힘들다.

⑵ 이주형태와 마을의 상호작용

미국의 이주정책의 변화로 가장 타격을 많이 받는 사람들은 이주자 자신들과 이주자의 가족들이다. 이들은 이주하기 전이나 이주 후에 과거에 비해 국경을 넘거나 미국에서 일자리를 구하는 데에 있어서 훨씬 어려운 과정을 거쳐야 하고, 지속적으로 불안한 상태에 놓여 있게 된다. 이와 더불어 이주자가 속해 있는 마을이나 이주자가 없는 가구에서도 여러 가지 방식으로 영향을 피할 수 없고, 이것은 이주자와 마을의 관계, 그리고 마을 사람들 사이의 상호관계에 원하지 않는 결과를 초래한다. 이주형태가 반영되는 주요한 사회경제적, 문화적 영향은 다음과 같다.

1) 송금의 축소와 불확실성

최근 미국의 이주정책에 대한 대응으로 나타나는 이주형태의 변화는 궁극적으로 멕시코 사회가 벌어들이는 송금의 감소를 가져와, 지역사회에 경제적인 피해를 준다. 그동안 멕시코의 농촌사회에서는 미국으로부터 들어오는 송금에 의존하는 경향이 매우 높았다는 점을 고려하면(주종택, 2009), 송금의 감소는 상당한 부정적 영향을 수반한다. 과거에는 이주자가 가족의 경제활동을 돕거나 마을의 행사에 참여하려고 방문할 때에, 그동안 모은 돈이나 선물을 가져왔다. 멕시코 은행의 송금 서비스가 별로 안전하지 못하다는 생각과 고향의 연로한 부모들이 금융기관을 통한 거래에 익숙하지 않다는 점도 송금을 직접 가져오게 만드는 이유였다. 본인이 직접 마을로 오기 힘든 경우에는, 미국에서 함께 일하는 친척이나 친구가 마을을 방문할 때 대신 보내는 사례가 많다.

그러나 이주자들의 마을 방문이 어렵게 되었고, 이주자들이 미국에서 거주하는 지역도 내륙지역으로 확산되면서 멕시코와의 거리는 더욱 멀어졌다. 이렇게 마을과 직접 접촉이 어렵게 되면서 송금을 가져올 기회도 줄어들게 된다. 이렇게 되면서 송금의 액수가 감소할 뿐만 아니라, 주기적으로 오던 송금도 언제 올지 모르는 등 불확실성이 커지게 되었다. 게다가 국경지역에서 일을 했던 때와는 달리 미국의 내륙지역에 노동이주를 하는 사람들은 대부분 미국에 영구이주를 고려하는 사람들이 많다. 그래서 고향에 송금하기보다 자신들의 미래를 위해서 미국에서 저축을 한다. 특히 가족 전체가 이주해버리는 경우에는 마을 내로 송금이 전혀 유입되지 않아서, 마을의 입장에서는 경제적으로 도움이 되지 못한다. 물론 앞에서 말한 것처럼 가구당 이주자가 증가하고 새로운 가구에서 이주자가 발생하면서, 송금이 일시적으로 늘어날 수 있다. 그러나 이런 현상은 오래 가지 못하고, 장기적으로 보면 새롭게 나타나는 이주자의 경우도 위에서 말한 것과 같은 경로를 거치면서 송금의 규모는 빠르게 축소될 수 있다. 송금의 규모가 축소되거나 불확실해지면 생산과 소비분야에서 마을 내의 경제활동은 크게 위축될 수밖에 없다. 특히 마을 사람들을 상대로 자영업을 하는 사람들은 이런 문제를 심각하게 우려한다. 그밖에도 그렇지 않아도 부족한 농촌지역에 대한 투자가 더욱 저하되면 실업률도 높아지는 등 경제적으로 어려움이 가중된다.

2) 농촌경제의 피폐화

조사지에서는 그동안 젊은 사람들이 대거 미국으로의 이주 대열에 참여하면서 농업에 종사하는 사람들의 수는 상당히 감소하였다. 게다가 최근에는 미국의 이주정책의 영향으로 농업생산을 위해 고향을 계절적으로 방문하던 사람들도 거의 없어서 농업생산은 상당히 위축되었다. 이런 문제는 생산성이 낮은 마을의 공동토지가 더 이상 생산에 활용되지 못하고 방치되는 현상을 초래하였다. 즉, 보유하고 있는 공동토지가 생산성이 낮은 한계지일 경우에, 이주노동자들은 미련 없이 농업생산을 포기하는 것이다. 공동토지는 생산량이 적고 소작을 원하는 사람이 없어서, 대신 경작할 사람을 구하기 어렵다. 공동토지의 경우는 몇 년간 경작하지 않고 방치하면, 경작권을 다른 마을·사람에게 빼앗기지만, 이주노동을 통해 경제적 소득을 얻을 수 있는 사람들은 크게 개의치 않는다.

이렇게 이주형태의 변화로 공동토지는 생산에 활용되지 못하고 버려지는 경우가 많지만, 생산성이 높고 관개시설이 완비되어 있는 사유지에는 오히려 사람들의 관심이 쏠린다. 이주노동자들이 미국에서 번 돈으로 고향에 돌아올 것에 대비하거나, 부모나 다른 형제에게 토지를 사주려는 경향이 있다. 그래서 사유지를 구입하려는 사람들은 과거에 비해 훨씬 많아졌다. 즉, 이주자들이 직접 경작하지 않아도 소작을 줄 수 있는 관개시설이 되어 있는 사유지의 가격은 더욱 상승할 수밖에 없는 형편이다. 이렇게 되면 이주를 하지 않고 마을에 남아서 농사를 짓는 사람의 입장에서는 농지가격의 상승은 다른 물가를 부추길 가능성이 있어서 상당한 부담이 되는 것이다. 그렇지 않아도 이주의 활성화 이후에 이주자와 이주를 하지 않는 사람들과의 소득 격차가 벌어지고 있는데, 토지가격이 부담스러울 정도로 오르면 토지가 있는 사람과 없는 사람들 사이의 경제적 양극화는 더욱 심각해질 수 있다.

3) 마을과 이주자 간의 사회관계 약화

산 환에서 미국으로 노동이주를 하러 간 사람들은 거의 대부분 캘리포니아의 샌디에이고 북쪽에 위치하고 있는 도시에 몰려서 생활했다. 이 도시들은 서로 매우 가까운 거리에 있어서, 산 환 출신의 사람들이 필요한 정보나 일자리, 고향에 관한 소식을 듣는 데 매우 편리하였다. 이주자들은 자신들끼리 다양한 소모임을 만들어서 초국가적 공동체를 형성하였다. 물론 이들은 산 환보다 더 큰 지역인 사포테코(Zapoteco) 사람들의 모임이나 오아하카 출신들의 모임에도 나가는 사람이 있다. 초국가적 공동체를 활용하여 이주자들은 본인이 마을을 직접 방문하지 못할 때, 다른 사람들에게 고향에 전달할 돈이나 물건을 전달한다. 이렇게 좁은 지역에 많은 고향 사람들이 모여 살다보니, 자연히 고향 마을과의 교류도 빈번해지고, 정체성을 유지하고 확립하는 데에도 상당히 유익했다.

그러나 미국의 이주정책의 변화는 초국가적 공동체의 운영에 막대한 타격을 입히게 되었다. 우선 이주자들이 고향을 방문하는 빈도가 낮아지면서, 고향 마을과의 교류는 당연히 축소될 수밖에 없다. 또한 고향에 돌아가지 않고 미국에 계속 거주하기를 원하는 사람들이나 가족 전체가 미국으로 이주를 온 사람들은 점차로 초국가적 공동체에 참여하기를 주저한다. 특히 이주한 지 몇 년이 지나서 언어문제도 심각하지 않고, 어느 정도 미국 생활에 적응이 된 사람 중에 모임에 참가하지 않는 사례가 많다. 일부의 사람들은 최근에 불법이주자에 대한 미국 정부의 단속이 훨씬 강화되었기 때문에, 멕시코인들로 구성된 모임에 나가지 않는 것이 오히려 붙잡힐 우려가 적어져서 유리하다고 한다. 게다가 미국의 다른 내륙지역으로 이주하는 사람들이 많아지면서 초국가적 공동체에 지속적으로 참여하는 사람들의 수도 예전에 비하면 크게 줄어들었다.

마을 사람들도 이주자들이 마을을 자주 찾게 되지 않으면서 이주자들이 고향 마을과 맺는 유대가 약화되었다고 한다. 물론 이주자들이 마을을 유지하는 데 핵심적인 역할을 하는 것은 아니지만, 큰 축제나 행사가 있거나 마을에 큰 사업이 있을 때, 이주자들이 자발적으로 현금이나 필요한 물품을 기부하여 마을의 운영에 상당한 도움이 되었다. 그러나 지금은 이주자들이 미국의 어디에서 어떻게 생활하는지도 제대로 파악하기 어려운 실정이다. 마을의 입장에서도 이주자들의 도움을 예측할 수 없어서 큰돈이 필요한 사업이나 행사는 가급적이면 자제한다고 한다.

4) 가족의 해체와 불안정

이주형태의 변화는 가족관계에도 예상하지 못했던 결과를 초래하는 경우가 있다. 바뀐 이주정책에 대응하여 가구 내에서 이주자 수를 늘리거나 가족 전체가 이주하는 등 합심하여 공동으로 대처하는 사례도 있다. 그러나 일부의 가구에서는 이주자들이 생활여건이 어려워지면서 가족들과 관계가 약화되는 경우가 흔하다. 심지어 이주자와 가족들 사이에 연락이 제대로 되지 않거나 소식이 완전히 두절된 사람도 있다. 이렇게 미국으로의 이주를 둘러싼 환경이 변화하면서 가족관계의 악화 혹은 해체, 부부의 이혼이 나타나기도 한다. 미국으로 간 이주자들이 처음에는 고향을 방문하기 어렵다는 말을 하고, 이어서 송금을 보내는 일이 쉽지 않다고 전하면서 서서히 소식이 줄어들고, 이로 인해 이주자와 그들의 가족 간에는 불신감이 자리 잡는다. 부부의 경우에는 종종 연락이 서서히 줄어들거나 단절되면서 부부가 자연스럽게 이혼하게 된 경우도 있다. 마을에서 20여 년간 서기로 일했던 마리셀라는(Maricela, 51세) 자신이 이혼하게 된 과정을 이렇게 설명했다. "2001년에 남편이 미국으로 일을 하러 간다고 하였다. 당시에 나는 무니시피오 사무실에서 일을 했지만, 남편은 별다른 직업이 없이 마을에서 품을 팔아서 생활했다. 당시에 마을에서 받는 월급으로 그럭저럭 생활은 가능했지만 자녀가 4명이어서 힘들었다. 그러다가 남편은 멕시코에서는 더 이상 희망이 없다고 하면서 미국에 가서 돈을 벌어오겠다고 하였다. 당시에 별다른 대책이 없어서 찬성할 수밖에 없었다. 미국에 간 뒤에 처음에는 소식도 자주 전하고 2~3개월에 1번씩 돈을 보냈다. 그렇게 3년 정도가 지났는데, 첫 해에는 마을을 방문하다가 2년 후부터는 오지 않았다. 남편의 말로는 국경을 건너다가 국경순찰대에 붙잡혀서 많은 고생을 했다고 한다. 송금액도 조금씩 줄더니 2년 후에는 전혀 보내지 않았다. 그러다가 남편은 일자리 구하기가 어려워서 다른 지역으로 간다고 하였다. 그리고는 소식이 뜸해졌다. 그러나 나중에 다른 이주자로부터 남편이 오아하카에서 온 여자를 만나서 같이 동거하고 있다는 소식을 들었다. 2008년에 마을 사람들로부터 남편이 오아하카에서 온 여자와 헤어지고, 미국에 사는 멕시코 여자를 만나서 결혼했다는 소식을 들었다." 이렇게 마을에는 미국으로 이주를 간 자녀들과 부모의 관계가 좋지 않게 되거나, 부부 사이가 악화된 경우가 많이 발견된다. 이런 결과로 전에 비해 아버지가 없는 여가장 가구가 크게 증가한 실정이다.

3. 불법이주자와 합법이주자

(1) 합법이주자

상당수의 국제이주노동자는 불법이주자이지만, 일부의 경우에는 일정한 절차를 거친 합법이주자이다. 합법이주자와 불법이주자는 여러 가지면에서 차이가 있지만, 서로 영향을 미친다고 볼 수 있다. 예를 들면 합법이주자의 수가 증가하면, 이주에 대한 관심과 정보가 증가하게 되고, 이것은 다른 사람들의 이주욕구를 상승시켜서 불법이주를 유도하게 된다. 따라서 합법이주자가 많으면 자연히 불법이주자도 증가할 수 있다. 합법이주자의 수뿐만 아니라 이주방법도 관심의 대상이다. 처음부터 합법적인 과정을 거쳐야만 합법이주자가 되는 경우에는 별다른 문제가 없다. 그러나 불법이주자들도 일정한 시간이 지나거나 자격을 갖추면 합법이주자가 되는 길이 있을 경우에는, 자연스럽게 불법이주자를 선택한 다음에 다시 기회를 노리는 경우가 있다. 그런 의미에서 합법이주자와 불법이주자는 서로 관련이 있다. 이런 점을 고려하여 미국의 합법이주자의 수와 성격을 살펴보기로 한다.

미국에서 합법이주자라고 해서 모두 다 동일한 신분을 갖고 있는 것은 아니다. 크게 법적으로 계속 거주할 권리가 있는 영주권자와 귀화한 시민으로 구분된다. 그밖에도 미국은 태어난 아이의 국적을 정할 때 미국에서 태어나는 모든 사람에게 국적을 주는 출생지주의를 적용하고 있어서, 불법이주자 부모 밑에서 미국에서 태어난 사람은 합법적 이주자로 간주될 수 있다. 라틴아메리카에서 온 사람들의 경우에는 이들 모두가 라티노(Latino) 혹은 히스패닉(Hispanic)이라고 분류된다. 라틴아메리카에서 온 이주자 집단은 현재 미국에서 가장 빠르게 인구가 성장하고 있다. 라틴아메리카에서 미국으로 이주해오는 사람들도 많지만, 라티노들의 출산율도 다른 인종집단에 비해 월등하게 높기 때문에, 인구가 갈수록 많아지는 현상이 나타난다. 라티노 인구는 이미 2000년에 아프리카계 미국인인 흑인 인구를 추월하여, 미국에서 가장 큰 소수집단이 되었다. 그 후에도 이런 격차는 계속 커지고 있다(Duran and Massey, 2010: 32).

20세기 초중반만 해도 대부분의 합법이주자는 유럽에서 왔다. 그러나 20세기 후반이 되면서 상황은 완전히 바뀌었다. 1980년에서 2000년 사이에 모든 합법이주자 중에 87%는 유럽이 아닌 다른 지역에서 왔다. 그 중에 절반은 라틴아메리카에서 온 사람들로 채워졌다. 라틴아메리카에서도 멕시코의 비중은 압도적이다. 1990년 이후에 다른 국가에서 미국으로 들어온 전체 이주자의 34%는 멕시코에서 왔다(Coates and Siavelis, 2009: 4). 멕시코는 1960년대부터 미국으로 온 합법이주자의 수가 가장 많았는데, 그 뒤로 한 번도 1위의 자리를 다른 국가에 넘겨주지 않았다. 1920년대에는 멕시코는 캐나다 다음으로 2위에 머물렀다. 그러나 1930년대에는 유럽이 정치경제적으로 혼란에 빠지면서 멕시코는 5위로 떨어졌다. 그다음부터는 다시 조금씩 상승하기 시작해서, 1940년대에는 4위, 그리고 1950년대에는 3위가 되었다. 1930년대와 1940년대, 그리고 1950년대에는 독일이 1위를 유지했었는데, 이것은 나치시대에 많은 사람들이 망명을 했기 때문이다(Jasso, 2012: 206).

<표 8> 해외에서 태어난 미국인들의 출생지(단위: 명)

국가 및 지역	2010	2000	1990
멕시코	11,711,103	9,177,487	4,298,014
중국	2,166,526	1,518,652	921,070
인디아	1,780,322	1,022,552	450,406
필리핀	1,777,588	1,369,070	912,674
베트남	1,240,542	988,174	543,262
엘살바도르	1,214,049	817,336	465,433
쿠바	1,104,679	872,716	736,971
대한민국	1,100,422	864,125	568,397
도미니카공화국	879,187	687,677	347,858
과테말라	830,824	480,665	225,739
라틴아메리카	21,224,087	16,086,974	8,407,837
이주자 전체 인구	39,955,854	31,107,889	19,767,316

자료: U. S. Census Bureau, 인구센서스, 1990, 2000, 2010

해외에서 태어난 미국인들의 수를 파악해 보면 합법이주자의 규모도 어느 정도 알아볼 수 있다. 물론 이 중에는 불법이주자도 포함될 수 있어서, 이들이 바로 모두 합법이주자라고 말할 수는 없다. <표 8>의 미국인들 중에 다른 나라에서 태어난 사람들의 수를 보면, 1990년과 2000년, 2010년에 걸쳐서 라틴아메리카 국가에서 출생한 사람들이 매우 높은 비중을 차지한다는 것을 확인할 수 있다. 미국인들이 많이 태어난 10개국을 보면 라틴아메리카가 멕시코, 엘살바도르, 쿠바, 도미니카공화국, 과테말라로 반을 차지하고 있다. 나머지는 중국, 인디아, 필리핀, 베트남, 대한민국으로 모두 아시아 국가이다. 이것을 보면 오늘날 미국으로 많은 이주자를 보내는 지역은 유럽이 아니라는 것을 알 수 있다. 이주자 전체 인구 중에 라틴아메리카에서 온 사람들의 비중은 최근에 가까워질수록 증가하고 있다. 2010년에는 라틴아메리카에서 태어난 사람의 수가 841만 명으로 42.5%였으나, 2000년에는 1,609만 명으로 51.7%, 2010년에는 2,122만 명으로 53.1%로 상승하고 있다. 라틴아메리카에서도 멕시코에서 태어난 사람들이 압도적으로 많다. 멕시코의 경우를 보면, 1990년에 430만 명으로 라틴아메리카에서 태어난 이주자 중에 51.1%, 그리고 전체 이주자 중에는 21.7%를 점유했다. 2000년에는 918만 명으로, 각각 57.0%와 29.5%를 차지했다. 이런 추세는 그 뒤에도 계속 이어져서 2010년에는 1,171만 명으로, 각각 55.2%와 29.3%였다. 21세기에 들어와서 9·11 사태 이후에 미국의 국경강화 정책이 강도를 높이면서 멕시코에서 들어온 불법이주자들이 가장 큰 타격을 입었는데, 그 영향 때문인지 합법이주자의 수도 따라서 감소하고 있다. 전체 이주자와 라틴아메리카에서 온 이주자들 중에 멕시코인들이 차지하는 비중이 다소 정체상태에 있지만, 아직도 멕시코의 이주자의 수와 비율은 타의 추종을 불허한다. 해마다 새로 들어오는 합법이주자 중에 멕시코인들이 차지하는 비중은 1996년에서 2005년 사이에는 18~20% 정도였으나, 그다음부터는 13~17%를 유지하고 있다(Jasso, 2012: 206). 2011년의 인구센서스에서 해외에서

태어난 미국인들의 신분을 구분해보면 그중에 불법이주자가 1,110만 명
으로 28%, 영주권자가 1,220만 명으로 31%, 그리고 귀화한 시민이 1,510
만 명으로 37%를 차지한다(Associated Press, 2012.12.07). 2010년의 통계도
거의 유사할 것으로 보인다.

<표 9> 시기별 미국의 영주권 취득자 수(단위: 명)

연도	전체	멕시코	카리브지역	중미지역	남미지역
1950~1959	2,499,268	273,847	115,869	40,201	78,418
1960~1969	3,213,749	441,824	427,843	98,569	250,754
1970~1979	4,248,203	621,218	708,643	120,376	273,529
1980~1989	6,244,379	1,009,586	789,343	339,376	399,803
1990~1999	9,775,398	2,757,418	1,004,114	610,189	570,596
2000~2009	10,299,430	1,704,166	1,053,357	591,130	856,508
2010	1,042,625	138,717	139,389	43,597	85,783
2011	1,062,040	142,823	133,012	43,249	84,687

자료: U. S. Department of Homeland Security, 2012: 8~11

<표 9>에 나와 있는 것처럼 라틴아메리카 지역별로 합법적인 체류자
격을 획득한 사람들의 수를 보면, 전체적으로 과거보다 현재로 올수록
많아진다는 것을 알 수 있다. 라틴아메리카를 포함해서 전 세계에서 온
사람들 중에 미국에서 영주권을 받은 사람들의 수는 1950년대에는 250
만 명에 불과했으나, 그 후에 끊임없이 증가하여 2000년대에는 1천만 명
을 넘었다. 이 중에 라틴아메리카에서 온 사람들의 수와 비중을 파악해
보면, 1950년대에는 약 51만 명으로 전체의 20.3%를 차지했으나, 1990
년대에는 494만 명으로 50.6%를 차지했다. 2000년대에는 멕시코에서 온
사람들이 줄어 421만 명으로 비율이 40.8%를 기록하여 다소 감소하였으
나 아직도 적지 않은 비중을 차지하고 있다. 라틴아메리카 내에서도 멕
시코에서 온 사람들의 수가 다른 지역보다 많다. 물론 2000년대에 들어
서서 다른 지역과의 차이가 조금 줄어들기는 했지만, 여전히 무시하지

못할 비중을 갖고 있다. 멕시코 다음으로는 카리브지역이 많은 합법이주자를 보내는 곳이라는 것을 알 수 있다. 과거에는 쿠바 등의 국가에서 정치적 이유로 미국에 오는 사람들이 많았으나, 지금은 경제적 문제 때문에 쿠바 이외의 국가에서 이주하는 사람들도 매우 많아졌다. 멕시코와 다른 점은 2000년대 들어서서 멕시코의 이주자는 1990년대에 비해 크게 줄어들었지만, 카리브지역은 거의 변화가 없이 과거보다 약간 증가한 실정이다. 중미지역과 남미지역은 1990년대까지는 유사한 형태를 보이는데, 이전에 비해 이주자의 수가 꾸준하게 증가하는 추세를 보인다. 다만 2000년대에는 중미지역은 멕시코와 마찬가지로 이주자의 수가 다소 줄었으나, 남미지역은 큰 폭의 상승률을 보이고 있다. 이것을 보면 향후에 남미지역의 이주자가 더욱 많아질 가능성이 있다고 볼 수 있다.

(2) 불법이주자

합법이주자의 경우에는 항상 일정한 공식 절차를 밟아서 등록을 해야되기 때문에, 비교적 정확한 숫자가 통계에 나타난다. 물론 합법이주자를 정하는 기준에 따라 그 수는 약간씩 달라질 수 있지만, 어느 정도 객관적인 자료의 확보가 가능하다. 그러나 불법이주자의 경우에는 이주자들이 신분을 드러내지 않고 숨기기 때문에, 객관적으로 검증이 가능한 자료의 확보는 거의 불가능하다. 게다가 미국-멕시코 국경을 넘나드는 불법이주자는 수시로 이동할 수 있기 때문에, 더욱 정확한 수치를 파악하기 곤란하게 만든다. 그래서 여러 가지 기관이 나름대로의 기준을 갖고 추정한 자료를 활용하여 불법이주자의 수를 검토해보는 것이 바람직할 것이다. 통상적인 방법은 인구센서스에서 나타난 외국에서 태어난 인구에서 합법적인 이주자를 제외한 수치를 불법이주자의 수라고 간주한다. 불법이주자의 수에는 국경을 넘어오는 사람 이외에도 학생이나 관광비자를 발급받아서 미국에 입국한 다음에, 비자 유효기간을 넘기고 불법이주자가 되는 사람들도 있다(Hing, 2010: 152). 미국의 경우에 역사적으로 불법이주자의 수가 항상 합법이주자의 수보다 많았다. 실제로 미국에 들어오기를 원하는 사람의 수에 비해 미국 정부가 받아들이는 수가 적기 때문이었다. 최근에도 이런 실정은 크게 바뀌지 않았다. 2000년에서 2004년 사이의 예를 들어 보면, 합법이주자는 연간 약 60만 명인데, 불법이주자는 이보다 조금 많은 약 70만 명이었다(Coates and Siavelis, 2009: 5).

불법이주자의 경우에도 멕시코인들이 차지하는 비중은 매우 높다. 특히 멕시코의 경제위기와 치아파스의 '사파티스타 민족해방군'의 농민봉기, 북미자유무역협정 등 정치경제적 불안이 거세지던 시기에 미국으로의 불법이주가 크게 확대되었다. 이 밖에도 앞부분에서 언급한 것처럼 과거에는 미국이 멕시코나 라틴아메리카에서 합법적인 비자를 받아서 들어오는 사람의 수를 제한하지 않았으나, 이제는 한 국가에서 1년에 2만 명만을 받아들이기 때문에 불법이주자가 많아질 수밖에 없다(Hondagneu-Sotelo, 2009: 59). 미국의 불법이주자의 수가 1990년에는 350만 명이었다가, 2006년에 1천2백만 명으로 증가했는데 이 중에 약 60% 정도를 멕시코인들이 차지하고 있다. 미국에서 추방된 멕시코 사람들의 수를 고려해보면 멕시코에서 미국으로의 불법이주의 규모가 어느 정도인지 짐작할 수 있다. 1980년대에는 1년에 약 1만 1천 명의 멕시코인들이 추방되었는데, 2000년 이후에는 연간 14만 명이 추방되고 있다(Massey and Riosmena, 2010: 297).

퓨 히스패닉 센터의 자료에 따르면, 2005년에 미국에 살고 있는 불법이주자의 수는 약 1,110만 명으로 추산되는데, 이 중에 반이 넘는 약 56% 정도인 620만 명이 멕시코에서 왔다고 한다. 멕시코에서 온 불법이주자의 수는 2000년에서 2005년 사이에 150만 명이 늘었다. 대략적으로 연간 약 56만 명의 멕시코인들이 미국으로 들어온다고 한다(Coates and Siavelis,

2009: 5; Escobar Latapí, 2009: 76). 현재 미국에서 생활하는 멕시코의 이주자 중에 약 절반이 불법으로 체류하고 있는데, 이것은 전체 미국의 멕시코계 인구의 약 1/5에 해당한다(Massey and Riosmena, 2010: 296).

<표 10> 미국의 불법이주자의 수(추정치, 단위: 천 명)

지역 및 국가	1990년	2000년	증가율(%)
라틴아메리카	2,746	5,833	212
멕시코	2,040	4,808	236
엘살바도르	298	189	63
과테말라	118	144	122
콜롬비아	51	141	276
온두라스	42	138	329
에콰도르	37	108	292
도미니카공화국	46	91	198
브라질	20	77	385
아이티	67	76	113
페루	27	61	226
기타 국가들	754	1,167	155
중국	70	115	164
필리핀	70	85	121
인디아	28	70	250
대한민국	24	55	229
캐나다	25	47	188
계	3,500	7,000	200

자료: Clark et al., 2004: 1880

1990년과 2000년의 미국의 출신국가별 불법이주자의 수와 증가율은 <표 10>에 잘 정리되어있다. 지역별로 불법이주자의 수를 비교해보면 라틴아메리카가 다른 지역보다 월등하게 많다는 것을 알 수 있다. 1990년에 라틴아메리카에서는 275만 명의 불법이주자를 배출했으나, 아시아와 북미를 비롯한 기타 지역에서는 75만 명밖에 되지 않았다. 2000년이 되면 격차는 더욱 벌어져서, 라틴아메리카와 기타 지역은 각각 583만 명과 117만 명을 기록하고 있다. 1990년과 2000년 사이의 증가율도 라틴 아메리카는 212%인데 비해, 기타 지역은 155%에 그쳤다. 라틴아메리카 에서도 멕시코의 비중은 압도적이어서 1990년에 204만 명, 그리고 2000 년에는 480만 명의 불법이주자를 미국으로 보냈다. 멕시코 이외에 중미 에서는 엘살바도르, 과테말라, 온두라스 등이 많은 불법이주자를 보냈고, 남미에서는 콜롬비아와 에콰도르가 그나마 적지 않은 수의 불법이주자를 미국에 보냈다. 라틴아메리카의 경우에 1990년에 비해 2000년에 불법이 주자의 수가 훨씬 많아졌다. 그래서 10만 명 이상의 불법이주자를 보내 는 국가의 수가 1990년에는 3개에 불과했으나, 2000년에는 6개로 늘어 났다. 카리브지역은 불법이주자의 수가 많지 않다. 도미니카공화국과 아 이티만 2000년에 각각 9만 명과 8만 명을 미국으로 보냈다. 이것은 카리 브지역에서는 불법이주자의 입장에서는 항공편이나 선박편을 이용해야 하기 때문에 미국으로 가기가 용이하지 않다. 그래서 카리브지역은 불법 이주자보다는 합법이주자의 비중이 높다고 하겠다. 최근에는 일부의 카 리브지역 사람들이 멕시코로 와서 미국-멕시코 국경을 넘는 사례도 있 지만, 아직 멕시코나 중미국가들의 수준에는 미치지 못한다.

<표 11> 2009년도의 미국의 불법이주자 수(추정치, 단위: 명)

출신 국가	이주자의 수	비율	2000년에서 2009년까지의 증감률(%)
멕시코	6,650,000	62%	+42%
엘살바도르	530,000	5%	+25%
과테말라	480,000	4%	+65%
온두라스	320,000	3%	+95%
필리핀	270,000	2%	+33%
인디아	200,000	2%	+64%
대한민국	200,000	2%	+14%
에콰도르	170,000	2%	+55%
브라질	150,000	1%	+49%
중국	120,000	1%	-37%
기타 국가	1,650,000	15%	-17%

자료: U. S. Department of Homeland Security, 2009년 1월

2000년 이후에도 불법이주자들이 미국으로 들어오는 현상은 별다른 변화가 없고, 다만 숫자가 늘어났다. 2005년의 퓨 히스패닉 센터의 보고에 의하면 불법이주자의 56%는 멕시코에서 왔고, 22%는 멕시코 이외의 라틴아메리카에서 왔다. 나머지 13%는 아시아, 6%는 유럽이나 캐나다, 3%는 아프리카 등지에서 이주했다. 즉, 기존의 추세가 계속 유지된다고 보인다. <표 11>을 참고하면 2009년 현재 여전히 멕시코가 불법이주자 665만 명을 미국으로 보내서 현격한 차이로 1위를 기록하고 있다. 비율로 따져도 전체 불법이주자의 62%를 차지한다. 미국에서 왜 불법이주자 하면 멕시코인들을 떠올리는지 짐작하게 만드는 자료이다. 최근에 국경을 강화하는 정책을 편다고 해도, 멕시코로부터의 불법이주를 완전히 통제하기란 불가능할 것이다. 멕시코 다음으로는 엘살바도르, 과테말라, 온두라스 등의 중미국가들이 많은 불법이주자를 보내고 있다.

미국 내의 불법이주자의 수가 2007년까지는 해마다 계속 증가하여 1,200만 명 수준으로 올라갔으나, 그 이후에는 조금씩 감소해서 2010년에 1,120만 명, 그리고 2011년에는 1,110만 명이 되었다(Associated Press, 2012.12.07). 미국의 국경 단속이 엄격해진 데다가 2007년부터 미국의 경기침체가 계속되면서 불법이주자의 증가세는 일단 저지당했다. 그렇지만 아직도 불법이주자의 수가 상당히 많아서, 이들의 문제를 어떻게 해결하느냐가 상당히 주요한 관심사가 되었다. 미국의 경우에도 인구의 고령화가 조금씩 진행되어 2030년이 되면 노동력이 크게 감소할 것으로 보인다. 이에 따라서 부족한 노동력을 충원하기 위해 어느 정도 수준에서 불법이주자를 합법화시키는 것이 노동시장의 안정을 위해 유익할 것이다. 그러나 문제가 없는 것은 아니다. 멕시코로부터의 불법이주는 어느 정도 일정한 수준을 유지하거나 약간 감소하지만, 남미 등 다른 지역의 불법이주가 증가할 가능성은 언제든지 존재한다. 멕시코에서 들어오는 불법이주자의 수가 다른 국가에서 오는 이주자에 비해 지나치게 많기 때문에,

여러 가지 방안을 강구해야 한다는 목소리가 나오고 있다. 미국으로 오
는 멕시코의 불법이주자를 감소시키기 위한 대안의 구체적인 내용을 살
펴보면(Hondagneu-Sotelo, 2009: 61~62), 첫째, 국경을 마주하고 있는 멕
시코도 다른 국가들과 마찬가지로 합법이주자의 수를 연간 2만 명으로
제한하는 것은 타당하지 않기 때문에 6만 명 정도로 올려야 한다. 둘째,
과거의 브라세로와 비슷한 한시적 초청노동자 프로그램을 다시 실행해야
한다. 셋째, 국경강화에 드는 막대한 비용을 줄이고, 이것을 국제노동이
주자의 복지를 위해 사용한다. 넷째, 미국에 이미 오래전부터 불법 이주
노동자로 일을 해왔던 사람들은 이미 영어에도 능숙하고 미국 문화에도
잘 적응한 상태이기 때문에 사면을 통해서 구제해야 한다. 이런 논의들
은 정치세력 간에 입장이 상이하고, 또 미국의 정치경제적 상황이 그다
지 좋지 않기 때문에 당장 실현되기는 어려울 것이다.

4. 미국 사회와 라틴아메리카의 이주자

라틴아메리카에서 미국으로의 이주가 활성화되면서 미국의 인구도 증
가되는 동시에 사회경제적, 정치적, 문화적 변화도 이루어진다. 이주자들
의 종족정체성, 사회에 적응하는 형태와 방식, 경제적 역할과 복지혜택의
이용, 이주자들과 범죄행위의 증가 등의 문제가 미국 사회 내부에서 제
기되면서 사회적, 정치경제적으로 상당한 논란을 야기하기도 한다. 라틴
아메리카지역에서 오는 이주자들이 급증하면서, 미국에서는 소위 '미국
의 갈색화'(browning of America) 현상을 우려하는 목소리가 커졌다. 즉,
장기적으로 라틴아메리카에서 오는 사람들이 많아지면, '미국의 라틴아
메리카화'가 빠르게 진행될 것이라는 예측이 나오고 있다. 사회문화의 각
부문마다 라틴문화의 요소들이 물밀 듯이 들이닥치면, 기존의 미국식 생

활양식이 도전을 받게 된다는 생각이다(Cobas and Feagin, 2008: 407). 그러나 오늘날의 이주자들은 과거에 비해 훨씬 어려운 난제를 안고 살게 되었다. 그 구체적인 내용은 다음과 같다(Hayduck, 2009: 163). 첫째, 라틴아메리카에서 미국으로 이주가 시작되던 초창기에는, 어느 정도 경제적 여유가 있어야 국경을 넘어 미국에서 일자리를 찾는 것이 가능했기 때문에, 백인이나 비교적 피부색이 백인에 가까운 메스티소(mestizo)[13]들이 주로 이주자의 대열에 참여했다. 그러나 지금은 이주가 보편화되어 정보도 많아지고 비용도 적게 들어 고립된 산간지역에서도 미국으로 이주하는 것이 어렵지 않아지면서, 피부색이 짙은 원주민들도 많이 이주한다. 이렇게 미국 사회에서 라틴아메리카 이주자들의 피부색이 미국인들과 뚜렷하게 구분되면서, 인종차별의 대상이 되는 경우가 흔해졌다. 둘째, 미국의 경제구조가 재편되면서 임금이 높은 일자리가 늘지 않아서, 과거처럼 가난한 이주노동자들의 생활이 단기간에 획기적으로 개선되기 어려워졌다. 20세기 말까지만 해도 미국이 제조업 중심으로 발전하다 보니, 이런 분야에서 이주자들이 일을 하면 비교적 안정적으로 수입을 확보할 수 있었고, 종종 계층의 상승이동을 바라볼 수도 있었다. 그러나 산업형태가 노동조합의 활동이 왕성한 제조업에서 서비스업으로 바뀌다 보니, 그렇지 않아도 열악한 이주노동자의 생활이 짧은 시간에 나아지기 어렵게 되었다. 셋째, 오늘날에는 세계화와 자유무역협정의 결과로 라틴아메리카 경제가 어려운 상황에 빠져서 더 많은 이주자들이 미국으로 몰리다 보니, 이주노동자 간의 일자리 경쟁도 이제는 만만치 않게 되었다. 긴축재정의 여파로 미국 정부가 국내의 지출을 줄이다 보니, 고용, 주택, 교육, 건강, 복지 등 저소득층이 많이 이용하는 분야에서 라틴아메리카의 이주노동자들이 가난한 백인이나 아프리카계 미국인, 그리고 아시아계 미국인들과 치열한 경쟁을 벌여야 하게 되었다.

---

13) 백인과 원주민의 혼혈로 이루어진 사람들을 일컫는다.

이전에는 근본적으로 미국 사회는 다른 국가에서 이주해온 사람들이 세운 국가라는 관점에서, 외부로부터 이주자가 들어오는 것을 그다지 우려하지 않았다. 그렇지만 1986년에 이민개혁과 통제법이 통과되어 많은 불법이주자들이 한꺼번에 사면을 받아 합법적인 지위를 갖게 되면서, 이주자들에 대한 부정적인 생각이 미국 사회에 널리 확산되었다. 특히 피부색과 문화, 언어 등이 서로 유사한 라틴아메리카 지역에서 대규모의 이주자가 몰려오면서 미국 사회에 엄청난 파장을 일으켰다. 이런 맥락에서 다른 국가로부터의 이주가 과거처럼 미국 사회의 노동력에 대한 수요를 충족시키는 중요한 수단이 아니라, 사회문제를 불러일으키는 요인으로 바뀐다는 점에서 사회적 관심을 끌게 되었다. 특히 새로운 이주자가 미국에 와서 많이 정착하는 지역은 빈곤이 증가한다는 비난을 감수해야 했다. 텔레비전이나 신문, 잡지 등의 대중매체들도 이런 여론에 편승해서, 이주자들이 복지제도를 악용하고, 아무런 대책 없이 아이를 많이 낳으며, 학교에 아이들을 많이 보내서 학교를 혼잡하게 하고, 병원의 응급실을 가득 채우는 기생충 같은 존재로 묘사하는 경우가 많다(Fernández-Kelly, 2009: 137). 그러나 이런 주장은 근거가 부족한 경우가 많다. 예를 들어 일반인들이 생각하는 것처럼 불법이주자들이 공공 사회서비스를 과다하게 이용하여 미국 정부의 재정 부담을 부추긴다는 주장은 다소 과장된 것이다. 통계에 따르면 불법이주자 가구는 약 33%가 적어도 한 가지 이상의 복지 프로그램을 이용한다. 미국인들의 19%가 이런 복지혜택을 받는다는 것을 고려하면, 이주자들이 이런 프로그램을 더 많이 이용하는 것으로 볼 수 있다(Coates, 2009: 93). 그러나 이주자들이 평균적인 미국인들보다 훨씬 소득이 낮고 빈곤에 허덕이는 경우가 많다는 점을 감안하면, 그다지 높은 이용률이 아니라고 말할 수 있다. 불법이주자들은 자신들의 신분이 노출되어 체포당하면 추방당할 위험이 있기 때문에, 가급적이면 이런 공적 시설이나 서비스를 이용하기를 꺼린다. 불법이주자들은 가능하면 사람들의 눈에 띄지 않으려고 하고, 남들에게 괴롭힘을 당하거나 모욕감을 느낄 수 있다는 생각에서 공공시설이나 서비스를 잘 이용하지 않는다(Fernández-Kelly, 2009: 141). 따라서 이주노동자들이 빈곤하다고 해서 무한정으로 복지혜택을 누리면서 국가의 재정을 축내는 것은 아니다.

불법 혹은 합법적으로 라틴아메리카에서 미국으로 들어오는 사람들이 증가하면서 독특한 이주자 사회가 형성되고 있다. 그러나 미국 사회에서 이들의 생활여건은 그다지 양호하지 않다. 이주자들은 원래 학력수준이 미국인들에 비해 낮다. 그리고 미국으로 이주한 뒤에도 교육을 제대로 받을 기회가 별로 없어서 학력수준을 높이지 못한다. 또한 대부분의 이주자들이 열악한 작업환경과 빈곤으로 인해 좋지 않은 식생활로 신체적인 문제가 있지만, 의료보험이 없어서 질병에 걸려도 적절하게 치료를 하지 못해 건강이 악화되는 사례가 흔하다. 이런 까닭에 이주자들이 결핵, 샤가스병, 간염 등에 매우 취약하다. 게다가 이주자들은 영어를 구사하는 능력이 부족해서 좋은 일자리를 구하기도 어렵고, 자신들의 문제를 적극적으로 개선하기 힘들다. 또 기술수준이 낮고 종족성에 따른 사회적 차별도 감수할 수밖에 없어 대체로 빈곤한 상태에 머물러 있다.

라틴아메리카 출신의 이주노동자들은 경제적 빈곤에 시달리는 한편, 다양한 형태의 눈에 보이는 혹은 눈에 보이지 않는 사회적 차별을 감수해야 한다. 이들에게 주어지는 가장 심각한 사회적 편견은, 이들이 모두 실제의 이주신분에 상관없이 밀입국자라고 간주되는 것이다. 이런 잘못된 생각 때문에 라틴아메리카에서 온 이주노동자들은 법을 잘 지키지 않고, 깨끗하지 못하며, 다른 사람의 일거리를 강탈하는 침입자인 동시에, 공적인 혜택을 착복하는 사람이라고 사회에서 인식된다. 결과적으로 라틴아메리카의 이주자들은 사회적 고립이나, 착취, 괴롭힘, 그리고 증오범죄의 대상이 되기 쉽다. 연방정부의 범죄통계를 확인해보면, 미국의 국경 강화 정책이 추진되던 시기에 라티노들을 대상으로 하는 증오범죄는

2003년에서 2007년 사이에 40%가 증가했다(Gomberg-Muñoz, 2010: 301). 단순히 이주자들을 경시하는 것이 아니라 이주자들에 대해 폭력을 행사하는 등 범죄행위가 증가하는 것은 9·11 사태 이후에 더욱 심각해졌다. 9·11 이후에는 국가안보에 대한 국민들의 관심이 갑자기 활기를 띠게 되면서, 덩달아 이주와 이주자의 문제도 관심의 대상이 되었다. 실제로 라틴아메리카에서 온 이주자들 중에 테러리스트는 거의 없지만, 이들이 테러와 관련이 있을 것이라고 의심하는 경우도 자주 볼 수 있다. 이런 움직임은 이주자들을 담당하던 이민귀화국이 2003년에 해체되고, 소관 업무가 미국인들과 미국 사회를 테러의 위협에서 보호하기 위해 새로 신설된 국토안보부에 포함되었다는 사실을 고려해보면 명확해진다. 다시 말해 이주자들은 이제 미국 사회에서 노동자로서가 아니라, 안보에 위협이 되는 존재로 인식된다는 것이다. 이런 불합리한 편견은 이주자들을 적극적으로 통제하려는 다양한 정책으로 이어졌다. 이 당시에 불법이주를 막기 위한 대책으로 정치인들이 주장했던 미국-멕시코 국경지역의 전기장벽 설치, 불법 이주노동자를 고용하는 고용주의 처벌, 불법이주자 사이에 태어난 자녀에 대해 시민권을 주지 않는 것 등은 실제로 시행되지는 않았다. 그러나 이런 사회적 분위기로 인해 이주자와 그들의 자녀에 대한 적대적 감정이 커져서, 다양한 형태의 편견과 차별을 양산하게 되었다(Fernández-Kelly, 2009: 139).

외형적인 특징과 피부색 이외에 라틴아메리카 이주자들이 가장 차별을 많이 받는 것은 언어문제이다. 대부분의 라틴아메리카 이주자들은 학력수준이 그다지 높지 않고, 영어에도 능숙하지 않다. 일부의 이주자들은 스페인어만 사용하고 영어는 전혀 모른다. 이런 상태에서 미국 사회의 여러 곳에서는 영어를 중심으로 하는 언어문제로 라틴아메리카 출신의 이주노동자들을 통제하려고 한다. 스페인어 사용자를 차별하는 방식은 여러 가지가 있다. 먼저 스페인어를 사용하는 사람들을 무시하거나 비하하면서, 영어가 스페인어보다 우월하다는 편견을 강조한다. 또 다른 방법으로는 스페인어의 억양이 들어 있는 영어를 바람직하지 않다고 보는 것이다. 마지막으로는 스페인어를 사용하는 사람들이 영어를 사용하더라도 무시하는 것이다(Cobas and Feagin, 2008: 392). 실제로 일상생활에서 많은 라틴아메리카 이주노동자들이 스페인어를 사용하는 것을 선호한다. 이들은 같은 모국어를 사용하면서 훨씬 친밀감을 느낄 수 있고, 다양한 내용을 표현할 수 있어, 원활한 의사소통이 가능하다고 말한다. 그래서 서로 영어로 대화할 능력이 있는 경우에도 자기들끼리는 스페인어를 주로 사용한다. 종종 사회에서 라틴아메리카의 이주자들이 스페인어를 사용하는 것을 금지당하거나 저지당할 경우에, 이들은 공식적으로 저항하기도 한다. 다음의 사례가 스페인어를 사용하는 문제로 미국 사회에서 갈등을 겪는 경우를 잘 보여준다. 엑토르 가르시아(Héctor García)는 텍사스의 아마리요(Amarillo)에 위치한 글로어(Gloor) 목재회사에서 판매원으로 일하고 있었다. 이 목재회사에서는 아마리요 지역이 라티노들이 많이 사는 지역이라는 것을 감안하여, 직원들에게 스페인어를 사용하는 고객을 만나면 직장에서 스페인어를 사용해도 된다는 규정을 적용했다. 가르시아는 어느 날 이 규정을 어기고, 자신의 라티노 직장동료와 스페인어로 대화를 나누었다. 가르시아는 해고당했고 이어서 소송을 제기했으나 법원에서 패소했다. 법원에서 가르시아는 스페인어를 사용할 권리를 주장했지만 수용되지는 않았다(Cobas and Feagin, 2008: 393). 이렇게 사회에서 스페인어를 사용하는 것을 통제하면서 미국 사회는 라틴아메리카 이주자들을 일정한 범주로 묶어서 관리하는 것이다(Cobas and Feagin, 2008: 395).

스페인어를 비하하면서 스페인어를 사용하는 사람들을 부정적인 시각으로 바라보는 것은, 라틴아메리카 이주노동자들이 감시의 대상이어야 하고, 이들을 신뢰할 수 없으며, 이들이 남을 속일 수 있을 것이라는 편견을 낳게 된다. 일부의 백인들은 라틴아메리카의 이주자들이 열등한 스페인어를 사용하면서 좋지 않은 영향을 받을 것이라고 생각한다(Cobas and Feagin, 2008: 401). 그러나 이주자들이 스페인어 대신에 영어를 사용한다고 해도 문제가 완전히 사라지는 것은 아니다. 백인들은 가끔 라틴아메리카 이주자들이 바람직하지 않은 억양으로 영어를 사용하는 것을 흉내 냄으로써 이주자들을 비하한다. 이주자들이 영어를 쓸 때, 그들은 항상 백인들로부터 감시당하는 느낌을 받고, 조금이라도 잘못하면 그 자리에서 지적을 받거나 면박당하기도 한다. 라틴아메리카 이주자와는 달리 백인들은 다른 백인들이 문법에 어긋난 영어를 사용하거나, 발음을 정확하게 하지 못할 경우에도 별다른 비판을 하지 않는다(Cobas and Feagin, 2008: 403). 이렇게 라틴아메리카 이주자들이 스페인어나 영어를 사용할 경우에 백인들의 주목을 받고, 관찰의 대상이 된다는 것을 의식하게 되면, 언어를 사용하는 데에 조심할 수밖에 없고, 생활하는 데에도 여간 불편한 것이 아니다. 이것은 미국에서 태어난 라티노들에게도 종종 적용된다. 결국 스페인어식의 억양을 조롱하고, 스페인어 사용자들을 의심하거나 무시하는 행위는 수동적으로 스페인어 사용자들을 정당한 사회의 구성원으로 인정하지 않으려는 방법이다(Cobas and Feagin, 2008: 406). 이런 불합리하고 논리적이지 못한 상황에 대해 스페인어를 사용하는 이주자들이 맹목적으로 침묵하거나 따르기만 하는 것은 아니다. 예를 들면 질문에 대해 스페인어로 답변을 하면 상대방이 못 들은 척할 때, 다시 답변을 하거나 스페인어를 사용할 권리를 강조하기도 한다(Cobas and Feagin, 2008: 398). 그러나 이런 소극적인 대응이 근본적으로 언어를 둘러싼 갈등을 해소하지 못한다.

이제는 미국 사회에서 이주자들에 대한 왜곡된 편견이 사회의 각 분야에 광범위하게 퍼져 있다. 이런 선입견은 기본적으로 불법이주자들이 미국에서 없어져야 안전한 사회가 될 것이라는 잘못된 가정에서 발생한다. 이주자들을 좋지 않은 시각으로 바라보고 이해하는 것은 대중매체도 예외는 아니다. 다음의 두 가지 사례가 이를 잘 대변해준다(Fernández-Kelly, 2009: 133~134). 2007년 여름에 뉴저지의 뉴어크(Newark)에 사는 28세의 호세 카란사(José Carranza)라는 사람이 4명의 젊은이를 처형하듯이 총을 쏘아 죽인 혐의로 체포되었다. 그는 12살이 되던 해에 미국으로 이주해서 계속 살아왔다. 피해자 중에 세 명은 델라웨어 주립대학교의 학생이었다. 나머지 한 명도 이 대학교에 입학할 예정이었다. 이 총기사건으로 한 명만 생존했다. 이런 잔인한 사건이 발생하자, 전국적으로 많은 사람들이 큰 충격을 받았고, 언론에서는 특정한 집단의 사람들을 대상으로 비난하기 시작했다. 불법이주자를 향한 비판이 끊임없이 터져 나왔다. 콜로라도의 공화당 의원이자 반이주위원회의 위원장에 나서려던 탐 탠크레도(Tom Tancredo)는 심란한 상태에 빠진 피해자 가족들에게 뉴어크 시를 불법이주자들에게 피난처를 제공한 혐의로 고소하라고 부추겼다. 그러나 이런 무분별한 살인사건은 사실 이주문제와는 아무 상관이 없었다. 카란사는 그의 생애 대부분을 미국에서 보냈고 불법이주자도 아니었다. 그는 이주자를 대표하는 사람이 아니라, 가난한 지역에 살면서 사회에 만족하지 못하는 전형적인 미국의 청년 중의 한 명이었다. 다시 말해 페루 출신의 카란사는 불법이주자의 전형으로 여겨지는 인물로 간주될 수 없었다. 그럼에도 불구하고 언론에서는 단지 그가 라티노라는 이유로, 그의 행동이 마치 모든 라틴아메리카에서 온 불법이주자의 잘못된 행위를 적나라하게 보여준 것이라고 판단한 것이다.

샌프란시스코에서도 이와 유사한 사건이 벌어졌다. 2008년 6월 26일 목요일 늦은 밤에 엘살바도르에서 합법적으로 이주한 에드윈 라모스(Edwin Ramos)와 과테말라에서 온 불법이주자였던 그의 친구 에릭 로페스(Erick López)는 48세의 토니 볼로냐(Tony Bologna)와 20세인 그의 아들 마이클(Michael)과 16세의 아들 매튜(Matthew)를 살해한 혐의로 체포되었다. 폭스 뉴스 채널은 즉각적으로 슬픔에 빠진 피해자의 아내이자

어머니인 다니엘 볼로냐(Danielle Bologna)에게 이념적인 문제로 물고 늘어졌다. 뉴어크의 사례와 마찬가지로 객관적인 사실을 올바르게 파헤치려는 시도는 전혀 없었다. 이들의 목적은 단순하게 죄를 많이 짓는 불법이주자에 대한 정책의 문제를 지적하는 것이었다. 살인범 두 명은 사회에 불만을 품은 엘살바도르 출신의 젊은이들로 조직된 위험한 갱 조직인 마라 살바트루차(Mara Salvatrucha)의 구성원이었다. 이 갱 조직은 미국 내의 다른 갱들과 대결하면서 적개심에서 형성되어 활동하다가, 나중에 자신들의 국가로 추방되었다. 즉, 이 사건은 미국 사회에 만연한 젊은 사람들의 갱 조직 활동과 반사회적 감정 때문에 발생한 것이지, 그들이 불법이주자라서 일어난 것은 아니었다.

눈에 확연하게 드러나지 않는 사회적 차별도 광범위하게 나타난다. 한 가지 예를 들면 뉴욕의 브롱크스(Bronx)에서는 임대주들이 세입자가 불법 이주노동자라는 사실을 인지하면, 주택의 상태가 좋지 않아도 시장가격보다 더 비싼 임대료를 요구한다. 또 고용주들은 불법이주자에게 최저임금도 주지 않으려고 하고, 초과 근무시간에 해당하는 임금도 지불하지 않는 경우도 있다. 엎친 데 덮친 격으로 불법이주자들은 은행에 계좌를 개설할 수 없어서 현금을 많이 소지하고 있고, 불법이라는 신분 때문에 경찰에 신고도 제대로 하지 못한다는 점을 고려하여, 많은 좀도둑들이 이주자들의 집을 범죄의 대상으로 삼는다(Gálvez, 2007). 더욱이 최근에 미국으로 온 불법 이주노동자들은 영어에 익숙하지 않고 미국의 법이나 문화에 대해서도 적절한 지식을 갖지 못하며, 추방의 위험을 감수해야 하기 때문에 여러 가지로 부당한 대우를 받기 쉽다. 일을 하는 경우에도 노동조건이나 임금문제가 발생해도 이에 맞설 정보가 부족해서 어려움 겪는다. 즉, 이들은 열심히 일만 하지 자신들이 당하는 사회문제에 이의를 제기하기 어려운 실정이다(Maldonado, 2006: 357).

과도한 노동과 불합리한 사회적 편견과 차별, 그리고 경제적 빈곤까지

겹쳐서, 라틴아메리카의 이주노동자들은 다양한 고통에 시달린다. 이런 문제 때문에 여러 가지 사회적 병리현상에 빠지기도 한다. 이런 문제 중에 하나의 예를 들면 과음을 들 수 있다. 펜실베이니아 남부의 버섯 가공 공장에서 일하는 멕시코 출신의 이주자들을 보면, 폭음으로 인해 상당한 신체적 고통과 경제적 어려움을 경험한다(García, 2008: 22). 이주자들은 상당수가 불법이주자이고 20대와 30대의 독신 남성이어서, 일을 하거나 생활을 하는 데 스트레스를 받게 되면 술로 달래는 경우가 많다. 이들은 외부와의 교류도 거의 없고 별다른 즐길 거리가 없는 상태에서 생활하기 때문에, 알코올에 의존하기 쉽다. 불법이주자라는 신분 때문에 다른 사람들을 접촉하기도 용이하지 않다. 이들은 가족과 떨어져서 버섯 농장주들이 제공하는 멀리 떨어진 곳에 위치한 주택이나 혼잡한 아파트에서 살고 있다. 이런 상황에서 여유가 생기면 술을 마시는 것 이외에 별로 할 일이 없는 것이다. 교통수단도 부족해서 다른 곳을 방문하기도 힘든 실정이다. 이러다 보니 자연스럽게 과음을 하게 되고, 알코올 중독에 따른 피해가 발생한다. 이들은 멕시코에 있을 때처럼 가족이나 지역사회로부터 사회적 지지를 받지 못하고 있다. 다시 말해 전통적으로 친숙한 생활방식에서 벗어나서 생소한 미국 문화에 갇혀 살아야 한다. 이들에게 미국 사회에 관한 정보나 지식을 제공해주는 사람도 없어서, 이들은 미국 사회에 올바르게 적응할 기회도 갖지 못하고 과음으로 인한 문제에 부딪치게 된다.

과거에 비해 미국 사회가 이주자들에 대해 곱지 않은 시선을 보내고 있어서, 이제는 될 수 있으면 미국에 귀화해서 시민권을 획득하려는 이주자들이 증가하고 있다. 1995년에는 귀화할 수 있는 자격을 갖춘 사람의 20%만 미국 시민이 되었으나, 2005년에는 이 비율이 35%로 커졌다. 멕시코의 경우에도 예외가 아니어서, 2007년에 멕시코에서 태어난 25만 명의 사람들이 미국 시민으로 귀화했다. 멕시코에서 온 이주자들도 이제는 미국 사회에 편입되기를 원한다고 볼 수 있다(Bada, 2010: 237). 그럼에도 불구하고 라틴아메리카의 이주자들이 미국에 통합되기 어려운 여건도 존재한다. 백인들은 라티노들이 많이 몰려 살면 범죄나 사회문제도 증가하고 주택가격도 하락한다는 생각에서, 이들이 자기들이 사는 구역으로 들어오는 것을 환영하지 않는다. 더욱이 라틴아메리카 이주자들도 워낙 다양한 요소로 구분되어 있어서, 전략적으로 미국 사회에 대해 통일된 목소리를 내기 쉽지 않다. 예를 들면 같은 지역이나 국가에서 온 사람들도 종족, 피부색, 성, 세대 등 내적 다양성이 존재해서 미국 사회에 적응하는 방식이 모두 동일하지 않다. 또 미국 사회의 장벽이 높아서 라틴아메리카 사람들이 미국 사회에 완전히 통합되기는 쉽지 않은 일이다 (Ochoa, 2009: 139).

과거에는 불법 혹은 합법에 상관없이 이주자가 증가하는 것이 미국 경제에 매우 유익하다고 사람들이 생각했다. 이주자들이 많아지면 세금을 많이 내지 않는 이주자들이 이용하는 사회서비스로 인해 일부 손실도 있다. 그러나 이들이 제공하는 노동 때문에 상품과 용역의 가격이 내려가거나 안정되고, 고용주의 입장에서는 낮은 급료를 지불할 수 있어서 전체적으로 경제에 긍정적인 결과를 초래한다는 것이다. 또 이주노동자들이 저임금을 받는 국내의 노동자들과 경쟁관계에 놓이기도 하지만, 이주자들이 3D 업종과 같이 국내의 노동자들이 원하지 않거나 기피하는 일을 담당하는 경우도 많아서 오히려 유익한 측면도 있다. 한편 이주자들이 증가하면 이주자들이 형성하는 연결망을 통해 이주자의 출신국가와의 경제교류가 활성화되어 교역량이 증가하는 현상도 나타난다. 그러나 점차로 미국의 경제여건이 악화되면서, 이주자에 대한 이런 긍정적인 평가는 점차 약화되고 있다. 이주자 중에서도 불법이주자에 대한 미국 사회의 부정적 시각은 20세기 말과 21세기에 접어들면서 급격하게 증가했다. 가장 큰 관심은 불법이주자들이 세금 등을 내지 않으면서 사회에 경제적으로 엄청난 부담을 안겨준다는 것이다. 이렇게 이주자로 인해 발생하는 경제적 부담이 보다 강력한 이주정책을 지지하게 만드는 가장 핵심적인 요소이다(Fennelly, 2008: 173). '미국 이주개혁연맹'(The Federation for American Immigration Reform)의 보고에 의하면 캘리포니아 주에서만 2004년에 불법이주자들과 그들의 자녀들에게 교육과 의료서비스를 제공하고 그들 중 일부를 구금시키는 데 105억 달러의 비용이 발생했다고 한다. 이 가운데 불법이주자들이 낸 세금을 공제하면, 순수하게 88억 달러가 캘리포니아 주에서 사용한 비용이 된다. 이와 유사한 보고를 보면, 텍사스에서는 37억 달러, 애리조나에서는 13억 달러, 플로리다에서는 10억 달러의 비용이 들었다(Alves Pena, 2009: 877).

이주자와 이주정책에 대한 미국인들의 반응은 과거에 비해서 나빠진 것은 확실하다. 그러나 사는 지역, 인종, 성, 연령, 사회경제적 계층, 정치적 성향 등 다양한 요인에 의해 서로 다르게 표현된다. 이주정책을 보면, 대체로 농촌지역에 사는 사람들이 도시나 도시 외곽에 사는 사람들보다 좀 더 강력하고 제한적인 이주정책을 선호한다. 농촌 지역 거주자들은 이주자들이 증가하면서 미국의 일자리와 경제가 영향을 받을 것을 우려한다(Fennelly, 2008: 172). 아마도 농촌지역 사람들은 상대적으로 이주자들을 접촉할 기회가 적고, 나이도 조금 많고, 가난하며, 교육수준도 낮고, 정치적으로도 보수성향을 갖고 있어서 그럴 것이다. 극단적으로 이주자들을 좋지 않게 인식하는 사람들 중의 일부는 이주자들을 적대적으로 대하기도 한다. 지금까지는 대부분의 이주자들이 대도시 지역에서 주로 일을 하기 때문에, 이주자들이 농촌지역 사람들과 마주칠 기회가 그다지 많지 않았다. 그러나 이주자의 수가 많아지고 도시지역에 일자리가 줄면서, 이주자들이 그동안 많이 찾지 않던 농촌지역으로도 발길을 옮기고 있다. 이렇게 되면 농촌지역에서도 미국인들과 이주자들 사이에 불편한 관계가 조성될 수 있다. 특히 근래에 남동부, 중서부, 북서부지역에도 라틴아메리카의 이주자들이 빠르게 증가하면서, 이주자들과 지역 주민들 사이에 새로운 갈등이 많이 발생한다(Fennelly, 2008: 152).

미국 사회에서 이주자들에 대한 인식은 최근에 급속하게 나빠졌다. 한 조사에 의하면 약 75%의 미국인들이 이주자가 증가하면서 도시지역에서 범죄가 증가한다고 믿고 있다고 한다. 그러나 이주자의 수가 증가한다고 해서 실제로 범죄율이 증가한다는 통계는 나와 있지 않다. 1994년도와 2007년 사이에 불법이주자의 수가 2배로 증가하여 1천2백만 명이 되었는데, 같은 기간에 미국 전역에서 강력범죄 건수는 34.2% 감소하였다. 또 강도사건은 26.4% 하락했다. 이런 통계를 보면 이주자들이 많아져서 미국 사회가 위험해진 것이 아니라, 더욱 안전해졌다고 말할 수 있다. 물론 범죄율이 낮아지거나 높아지는 것은 여러 요인이 작용하기 때문에 쉽게 단정할 수는 없을 것이다. 그러나 이주자의 증가가 사회불안을 고조시키고 범죄율을 높인다는 주장은 별다른 근거가 없다. 또 다른 자료를 살펴보더라도 최근에 이주자들이 많아지면서 오히려 폭력적인 범죄의 비율은 낮아지고 있다. 폭력적 범죄가 1960년대에서 1990년대까지는 지속적으로 상승했다. 그러다가 1991년에는 인구 10만 명당 758건의 폭력범죄가 있었는데, 오히려 2005년에는 10만 명당 469건으로 감소했다(Griswold, 2009: 197). 조사에 따르면 불법이주자의 94%가 일자리를 갖고 있거나 일자리를 찾고 있어서, 이들의 실업률은 평균적인 미국인들보다 비교적 낮은 편이다(Fernández-Kelly, 2009: 140). 이것은 이주자들이 적극적으로 경제활동을 하는 책임감을 가진 사회의 일원이라는 것을 잘 보여준다. 따라서 근거 없이 이주자들을 적대시하거나, 범죄자처럼 취급을 하는 것은 옳지 않은 행동이다.

이주자와 이주정책에 대한 여론조사는 2004년 부시 대통령이 새로운 제안을 하면서 많이 실시되었다. 2004년 1월에 부시 대통령이 농업 등 특수한 분야에서 지속적으로 일을 하고 있던 불법이주자들이 일정한 비용을 지불하면, 합법적인 초청노동자로서 미국에서 일을 할 수 있게 한다는 정책이 발표되자, 미국인들의 의견은 매우 다양하게 제시되었다. 보다 구체적으로 2004년에 뉴욕타임스와 CBS가 함께 전국적으로 실시한 여론 조사결과를 참고하면, 미국인들의 이주자에 대한 생각과 이주정책에 대한 그들의 견해를 엿볼 수 있다. 744명을 대상으로 하는 조사에서 67.8%에 해당하는 대다수의 사람들이 초청노동자 제도의 시행을 반대했다. 그리고 이주자의 수를 줄여야 한다고 대답한 사람들의 81.8%가 초청노동자 제도도 반대한 것에 비해, 나머지 18.2%만이 찬성했다(Ilias et al., 2008: 752). 이것을 보면 이주자의 수를 제한하는 강력한 국경정책을 선호하는 사람들의 대부분이 초청노동자 제도도 반대하고, 불법이주자들을 사면하는 것도 대체로 원하지 않는다고 볼 수 있다. 또한 각 개인들이 미국의 이주정책을 인식하는 데 있어서, 이주자 때문에 발생하는 사회적 비용을 가장 큰 변수로 생각하고 있다. 이런 경제적인 관점이 이주자들을 위한 초청노동자 제도를 반대하거나 이주자 수를 제한하는 정책에 찬성하도록 만든다. 이에 비해 이주자와 라티노의 수가 많은 지역은 대부분 한시적 노동자 프로그램을 지지하는 것으로 나타났다(Ilias et al., 2008). 당시에 시행되었던 다른 여론 조사결과를 보면 약 절반 정도의 사람들이 초청노동자 제도를 다시 만드는 것에 찬성했다. '시카고 외교위원회'(Chicago Council on Foreign Relations)의 조사에서는 52%가, 그리고 NPR/Kaiser Family Foundation/Harvard의 조사결과에서는 44%가 찬성한다고 응답했다. 2004년 이후에 실시된 불법이주자와 초청노동자 제도에 대한 여론 조사는 유사한 결과를 보였다. 특히 국경보안을 강화한 상태에서 외국인 노동자들을 합법화한다고 가정하면, 한시적인 초청노동자 정책을 지지하는 비율이 높아진다. 비록 미국인들이 초청노동자 제도를 그다지 부정적으로 인식하지 않는다고 해도, 어떻게 불법이주자 문제를 처리할 것인지에 대해서는 의견이 매우 다르다(Ilias et al., 2008: 744).

그 뒤에 2006년에 퓨 히스패닉 센터에서 실시한 여론 조사결과는 조금 다른 내용을 포함하고 있다. 불법이주자 문제를 어떻게 해결할 것인가에 대한 설문에서 응답자의 32%는 이들을 모두 미국에 영구적으로 남아 있게 허용해야 된다고 말했다. 또 32%는 초청노동자 제도를 만들어서 불법이주자들이 미국에서 생활하도록 유도해야 한다고 말했다. 반면에 27%의 사람들은 불법이주자들을 자신들의 국가로 돌려보내야 한다고 대답했다(Ilias et al., 2008: 745). 이렇듯 불법이주자에 대한 여론조사는 어떤 상황과 시기에 하느냐에 따라 답변이 다르고, 또 설문내용에 어떤 것이 포함되느냐에 따라 답변의 성격도 영향을 받는다. 실제로 이주정책에 대한 논의는 미국에서 일을 하는 이주자들에 대한 비용문제에 의해 가장 큰 영향을 받는다. NPR/Kaiser Family Foundation/Harvard의 2004년도 여론조사를 보면, 응답자의 59%가 불법이주자 때문에 미국 경제가 피해를 입고 있다고 믿는다고 한다. 단지 14%의 사람들만이 불법이주자가 미국 경제에 긍정적인 기여를 한다고 생각한다. 이와 더불어 1/3의 사람들은 불법이주자들이 세금으로 내는 것보다 훨씬 많은 공공서비스를 받는다고 생각하고, 또 다른 1/3은 불법이주자들이 미국인들의 일자리를 빼앗고 있다고 생각한다(Ilias et al., 2008: 746). 즉, 대체로 미국인들이 불법이주자들이 미국에 남아서 일하기를 원하는 사람들이 많지만, 이런 사람들도 경제적인 문제를 포함시키면 불법이주자에 대해 상당히 부정적인 평가를 하는 것으로 나타난다.

이렇게 이주자에 대한 의견이 다양한 것을 보면, 보수와 진보를 포함하는 하나의 의견을 제시하는 것이 대단히 어려운 일이라는 것을 알 수 있다. 동일한 정치적 성향을 보이는 사람들 사이에서도 의견이 엇갈릴 수 있다. 예를 들면 일부의 보수적인 공화당 지지자들은 임금수준이 낮고 노조활동에도 거의 관여하지 않는 이주노동자들을 사용할 수 있다는 생각에서, 자신들의 사업상의 이익을 염두에 두고 초청노동자 제도를 환영할 수 있다. 그러나 대부분의 보수적인 공화당 지지자들은 초청노동자

제도를 도입하는 것은 불법이주자들을 사면하는 것이어서, 법의 집행에 논란의 여지가 많다고 주장한다. 또 불법이주자에게 합법적인 체류자격을 주면 비용도 많이 들고, 더 많은 불법이주자들을 불러들이는 바람직하지 않은 결과를 초래할 것이라는 점에서 반대한다. 한편 민주당 지지자의 입장에서 보면, 일부의 진보적인 성향의 사람들은 미국이 기본적으로 이주자들이 모여서 세운 국가이고, 더 많은 이주자들이 미국에 들어옴으로써 새로운 활력을 찾을 수 있다는 점에서 초청노동자 제도를 찬성한다. 반면에 또 다른 민주당 지지자들은 초청노동자 제도가 단기간에 값싼 노동력을 이용한다는 점에서는 유리할지 몰라도, 장기적으로 보면 노동자의 착취가 극심해질 것이라는 걱정에서 초청노동자 제도를 거부하거나 미온적으로 지지하는 수준에 머문다(Ilias et al., 2008: 748).

일반 국민들의 개인적인 차원에서 보면 국가경제의 전망을 비관적으로 보는 사람들이 초청노동자 제도를 부정적으로 인식한다(Ilias et al., 2008: 754). 이들은 그렇지 않아도 일자리가 줄어드는 상황에서 불법 이주노동자들까지 합법화되면, 자신들이 이들과 한정된 일자리를 놓고 경쟁해야 된다고 생각하기 때문일 것이다. 이런 인식은 백인들보다는 아프리카계 미국인들이나 아시아계 미국인들에게서 두드러지게 나타난다. 그래서 같은 소수민족들끼리 오히려 화합이나 조화로운 관계보다는 갈등과 경쟁이 발생하기도 한다. 인종이나 종족을 중심으로 이주자에 대한 견해를 보면, 라티노들과 백인들은 이주정책에 대해 비교적 유사한 관점을 공유한다. 그러나 라티노들이 초청노동자 제도를 더욱 적극적으로 찬성하는 편이다. 이것은 이 제도가 시행되면 라틴아메리카에서 온 불법 이주노동자들이 가장 많은 혜택을 받을 것이고, 그들의 가족이나 친구 등 아직 미국에서 합법적인 지위를 갖지 못한 사람들에게 큰 도움이 될 것이라고 판단하기 때문일 것이다. 아시아계 미국인들도 이주문제에 있어서 전반적으로는 백인들과 큰 차이가 없는 유사한 견해를 갖고 있다. 그러나 초청노동자 제도가 포함되면 사정은 약간 달라진다. 앞에서도 제시한 이유처럼 아시아계 미국인들은 불법이주자들을 초청노동자로 포함시켜서 혜택을 주는 것은 별로 지지하지 않는다. 아시아계 미국인들이 라티노들보다는 합법적인 경로를 통해 비자를 받아 미국에 입국한 사람들이 많기 때문일 것이다. 특히 미국에 합법적으로 입국한 다음에 오랜 시간을 기다려서 힘들게 자신들의 가족을 미국에 불러들인 아시아계 미국인들은 초청노동자 제도가 불법적인 행위를 조장할 것이라는 견해에 보다 쉽게 동의한다(Ilias et al., 2008: 756). 이렇게 복잡한 개인적인 이해관계와 정치적 성향, 인종 및 종족, 그리고 경제적 상황 등 다양한 요소로 인해 미국 사회에서 이주자들에 대한 일관성이 있고 보편적인 정책을 제시하고 수행하기는 대단히 어렵다.

5. 이주노동자의 생활방식과 직업

라틴아메리카의 이주노동자들이 끊임없이 미국으로 들어오는 것은 라틴아메리카 국가들의 경제적 형편이 어렵기 때문이다. 그렇지만 미국의 사회구조가 이주노동자를 전혀 필요로 하지 않는다면, 이들이 입국해도 일자리를 찾기 어려울 것이다. 실제로 미국의 여러 산업은 이주자들과 같은 저임금노동자를 계속해서 필요로 하고 있다. 수요의 측면에서 미국 경제는 매년 상대적으로 낮은 수준의 기술을 요구하는 수십만 건의 새로운 일거리가 만들어진다. 공급의 측면에서 보면, 그동안 전통적으로 그런 일자리를 담당했던 미국인들이 고령화되어 젊은 노동자가 줄어들고, 또 사람들의 교육수준이 높아지면서 저임금을 수용할 새로운 노동자 집단이 필요하게 되었다(Griswold, 2009: 185). 다른 선진국과 마찬가지로 미국의 인구성장도 과거보다 낮아지고 있다. 모든 인종을 포함해서 미국인들의 출생률은 낮은 상태를 유지하고 있고 그나마 하락하고 있다. 인구의 자연증가율은 연간 0.6%에 머물고 있다(Coates, 2009: 85). 퓨 히스패닉 센터의 추산에 의하면, 미국의 인구는 2005년에서 2050년 사이에 48%가 증가할 것으로 예측된다. 이 기간 중에 증가된 인구의 83%는 이주자들이 들어올 것을 예상하기 때문이다. 이런 이주노동자들의 대부분은 라틴 아메리카에서 온다. 그렇기 때문에 앞으로 젊은 사람들의 비율이 높은 이주노동자들이 미국의 산업에서 날이 갈수록 중요한 역할을 담당할 것이다.

이미 미국의 주요한 산업시설에서 이주노동자들이 차지하는 비중은 꽤 높은 편이다. 구체적인 내용을 분석해보면, 2005년 현재 이주노동자들이 농업에서는 24%, 청소업에서는 17%, 건축업에서는 14%, 숙박업에서는 13%, 음식업에서는 12%, 그리고 섬유업에서는 10%의 비중을 차지하고 있다. 이런 일반적인 직종 이외에 특수한 분야에서는 이주노동자들의 비율이 월등하게 높다. 예를 들면 절연처리공의 36%, 지붕 이는 사람의 27%, 도축업과 음식가공업 노동자의 27%, 그리고 조경노동자의 26%가 이주자들이다(Coates, 2009: 85). 그리고 이런 분야에서는 시간이 흐를수록 이주노동자에 의존하는 비율이 더욱 커지고 있다.

<표 12> 불법이주자들이 많이 종사하는 직종과 참여 비율

직업	비율
벽과 천장 타일공	27%
정비공	26%
정육점 직원	25%
식기세척노동자	24%
농업노동자	23%
석공 혹은 석수	22%
농산물 분류 노동자	22%
포장공	22%
가정부	22%

지붕 이는 노동자	21%
장비세척공	20%
건축노동자	20%
도장공	20%
벽돌 조적공	19%
요리사	18%
재봉사	18%
포장기계운전공	17%
식당종업원	14%
음식준비 노동자	13%
금속 플라스틱 노동자	13%
목수	12%
문지기	12%

자료: Hing, 2010: 152

<표 12>에서 보는 것과 같이 비교적 최근에 조사한 불법이주자들의 세부적인 직종 현황을 보면 앞의 자료와 유사하다. 전반적으로 높은 기술수준이나 학력, 혹은 자격증을 요구하지 않는 일에 불법이주자들이 많이 참여하며, 이들이 받는 임금수준도 그다지 높지 않다. 보다 구체적으로는 건축업이나 서비스와 관련 있는 직종이 대부분을 차지한다. 특히 건축과 관련 있는 업종에 불법이주자들이 많이 취업하고 있는데, 벽과 천장 타일공, 석공 혹은 석수, 지붕 이는 노동자, 건축노동자, 도장공, 벽돌 조적공, 목수 등의 직업이 이에 속한다. 이런 건축일이나 서비스업은 고용이 안정적이지 못한 경우가 많고, 경기변동에 큰 영향을 받는다. 예를 들면 경제위기가 심화되면 부동산 경기가 약화되고, 그다음에는 건축업이 직접적인 타격을 입는다. 실제로 2007년 미국이 경기후퇴에 빠져들면서 해외에서 태어난 라티노들이 가장 큰 타격을 입어, 이들의 실업률이 4.9%에서 6.2%로 뛰었다. 이 중에 상당수는 합법이주자라는 것을 고려하면, 불법이주자만의 실업률은 더욱 상승했다고 보인다. 그리고 이런 실업이 주로 건축업과 관련된 직종에서 많이 발생했다. 2007년도에 라티

노들이 잃었던 일자리의 54.2%가 건축업에 해당되었다(Aguilar et al., 2010: 17). 간추려 보면 최근의 경기침체로 불법 이주노동자들이 막대한 피해를 입었다고 볼 수 있다. 2008년 이후에도 사정이 크게 개선되지 않았다. 미국에서 해외에서 출생한 라티노들의 실업률은 지속적으로 올라가고 있다. 2008년 말에는 이들의 실업률이 9.2%까지 도달했는데, 이것은 전국의 실업률보다 2% 포인트가 높은 수치였다(Aguilar et al., 2010: 18). <표 12>에서 확인된 것처럼 불법이주자들 중에 사무직 종사자는 거의 찾기 어렵고, 생산직 노동자도 그리 흔하지 않다. 큰 기업에서는 자신들이 당할 불이익을 우려해서, 연방정부나 주정부의 지침에 따라 노동자들의 신분을 까다롭게 확인하기 때문에, 불법이주자들이 차지할 자리가 별로 없다. 결과적으로 불법이주자들은 적법한 노동허가가 없는 상태에서, 고용이 안정되고 임금이 높은 일자리를 얻기가 대단히 어렵다고 하겠다. 미국 내의 전체 노동자 1억 4,600만 명 중에 불법 이주노동자는 약 630만 명으로 4.3%를 점유하고 있다. 그러나 불법이주자들은 대개 유사한 직종에만 몰려 있어서, 실제보다 불법이주자의 수가 많은 것처럼 보이기도 한다. 특히 농업, 건축업, 자원채취업 같은 분야는 미국인 노동자들보다 불법이주자의 비율이 3배는 많다(Hing, 2010: 151).

흔히 다른 국가에서 미국으로 오는 이주자들은 일자리를 찾기가 쉽지 않고 단순히 노동력만 활용하면 소득이 많지 않아서 자영업에 관여하는 경우가 많다. 그러나 라틴아메리카에서 오는 이주자들은 상대적으로 자영업에 많이 종사하지 않는다. 특히 멕시코에서 온 이주자들은 수가 많지만, 거의 대부분 육체노동이나 서비스분야에 종사하고 상대적으로 자영업에 종사하는 사람은 드물다. 시카고 지역의 사례를 보면 남성 이주자의 경우에 아시아인들은 약 32%가 자영업 분야에서 일을 하지만, 멕시코인들은 불과 4%만이 이 분야에서 일을 한다(Raijman, 2003: 784). 미국에서 쿠바인들이나 유태인들, 그리고 중국인이나 한국인들은 매우 성공적으로 자신들의 사업체를 운영하고 있다. 그러나 멕시코인들은 아프리카계 미국인들과 마찬가지로, 종족 간의 연결망을 이용하여 사업을 운영할 자금을 마련하기 어려운 실정이다. 멕시코인들은 다른 형태의 일에는 연결망을 잘 사용하지만 재정적인 도움을 위해 자신들의 연결망을 사용하는 경우는 매우 드물다. 이런 점에서 멕시코인들은 다른 아시아인들이나 쿠바인들과 상당한 차이가 있다(Raijman, 2003: 786). 시카고 지역의 사례를 보면, 실제로 멕시코 사업주의 경우에 물품조달이나, 정보, 기술적인 자문 등을 같은 멕시코인들로부터 얻기가 매우 어렵다. 왜냐하면 같은 멕시코인으로 그런 업종에 종사하는 사람들의 수가 대단히 적기 때문이다(Raijman, 2003: 797).

21세기에 들어서서 미국의 일자리가 줄어들고, 불법이주자에 대한 사회적인 시선도 그다지 호의적이지 않게 되면서, 라틴아메리카에서 온 이주자들이 노동을 하는 조건도 더욱 나빠졌다. 이들은 이제는 과거보다 좋지 않은 작업환경도 감수해야 하고, 사람들이 원하지 않는 직업을 선택해야 하는 경우도 있다. 때로는 이주노동자들이 교육수준도 높고 미국인들과 거의 동등한 자격을 갖춘다고 해도, 보다 낮은 직급을 부여받거나 힘든 일을 담당하기도 해야 한다. 또한 같은 일을 하는 경우에도 미국인들에 비해 훨씬 낮은 급료를 받기도 한다(Canales, 2007). 결국 불법 이주노동자들은 대부분 임금과 기술수준이 낮고 작업강도가 높은 분야에서 일을 한다. 이렇게 일은 고되지만 경제적 수입은 높지 않아서, 일반적인 미국인들은 이런 종류의 일자리를 별로 원하지 않는다. 그렇기 때문에 미국 정부가 불법노동자를 고용하는 사업주를 처벌한다고 해도, 이런 규정이 실제 현장에서는 제대로 지켜지지 않는다. 실제로 사카테카스(Zacatecas)주의 라스 아니마스(Las Ánimas)와 할리스코(Jalisco)의 틀라키타파(Tlacuitapa)마을의 조사결과를 보면, 미국에 가서 이주노동을 경험했던 사람 중에, 미국에서 일을 구하는 데 신분증명을 요구받은 경우는 거의 없었다고 한

다. 그중에서도 건축업이 노동허가를 거의 요구하지 않았고, 다음으로 농
업분야도 상대적으로 까다롭지 않다고 했다(López et al., 2007: 81). 유카
탄(Yucatán) 주의 툰카스(Tunkás) 마을에서 미국으로 이주한 사람들도 유
사한 경험을 했다고 한다. 상당수의 사람들이 신분확인 없이 일거리를
찾을 수 있었고, 고용주가 자신이 불법이주자라는 것을 알아도 별다른
제지를 하지 않았다고 말했다(Gell-Redman et al., 2010: 122). 이것을 보
면 값싼 이주노동자들을 고용하려는 사업주들은 이주노동자들의 신분에
별로 신경을 쓰지 않는다는 것을 알 수 있다.

　멕시코 등 라틴아메리카에서 온 이주노동자들은 저임금이나 지위가
낮은 직종에서 일을 해야 할 뿐 아니라, 한시적 계약노동 등 성과급을 받
는 일이나 노동조합의 보호를 받지 못하는 일에 종사하고 있어서 임금이
나 일자리의 보장이 제대로 실현되지 않는다(Gomberg-Muñoz, 2010:
297). 이에 비해서 일자리를 확보하기 위해서는 더욱 열심히 일을 해야
하기 때문에, 힘든 상황에 놓이게 된다. 라틴아메리카의 이주노동자들은
담당하는 일이 힘들 뿐 아니라, 생활을 하는 데에 필요한 지원을 받지 못
해 어려운 생활을 하는 경우가 많다. 예를 들면 이주노동자들이 소규모
사업장에서 임시직으로 일하는 경우가 많고, 또 불법체류라는 신분 때문
에 건강보험을 적용받지 못하는 경우가 많다. 미국과 같이 병원 진료비
가 비싼 국가에서는 건강보험이 없으면 생활하기 곤란하다. 그래서 급한
경우에는 병원 응급실을 이용하거나, 심하게 아플 경우에는 국경을 건너
서 멕시코의 병원을 찾는다. 그래서 병을 예방하기 위해 노력하는 것은
거의 불가능하고, 장기적으로 치료가 요구되는 만성질환에 걸리면 상당
한 타격을 입는다(Duncan et al., 2009: 187). 특별한 병이 발생하지 않아
도 미국에 불법으로 거주하면서 겪는 심리적 스트레스도 많다. 실제로
돈을 벌려고 왔지만 생각한 대로 쉽게 돈을 벌 수 있는 것도 아니고, 사
회적 차별과 문화적 충격도 있어서 심리적으로 불안정한 상태에 놓이기

쉽다. 이주자들은 고향을 떠나서 멀리 생활하면서, 가족들을 남겨두고 왔다는 죄책감 때문에 우울증에 시달리는 경우도 종종 있다(Duncan et al., 2009: 193). 그밖에도 새로운 환경에 적응하지 못하고, 미국 문화에도 익숙하지 않아서 건강이 악화되는 사례도 흔히 발견된다.

라틴아메리카의 이주노동자들이 기본적으로 밀입국자들일 것이라고 사회에서 인식되면서, 여러 가지 부정적인 사회적 차별을 받지만, 노동시장의 입장에서는 약간 우호적인 선입견을 불러일으키기도 한다. 보다 구체적으로 멕시코나 다른 라틴아메리카 국가 출신의 노동자들은 어려운 환경이나 낮은 임금에도 매우 열심히 일하는 사람들이라는 것이다. 기회의 땅인 미국에서 심지어 불법 이주노동자들마저 열심히 일을 하면 자신들의 생활여건을 향상시킬 수 있고, 언젠가 기회가 주어지면 미국의 시민이 될 수 있을 것이라고 동정을 받는다. 이미 과거에 멕시코로부터 국경을 넘어와서 미국에서 일을 하다가 사면을 받아서 미국 시민으로 신분을 바꾼 사람이 많다는 것을 고려하면 충분히 이해할 수 있다. 이런 선입견은 라틴아메리카 사람들의 종교적 관심, 가족 지향적 특성, 그리고 노동윤리가 결합되어 나타난 것이다(Gomberg-Muñoz, 2010: 301; Karjanen, 2008). 라틴아메리카에서 온 이주노동자들은 고용주의 입장에서 보면 백인 노동자들보다는 신뢰성이 높지 않고 생산적이지 않으며 기술도 떨어지지만, 믿기 어렵고, 문제가 많으며, 무책임한 아프리카계 미국인인 흑인 노동자들보다는 좋다고 생각한다(Maldonado, 2006: 354). 이런 이유 때문에 라틴아메리카 이주노동자들이 그나마 큰 문제없이 일거리를 찾을 수 있다. 일부의 좌파 지식인들은 저임금 노동시장에서 라틴아메리카의 이주노동자들이 아프리카계 미국인인 흑인 노동자들의 자리를 대신하면서, 상호 간에 경쟁과 갈등이 치열하게 전개되어, 이미 분열되어 있는 노동계급이 더욱 혼란스러워질 것을 우려한다(Hayduck, 2009: 159).

이주노동자들은 모두가 항상 어디서나 동일한 평가를 받는 것은 아니다. 이주자들 사이에도 언제 미국에 도착했느냐에 따라, 사회에서 받는 대우가 다르다. 일반적으로 고용주들은 이미 오래전에 미국에 와서 성공적으로 정착한 이주노동자들보다, 최근에 온 이주노동자들을 선호한다. 최근에 온 사람들은 낮은 임금이나 좋지 않은 작업환경에도 불구하고 일을 하려는 의욕이 넘치고, 부당하거나 불편한 점이 있어도 불평을 잘 하지 않으며, 육체노동을 그다지 부끄럽게 생각하지 않기 때문이다. 그렇지만 미국에 온 지 얼마 되지 않는 이주노동자들도 시간이 흐를수록 이런 긍정적인 요소들이 사라진다는 것이다. 그래서 고용주의 입장에서는 오래전에 온 이주노동자를 계속 고용하기보다, 일정한 시간이 지나면 다시 새로운 이주노동자를 고용하는 것이 유리하다고 한다. 이주노동자들도 미국에 오래 머물다 보면 미국 사회에 동화되어, 게을러지고 열심히 일을 하지 않으려 하고, 그리고 더 많은 급료를 원하는 대신에 일하는 시간은 줄여줄 것을 요구한다. 즉, 처음에 국경을 넘어서 왔을 때처럼 절박하게 일거리를 찾아서 열심히 하지 않아도, 먹고살 수 있다는 것을 파악했기 때문이다. 오랫동안 이주노동자들이 미국에서 일을 하다가 보면, 사회제도를 이해하게 되어 열심히 일할 이유가 적어진다는 것이다(Maldonado, 2006: 356). 이런 이유로 종종 미국의 고용주들은 새로운 이주자를 찾아서, 직접 멕시코나 중미국가를 방문해서 노동자들을 구해오기도 한다. 특히 대규모의 농장에서는 수확기에 노동자들이 한꺼번에 많이 필요하기 때문에, 멕시코나 중미에 가서 적극적으로 광고를 하고, 일하기 원하는 사람들을 불법적으로 몰래 데리고 오기도 한다(Maldonado, 2006: 359).

라틴아메리카의 이주노동자들도 항상 수동적인 위치에서 노동력을 제공하는 것은 아니다. 종종 주어진 한계 내에서 많은 것을 얻어내려고 나름대로 노력한다. 구체적인 예를 들면, 시카고의 멕시코인 불법 이주노동자들은 자신들의 이익을 위해 다양한 전략을 구사한다. 특히 자신들의 노동의 가치를 상승시키고, 존엄성과 자부심을 증진시키기 위해 자신들이 '열심히 일하는 사람'이라는 사회적 정체성을 형성하려고 노력한다 (Gomberg-Muñoz, 2010). 식당에서 일하는 사람들의 예를 보면, 여기서도 다른 직종과 마찬가지로 인종과 신분에 따른 위계 서열이 분명히 존재하고, 이에 맞추어 담당해야 할 일거리가 주어진다. 멕시코의 이주자들은 주로 손님을 접대하거나 그릇을 닦는 일을 책임진다. 식당의 관리자는 멕시코 이주노동자들은 무엇이든지 할 준비가 되어 있는 사람들이라고 생각하고, 힘들거나 더럽다고 다른 사람들이 잘 하지 않으려는 일을 이들에게 시킨다. 이와 더불어 초과근무나 유연한 근무시간을 멕시코 이주노동자들에게 요구해도 별다른 문제가 없다고 생각한다. 이렇게 되어 멕시코의 이주노동자들의 입장에서는 다른 인종에 속하는 식당의 노동자들보다 훨씬 좋지 않은 작업환경에서 과다한 업무를 맡으면서, 부당한 대우와 시선을 받으면서 일하는 처지이다(Gomberg-Muñoz, 2010: 298). 이런 문제에 부딪혀도 멕시코의 이주노동자들은 열심히 일을 해야 돈을 벌 수 있고 또 안정된 일자리를 확보할 수 있어서, 별다른 불평이나 이의를 제기하지 않는다. 즉, 열심히 노동에 참여한다는 것은 노동자로서 좋은 평판을 이끌어내고 안정된 소득을 확보하는 데에 매우 중요한 방법인 것이다 (Gomberg-Muñoz, 2010: 299). 결국 불법노동자를 고용하는 고용주와 이주노동자들 사이에 어느 정도 이해관계가 조정되어, 라틴아메리카의 이주자들이 미국에서 생활을 할 수 있는 것이다.

6. 이주자들의 미국에서의 이동

21세기에 들어서면서 미국에 사는 라틴아메리카 출신의 이주자들은 많은 사회적 변화를 경험하게 되었다. 경제적으로 미국의 불황이 2007년 이후부터 심화되면서 일자리 구하는 것이 어려워졌고, 2001년 9·11 사태로 테러에 대한 관심이 급증하면서 국경통제를 강화하고, 이주자를 제한하는 정책이 연방정부와 여러 주정부에서 시작되었다. 이런 변화는 이주자의 생활에 여러 모로 직접적으로 영향을 미친다. 이런 실정에서 이주자들은 전통적으로 자신들과 동료들이 많이 살던 캘리포니아와 텍사스 같은 지역을 떠나서 다른 지역으로 거주지를 옮기고 있다. 물론 1980년대와 1990년대부터 멕시코와 다른 라틴아메리카에서 온 이주자들이 캘리포니아를 떠나서 다른 지역으로 이동했다. 그러나 그 당시에는 이동하는 이주자의 수가 많지 않았고, 대부분 남서부지역이나 일리노이 등 특정한 지역에 국한되었다. 그러나 2000년대가 되면서 이주자들이 아이오와, 네브래스카, 미네소타, 유타, 아칸소, 뉴욕, 조지아, 플로리다, 노스캐롤라이나, 켄터키, 테네시 등 매우 다양한 지역으로 퍼져나갔다. 이렇게 라틴아메리카 이주자들이 생활의 근거지를 이동하는 원인과 배경, 과정, 결과를 살펴본다.

먼저 라틴아메리카의 이주자들이 새로운 지역으로 옮기는 이유는 다음의 4가지를 들 수 있다(Hondagneu-Sotelo, 2009: 55~56). 첫째, 미국－멕시코 국경의 군사화이다. 국경통제가 강화되면서 감시와 단속이 과거보다 많아져서, 전통적으로 이주자들이 많이 넘어가던 샌디에이고 지역으로 이동하는 것이 위험하고 비용이 많이 들게 되었다. 이주자들은 이런 지역을 피하기 위해 내륙지역으로 이동하면서 자연히 캘리포니아와는 다소 거리가 멀어졌다. 둘째, 1986년에 이민개혁 및 통제법이 제정되면서 3백만 명 이상의 불법이주자가 합법적 신분을 얻게 되었는데, 이들 대부분이 멕시코인이었고 일부는 라틴아메리카의 다른 국가에서 왔다. 취업을 하는 데 문제가 없는 적법한 영주권을 얻은 라티노들은 자유롭게 일자리를 찾아서 캘리포니아 지역을 떠났다. 이들은 일자리를 얻기 위한 경쟁을 피하기 위해 불법이주자가 많지 않은 곳으로 거주지를 옮겼다. 셋째, 1990년대 후반부터 캘리포니아지역의 경제가 악화되면서, 일자리가 줄어들어 불법이주자들이 취업하기가 매우 곤란해졌다. 예를 들면 1990년대에 로스앤젤레스 지역에서 라티노 노동자들의 임금은 내려가기 시작했고, 그런 가운데 멕시코인들이 줄어든 일자리를 두고 치열한 경쟁을 하다 보니, 멕시코인들의 임금이 가장 낮은 수준을 유지하게 되었다. 캘리포니아의 다른 지역도 상황은 크게 다르지 않았다. 넷째, 1990년대에 캘리포니아에서 이주자를 규제하는 정책을 잇달아 내놓으면서, 불법으로 미국에서 일하는 노동자들은 매우 불편한 상태에 놓이게 되었다. 앞에서 살펴본 바와 같이 1994년의 주민발의안 187호가 통과되면서, 불법이주자에게는 상당한 고통이 따르게 되었다. 물론 우여곡절 끝에 법안이 통과되지는 않았지만, 불법이주자들에게는 캘리포니아에서 생활한다는 것이 쉽지 않다는 것을 절감하게 만든 사건이었다.

이렇게 1990년대까지 캘리포니아지역에서 이주자들에게 그다지 우호적이지 않은 환경이 조성되었는데, 2000년대가 되면서 상황은 더욱 악화되었다. 21세기에 캘리포니아지역의 경제는 상당한 피해를 입었다. 이 지역에서는 대표적으로 2006년에 주택경기의 거품이 붕괴되면서 건축업분야의 일자리가 크게 줄었다. 2006년 1월에서 2008년 3월까지 건축업의 고용은 9.5% 성장에서 9.6% 하락으로 바뀌었다(Parks et al., 2009: 41). 앞 장에서 본 바와 같이 불법이주자들이 건축업에 많이 취업해 있기 때문에, 이들의 피해가 극심하다고 볼 수 있다. 더욱이 여러 서비스 업종과 제조업이 주택건설과 밀접한 관계에 있다는 점을 감안하면, 캘리포니아지역에서 불법이주자들의 취업이 예전보다 어려워졌음을 짐작할 수 있다. 게다가 캘리포니아에서는 1990년대에는 로스앤젤레스 같은 대도시에서 주택이나 직업상의 안전, 그리고 최저임금 등에 대한 단속을 강화했다. 빈곤에 대처하기 위한 이런 정부의 정책에 대해 고용주들이 몸을 사리면서 불법이주자들의 일자리가 위협받게 되었다. 이런 과정에서 상당수의 라틴아메리카 이주자들이 이주자들의 수가 적은 다른 주로 거주지를 옮겼다(McConnell, 2008: 777). 이렇게 이주자를 규제하는 법안이 만들어지고, 저임금 노동자들을 위한 일자리의 규모가 대폭 축소되면서, 1990년대에만 약 백만 명의 라틴아메리카 이주노동자들이 다른 주로 이동했다(Striffler, 2007: 675).

캘리포니아나 텍사스 등지를 떠난 라틴아메리카 출신의 이주자들은 변화된 미국의 이주자정책과 경제구조를 고려하여, 고용기회가 아직 존재하고 생활비가 상대적으로 저렴한 지역을 찾게 되었다. 그래서 과거와 같은 대도시뿐만 아니라, 남부와 중서부의 소도시나 농촌지역에도 대거 진출했다(Striffler, 2007: 676). 아칸소, 노스캐롤라이나, 조지아 같은 농촌지역도 대표적으로 이주자들이 새롭게 증가하는 지역 중의 하나이다(Zarrugh, 2008). 멕시코의 이주자들만 놓고 보면, 과거에는 캘리포니아, 텍사스, 그리고 일리노이 등 3개 주에 밀집해서 생활했다. 그러나 1980년에서 2000년 사이에 약 120만 명의 멕시코인들이 캘리포니아 등지의 상승한 주거비와 낮아진 임금을 벗어나기 위해 나머지 47개 주로 흩어졌다. 특히 매사추세츠, 버지니아, 노스캐롤라이나, 조지아, 애리조나, 네바다, 오리건, 워싱턴으로의 이주가 눈에 띄게 많아졌다(Light and Scheven, 2008: 704).

당연하게도 라틴아메리카 이주자들이 전통적인 지역을 벗어나서 다른 지역으로 거주지를 바꾼다고 해도, 이들이 미국 사회에서 겪는 문제가 완화되거나 완전히 해결되는 것은 아니다. 경우에 따라서는 불법이주자들이 많지 않았던 농촌지역에 이주노동자들이 많이 들어가면서, 새로운 갈등이나 문제가 발생할 소지도 있다. 북부 유타지역의 사례를 보면 이곳은 과거에는 이주자들이 별로 보이지 않았지만, 지금은 상당수의 이주노동자들이 이 지역에서 생활하고 있다. 이 지역에서는 1990년에서 2000년 사이에 라티노 인구가 138%나 증가했다. 그러나 다른 인종들이 많이 살지 않던 지역에 라틴아메리카 이주자들이 늘어나면서, 인종 간의 대립이나 충돌이 빈번하게 일어난다. 이런 지역은 이주자들의 네트워크도 제대로 형성되지 않았고, 소수민족들을 위한 사회서비스도 충분하지 않아서, 이주자들의 복지가 충족되기 어려운 실정이다. 그래서 이주자들은 사회적 고립, 언어문제, 인종에 따른 편견, 빈곤과 부족한 복지혜택 등에 시달릴 수밖에 없다(Smith and Mannon, 2010: 990). 특히 라티노들이 많이 살지 않는 지역이라서 영어를 잘하지 않으면 생활하기 여간 불편한 것이 아니다. 라틴아메리카 이주자들이 최근에 많이 옮기는 중서부지역도 사정은 크게 다르지 않다. 새로운 종족집단이 늘어나면서 이 지역의 인종 간의 갈등과 충돌도 많아지고 있다. 정치인 집단과 언론에서 이주자들을 통제해야 된다는 목소리가 많아지면서, 미국에서 전통적으로 유지되었던 소수민족 간의 연대관계가 훼손되고 있다. 과거에는 우월한 지위를 점유하는 백인들에 대항해서 라티노들과 아프리카계 미국인들이 정치적으로 힘을 합쳐서 자신들의 이해관계를 함께 달성하려고 노력했다. 그러나 라티노들과 아프리카계 미국인들이 일자리를 비롯한 여러 분야에서 경쟁을 벌이다가 보니, 이제는 아프리카계 미국인들이 백인들과 협력하여 자신들은 적법한 규정에 의해 열심히 일을 하는 시민이고, 그에 비해 라틴아메리카의 이주자들은 범죄행위를 일삼는 집단이라고 간주하는 경향이 나타나기 시작했다(Sandoval, 2010: 36). 이렇게 라틴아메리카 출신의 이주노동자들이 전통적인 지역을 벗어나서 미국 전역으로 퍼져서 생활하면서, 과거와는 다른 새로운 문제가 여러 지역에서 계속적으로 발생하고 있다.

Part 5
라틴아메리카 이주자들의
초국가적 공동체

1. 라티노와 초국가적 공동체

이주자들은 대개 자신들과 유사한 배경을 가진 사람들이 사는 지역으로 유입되는 경향이 있다. 특히 낯선 국가에 도착한 지 얼마 되지 않은 이주자들은 출신지역이나 종족성을 고려하여 주거지와 일자리를 결정한다. 그렇게 해야 서로 문화와 언어를 공유하고 있어 의사소통이 순조로워서 그 지역의 사람들로부터 여러 가지의 도움을 쉽게 받을 수 있기 때문이다. 특히 라틴아메리카의 이주자들은 높지 않은 교육수준 때문에 영어를 제대로 하는 사람이 드물어, 더욱 스페인어를 사용하는 사람들이 많이 거주하는 지역을 선호한다(McConnell, 2008: 772). 이렇게 특정한 국가나 지역에서 온 이주자들이 한 지역에 몰려 살면서 새로운 형태의 사회가 형성된다. 다시 말해 살고 있던 국가를 떠나서 다른 국가로 노동이주를 한 사람들끼리 모여서 호혜성에 바탕을 둔 네트워크를 만들어, 사회문화적, 경제적 이익을 공유하거나 제공하려는 것이다. 이런 과정에서 이주자들끼리 서로 상호작용을 하고, 이주자들이 고향의 친족이나 친구의 도움을 받고, 반대로 이주자들은 고향사람들과 마을을 돕는다. 이주자 사회가 구성되면 이주자들 사이에 유익한 정보를 교환할 수 있어서, 이주의 초기에 주거나 음식문제를 어렵지 않게 해결할 수 있고, 취업에 관한 소식도 얻을 수 있다. 또 장기적으로 새로운 장소에서 생활하면서 어려운 일에 부딪혀도 상대적으로 용이하게 해결할 수도 있다. 이런 의미에서 강력하고 효율적인 연결망을 갖춘 이주자 사회는 이주자들에게 조금이라도 편안한 생활을 영위하는 데 기여하고, 때로는 이주를 더욱 촉진시키는 역할도 한다. 이주에 대한 막연한 두려움 때문에 쉽게 이주를 결정하지 못하는 사람들에게 이주자 사회는 다양한 정보를 제공해주고, 이주 초기의 사회적응에 중요한 역할을 한다. 한편 과거에는 우편이나 전화를 이용해서 이주자와 고향 사람들이 의사소통을 했기 때문에, 시급한 문제가 발생해도 이주자들과 고향마을 사람들이 즉각적으로 대응하기 어려웠다. 그래서 자발적이고 비공식적인 조직을 만들기도 여간 어려운 것이 아니었다. 그러나 지금은 정보화 시대를 맞이하여 적은 비용으로 빠른 시간에 국경을 넘어서 효율적인 의사소통을 할 수 있게 되었다(Muse-Orlinoff et al., 2009: 108). 이런 기술적인 발전이 이주자 사회와 이주자를 보내는 사회를 서로 편리하고 용이하게 연결시켜주었다.

이주자들 사이에 다져진 사회적 네트워크는 상대적으로 사회적 자본이 미약한 이주자들이 일자리를 구하는 데에 상당한 기여를 한다. 한 조사의 결과를 보면, 조사대상자 중에 약 60%의 이주자들이 미국에서 친구나, 가족, 혹은 이웃을 통해 일자리를 구했다고 한다(Appleby et al., 2009: 81). 특히 개인이 처음으로 미국으로 이주를 결정하는 데에는 사회적 네트워크의 존재 여부가 이주에 결정적인 역할을 하기도 한다. 멕시코인들에 대한 조사결과를 참고하면 멕시코에서 온 이주자들이 멕시코계 미국인들보다 훨씬 확대가족과 밀접한 관계를 가지는 것으로 알려졌다(Glick, 1999: 751). 즉, 이주한 지 얼마 되지 않은 이주자에게 사회적 네트워크의 존재가 더욱 중요한 의미를 지닌다고 하겠다. 라스 아니마스와 틀라키타파 마을의 사례를 보면, 80.1%의 이주자들이 자신의 가족이나 친구들이 이미 살고 있는 장소를 이주의 목적지로 선택했다고 대답했다(Gaytán et al., 2007: 41). 즉, 이주자들이 활용할 수 있는 네트워크의 폭이 넓고 질적으로 우수하면, 미국으로 이주하는 것에 큰 부담을 느끼지 않는다(Gaytán et al., 2007: 43). 미국에서 일을 하는 멕시코인들의 사례를 자세히 관찰해보면, 다른 지역의 이주노동자들에 비해 이주자들의 네트워크가 상당히 발전되었다는 사실을 발견할 수 있다. 이주자를 보내는 사회와 이주자를 받아들이는 사회 간에 지리적 거리가 가까워서 그런 특성이 나타나기도 하지만, 다른 요인이 전혀 관여하지 않는 것은 아니다. 그중에서도 중요한 것이 앞에서 언급한 대부관계와 남성들 사이의 친밀한 친구관계를 의미하는 '콰티스모'(cuatismo)[14]이다. 특히 미국으로의 이주에서 가장 두드러진 역할을 하는 것이 친밀한 친구인 콰테(cuate) 사이의 우정이다. 이들을 통해서 이주를 하기 위한 준비도 계획적으로 할 수 있고, 이주 후에도 여러 가지 면으로 호혜적인 관계를 유지할 수 있다. 이주자들이 만든 네트워크는 규모도 무시할 수 없지만 이주자들을 서로 연결하는 강도가 더욱 중요하다. 이주자의 연대의 강도가 강하면, 이들이 서로 주고받는 도움의 양도 더욱 커질 수 있다(Herman, 2006: 202~203). 이렇게 보면 대부관계와 친밀한 남성들의 친구관계를 활용하는 멕시코인들의 이주자 사회가, 이런 사회관계가 미약한 국가 출신의 이주자들이 만든 조직보다 더욱 유용한 역할을 한다고 말할 수 있다.

이렇게 이주자들이 국경을 초월하여 이주자를 보낸 국가와 이주자를

---

14) 콰티스모는 '콰테'라는 남성 친구의 개념을 통해서 남성들 간에 긴밀한 사회적 관계가 형성되고 남성들끼리 많은 시간을 함께 보내며 사회활동을 하면서 '남성의 유대'가 강화되는 것을 의미한다(Girman 2004: 123; Gutmann 1997: 393). 콰테는 일상적인 의미의 친구(amigo)보다는 훨씬 가까운 사이를 의미한다. 콰테를 중심으로 하는 동성 사회성(homosociality)의 강조는 멕시코 사회에서 흔히 발견된다. 한 멕시코인의 표현에 따르면, "콰테는 친구보다 훨씬 가까운 사이를 의미한다. 예전보다는 많이 사용하지 않지만, 지금도 아주 가까운 사이에는 콰테라고 한다. 그러면 남성 친구 사이에 훨씬 신뢰감도 있어 보이고 친밀한 관계가 유지되는 것처럼 생각된다. 콰테와는 함께 놀고 춤추고 술을 먹으며, 대화하거나 담배를 같이 피는 등 일상생활의 대부분을 함께한다. 이런 관계가 발전하면 나중에 어려운 일이 있어도 서로 돕는 관계가 자연스럽게 형성된다. 함께 있으면 혼자서는 겁나서 할 수 없는 일도 쉽게 할 수 있다. 그래서 남녀 사이에는 느낄 수 없는 우정이 만들어진다"(헤로니모, 38세). 특히 이런 콰테의 관계는 어려운 시기에 매우 중요한 역할을 수행한다고 한다. "남자들만의 세계에서 활동하다가 보면 서로를 잘 이해할 수 있어서 좋다. 여자들이나 어른들은 남자 아이들이 몰려다니면 항상 안 좋은 일만 하고 다닐 것이라고 생각하는 데 그렇지는 않다. 예를 들어 다른 곳에서 일자리를 얻거나 필요한 물건을 구할 때에도 콰테의 도움이 필요하다. 요즘에 이 지역의 경제활동이 침체되어서 미국으로 국경을 넘어서 일을 하러 가는 사람이 많다. 대부분의 남자들은 동성 친구들의 도움으로 같이 국경을 넘어가서 일자리를 찾는다. 그런 의미에서 보면 남성 사이의 우정은 단순한 인간관계가 아니다"(움베르토, 28세). 남녀 사이의 불평등한 관계를 조장하는 마치스모는 점차 약화되고 있지만, 남성들 사이의 동성 사회성은 사회적 필요성에 의해 계속해서 유지되고 있다(주종택, 2006: 161~162).

받는 사회를 연결하는 자신들만의 사회를 구성하는 것을 '초국가적 공동체'(transnational communities)라고 한다. 이주자들은 다양한 활동으로 두 사회에서 다중적(multi-stranded) 사회관계를 구성한다(Trager, 2005: 21). 초국가적 공동체가 주로 하는 일은 이주자들을 위한 조직적인 활동과 자신들의 출신지역 사회를 위해 사회경제적 지원을 하는 것이다(Trager, 2005: 30). 대체로 라틴아메리카 이주자들이 미국에 가서 이주노동자로 일을 할 때 초기에는 대개 송금을 보내면서 멕시코 사회와 연결망을 형성한다. 그러다가 어느 정도 안정적으로 정착이 되고, 또 경우에 따라서는 합법적인 신분을 추진할 수 있게 되면, 송금보다도 멕시코 마을을 다양한 측면에서 도울 수 있는 방안을 강구한다(Waldinger, 2008: 24). 이런 방식으로 이주자들의 초국가적 공동체가 발전되는 것이다. 초국가적 공동체는 사회를 구성하는 이주자들의 이익을 도모하기도 하지만, 더욱 많은 새로운 이주자를 불러오는 역할을 담당하기도 한다. 즉, 이미 이주를 한 사람이 정보나 경제적 지원을 하여, 자신의 출신지역으로부터 또 다른 이주자를 끌어들이는 '연쇄이주'(chain migration) 혹은 '네트워크 이주'(network migration)가 실현되는 것이다(Hondagneu-Sotelo, 2009: 56). 이런 점을 염두에 두고 1990년대 이후에는 인류학의 이주 연구에서도 이주자들이 여러 지역에서 활동하는 역동적인 면에 관심을 두고 있다. 이런 연구의 방향이 이주자들이 참여하는 초국가적인 현상에 쏠리고 있는 것이다(Vertobec, 2007: 966). 즉, 이주자들의 자발적 모임이 활성화되면 그만큼 이들 사이의 연결고리가 확장되어 자신들의 생계를 해결하는 데에도 유익하게 작용한다.

라틴아메리카 이주자 중에 멕시코인들의 비중의 매우 높기 때문에 멕시코 이주자들이 만들어놓은 초국가적 공동체의 수가 압도적으로 많다. 멕시코인들이 참여하기 시작한 초국가적 공동체는 상당히 오랜 역사를 갖고 있어서, 국경이 확립된 19세기 중반부터 시작되었다(Goldring, 2002: 61). 이런 초기의 자발적 조직을 활용하여 이주자들은 가난한 자신들의 고향마을을 지원하기 위해 다양한 프로젝트를 구성했다. 그러다가 점차로 문화, 교육, 스포츠 등 다양한 프로그램으로 확대되었다. 특히 일찍부터 멕시코인들이 많이 거주했던 로스앤젤레스 같은 대도시에는 많은 조직들이 생겨나서 제각기 독특한 활동을 경쟁적으로 전개했다. 대부분의 조직들이 처음에는 이주자 중에 사망자가 발생할 때 필요한 장례비용이나 죽은 시신을 멕시코로 보내서 매장하는 데에 필요한 비용을 충당하기 위해 만든 조그마한 상조회로 시작했다. 그러다가 다른 부수적인 업무가 늘어나고 규모도 이주자의 증가에 따라 커졌다. 로스앤젤레스에서 가장 오래된 조직인 '멕시코 자선위원회'(Comité de Beneficencia Mexicana)는 1930년대에 설립되었다. 시간이 흐르면서 다양한 조직이 더 생기고, 새로운 프로그램도 더해져서 미국에 있는 이주자들에게 법률지원이나 문화행사도 마련했다. 특히 멕시코에서 미국으로 오는 이주자들이 폭발적으로 증가한 1990년대에 로스앤젤레스의 멕시코 영사관에 등록된 향우회(hometown associations) 같은 조직이 폭발적으로 증가했다. 1998년도에 멕시코의 18개 주에서 온 이주자들이 관여하는 170개의 향우회가 로스앤젤레스 인근지역에서 활동하고 있다(Goldring, 2002: 63). 현재 미국의 30개 주요 도시에 등록되어 있는 멕시코인들의 향우회는 700개 이상이나 된다(Rose and Shaw, 2008: 80). 멕시코인들의 향우회의 수가 계속 증가하고 참여하는 인원도 많아지면서, 미국과 멕시코 간에 사람, 정보, 물자, 돈, 관습, 문화의 이동이 매우 활발해지면서 국경지역의 도시들이 급격하게 초국가적인 성격을 지니게 되었다(Rose and Shaw, 2008: 84). 미국의 멕시코 이주노동자들의 초국가적 공동체는 조직적인 모금활동을 통해 구성원들의 고향 마을을 적극적으로 발전시키는 데에 상당한 공헌을 했다. 이주자들이 멕시코 마을의 공공사업을 지원하는 사례가 늘어나면서, 이제는 멕시코 정부도 나서서 미국의 멕시코 이주자들이 멕시코 사회를 지원하는 것을 돕는 정책을 실시하고 있다(Rose and Shaw, 2008: 84). 미국으로의 국제노동이주는 국경을 넘어서 익숙하지 않은 지역에서 일자리를 찾아야 하기 때문에 혼자로서는 감당하기 어렵다. 그래서 출발하기 전부터 친구 혹은 친척 등 다양한 사람으로부터 유익한 정보와 도움을 얻을 필요가 있다. 이런 의미에서 국제노동이주는 마을 사람들이 기존에 유지했던 사회관계와 네트워크를 강화하거나 새로운 네트워크를 개발시키는 데 기여한다.

　최근에는 멕시코와 다른 라틴아메리카 국가의 경제적 형편이 곤란해지면서 원주민들도 미국으로 많이 이주하고 있다. 원주민들은 피부색도 다른 메스티소들보다 훨씬 짙은 편이고, 교육수준도 낮아서 영어도 잘 이해하지 못하는 사람들이 더 많다. 더욱이 기술수준도 낮고 경제적으로도 빈곤한 사람들이 많아서 미국에서도 훨씬 심한 인종차별을 받는다. 이런 까닭으로 원주민들이 자신들만의 독특한 초국가적 공동체를 만들어 자신들의 이해관계를 실현시키고, 사회에서 겪는 부당한 일을 해결하려고 하는 경향이 두드러진다. 멕시코에서도 20세기 말부터 원주민들의 미국으로의 이주가 본격적으로 증가하면서 원주민들이 중심이 된 초국가적 공동체도 속속 등장했다. 현재 멕시코의 오아하카지역에서 미국으로 온 이주자들이 가장 성공적인 초국가적 공동체를 구성하고 있다. 대표적인 원주민 중심의 초국가적 공동체로는 '원주민 양국조직 전선'(Frente Indígena de Organizaciones Binacionales: FIOB)이 있다. FIOB는 멕시코 오아하카의 믹스테카 바하(Mixteca Baja)지역에서 온 이주자들이 힘을 합쳐서 1991년 10월에 미국과 멕시코의 바하 칼리포르니아(Baja California)에 세운 조직이다. 이 조직은 1980년대부터 캘리포니아지역에서 만들어지기 시작한 여러 향우회를 발판으로 설립되었다(Perry et al., 2009: 225). FIOB는 그동안 개별적으로 활동하던 5개의 원주민 조직을 결합하여 만들어졌다. 설립목적은 멕시코와 미국의 양 국가 사이에서 원주민의 자결권을 추진하고, 인권, 정의, 그리고 양성평등을 실현시킨다고 되어 있다. 보다 구체적으로는 문화적 정체성을 확립하고, 사회경제적 발전을 유도하며, 해외의 오아하카 출신 사람들의 조직과 오아하카 마을 사이의 유대를 강화하고, 이주자의 인권과 원주민의 권리를 개선하려고 한다. 현재는 약 1만 명 이상의 회원이 참여하여 왕성한 활동을 하고 있다. 1970년대부터 원주민들이 미국으로 이주를 했지만, 멕시코 정부의 관심은 부족했다. 그래서 미국에 와 있는 원주민들은 자신들의 생활조건도 개선하고, 원주민문제를 미국과 멕시코에서 적극적으로 알리려고 원주민조직의 구성을 논의했었다. 그 후 조직을 만든 다음에 1991년에는 '라 푸야 믹스테카'(La Puya Mixteca)라는 신문을 발행했고, 1995년부터 '라 오라 믹스테카'(La Hora Mixteca)라는 라디오 방송을 원주민어로 시작했다. 현재는 오아하카뿐만 아니라 다른 지역의 원주민들도 참여하고 있다. 활발한 활동을 하는 대표적 원주민집단을 보면 오아하카의 믹스테코, 사포테코(Zapotecos), 트리키(Triquis), 미헤(Mixes), 차티노(Chatinos), 소케(Zoques), 그리고 미초아칸(Michoacán)의 푸레페차(Purépechas)가 있다. 현재 미국에서도 활동범위를 넓혀서 로스앤젤레스, 프레스노(Fresno), 산타 마리아(Santa María), 그린필드(Greenfield), 홀리스터(Hollister), 샌디에이고, 산타로사(Santa Rosa), 머세드(Merced) 등 캘리포니아의 여러 지역에서 조직적인 활동을 한다. 캘리포니아 이외의 오리건, 뉴욕, 애리조나, 워싱턴에도 FIOB를 지지하는 조직이 있다. 1993년에는 '오아하카 원주민 사회 발전을 위한 양국 센터'(Centro Binacional para el Desarrollo Indígena Oaxaqueño)를 세워 원주민 마을의 발전과 인권에 대한 교육을 실시하고 있다.

1990년대에 FIOB에서 분리되어 만들어진 '오아하카 원주민 마을 연합'(Coalición de Comunidades Indígenas de Oaxaca: COCIO)도 활발한 조직활동을 하고 있다. FIOB의 두 지도자가 갈등을 벌이다가 한 명이 탈퇴하여 새로운 원주민조직을 만든 것이다. FIOB가 경제적, 정치적인 주제에도 관여하고 때로는 집단적인 저항도 하는 것과 달리, COCIO는 문화적 특징을 강조하고, 고향지역보다는 캘리포니아에서 오아하카 사람들의 정체성과 문화적 관습을 강화하려는 목적을 지니고 있다. 이들은 정부의 지원금을 받지 않고, 겔라겟사(guelaguetza)[15] 같은 행사를 개최해서 자금을 모집한다. 또 FIOB가 오아하카를 넘어서서 멕시코의 다른 지역이나 중미의 원주민들도 참여를 허용하는 것에 비해, COCIO는 미국에 와 있는 오아하카 사람들만을 대상으로 한다(Perry et al., 2009: 228).

초국가적 공동체는 거의 이주자들이 현재 거주하고 있는 지역에서 조직을 결성하여 자신들과 이주자를 보낸 사회를 연결하는 네트워크를 구축한다. 그러나 때에 따라서는 이주자를 보낸 사회에서 먼저 조직을 결성하여, 이주자 사회를 나중에 끌어들이는 경우도 있다(Gabbarot and Clarke, 2010: 200). 멕시코 오아하카 주의 틀라콜룰라(Tlacolula) 지역의 디아스 오르다스(Díaz Ordaz) 마을의 사례가 대표적인 예이다. 이 마을에서는 젊은 사람들 45명이 모여서 지역사회의 생활조건을 개선하기 위한 조직을 구성하고 이름을 '콜라주'(Collage)라고 지었다. 이들의 계획에 대해 마을 관리들은 별로 긍정적인 반응을 보이지 않았고, 자금지원도 하지 않았다. 할 수 없이 이들은 미국에서 일하고 있는 자신들의 가족에게 연락해서 도움을 청하기로 결정했다. 콜라주의 회장과 서기는 사업계획을 작성하여 캘리포니아에 있는 마을 출신의 이주자들에게 팩스를 보냈다. 이 문서를 받은 이주자들은 다시 여러 명의 디아스 오르다스 출신 이

---

15) 겔라겟사는 아스테카(Azteca) 사회에 기원을 둔 축제로서 충분한 비와 풍성한 수확을 신에게 기원하는 것이다. 겔라겟사라는 명칭은 멕시코 오아하카 주에 사는 원주민들이 사용하는 사포테코 원주민어로 '봉헌', '참여', '협동', '선물'을 의미한다. 폐쇄적인 내적 공동체의 조직을 발전시켰던 멕시코의 원주민들은 선물을 의례적으로 교환하는 축제를 발전시켰는데, 겔라겟사는 그중의 하나이다. 사포테코인들은 농업, 신혼부부를 위한 주택의 건축, 사람의 출생과 죽음 등의 행사에 서로 돕는 풍습이 있었다. 마을 내의 구성원 중에 행사가 있으면 사람들이 서로 참여하는데, 이때 참여한 사람들의 이름을 적어놓았다가 나중에 도움이 필요할 때 갚는 호혜적 관계가 겔라겟사이다. 특히 인구의 부족으로 농업노동자를 고용할 수 없는 실정에서 바쁜 농사철의 농업 겔라겟사는 상당한 도움이 되었다. 다시 말해 겔라겟사는 어려운 일이 있는 사람들끼리 서로 도우며 이런 기쁨을 신과 함께 나누는 축제이다. 1951년이 되어 '언덕의 월요일'(Lunes del Cerro)이라는 이름과 함께 근대적인 축제로 발돋움했으며, 그다음부터는 매년 7월 16일 이후의 두 월요일에 각각 한 번씩 겔라겟사 축제가 실시되었다(예외적으로 월요일이 오아하카 출신의 원주민으로 멕시코의 대통령이 되었던 베니토 화레스(Benito Juárez)가 사망한 7월 18일이면, 그다음 두 월요일에 축제를 연다). 이 축제가 멕시코뿐 아니라 전 세계의 여러 지역에 알려져서 명성을 얻게 되자 1974년에 11,000명을 수용하는 원형공연장을 지어서 관광객을 끌어들여서 행사를 진행하게 되었다. 지금은 예전보다 축제의 횟수가 많아졌다(주종택, 2004: 139~143).

주자들에게 문서를 복사를 해서 보내고 자발적인 기부를 요청했다. 이런 노력의 결과로 2천 달러의 성금이 모여서 콜라주로 보내졌다. 콜라주 회원들은 이 자금을 3개의 행사에 나누어 사용했다. 첫째, 마을 주민 전체를 위해 매년 8월의 마을의 수호성인을 위한 축제에 콜라주 춤 공연을 개최했다. 두 번째로는 마을 중심지에 놓일 쓰레기통을 구입했다. 세 번째로는 길거리 이름을 새로 짓고 도로명을 새긴 표지판을 구입하여 설치했다. 이렇게 되면서 마을에서도 이런 사업에 대한 좋은 평가가 이어졌고, 미국에 살고 있는 이주자들도 큰 관심을 보이게 되었다. 첫 사업이 성공하면서 바로 캘리포니아에 디아스 오르다스 출신의 이주자들이 향우회를 설립하여 본격적인 활동에 나섰다. 디아스 오르다스 마을의 성공사례가 오아하카에 알려지자, 인근 마을인 산 환 테이티팍(San Juan Teitipac)에서도 비슷한 일이 발생했다. 캘리포니아에서 일하고 있는 산 환 테이티팍 출신의 이주자들은 디아스 오르다스의 사례를 보면서 자신들도 고향마을을 위해 도움을 줄 활동을 개시하기로 결정했다. 산 환 테이티팍이 교통이 불편한 고립된 지역이어서 마을에서 환자가 발생하면 빠른 시간에 오아하카에 있는 큰 병원에 가기 곤란하다는 점을 고려하여, 편안하고 안전하게 환자를 이송할 수 있는 앰뷸런스를 구입하기로 정했다. 그래서 자신들의 향우회를 구성하여 자금을 모아서 마을에 전달했다. 이주자들은 로스앤젤레스에서 모임을 갖고 음식과 음료수를 팔아서 돈을 모았다. 이런 방식으로 앰뷸런스 구입자금의 35%를 이주자들이 담당했고, 나머지를 마을에서 충당했다. 그 후에는 이주자들이 자발적으로 조직을 구성하고 마을의 행사에도 지속적인 관심을 갖고 돕고 있다.

중미지역의 원주민들도 멕시코 원주민들의 초국가적 공동체에 자극을 받아서 조직활동에 나섰다. 그중에서도 샌프란시스코 지역의 과테말라 마야 원주민들의 활동이 눈에 띈다. 과테말라의 마야 원주민들은 1980년대에 내전을 피해 온 망명자로 처음에 이주해왔는데, 최근에는 거의 경제적인 이유로 미국 땅을 밟는다. 근래에는 멕시코의 유카탄지역에서 살던 마야 원주민들도 칸쿤(Cancún)[16)]지역의 관광산업이 정체를 보이자 미국으로 이주를 하면서, 과테말라 마야 원주민들과 함께 힘을 합쳐서 조직을 구성했다. 현재 샌프란시스코 인근에는 약 1만여 명의 유카탄 마야 원주민들이 생활하고 있다. 현재는 이들 이외에 엘살바도르의 나우앗(Nahuat), 페루의 키추아(Quichua), 과테말라의 키체(Quiche), 아마존 지역의 슈아르(Shuar)와 와리(Wari) 원주민들도 초국가적 공동체를 만드는 작업에 동참하고 있다(Delugan, 2010: 87). 원주민집단의 수가 증가하면서 원주민들끼리 공동의 목표를 위해 힘을 합치는 경우도 발생했다. 이런 노력의 결과로 1983년에서 1999년 사이에는 샌프란시스코 만 지역에 '남미−메소아메리카 원주민 인권 센터'(South and Meso American Indian Rights Center: SAIIC)라는 비영리기구가 발족하여 원주민과 학자들이 함께 활동했다. SAIIC는 1990년에서 1998년 사이에 '아비야 얄라 뉴스'(Abya Yala News)라는 신문을 발행하여, 원주민의 권리를 위해 투쟁하는 미주지역의 정보를 제공했다. 점차로 왕성한 활동을 하면서 지금은 남미의 원주민들도 매우 적극적으로 참여하고 있다(Delugan, 2010: 89).

샌프란시스코지역의 원주민들은 종족과 국가를 초월하여 여러 집단을 포괄하는 조직을 구성했다. 그중에 대표적인 것이 '마얍협회'(Asociacíon MAYAB: Maya Yucateca de la Area de la Bahia)이다. 이 조직을 대표하는 마야 원주민들은 유카탄의 옥스쿠츠캅(Oxcutzcab) 마을 출신이다. 마얍협회는 강좌와 워크숍을 열어 마야 언어와 전통적인 하라네로(jaranero) 춤을 가르친다. 또 이중 언어교육을 통해 영어를 하지 못하는 마야인들에게 의료나 법률분야에서 도움을 준다. 최근에는 다양한 문화 프로그램

---

16) 멕시코 유카탄 반도의 북동부지역에 위치한 카리브 해의 대표적인 휴양지이다. 원래는 사람이 별로 살지 않는 조용한 어촌마을이었으나, 1970년대부터 관광산업을 위한 개발이 이루어져서 많은 호텔과 리조트가 건설되었다. 지금은 치첸잇사(Chichén Itzá)나 툴룸(Tulum) 같은 고대 마야문명의 유적지와 더불어 많은 국내외의 관광객을 끌어들이고 있다. 지금은 유카탄 반도 동해안의 남쪽지역까지 '리비에라 마야'(Riviera Maya)라는 명칭의 휴양지역으로 불린다.

도 진행하여 참가자들에게 즐길 수 있는 자리를 마련한다. 소몰이 행사를 열어서 음식과 춤을 즐길 수 있는 자리를 마련했고, 얼마 전에는 성인들을 위한 야구 리그도 운영하고 있다. 다음으로 산 라파엘(San Rafael) 부근에는 유카탄의 페토(Peto)지역에서 온 마야 원주민들이 만든 '찬 칼'(Chan Kahl)이라는 조직도 있다. 여기서는 마얍협회와 힘을 합쳐서 문화행사를 주최한다. 오클랜드 인근에는 '그루포 마야 쿠사메흐 후난'(Grupo Maya Cusamej Junan)이라는 조직이 과테말라의 마야 이주자들을 옹호한다. 1980년대 말에 처음 시작했을 때에는 대체로 내전을 피해 온 난민이나 정치적 망명을 신청하려는 사람들이 주를 이루었다. 지금은 마야의 새해를 의미하는 '왁사키 바츠'(Waqxaqi' B'atz) 의례를 열어서 샌프란시스코 만 지역의 모든 원주민들이 함께 즐길 수 있게 한다. 지금은 마야 원주민들을 대표하는 다양한 공적 행사도 개최하여, 마야 원주민 사회의 문화를 적극적으로 소개한다(Delugan, 2010: 90). 이렇게 다양한 원주민 고유의 문화를 보존하고 알리면서, 원주민들이 자신들의 문화에 대해 자부심을 갖게 되고 종족정체성도 확인할 수 있게 된다.

사회적 네트워크와 초국가적 공동체는 멕시코나 중미에서 오는 이주자들만이 만드는 것은 아니다. 최근에는 남미에서도 적지 않은 이주자가 오기 시작하면서, 이 지역의 이주자들도 초국가적인 활동에 적극적으로 나서고 있다. 페루의 남부 고지대에 위치한 카바나콘데(Cabanaconde) 마을의 사례를 보면, 이곳에서 미국으로 이주한 사람들은 마을의 축제를 계기로 이주자와 고향마을이 밀접한 사회적 네트워크를 형성하고 있다. 1983년에 미국의 워싱턴에 살고 있는 카바나콘데 사람들이 카바네콘데 시 협회(Cabanaconde City Association: CCA)를 결성하여 활동하기 시작했다. 이 조직은 1997년에 지역정부 당국으로부터 인가를 받으면서 좀 더 적극적인 활동을 할 수 있었다. 이 단체의 목적은 고향마을을 위한 사회문화 활동을 추진하는 것이었다(Paerregaard, 2010: 55). 특히 의례와 종교를 매개로 이주자들이 이주자를 보낸 사회와 연결되고, 국제노동이주의 경험이 상호 간에 교환되었다(Paerregaard, 2010: 53). 구체적으로 마을에서 주기적으로 열리는 축제에 미국으로 간 이주자들이 방문하고, 재정적인 지원을 하면서, 이주자들도 두 국가 사이에서 적절한 지위를 부여받고 의미 있는 생활을 영위할 수 있다. 한편으로는 이주자들이 개별적으로 송금도 하고 마을 행사에 집단적으로 기부도 하면서 경제적으로 마을에 기여를 한다. 게다가 일부의 이주자들은 해마다 열리는 마을 축제에 직접 참가해서 경제적 지원을 함으로써, 자신들이 아직 마을의 구성원임을 인식시키는 동시에, 마을의 문화유산을 지키고 발전시키는 수호자의 역할을 맡는다. 다음으로 축제기간 중에 이주자들은 변화의 대리인 역할을 수행하고, 앞으로 미국에 이주해서 돈을 벌기 원하는 어린 마을사람들에게는 역할모델이 되기도 한다. 즉, 국제노동이주자들은 마을사람들의 생활에 영향을 미치는 강력한 역할을 함으로써 마을에서도 의미 있는 존재가 된다(Paerregaard, 2010: 51).

카리브지역도 초국가적 공동체의 예외가 될 수는 없다. 카리브지역은 여러 개의 작은 국가에서 미국에 많은 이주노동자를 보내고 있어서, 이주자 상호 간에 유대관계가 훨씬 강하다. 또 항공편을 이용해야 하는 문제가 있기는 하지만, 모국과의 거리도 그다지 멀지 않아서 왕래가 잦은 편이다. 카리브지역에서 온 이주자들도 가족이나 친척들의 행사나 축제를 통해 자신들의 고향과 네트워크를 만들고 있다. 카리브지역 국가들은 크기가 작아서 미국에서도 자신들의 정체성을 유지하기가 곤란하고, 미국인들도 이들을 잘 알지 못하거나 가난한 소국이라고 무시하는 경향이 있다. 그래서 카리브인들은 이런 네트워크를 활성화하여 소외되고 주변화된 이주노동자들을 하나로 묶는다(Reynolds, 2006: 1096~1097). 카리브에서 온 사람들은 출신국의 실정을 고려하여 문화행사를 자주 개최한다. 예를 들면 미인 선발대회, 무역박람회, 음악이나 음식 행사 등이 이에 속한다. 이런 행사를 주기적으로 개최하면서 카리브인으로서의 정체성도 잊지 않고 유지할 수 있다.

카리브 국가 중에서 구체적으로 뉴욕의 아이티 이주자 사회를 살펴보면, 아이티인들은 자신들의 사회 내부에 식당, 화물운송업, 식료품 상점, 여행사 등을 차려서, 자신들만의 연결망을 강화할 뿐 아니라 아이티와의 관계도 지속적이고 효과적으로 유지한다(Chierici, 2004: 47). 이렇게 여러 가지 편의시설이 마련되어 자신들의 생각이나 상품, 정보, 경제적 그리고 사회적 자원이 자연스럽게 유통되도록 만들었다. 한번 초국가적 공동체가 형성되면 개인의 힘으로 해결할 수 없는 어려운 일들이 증가해도 협력해서 헤쳐 나갈 수 있다. 나아가서 미국에서 자신들을 향하는 인종차별로 인한 문제나 갈등도 줄일 수 있다. 예를 들면 미국인들과 접촉을 많이 할수록 소외나, 인종차별, 고통을 경험할 가능성은 더욱 높아진다. 그러나 자신들을 이해하는 집단이나 사람들과 교류를 많이 하면, 함께 이런 문제에 공동으로 대처할 수 있다. 이런 과정 속에서 자신들의 가족이나 친척, 국가의 경제에도 유익하고 자신들에게도 궁극적으로 혜택이 돌아온다. 특히 인종적 편견에 맞서서 이들은 열심히 일을 하면서 미국 사회에 동화되는 한편, 이와 함께 강력한 종족 정체성도 키워 나갈 수 있다(Chierici, 2004: 58). 결과적으로 이주자들은 미국이나 자신들을 보낸 사회에서 자신들의 사회경제적 지위도 향상시킬 수 있다.

2. 라티노 인구의 규모와 특성

라틴아메리카에서 미국으로 이주한 합법이주자와 불법이주자의 수를 합치면, 라틴아메리카에서 태어나서 미국에 살고 있는 사람들의 수가 된다고 볼 수 있다. 물론 인구센서스를 통해서 조사를 하지만 조사에 응답하지 않는 사람들은 제외될 수 있어서, 다소 차이가 발생할 수는 있다. 미국의 라틴아메리카 출생인구수의 증감을 살펴보면, 현재 라틴아메리카에서 미국으로의 이주의 추이를 알 수 있다.

<표 13> 미국의 라틴아메리카 출생인구수(단위: 명)

국가별	1970년	1980년	1990년	2000년
아르헨티나	44,803	68,887	92,563	125,518
볼리비아	6,872	14,468	31,303	53,278
브라질	27,069	40,919	82,489	212,428
칠레	15,393	35,127	55,681	80,804
콜롬비아	63,538	143,508	286,124	509,872
코스타리카	16,691	29,639	43,530	71,870
쿠바	439,048	607,814	736,971	872,716
에콰도르	36,663	86,128	143,314	298,626
엘살바도르	15,717	94,447	465,433	817,336
과테말라	17,356	63,073	225,739	480,665
아이티	28,026	92,395	225,393	419,317
온두라스	27,978	39,154	108,923	282,852
멕시코	759,711	2,199,221	4,298,014	9,177,487
니카라과	16,125	44,166	168,659	220,335
파나마	20,046	60,740	85,737	105,177
파라과이	1,792	2,858	6,057	13,000
페루	21,663	55,496	144,199	278,186
우루과이	5,092	13,278	18,211	25,880
베네수엘라	11,348	33,281	42,119	107,031
바베이도스	N/A	26,847	43,015	52,172
벨리즈	N/A	N/A	29,957	40,150
가이아나	N/A	48,608	120,698	211,190
자메이카	68,576	196,811	334,140	553,827
수리남	N/A	N/A	2,860	N/A
트리니닷 토바고	20,673	65,907	115,710	197,398

자료: CEPAL, 2006: 41~52

<표 13>을 보면 1970년에 비해 해가 갈수록 라틴아메리카에서 태어난 사람들의 수는 급격하게 증가한다는 사실을 확인할 수 있다. 시간의 흐름에 따른 변화를 보면 1970년에는 멕시코에서 759,711명, 쿠바에서 439,048명, 자메이카에서 68,576명, 콜롬비아에서 63,538명, 아르헨티나에서 44,803명, 에콰도르에서 36,663명이 각각 태어났다. 이 시기의 이주자들을 보면 멕시코와 카리브지역에서 출생한 사람들이 많은 반면에 중미지역은 그다지 많지 않다. 이것은 당시에도 불법이주자가 어느 정도 존재하지만, 이주자의 상당수가 합법적인 이주자였음을 단적으로 보여준다. 이것을 <표 8>의 2010년도 자료와 비교해보면, 2010년에는 라틴아메리카 이주자들의 출생지가 멕시코, 엘살바도르, 쿠바, 도미니카공화국, 과테말라의 순으로 나열되었다. 즉, 2010년에는 남미의 콜롬비아와 아르헨티나가 빠지고, 중미의 엘살바도르와 과테말라가 새로 들어왔다는 것을 알 수 있다. 카리브지역에서는 자메이카가 도미니카공화국으로 바뀌었다. 1970년에서 2010년의 40년 사이에 중미지역의 이주자들이 대거 미국으로 이주했다는 것을 볼 수 있다. 그만큼 20세기 말에 중미지역의 정치적, 경제적 상황이 악화되었음을 짐작할 수 있다. 1970년에서 2000년 사이의 라틴아메리카 이주자의 출신국가별 증가율을 보면 엘살바도르의 증가율이 가장 높아서 15,717명에서 817,336명으로 52배로 늘어났다. 과테말라는 17,356명에서 480,665명으로 28배, 아이티는 28,026명에서 419,317명으로 15배, 니카라과는 16,125명에서 220,335명으로 14배, 페루는 21,663명에서 278,186명으로 13배, 멕시코는 759,711명에서 9,177,487명으로 12배, 온두라스는 27,978명에서 282,852명으로 10배가 증가했다. 대체로 중미국가에서 태어난 사람들의 비율이 상당히 증가한 것으로 나타난다.

라틴아메리카에서 미국으로 합법 혹은 불법으로 이주한 사람들 중에는 장기적으로 시민권을 획득하여 미국 시민이 되기도 한다. 그렇게 되면 라틴아메리카에서 온 이주자에서 미국인으로 신분이 바뀌게 되는 것

이다. 미국 시민이 된 라틴아메리카인들이 미국에 정착해서 아이를 낳으면, 그들의 2세나 3세 등의 후손은 혈통이나 종족성은 라틴아메리카에서 물려받은 것이지만, 라틴아메리카에서 태어나지는 않았다. 이주가 오래 지속되면 이런 유형의 사람들이 증가할 수밖에 없다. 이렇게 스스로를 라틴아메리카와 관련이 있다고 생각하는 사람들을 통칭하여 미국에서는 라티노(Latino) 혹은 히스패닉(Hispanic)이라고 부른다. 기본적으로 라틴아메리카의 이주자들이 라티노가 되기 때문에, 미국에서 라티노들의 사회생활과 라티노에 대한 인식은 라틴아메리카에서 온 이주자들의 역사적 과정과 밀접한 관련을 갖는다. 반대로 라틴아메리카의 이주자들도 미국에서 라티노가 어떤 처지에 놓여 있느냐에 따라 그들의 미국에서의 사회적 지위가 상당한 영향을 받는다. 이런 맥락에서 라티노의 특징과 현실을 살펴보는 것이 라틴아메리카 이주자 문제를 이해하는 데 유익하다.

히스패닉이나 라티노는 인종(race)보다는 종족집단(ethnic group)의 범주에 속한다. 다시 말해 라티노는 백인, 원주민, 흑인, 메스티소, 물라토 등으로 다양하게 나뉘어 있어서, 피부색 등의 생물학적 특징보다 사회문화적 특성을 공유하는 집단이다. 이 두 가지 용어는 별다른 구분 없이 함께 사용되지만, 세분해서 보면 히스패닉은 좁은 의미에서 스페인어를 사용하거나 스페인의 혈통을 이어받은 사람을 의미하며, 라티노는 일반적으로 포르투갈어를 사용하는 브라질인을 포함하여 라틴아메리카 출신의 사람을 일컫는다. 결과적으로 히스패닉은 스페인 사람이나 스페인어를 사용하는 라틴아메리카 사람을 통칭하며 브라질인을 배제하지만, 라티노는 스페인 사람을 제외한 모든 라틴아메리카 출신자들을 일컫는다. 브라질의 인구가 스페인보다 훨씬 많기 때문에 라티노의 인구가 당연히 더 많다. 비교적 최근에 이주한 라틴아메리카의 이주자들은 히스패닉이라는 용어가 그다지 타당하지 않다고 생각하며, 라티노라는 용어를 선호한다. 따라서 여기서는 라티노라고 통일하여 사용한다.

히스패닉이라는 용어는 최초로 휴즈(Grace Flores Hughes)에 의해 붙여졌고, 1970년대 초에 리처드 닉슨(Richard Nixon, 1969~1974) 행정부에 의해 공식적으로 사용되기 시작했다. 그다음부터는 대중매체나 학계, 산업현장에서 별다른 이의 없이 광범위하게 사용되었다. 과거에는 스페인계 미국인(Spanish-Americans 혹은 Spanish-speaking Americans)이라는 용어가 주로 쓰였다. 그러다가 서부지역을 중심으로 라티노라는 용어가 확산되자 미국 정부는 1997년에 이 용어도 인정하고, 2000년 인구조사부터 라티노를 공식적으로 사용하기 시작했다. 현재는 인구조사에서 히스패닉과 라티노를 함께 사용하고 있으며, 브라질인들은 여기에 포함시키지 않고 있다. 미국의 인구조사에서는 누가 라티노인가 하는 질문을 출생지나 다른 외적인 신체적 특징에 의해 구분하는 것이 아니라, '주관적 인지'(self-identification)로 각각의 개인이 판단하게 한다. 따라서 객관적인 외형적 지표를 사용하는 다른 통계와 차이가 발생할 수 있다. 또 라티노를 인종에 관계없이 쿠바, 멕시코, 푸에르토리코, 중미와 남미, 그리고 그 밖의 스페인어 문화권에 속하는 국가 출신의 사람을 일컫는다고 규정한다. 스페인어 문화권에 기반을 둔 사람이라는 개념은 1970년의 인구조사에 도입되었다. 당시에는 스페인식의 성, 출생지, 스페인어를 모국으로 하는 사람 등을 스페인어권에 속하는 사람으로 인정하였다. 인구센서스에서는 히스패닉이라는 용어가 1980년 이후부터 등장했다. 그 후 40년 동안 라티노의 개념과 의미는 많은 변화를 겪었다.

라티노 문제를 이야기할 때, 빼놓을 수 없는 것이 푸에르토리코인들이다. 미국에서 합법이든 불법이든 라틴아메리카의 이주노동자를 국가별로 구분할 때에는 포함이 되지 않지만, 라티노 인구를 파악할 때에는 포함되는 사람들이 푸에르토리코인들이다. 푸에르토리코는[17] 카리브 해에 위치

---

17) 푸에르토리코는 1493년 콜럼버스가 발견한 이후 1508년에 스페인의 식민지가 되었으나, 1898년 미국과 스페인 간의 전쟁의 결과로 미국이 승리하여 푸에르토리코를 차지하여 미국의 보호령이 되었다. 이후에 미국이 점령하여 군정(軍政)을 실시하였다. 이 시기에는 포르토리코(Porto Rico)라고 불렸

하기 때문에 지리적으로 라틴아메리카와 관련이 있다고 하겠다. 그러나 실질적으로 푸에르토리코인들은 미국 시민으로서의 자격을 갖추고 있기 때문에 라틴아메리카의 이주자에는 포함되지 않는다. 그러나 종족의 측면에서 푸에르토리코인들은 라티노에 속하기 때문에, 라티노 인구에 포함된다. 푸에르토리코에서도 많은 사람들이 미국에서 일하는 것이 경제적으로 더욱 유리하다는 판단에서 미국으로 이주하는 사람들이 많았다(Pérez, 2005: 68). 제2차 세계대전이 종식된 후에 미국의 북동부지역은 20세기 초에 몰려들었던 유럽의 이민자들을 대신할 새로운 노동자들이 필요했다. 당시에 유럽에서는 전후의 경제가 호황이어서 더 이상 이주자들을 미국으로 보내지 않게 되었다. 이에 대응하여 1948년부터 고용주들은 미국에서 일을 하는 데 아무 지장이 없는 푸에르토리코인들에게 관심을 갖게 되었다. 이들은 푸에르토리코 노동자들을 모집하기 위해 미국에 와서 일하기를 희망하는 푸에르토리코인들에게 뉴욕까지의 비행기 표를 제공하기도 했다. 한번 푸에르토리코인들이 섬을 떠나서 미국으로 들어오자, 그다음부터는 그들의 네트워크를 통해서 계속 새로운 이주노동자들이 미국으로 들어왔다. 1960년대까지 많은 푸에르토리코인들이 이주해서 미국에서 살게 되었다 (Duran and Massey, 2010: 40; Roth, 2009: 933). 현재 푸에르토리코 전체 인구의 절반이 넘는 약 50.5%가 미국 본토에 이주해서 살고 있다(Duran

다. 1917년 미국의 준주(準州)가 되어 푸에르토리코인들은 모두 미국 시민권을 획득하였다. 1946년 제한된 자치정부가 승인되어 1948년부터 국민투표로 총독을 선출하였으며, 1952년에 국방·외교·통화를 제외한 내정을 이양받아, 자치헌법을 제정하여 미국 자치령이 되었다. 그 뒤 푸에르토리코의 독립을 주장하는 운동과 미국의 완전한 주로 승격하기 위한 운동이 동시에 일어나고 있다. 푸에르토리코는 1993년과 1998년에 이어 2003년 국민투표에서도 근소한 차로 자치령으로 남기로 결정했다. 푸에르토리코인들은 1917년 이래 미국 시민 자격을 누려왔으나, 미국 대통령선거나 상·하원 선거에 투표 자격이 없으며 개인 소득세를 미국 연방정부에 납부하지 않는다. 하원에만 대표 1명을 참석시키는데, 발언권은 있지만 의결권은 없다. 또 완전한 내정자치권이 있으나 외교와 국방은 미국이 담당한다. 유엔에도 대표부가 없다. 그러나 올림픽이라든가 미스유니버스 선발대회 같은 국제행사에는 푸에르토리코의 이름으로 독자적으로 참가한다. 2012년 11월 6일의 국민투표에서 미국의 51번째 주로 편입되기를 희망한다는 결과가 나오기도 했다. 푸에르토리코 주민투표는 국가 지위 변경에 대한 찬반 여부와 '지위 변경'을 전제로 연방 완전 편입, 자유 연합 체제, 완전한 독립국 중에서 하나의 방안을 고르는 두 개의 문항으로 구성됐다. 그 결과 푸에르토리코 주민의 54%가 국가 지위 변경을 희망하는 것으로 나타났으며, 두 번째 문항에서는 연방 완전 편입을 지지하는 의견이 61%로 압도적으로 많았다. 자유연합 체제 안은 33%, 독립국가를 지지한 의견은 5%에 그쳤다.

and Massey, 2010: 36). 이들 때문에 라티노 인구가 다소 증가한다. 그러나 라틴아메리카 사람들은 푸에르토리코의 독특한 역사로 인해서 푸에르토리코인들을 라티노로 인정하는 것을 달갑지 않게 생각하는 경향이 있다.

라틴아메리카에서 미국으로의 이주가 급증한 1990년대에 라티노 인구는 약 58%인 1,300만 명이 증가했다. 이것은 미국 전체 인구 증가의 40%를 차지한 것이었다. 20세기까지만 해도 대부분의 라티노들은 특정한 지역에 몰려 살았다. 1990년도에는 라티노 10명 중에 9명은 미국의 10개 주에서 생활했다. 특히 10개 주 중에서 캘리포니아와 텍사스에만 라티노의 54%가 집중되었다. 그 후에는 라티노들이 전국의 다른 지역으로 서서히 퍼져 나갔다. 최근에 미국에서 대부분의 인구 증가는 라티노들 때문에 발생한다. 대도시가 아닌 지역에 위치한 221개 카운티(county)에서는 2000년에서 2006년 사이에 라티노의 인구가 증가하지 않았으면, 인구가 감소했을 것이다. 특히 중서부의 작은 마을에서는 라티노들이 들어와서 인구가 증가하면서 쇠퇴하던 마을이 활기를 되찾은 지역도 많다(Lichter, 2009: 497). 미국의 인구조사 결과에 의하면 라티노 인구의 65%가 라틴아메리카 국가나 푸에르토리코에서 태어났다고 한다. 그리고 나머지의 약 40%가 이주자인 부모에게서 태어났다고 한다. 이렇게 따지면 미국의 라티노의 87%는 적어도 외국에서 태어난 조부모가 한 명 이상 있다(Fraga and Segura, 2009: 66).

2010년의 인구통계에 의하면 미국의 라티노 인구는 50,477,594명으로 전체 인구 308,745,538명의 16.3%를 차지한다. 2000년에는 전체인구 281,421,906명 중에 라티노 인구가 35,305,818명으로 전체인구의 12.5%를 차지했다. 미국에서 라티노 인구는 아프리카계 미국인보다 많고, 백인 다음으로 인구가 많은 종족집단이다. 2010년의 인구센서스에서 백인은 72.4%, 아프리카계 미국인은 12.6%, 아시아계 미국인은 4.8%를 점유하는 것으로 밝혀졌다. 게다가 라티노 인구는 다른 어떤 인종이나 종족집단보다 인구성장률이 높다. 2000년 4월 1일부터 2007년 7월 1일까지 라티노 인구의 증가율은 28.7%로서 전체 인구 증가율인 7.2%의 4배에 이른다. 2000년에서 2010년 사이의 변화를 보면 라티노 인구는 43.0%인 1,520만 명이 증가한 것에 비해 라티노가 아닌 사람들은 단지 4.9% 증가한 것에 그쳤다. 같은 기간 중에 전체인구는 10%가 증가했다. 이런 추세라면 2050년에는 라티노의 인구가 1억 3,280만 명으로 전체 인구의 30.2%를 차지할 것으로 예측된다. 현재 라티노 인구의 49%인 2,150만 명은 캘리포니아와 텍사스에 거주한다. 인구비율로 보면 뉴멕시코 주 전체 인구의 44.7%가 라티노로서 가장 높다. 이어서 캘리포니아와 텍사스가 각각 35.9%와 35.6%로 뒤를 잇는다.

<표 14> 미국의 출신 국가별 라티노의 수(단위: 명)

국가별	2000년	2010년(비율)	증가율(%)
라티노 전체	35,305,818	50,477,594(100%)	43.0
멕시코	20,640,711	31,798,258(63.0%)	54.1
푸에르토리코	3,406,178	4,623,716(9.2%)	35.7
쿠바	1,241,685	1,785,547(3.5%)	43.8
과테말라	372,487	1,044,209(2.1%)	180.3
온두라스	217,569	633,401(1.3%)	191.1
니카라과	177,684	348,202(0.7%)	96.0
엘살바도르	655,165	1,648,968(3.3%)	151.7
코스타리카	68,588	126,418(0.3%)	84.3
파나마	91,273	165,456(0.3%)	80.4
아르헨티나	100,864	224,952(0.4%)	123.0
콜롬비아	470,684	908,734(1.8%)	93.1
에콰도르	260,599	564,631(1.1%)	116.7
페루	233,926	531,358(1.0%)	127.1
칠레	68,849	126,810(0.3%)	84.2
베네수엘라	91,507	215,023(0.4%)	135.0
볼리비아	42,068	99,210(0.2%)	135.8
우루과이	91.507	215,023(0.1%)	135.0
도미니카공화국	764,945	1,414,703(2.8%)	84.9

자료: U. S. Census Bureau, 2011: 3

  라틴아메리카의 국제노동이주와 초국가적 공동체

<표 14>를 분석해보면, 2000년에는 라티노의 출신국가가 멕시코, 푸에르토리코, 쿠바, 도미니카공화국, 엘살바도르, 콜롬비아, 과테말라, 에콰도르, 페루, 온두라스의 순서로 많다. 그러나 2010년이 되면 멕시코, 푸에르토리코, 쿠바, 엘살바도르, 도미니카공화국, 과테말라, 콜롬비아, 온두라스, 에콰도르, 페루의 순으로 조금 바뀐다. 가장 많은 수를 차지하는 10개국은 전혀 변함이 없다. 그러나 엘살바도르, 과테말라, 온두라스 등 중미국가들의 순위가 조금씩 앞당겨져서 최근에 중미국가에서 미국으로 오는 이주자가 많아진 것을 그대로 반영하고 있다. 2000년에서 2010년까지 10년 사이의 증가율을 보면, 온두라스(191.1%), 과테말라(180.3%), 엘살바도르(151.7%), 볼리비아(135.8%), 베네수엘라(135.0%), 우루과이(135.0%), 페루(127.1%), 아르헨티나(123.0%), 에콰도르(116.7%)의 순이다. 당연하게도 중미국가들의 증가율이 두드러지게 높고, 다음으로 남미국가들도 100%를 넘는 증가율을 보이는 국가들이 꽤 있다. 멕시코 출신의 인구가 가장 많고 계속적으로 증가하는 경향을 보인다. 2000년에는 2,064만 명에서 2010년에는 3,180만 명으로 1,116만 명이 증가하여 54.1%의 증가율을 기록하였다. 10년 사이에 가장 많은 수가 증가하여, 전체 라티노 인구의 증가분인 1,518만 명의 약 3/4이 멕시코계 라티노들이었다. 푸에르토리코 출신의 사람들은 10년 사이에 341만 명에서 462만 명으로 35.7%가 증가했다. 쿠바 출신은 124만 명에서 179만 명으로 43.8%의 증가율을 달성했다.

2010년도에 멕시코, 쿠바, 푸에르토리코 출신 라티노를 제외하고 141만 명이 카리브지역에 속한 도미니카인이고, 중미지역 출신이 약 400만 명, 남미지역 출신이 약 280만 명이었다. 중미지역에서는 엘살바도르 출신이 165만 명으로 가장 많고 그다음이 과테말라가 104만 명, 온두라스가 63만 명을 차지한다. 남미지역을 보면, 콜롬비아 출신이 가장 많은 91만 명이고, 에콰도르 56만 명, 페루 53만 명이다. 멕시코, 쿠바, 푸에르토

리코 출신의 사람들이 전체 라티노 인구의 절대다수를 차지하지만, 이들의 인구증가율은 다른 라틴아메리카 출신자들보다 낮다. 중미와 남미지역 국가 출신의 인구 증가율은 국가별로 100%가 넘는 경우도 있다. 2010년도에 멕시코 출신의 라티노들이 전체 라티노 인구의 63.0%를 차지해서 가장 많다. 2000년에는 58.5%였다. 다음으로 푸에르토리코 출신 사람들이 많은데, 2000년에는 9.6%를 차지했으나, 2010년에는 9.2%로 바뀌었다. 쿠바인들은 2000년과 2010년에 모두 4% 정도에 머물고 있다. 중미에서는 엘살바도르 출신인 사람들의 증가가 눈에 띈다. 특히 10년 사이에 151.7%가 증가하여 2010년에는 165만 명으로 전체 라티노 인구의 3.3%를 차지한다. 과테말라인들도 10년 동안 180.3%가 증가하였는데, 2010년에는 104만 명으로 전체 라티노 인구의 2.1%를 차지한다. 남미지역의 경우에는 전체적으로 2000년의 140만 명에서 2010년에는 280만 명으로 10년 사이에 105%의 인구성장이 이루어졌다. 남미 출신의 인구는 전체 라티노 인구의 5%를 차지한다. 카리브지역에서는 도미니카인들이 가장 많다. 2010년에는 141만 명으로 10년 사이에 84.9%가 증가하여, 전체 라티노 인구의 2.8%에 해당된다.

<표 15> 미국의 지역별 라티노 인구(단위: 명)

지역	2000년	2010년	증가율(%)
북동부	5,254,087	6,991,969	33.1
중서부	3,124,532	4,661,678	49.2
남부	11,586,696	18,227,508	57.3
서부	15,340,503	20,596,439	34.3

자료: U. S. Census Bureau, 2011: 6

다음으로 라티노의 지리적 분포 현황과 최근의 변화를 살펴보자. <표 15>에서 확인을 해보면 라티노들은 아직도 서부와 남부지역에 많이 거주하는 것으로 나타난다. 이 지역들은 멕시코인들이 상대적으로 접근하기 쉬워서 이런 현상이 지속되고 있다고 보인다. 2010년에 미국에 사는 라티노들의 거주지를 보면, 41%가 서부지역에 거주하며 36%는 남부지역에서 살고 있다. 반면에 북동부와 중서부는 각각 14%와 9%에 머문다. 미국의 라티노 인구는 계속해서 성장하고 있는 실정인데, 특히 남부와 중서부지역에서의 성장률이 두드러진다. 남부지역 라티노 인구는 10년 동안 57.3%가 성장해서, 남부지역의 전체 인구 증가율인 14%의 4배에 이른다. 중서부지역의 라티노 인구도 빠르게 성장하고 있는 데, 10년 사이에 49.2%가 많아져서, 이 지역 전체 인구성장률인 4%보다 12배가 많다. 지역별로 라티노 인구의 비율을 보면 서부지역 인구의 29%가 라티노로서, 미국 전체의 라티노 인구비율인 16%를 훨씬 상회한다(U. S. Census Bureau, 2011: 4).

<표 16> 라틴아메리카 국가 출신자들의 미국의 지역별 분포(단위: 명, %)

국가별	북동부		중서부		남부		서부	
	인구수	비율	인구수	비율	인구수	비율	인구수	비율
멕시코	918,188	2.9	3,470,726	10.9	10,945,244	34.4	16,464,100	51.8
과테말라	203,931	19.5	95,588	9.2	348,287	33.4	396,403	38.0
엘살바도르	270,509	16.4	61,894	3.8	655,184	39.7	661,381	40.1
쿠바	197,173	11.0	62,990	3.5	1,376,453	77.1	148,931	8.3
도미니카공화국	1,104,802	78.1	25,799	1.8	258,383	18.3	25,719	1.8
푸에르토리코	2,443,175	52.8	434,735	9.4	1,373,541	29.7	372,265	8.1

자료: U. S. Census Bureau, 2011: 7

2010년 현재 인구가 100만 명 이상인 라틴아메리카 국가 출신자들의 미국의 지역별 분포를 <표 16>에서 살펴볼 수 있다. 멕시코와 중미지역 출신들은 서부지역에 많다. 멕시코인의 51.8%, 엘살바도르인의 40.1%, 과테말라인의 38.0%가 여기서 생활한다. 특히 멕시코 출신 라티노들은 반 이상이 서부에 살고 있어서, 지리적으로 다른 국가 출신의 라티노보다 대단히 편중되어 있다. 과테말라와 엘살바도르 출신의 사람들은 서부와 남부에 비슷하게 퍼져서 생활한다. 그 밖의 중미 출신자들은 남부지역에 많이 살고 있다. 이들 중에 약 53%의 사람들이 남부에서 산다. 상대적으로 남미 출신자들은 서부에서는 많이 살지 않고 남부와 북동부지역에 많이 거주한다. 카리브지역 출신자들의 경우는 쿠바는 77.1%가 남부에, 도미니카인들과 푸에르토리코인들은 북동부에 각각 78.1%와 52.8%가 산다.

<표 17> 주요 라틴아메리카 국가 출신자들의 미국의 주별 분포 순위 및 인구(단위: 명)

국가별	1위	2위	3위	4위	5위
멕시코	캘리포니아 (11,423,146)	텍사스 (7,951,193)	애리조나 (1,657,668)	일리노이 (1,602,403)	콜로라도 (757,181)
푸에르토리코	뉴욕 (1,070,558)	플로리다 (847,550)	뉴저지 (434,092)	펜실베이니아 (366,082)	매사추세츠 (266,125)
쿠바	플로리다 (1,213,438)	캘리포니아 (88,607)	뉴저지 (83,362)	뉴욕 (70,803)	텍사스 (46,541)
도미니카공화국	뉴욕 (674,787)	뉴저지 (197,922)	플로리다 (172,451)	매사추세츠 (103,292)	펜실베이니아 (62,348)
과테말라	캘리포니아 (332,737)	플로리다 (83,882)	뉴욕 (73,806)	텍사스 (66,244)	뉴저지 (48,869)
엘살바도르	캘리포니아 (573,956)	텍사스 (222,599)	뉴욕 (152,130)	버지니아 (123,800)	메릴랜드 (123,789)
기타 국가	캘리포니아 (1,393,873)	플로리다 (1,221,623)	텍사스 (1,030,415)	뉴욕 (917,550)	뉴저지 (516,652)

자료: U. S. Census Bureau, 2011: 8

<표 17>에서 2010년 현재 라티노의 미국의 주별 분포를 보면, 전체 라티노의 75%인 3,760만 명이 캘리포니아, 텍사스, 플로리다, 뉴욕, 일리노이, 애리조나, 뉴저지, 그리고 콜로라도 등 8개 주에 거주한다(U. S. Census Bureau, 2011: 5). 인구의 수가 가장 많은 멕시코 출신의 경우에

특정한 주에 지나치게 편중되어 있다. 61%의 멕시코 출신 이주자들이 캘리포니아(1,142만 명)와 텍사스(795만 명)에 각각 살고 있다. 푸에르토리코 출신의 41%는 뉴욕(107만 명)과 플로리다(85만 명)에서 생활한다. 쿠바 출신의 68%인 121만 명은 플로리다 주에 산다. 도미니카공화국 출신 사람들의 48%인 67만 명은 뉴욕에 거주한다. 과테말라 출신의 32%인 33만 명은 캘리포니아에 있고, 엘살바도르 출신 사람들의 48%는 캘리포니아(57만 명)와 텍사스(22만 명)에 분포되어 있다. 그러나 기타 국가의 경우를 살펴보면 비교적 캘리포니아(139만 명), 플로리다(122만 명), 텍사스(103만 명), 뉴욕(91만 명) 등 많은 라티노 인구를 가진 국가들보다 덜 편중되어 있다. 멕시코 출신의 사람들은 미국의 50개 주 중에서 40개 주에서 라티노 인구 중에 다수를 차지한다. 이들은 서부, 남부, 그리고 중서부의 거의 모든 주에서 다수를 점유하고, 북동부에서도 2개 주에서 다수에 속한다. 푸에르토리코 출신은 북동부 9개 주 중에 6개 주에서, 그리고 서부의 하와이에서 다수를 차지한다. 도미니카 출신 사람들은 북동부의 로드아일랜드에서 다수이다. 남부에서는 쿠바 출신이 플로리다에서 다수이고, 엘살바도르 출신 사람들은 메릴랜드와 워싱턴 D. C.에서 다수를 차지한다(U. S. Census Bureau, 2011: 8).

3. 라티노의 정체성과 라티노 사회의 특징

라틴아메리카 국가들은 다른 대륙의 국가들과 비교해볼 때, 오랫동안 스페인의 식민지로 있으면서 동일한 역사적 경험을 했고, 인종과 종족, 언어, 문화 등 여러 측면에서 유사한 성격을 지니고 있다. 20세기 초까지 미국에 많이 왔던 유럽의 이주자들은 언어, 종족성, 국적, 문화, 관습 등 여러 가지 면에서 상이한 요소들이 많았다. 그러나 라티노들은 문화적으로 동질적이고 스페인어를 사용하며, 게다가 라티노 중에 상당수는 한 국가인 멕시코에서 왔다는 점에서 다른 지역의 이주자와는 뚜렷한 차별성이 있다(Fraga and Segura, 2009: 66). 그렇다고 해서 라틴아메리카 국가들 사이에 차이가 전혀 없는 것은 아니다. 문화적 차이도 엄연히 존재하고, 인종이나 종족 구성은 각 국가의 역사적 특수성으로 인해 상당히 다르다. 특히 종족에 따른 구성을 보면, 현재 라틴아메리카는 칠레, 아르헨티나, 우루과이 등 백인들의 비중이 상대적으로 높은 국가, 멕시코, 중미의 여러 국가들, 베네수엘라, 콜롬비아, 에콰도르 등 메스티소들이 다수를 차지하는 국가, 과테말라, 페루, 볼리비아 등 아직도 많은 원주민이 남아 있는 국가, 브라질과 파나마, 카리브지역 등 흑인이 많은 국가들로 구분된다. 이런 다양한 차이에도 불구하고 라티노들은 자의 혹은 타의에 의해 미국 사회에서 동질적인 집단인 것처럼 인식되고, 유사한 사회적 지위가 부여된다. 라티노들도 미국 사회에서 생활하면서 불이익을 당하지 않기 위해서는, 자신들이 힘을 합쳐서 공동의 목표를 향해 나아가야 된다고 생각한다. 이런 실정에서 자연스럽게 라틴아메리카와 관계를 갖는 라티노들이 공동의 정체성을 찾으려고 노력했다. 라티노 인구의 빠른 증가에 대해 백인들은 언젠가 라티노들이 백인들보다 수가 많아질 것을 우려하며 경계의 눈초리로 주목하고 있다. 아프리카계 미국인들은 이미 자신들이 수적인 면에서 라티노에게 밀려났으며, 정치, 경제와 사회 각 분야에서 자신들이 라티노와 경쟁을 펼쳐야 한다는 것에 불만을 갖기 시작했다. 아시아계 미국인들도 최근에 인구가 조금씩 증가하고 있지만, 라티노의 증가 추세와 비교하면 턱 없이 미약해서, 라티노에 대해 그다지 긍정적인 생각을 갖지 않을 수 있다. 이런 의미에서 라티노들은 미국 사회에서 여러 인종집단으로부터 견제를 받고 있다. 미국 사회에서 생존하면서 라티노는 기본적으로 모두 불법이주자라는 잘못된 편견을 벗고, 사회 내에서 확고한 자리를 차지하기 위해서, 라티노들끼리 뭉쳐서 집단적

의식을 발전시킬 필요가 있었다.

미국에서 라티노들이 동질성을 강조하면서 고유한 그들만의 정체성을 확립하는 데에는, 대중매체의 영향이 매우 컸다. 대중매체는 효율적으로 국가적, 그리고 국가 간의 경계를 허무는 초국가적 정체성을 마련하는 데에 무시하지 못할 기여를 했다. 구체적으로 스페인어를 사용하는 텔레비전, 라디오, 신문, 잡지 등이 라틴아메리카를 소개하고 논의하면서, 각 국가와 인종, 종족 간의 차이를 넘어서는 범종족적(panethnic) 정체성을 자연스럽게 발전시킬 수 있었다. 특히 텔레비전은 동질적인 범종족적 문화를 생산함으로써, 라티노 정체성을 형성시키는 데 상당한 공헌을 했다. 한 걸음 더 나아가, 이들 대중매체들은 여러 나라에서 온 라티노들의 문화적 공통성을 강조하면서 '라틴성'(Latinidad)을 중점적으로 내세웠다. 특히 많은 시청자를 가진 '텔레문도'(Telemundo)와 '우니비시온'(Univisión), '아스테카 아메리카'(Azteca America) 등의 전국적으로 방영되는 텔레비전 채널이 중심적인 역할을 담당했다(Roth, 2009: 938). 그밖에 지역을 중심으로 하는 소규모의 텔레비전 방송국도 많아졌다. 지역에 따라 로스앤젤레스의 '라 오피니온'(La Opinión), 마이애미의 '엘 누에보 헤럴드'(El Nuevo Herald)와 '디아리오 라스 아메리카스'(Diario Las Americas), 인디애나폴리스의 '라 보스 데 인디애나'(La Voz de Indiana) 같은 신문도 발행되고 있다. 또 '히스패닉 비즈니스'(Hispanic Business), '피플 엔 에스파놀'(People en Español), '비다 라티나'(Vida Latina) 같은 잡지도 라티노들을 위해 발행되고 있다. 스페인어를 사용하는 대중매체가 많아진다는 것은 미국에 온 지 얼마 되지 않는 라틴아메리카 이주자들에게 매우 유리한 조건이 된다. 최근에 이주한 사람들은 미국 문화에 익숙하지 않아서 영어를 사용하는 대중매체를 접하기가 어렵다. 또 자신들에게 친숙한 라틴아메리카의 프로그램을 듣고, 보고, 읽을 수 있어서, 유용한 정보를 용이하게 얻을 수 있고, 낯선 환경에서 겪는 고통스러운 문화충격에서 다소나마 벗어날 수 있다. 이렇게 되어 라틴아메리카의 이주자들은 자신들의 초국가적 공동체 속에서 자신들의 언어와 문화를 유지한 채, 미국 사회에서 생존할 수 있게 된다.

라티노들이 미국에서도 계속해서 스페인어를 자유롭게 사용할 수 있는 이유는 대중매체의 존재도 한몫하지만, 많은 수의 새로운 라틴아메리카 이주자들이 계속 미국으로 쏟아져 들어오기 때문이다. 근래에 들어올수록 더욱 많은 이주자들이 라틴아메리카에서 오는 관계로 과거보다 현재에 스페인어를 사용하기가 더욱 수월해졌다. 스페인어를 사용하는 사람들이 밀집해서 생활하다 보면 자연히 스페인어만 사용해도 불편함이 없기 때문에, 사회에서 스페인어의 사용은 더욱 확산된다. 결과적으로 새로운 스페인어 사용자인 이주자가 늘어나면서, 라티노들은 영어를 배우면서 스페인어도 버리지 않는 이중언어 사용자가 된다(Linton, 2009: 968). 미국 사회에서 스페인어의 사용이 증가하고 일부지역에서는 영어와 함께 스페인어의 사용이 공식적으로 인정되면서, 라티노 사회가 더욱 확고하게 자리 잡게 된다(Linton, 2009: 985). 특히 라티노의 비율이 높고, 새로운 라틴아메리카 이주자들이 계속해서 들어오는 서부와 남부지역에서는 이런 현상이 더욱 분명하게 표현된다.

그러나 라티노 사회가 동질성을 유지하면서 변화하지 않고 계속 팽창하기만 하는 것은 아니다. 한편으로 라티노들은 예측이 가능한 형태로 미국 사회에 동화되어가고 있다. 다른 미국인들과 유사한 정치적 입장을 고수하고, 특히 그들의 자녀와 후손들은 점점 더 미국 사회의 다른 구성원들과 닮아가고 있다(Fraga and Segura, 2009: 74). 다시 말해 라티노들과 그들의 후손들은 빠르게 미국과 미국 문화에 적응하고 있다. 그렇다고 해서 모든 라티노들이 유사하게 미국 사회에 동화되는 것은 아니다. 사실 라티노는 신체적 조건이나 사회경제적 상황 등 다양한 성격 때문에 미국에서 생활하면서 모두 동일한 경험을 하는 것은 아니다(Golash-Boza and Darity, 2008: 930). 그렇지만 개인의 선택으로 자신이 라티노 정체성을 유지하는 것보다 미국의 주류사회에 빨리 편입되는 것이 바람직하다고 느끼는 사람들도 있다. 라티노들이 미국 문화에 동화되는 현상을 가장 잘 보여주는 것이 언어분야에서 나타난다. 라티노의 언어사용이 다른 분야보다 특히 많은 변화가 있다. 미국에서는 영어를 잘하지 못하면 일자리를 구하는 것도 용이하지 않고, 사회에서도 훨씬 심한 차별을 받는다(Dávila and Mora, 2000: 150). 그래서 영어를 잘 모르는 사람들도 열심히 배울 수밖에 없다. 스페인어를 주로 사용하는 1세에 비해 2세와 3세 등 미국에서 태어난 라티노들은 영어를 더욱 많이 사용한다. 2002년 라티노 전국 서베이의 자료를 보면, 1세의 라티노들은 거의 스페인어로 면접을 하기를 선호했다. 그러나 2세는 73.7%가 영어로 답변을 하기를 원했다. 3세와 4세는 각각 90.4%와 91.3%가 영어로 대답을 했다. 영어 능숙도에 관한 조사에서 1세는 38.3%가 그렇다고 답했다. 이에 비해 2세와 3세는 능숙도가 각각 91.6%와 98.6%에 달했다. 4세의 경우에는 99%로 거의 다 영어를 잘 사용한다고 응답했다. 스페인어의 능숙도를 보면, 1세의 99.2%가 스페인어를 문제없이 사용한다고 답했다. 2세의 경우에는 약간 낮아지기는 하지만 큰 차이가 없는 91.6%가 그렇다고 말했다. 3세가 되면 분명한 차이가 발생해서 스페인어에 능숙한 사람의 비율이 68.7%로 내려간다. 4세는 그보다 낮은 60.5%의 사람들이 스페인어를 잘 이해한다고 답했다. 1세와 2세의 경우에는 영어와 스페인어 등 이중언어를 사용하는 사람들이 거의 대부분을 차지하지만, 3세와 4세로 갈수록 영어만 사용하는 사람들의 비율이 커진다(Fraga and Segura, 2009: 69).

조사에 따르면 적어도 69%의 라티노들이 영어와 스페인어의 이중언어를 할 줄 안다고 한다(2006 American Community Survey, United States Census Bureau). 그중에서 22%는 집에서 영어만 사용하고, 나머지 9%는 스페인어만 사용한다. 이것을 보면 라티노의 90%가 영어를 할 줄 알고,

78%는 스페인어를 사용할 수 있다는 사실을 알 수 있다. 통상적으로 새로운 이주자나 라틴아메리카에서 태어나서 미국에 살고 있는 연로한 라티노들은 주로 스페인어만 사용한다. 미국에서 상당한 기간 머무른 라티노들과 그들의 자녀들은 이중언어 사용자들이 많고, 3세 이후에는 이중언어 사용자 이외에 영어만 할 줄 아는 라티노들도 존재한다. 요약하면 라티노들은 영어와 스페인어 둘 다 신경을 써서 학습하고 이용한다고 말할 수 있다. 사회에 적응하려면 언어를 익히는 것이 중요하다는 점에서 많은 라티노들은 미국 사회에 적극적으로 참여할 의사가 있다는 것을 증명한다.

언어 이외에 종교에서도 라티노들의 변화는 분명하게 나타난다. 라틴아메리카에서는 식민시대 이후로 천주교가 사회에서 핵심적인 역할을 수행했다. 자연스럽게 대부분의 라틴아메리카 사람들이 천주교 신자가 되었다. 20세기 말부터 일부의 개신교 선교사들이 공격적인 선교를 하면서 천주교 신자들의 수가 다소 줄기도 했지만, 아직도 천주교회는 사회에서 지배적인 위치를 점유하고 있다. 이런 현상은 미국으로 이주하는 라틴아메리카의 이주자에게도 그대로 반영된다. 라티노 중에서 미국이 아닌 다른 국가에서 태어난 사람들의 약 3/4은 천주교 신자이다. 그러나 라티노 4세들의 경우에는 천주교 신자의 비율이 58.1%로 하락한다. 즉, 미국에서 태어난 라티노들은 미국 사회의 영향을 많이 받으면서 종교적으로 다양화되고 있다(Fraga and Segura, 2009: 70). 이런 방식으로 라티노들은 아시아계 미국인들에 비해 더 빠른 속도로 미국 사회에 동화되고 있다. 이렇게 미국 사회에 라티노들이 적극적으로 참여하여 문화적 시민권을 획득함으로써, 자신들이 정당한 사회의 일원이 될 수 있다고 생각한다(Brettell, 2002: 282).

결국 많은 라티노들은 미국 사회에서 생존하기 위해 자신들만의 공동의 문화와 정체성을 유지하지만, 라티노들이 인종차별 등 미국 사회에서 현실적인 문제에 부딪히면서, 일부 라티노의 후손들은 스스로를 라티노라 생각하지 않는다(Golash-Boza and Darity, 2008: 901). 라티노 전국 서베이의 조사결과를 보면 응답자의 61%가 자신들의 인종 혹은 종족성 때문에 차별대우를 받은 경험이 있다고 대답했다. 이렇게 라티노의 미국에서의 부정적인 경험이 미국에서 자신들의 인종을 선택하는 데에 적지 않은 영향을 미친다(Golash-Boza and Darity, 2008: 929). 특히 앞에서도 언급했듯이 피부색이 백인과 유사한 라티노들의 경우에는, 자신들의 신체적 특징을 감안하여 자신들이 라틴아메리카에서 온 이주자들의 후손이라는 것을 의도적으로 숨기고 백인이라고 주장하며 주류사회에 편입하려고 한다. 이와 더불어 경제적으로 성공하고 교육수준이 높아진 라티노의 경우에도 자신들을 백인이라고 주장하는 사람들이 많이 발견된다(Golash-Boza and Darity, 2008: 920). 이런 현상은 라티노에만 국한되는 것은 아니고, 아프리카계 미국인 등 다른 인종에서도 흔히 볼 수 있는 현상이다. 이렇게 라티노들이 아시아계 등 다른 미국인들보다 미국 사회에 적응하려는 의지가 강하기 때문에, 장기적으로 라티노 정체성이 훼손될 수 있다. 또 스스로를 더 이상 라티노가 아니라고 생각하는 사람들이 늘어나면, 라티노 인구의 증가도 어느 정도 영향을 받는다. 즉, 새로운 라틴아메리카 이주자들이 지속적으로 유입되어도 기존의 라티노들이 라티노 정체성을 포기한다면, 라티노의 수는 예상했던 것만큼 큰 폭으로 증가하지 않을 수도 있다.

라티노 인구가 계속 늘어나지만은 아닐 것이라고 생각하게 만드는 이유 중의 하나는 라티노 중에서도 스스로 백인이라고 생각하는 사람이 적지 않다는 것이다. 라틴아메리카 국가들과 미국은 상이한 인종과 종족의 개념을 사용하고 있다. 라틴아메리카에서는 피부색보다 개인이 어떤 문화적 특징을 소유하고 있는지를 고려하여 종족성을 정의한다. 보다 구체적으로 현재 라틴아메리카에서 피부색을 기준으로 원주민과 메스티소를 구분하기는 대단히 어려운 실정이다. 오랜 기간의 혼혈정책으로 인해 메스티소들의 피부색이 매우 다양해지면서 이들이 동일한 생물학적 특징을 공유하지 않는 집단이 되었기 때문이다. 또 이제는 종족을 구분하는 데 생물학적 요인보다는 문화적 요인이 중요해지고, 피를 섞지 않고 문화적 동화만으로도 원주민의 상태를 벗어날 수 있어서, 원주민과 메스티소의 관계는 유동적이라고 볼 수 있다(주종택, 2012a: 284). 예를 들면 피부색이 거의 원주민과 유사한 사람이라도 원주민어를 사용하지 않거나 원주민 문화를 수용하지 않는 사람은 메스티소라고 간주될 수 있는 것이다. 반면에 피부색이 거의 백인에 가까운 사람도, 메스티소 문화를 소유하면 메스티소라고 인정된다. 그러나 미국에서는 피부색에 의한 인종구분과 인종차별이 훨씬 엄격하다. 결과적으로 미국에 오게 된 라티노들은 자신들의 피부색을 고려하여 될 수 있으면 자신들에게 유리한 형태로 자신의 인종을 정의하려고 한다(Golash-Boza and Darity, 2008: 900). 다시 말해 미국의 라티노들은 주어진 상황에 따라 자신들의 인종이나 종족성을 규정하려고 노력한다. 물론 그렇다고 해서 이들의 생각이 미국 사회에서 그대로 적용되는 것은 아니다. 미국인들은 라티노들의 이런 노력에도 불구하고 자신들의 선입견에 따라서 라티노들을 이해하고 분류하는 경향이 있다.

<표 18> 라티노 인구의 인종별 구분(단위: 명)

인종 구분	인구수	비율(%)
백인	26,735,713	53.0
기타(메스티소, 물라토 등)	18,503,103	36.7
두 인종 이상의 혼혈	3,042,592	6.0
흑인	1,243,471	2.5
아메리칸 인디언	685,150	1.4
아시아인	209,128	0.4
하와이 태평양인	58,437	0.1
계	50,477,594	100.0

자료: U. S. Census Bureau, 2011: 14

<표 18>은 2010년 인구센서스에서 라티노들이 스스로 어떤 인종에 속하는지를 물어본 것에 대한 답변을 정리한 것이다. 조사결과는 백인 53.0%, 흑인 2.5%, 원주민 1.4%, 아시안 0.4%, 남태평양인 0.1%, 기타 36.7%, 두 인종 이상의 혼혈 6.0%로 나와 있다. 참고로 The World Fact Book의 자료를 보면, 라틴아메리카의 인구는 백인 33.5%, 메스티소 27.5%, 물라토 14.4%, 원주민 11.2%, 흑인 5.1%로 분류된다고 한다. 전체적으로 센서스 결과는 라틴아메리카 국가들의 인종구분과는 상당한 차이가 있다. 즉, 라틴아메리카에서 이주자를 많이 보내는 멕시코나 코스타리카를 제외한 중미국가들, 그리고 남미국가들 중에 칠레를 제외하고 대서양 연안에 위치한 국가들은 메스티소가 많고 백인이 그다음으로 많은 실정이다. 라틴아메리카에서 총인구 중에 백인들의 비율이 50%에 근접한 국가는 브라질을 포함해서 아르헨티나, 칠레, 코스타리카, 우루과이뿐이다. 특히 미국으로 이주자를 많이 보내는 멕시코와 중미국가들의 경우에는 백인들의 비율이 10% 내외에 머물고 있다. 그러나 조사결과는 의외로 백인이 절반을 넘는 것으로 나왔다. 물론 경제적으로 다소 여유가 있는 백인들이 좀 더 많이 미국으로 이주했다고 볼 수 있을 것이다. 그러나 그렇다고 해도 아마도 메스티소 중에 피부색에 있어서 백인과 별 차이가 없는 사람들이 미국에 와서 스스로 자신들이 백인과 가깝다고 생각하기 때문일 것이다. 한편 최근에는 멕시코나 중미의 원주민들도 많이 이주하고, 원주민들의 비율이 매우 높은 페루와 볼리비아에서도 상당수의 국제노동이주자들이 미국으로 향하고 있는데, 센서스 결과는 원주민의 비율이 단지 1.4%에 불과하다. 한편 쿠바나 도미니카공화국, 자메이카 같은 카리브 국가는 물라토와 더불어 흑인 인구도 상당한 비중을 차지하는데, 센서스에서는 2.5%만이 흑인에 속한다고 대답했다. 이 조사결과를 보면 라티노들이 미국 사회에서 조금이라도 차별을 적게 받겠다는 생각에서, 자신이 백인에 속한다고 간주하는 사람들이 많다는 것을 보여

준다. 이런 사람들은 시간이 흐를수록 자신을 라티노보다는 미국의 백인이라고 판단할 가능성이 높다고 하겠다. 이렇게 되면 일부의 라티노에게서 라티노의 정체성이 약화될 수 있다.

라티노의 정체성이 약화되고 라티노 인구가 줄어들 수 있다는 사실은 라티노들의 결혼형태에서도 확인해볼 수 있다. 2010년의 퓨 히스패닉 센터의 보고에 따르면 많은 라티노들은 결혼상대자로 라티노가 아닌 사람을 선택한다. 현재 라티노의 결혼 상대를 보면 17.4%가 라티노가 아니다 (Pew Social Trends: "Marrying Out", 2010.06.15). 이렇게 라티노 이외의 사람을 배우자로 선택하는 라티노들은 신혼인 경우에 더욱 늘어난다. 2008년의 통계를 보면 라티노의 26%가 라티노가 아닌 사람과 결혼했다. 미국에서 태어난 라티노들만 분리해서 보면 이런 현상은 더욱 두드러져서 41.3%의 남성 라티노들이 라티노가 아닌 사람을 배우자로 맞이했다. 이주한 지 얼마 안 된 라티노들은 언어와 거주지역, 가족관계 등을 고려해서 문화적으로 유사한 성향의 라티노와 결혼하기를 선호하지만, 미국에 오래 산 라티노일수록 배우자로 다른 인종의 사람들에게도 관심을 갖는 것으로 보인다. 이렇게 라티노들이 다른 인종과 결혼을 많이 하게 되면, 궁극적으로 라티노 사회의 응집력은 떨어질 수밖에 없다. 또한 라티노와 라티노가 아닌 사람 사이에 태어난 자녀들은 반드시 라티노 정체성을 가질 것이라고 단언할 수 없다. 특히 라티노가 백인과 결혼했을 경우에 이런 현상이 더욱 심할 것이다. 라티노들은 배우자로 라티노가 아닌 사람을 많이 선택하는 동시에 라티노 거주지를 이탈해서 백인들이 많이 사는 곳으로 이사하기도 한다. 특히 수입이 많고, 영어를 자유롭게 사용하며, 백인들의 문화에 잘 뿌리내린 라티노들은, 라티노 사회보다는 백인들이 밀집해 있는 지역으로 이사하기를 선호한다. 미국 시민권을 보유하고 있고, 미국에 오래 머문 사람일수록 백인들의 거주지에 많이 산다고 한다. 반면에 같은 라티노들끼리 접촉이 많은 사람들은 그렇지 않다고 한다(South et al., 2005). 이런 모든 것들이 장기적으로 라티노 사회의 변화를 초래할 요인으로 작용한다.

4. 이주자의 증가와 라티노 사회의 변화

이주자의 증가에 대해 상당한 우려를 표명하는 미국인들의 수가 과거보다 많아졌다. 아직도 이주자들이 많아지는 것이 사회경제적으로 미국에 유익할 것이라고 판단하는 사람들이 많이 있지만, 이주자들이 많아지면 종족이나 인종 간의 갈등이 심화되고, 사회불안이 심각해지는 등 사회적 문제가 발생할 것이라고 주장하는 사람들이 점차 증가한다. 특히 멕시코를 비롯한 라틴아메리카 지역의 이주자들이 빠르게 늘어나면서, 미국의 남부와 서부지역이 라틴화되는 것이 아니냐는 생각을 갖는 경우가 많다. 심지어 미국의 남부에 라티노 인구가 증가하면서, 멕시코인들이 과거에 미국에게 빼앗겼던 이 지역의 땅을 다시 멕시코로 가져가려 한다는 주장도 제기되고 있다. 최근에 불법이주자들에 대한 반감이 증가하면서 라티노에 대한 증오범죄도 늘어나고 있는 실정이다. 이렇게 라티노를 증오하고 차별하는 현상을 '히스패노포비아'(Hispanophobia)라고 한다. 특히 라티노에 대한 부정적인 평가는 백인들이 매우 심한 편이다. 백인들은 아프리카계 미국인들보다 라티노들을 더욱 호의적으로 생각하지 않는다고 한다. 아마도 라티노 중에 불법이주자들이 많이 있기 때문에 이런 문제가 발생했을 것이다(Campbell and Herman, 2010: 1524~1525). 특히 정치적으로 라티노들이 백인들과는 약간 다른 성향을 보이고 있기 때문에, 라티노의 증가는 필연적으로 백인들의 정치적 지위를 약화시키는 결과를 초래할 것이다. 이미 남부와 서부의 여러 지역에서 라티노 정치 지도자들이 백인들과 경쟁을 하고 있다.

백인들 못지않게 아프리카계 미국인들도 라티노와 여러 가지 측면에서 갈등을 빚고 있다. 아프리카계 미국인들도 라티노에 대해 백인들과 유사한 견해를 갖기도 하지만, 자신들만의 입장에서 문제를 제기하기도 한다. 주로 경제적으로 아프리카계 미국인들이 제한된 일자리를 두고 라티노들과 경쟁을 벌이게 되면서 충돌이 발생한다. 특히 최근의 경기침체로 아프리카계 미국인들의 경제적 형편이 과거에 비해 악화되어 문제가 커지고 있다. 이들의 실업률은 다른 인종집단보다 높게 나타난다. 2004년 6월의 실업률을 보면, 전국 평균은 5.6%이다. 그러나 인종별로 구분해보면 상당한 차이가 발생한다. 인종별 실업률은 백인 5.0%, 아프리카계 미국인 10.2%, 라티노 6.7%, 아시아계 미국인 5.0%로, 아프리카계 미국인의 실업률은 백인의 두 배이고, 라티노와 아시아계 미국인의 실업률보다도 매우 높은 수준을 유지한다. 일 년 뒤인 2005년 6월에는 전반적으로 경제가 다소 활성화되어 실업률이 약간 감소되어 5.0%로 하락했다. 그러나 아프리카계 미국인의 실업률은 별로 개선되지 않아서, 오히려 전년도보다 약간 높아진 10.3%를 기록했다. 다른 인종집단과 비교해보면, 백인들의 실업률은 4.3%로 내려갔고, 라티노의 경우에도 5.8%, 아시아계 미국인은 4.0%로 떨어졌다. 즉, 다른 모든 인종들의 실업률이 하락할 때에도 아프리카계 미국인들의 실업률만은 조금 올라갔다(Swain, 2007: 180~181). 미국의 노동통계국(U. S. Bureau of Labor Statistics)의 보고에 의하면 최근의 실업률도 유사한 유형을 보여주고 있다(LATINOVOICES, 2013.02.08). 전반적인 경기침체로 2012년 7월의 실업률은 전국적으로 8.1%를 보였다. 이것을 인종별로 나누어 보면, 백인은 7.2%, 아프리카계 미국인은 14.1%, 라티노는 10.2%, 아시아계 미국인은 5.9%였다. 계속해서 아프리카계 미국인들의 실업률이 라티노의 실업률을 상회하는 것으로 되어 있다. 자연히 아프리카계 미국인들은 라티노들 때문에 자신들의 경제적 입지가 위축되고 있다고 생각한다.

이렇게 아프리카계 미국인들의 실업률이 높게 나오면서 이들의 불만의 목소리가 점점 커지고 있다. 아프리카계 미국인들은 미국 정부나 고용주들이 의도적으로 자신들보다 새로 이주한 노동자들을 선호한다고 믿는다. 일자리에 있어서도 기술이 거의 필요 없지만 노조의 영향력이 커서 비교적 높은 임금을 받을 수 있는 용역 서비스나 섬유, 육류포장, 건축업 등의 일이 노조에 가입하지 않은 이주자에게 돌아간다고 분개한다(Swain, 2007: 185). 앞에서도 논의했듯이 실제로 많은 고용주들이 최근에 라틴아메리카에서 온 이주노동자들이 낮은 임금에도 열심히 일을 하고, 좋지 않은 작업환경도 잘 참아낸다고 생각한다. 또 불법 이주노동자의 경우에는 노동조합에도 가입되어 있지 않고 부당한 노동관행에도 자신들의 신분을 고려하여 그냥 넘어가는 경우가 많다. 이렇게 적은 비용으로 별다른 문제없이 라틴아메리카의 이주노동자를 더 많이 고용하다보니까, 일자리를 얻기 어렵게 된 아프리카계 미국인들의 생활은 점점 더 힘들어질 수밖에 없다(Swain, 2007: 186). 또한 아프리카계 미국인들은 자신들보다 라틴아메리카의 이주노동자들이 정부의 각종 혜택을 많이 받고, 승진의 기회도 많이 주어진다고 생각한다. 특히 미국의 '소수 집단 우대정책'(affirmative action)이 자신들보다 라티노들에게 주로 적용된다고 불평한다(Swain, 2007: 184). 이렇게 라티노의 수가 증가할수록 자신들의 경제적 지위가 약화되고, 사회적 영향력도 감소한다고 판단하기 때문에, 아프리카계 미국인들은 점차로 라티노들을 자신들에게 우호적인 집단이 아니라고 간주한다. 더욱이 새롭게 라틴아메리카에서 미국으로 이주한 사람들은 대부분 경제적으로 빈곤해서 생활비를 절약하려고 저소득층이 많이 사는 지역에 터전을 잡는다. 그러나 이런 지역은 대부분 아프리카계 미국인들이 주로 생활하는 지역이라서, 주거지에서도 라티노와 아프리카계 미국인들이 마주치게 된다. 두 집단이 서로 경쟁관계에 있으면서 직장이나 주거지에서 자주 부딪히게 되니까, 갈등이 생기고 때로는 감정이 격해져서 서로 폭력을 행사하기도 한다.

미국 사회에서 20세기 말부터 이주자를 제한하는 정책이 줄을 잇고, 이주자에 대해 부정적인 사회적 견해가 확산되면서, 라티노들도 점차로 위기위식을 갖게 되었다. 라티노들은 사회문화적으로는 자신들의 모습을 잘 드러냈지만, 정치적인 영역에서는 인구수에 비해 그다지 활발한 활동을 전개하지 못했다. 그러나 최근에 와서 라티노들이 적극적으로 자신들의 정치적 견해를 표방하는 사례가 많아졌다. 특히 주요한 선거에서 라티노들이 자신들에게 우호적인 정책을 제시하는 사람들에게 투표하는 경향이 분명하게 나타난다. 과거에는 라티노의 수가 그다지 많지 않아서, 자신들의 정치적 역량이 한계가 있다고 생각했다. 그래서 투표권이 있는 경우에도 이런 권리를 제대로 행사하지 않는 경우가 많았다. 그러나 자신들을 향한 사회적 압력이 강해지고 라티노들의 수가 계속 많아지면서, 이제는 그들의 생각이 바뀌었다. 즉, 적극적이고 주체적으로 정치적 권리를 행사하여 자신들에게 유리한 정책을 제시하는 정치인들에게 투표를 하겠다는 것이다. 물론 모든 라티노들이 동일한 정치적 입장을 고수하는 것은 아니다. 특히 쿠바계 라티노와 쿠바계 이외의 라티노 사이에는 상당한 차이가 있다. 쿠바계 라티노들은 역사적 경험으로 인해 정치적으로 보수적인 이념을 갖고 있으며, 공화당을 지지하는 사람들이 많다. 20세기 중반부터 미국으로 온 쿠바 사람들은 대부분 카스트로의 사회주의 체제를 반대하던 부유한 엘리트들이 많아서, 자연히 미국에서도 쿠바에 그다지 호의적이지 않은 공화당에 친밀감을 느끼는 경우가 많다. 그러나 멕시코나 푸에르토리코계 등 다른 지역에서 온 절대 다수의 라티노들은 보다 진보적 사고를 갖고 있어서, 민주당을 지지하는 경향이 강하다. 특히 민주당이 공화당보다 이주자들의 입장을 좀 더 고려하는 정책을 많이 제시하기 때문일 것이다. 쿠바에서 미국으로 새롭게 이주해오는 사람들의 수는 제한적일 수밖에 없어서, 앞으로 쿠바계 라티노들의 영향은 과거보다는 약화될 것이다. 어쨌든 라티노의 수가 증가하면서 이들의 정치적 입장은 투표결과에 그대로 반영되고 있다.

<표 19> 역대 미국 대통령 선거의 라티노 투표 현황

연도	민주당 후보	공화당 후보	득표율 차이
1980	지미 카터(56%)	**로널드 레이건**(35%)	21%
1984	월터 먼데일(61%)	**로널드 레이건**(37%)	24%
1988	마이클 두카키스(69%)	**조지 H. W. 부시**(30%)	39%
1992	**빌 클린턴**(61%)	조지 H. W. 부시(25%)	36%
1996	**빌 클린턴**(72%)	밥 돌(21%)	51%
2000	앨 고어(62%)	**조지 W. 부시**(35%)	27%
2004	존 케리(58%)	**조지 W. 부시**(40%)	18%
2008	**버락 오바마**(67%)	존 매케인(31%)	36%
2012	**버락 오바마**(71%)	미트 롬니(27%)	44%

자료: 퓨 히스패닉 센터
참고: 진하게 표시된 사람이 대통령 당선자

<표 19>에 따르면 1980년부터 2012년까지 라티노들은 일관성 있게 대통령 선거에서 민주당 후보를 더 많이 지지해오고 있다는 것을 알 수 있다. 최저 1980년의 56%부터 최고 1996년의 72%까지 항상 과반수 이상의 라티노들이 꾸준하게 민주당 후보에게 표를 주었다. 반면에 공화당 후보들은 1996년의 21%부터 2004년의 40%까지 라티노의 표를 얻었는데, 후보에 따라 득표율의 변화가 비교적 심하다. 라틴아메리카에서 불법이주자들이 많이 온다는 것을 감안하여 라티노들은 대체로 이주자들의 권리에 보다 관심을 갖는 민주당 후보를 공화당 후보보다 선호하는 것이다. 대체로 2006년 이전에는 라티노들이 개인적으로 판단해서 자신들에게 바람직한 대통령 후보가 누구인지 판단해서 투표에 참여했다. 그러다가 2006년에 라티노 사회는 자신들의 권리가 제대로 보장되지 않는다는 생각에서 적극적인 투표독려 활동을 펼쳤다. 2006년은 불법이주자들을 중죄인으로 간주하려는 법안에 대해 격렬한 논

쟁이 있었던 시기였다. 당시에 라티노들은 '메가 마르차'(mega-marchas)라는 이름으로 대규모 시위를 여러 곳에서 주도했다. 이런 과정을 거치면서 라티노들의 정치의식이 변하기 시작했다. 마침내 이들은 "오늘은 행진하고, 내일은 투표한다"(Hoy marchamos, mañana votamos)라는 구호를 내걸고 라티노들이 투표에 적극적으로 참여해줄 것을 요구했다. 이런 움직임은 투표결과에 그대로 반영되었다. 2006년의 의회선거에서는 라티노 유권자들의 29%만 공화당에 표를 던졌다. 이것은 부시가 2000년에 획득한 31%의 득표율과 2004년의 40%의 득표율에는 못 미치는 것이었다(Fraga and Segura, 2009: 75).

2008년의 대통령 선거가 다가오자 라티노 단체들은 행진을 주도하고, 자격을 갖춘 라티노들에게 미국으로의 귀화를 촉구하며, 투표자 등록과 함께 투표장에 갈 것을 호소했다. 라티노 단체들은 공개적으로 일리노이 주의 상원이었으며, 이주자들에게 관심을 보였던 오바마를 지지하였다. 특히 2007년 의회가 주도한 이민법의 개정에 대해 라티노들이 강력하게 반발하면서 공화당에 대한 지지가 크게 줄었다. 그 결과로 2008년의 대통령 선거에서 민주당의 버락 오바마와 공화당의 존 매케인(John McCain)은 라티노로부터 각각 67%와 31%의 표를 얻었다. 특히 오바마는 콜로라도, 뉴멕시코, 네바다, 버지니아 등 과거에는 공화당에 대한 지지가 많았던 주에서 상당한 득표를 얻는 성과를 달성하여 대통령에 당선되었다. 이런 지지도는 2012년의 대통령 선거에도 그대로 재현되었다. 2012년에 민주당 후보였던 오바마는 라티노의 절대적인 지지를 얻어서, 선거에서 승리할 발판을 마련했다. 2012년에 오바마가 라티노로부터 얻은 71%의 득표율은 1996년에 빌 클린턴이 라티노로부터 획득한 72%의 득표율 다음으로 높은 것이다. 2012년 선거에서 라티노들은 민주당이 공화당과 치열한 경쟁을 펼쳤던 플로리다, 네바다, 콜로라도 등 3개 주에서 승리하는 데 핵심적인 역할을 했다(퓨 히스패닉 센터 보고서, 2012.11.07). 플로리다 주에서 오바마는 60% 대 39%로 승리했다. 플로리다에서는 쿠바계 라티노들이 많이 살지만, 최근에 푸에르토리코계 라티노들이 증가하면서 민주당에 유리해졌다. 플로리다의 쿠바계 라티노의 투표결과에서는 오바마와 롬니의 득표율이 각각 49%와 47%로 별 차이가 나지 않았는데, 쿠바계를 제외한 라티노 사이에서는 오바마와 롬니의 득표율이 각각 66%와 34%로 크게 벌어졌다. 콜로라도에서는 오바마가 롬니에게 75% 대 23%로 압도적인 승리를 거두었다. 네바다에서도 유사하게 오바마가 롬니에게 70% 대 25%로 앞섰다. 향후에 라티노들이 북동부와 중서부지역에 더욱 많이 이주하게 된다면, 이 지역에서도 민주당 후보들이 지금보다 유리해질 수 있을 것이다.

<표 20> 인종과 종족에 따른 2008년 대통령 선거 득표율(단위: %)

인종 및 종족 집단	버락 오바마	존 매케인
라티노	67	31
백인	43	55
아프리카계 미국인	95	4
아시아계 미국인	62	35

자료: 퓨 히스패닉 센터

<표 21> 인종과 종족에 따른 2012년 대통령 선거 득표율(단위: %)

인종 및 종족 집단	버락 오바마	미트 롬니
라티노	71	27
백인	39	59
아프리카계 미국인	93	6
아시아계 미국인	73	26

자료: 퓨 히스패닉 센터

<표 20>과 <표 21>을 보면, 미국에서 인종과 종족에 따른 투표행위가 매우 상이하게 일어나고 있다는 사실을 파악할 수 있다. 2008년과 2012년의 결과를 비교해보면, 전반적으로 백인들은 공화당 후보를 더 지지하고, 백인에 속하지 않는 사람들은 민주당 후보를 더 지지한다. 즉, 라티노와 백인들의 투표형태가 대조적으로 나타난다. 그리고 이런 격차는

2008년에 비해 2012년에 더욱 확대되었다. 백인들은 2008년과 2012년에 오바마에 대한 지지율이 43%에서 39%로 줄어든 반면에, 백인이 아닌 집단은 오바마의 지지율이 오히려 상승했다. 즉, 라티노의 정치적 성향이 미국 사회를 지배하고 있는 백인들과 뚜렷하게 대립된다는 것을 확인할 수 있다. 구체적인 내용을 보면, 인종 및 종족 집단 중에 라티노들은 2008년의 67%보다 2010년에 71%로 더욱 많은 표를 오바마에게 던졌다. 2008년과 2012년의 표 차이도 140만 표에 달했다. 물론 아시아계 미국 인들도 2008년의 62%보다 2010년에 73%로 오바마에게 더 많은 투표를 했다. 그러나 유권자 수가 라티노는 전체 유권자의 10%를 차지하지만, 아시아계 미국인은 3%밖에 되지 않아서, 라티노의 표가 더 큰 비중을 차 지한다. 라티노 유권자의 비율은 2004년에는 8%, 2008년에는 9%로 계 속 증가하고 있다. 백인 유권자는 72%이고, 아프리카계 미국인은 13%이 다. 결국 2012년의 대통령 선거에서는 라티노의 표가 오바마의 재선에 결정적인 역할을 했다고 말할 수 있다. 라티노의 인구가 계속 빠르게 증 가 추세에 있다는 것을 고려하면, 라티노 유권자의 수도 따라서 증가하여, 앞으로 미국에서 라티노의 정치적 역할은 더욱 확대될 것이 분명하다.

라티노들이 2008년에 오바마를 적극적으로 지지한 것은 그가 이민법 을 개정할 것이라고 믿었기 때문이었다. 특히 불법이주자들에게 합법적 인 신분을 마련해줄 것을 기대했다. 그러나 선거가 끝난 뒤에 라티노들 의 희망이 절망으로 바뀌는 데에는 그리 오랜 시간이 걸리지 않았다. 오 바마 행정부에서도 이전 정부와 마찬가지로 불법이주자에 대한 추방은 멈추지 않았고, 이에 따라 가족이 서로 분리되는 경우도 발생했다. 특히 오바마 행정부는 라틴아메리카의 이주노동자의 이동을 통제하기 위해 공 권력을 사용했고, 피부색과 인종 등을 기반으로 용의자를 추적하는 수사 기법을 이용하기도 했다(Gonzalez, 2010: 15). 오바마 대통령은 2010년 한 해에만 392,000명을 추방했고, 부시 행정부부터 지속되었던 이주통제를 위한 재정지출은 중단하지 않았다. 그래서 이주자를 억제하기 위해 사용한 비용은 2002년의 75억 달러에서 2010년에는 170억 달러로 크게 늘었다. 이주자의 통제는 국경과 내륙지역에서 동시에 시행되었다. 국경지역에서는 무인정찰기와 헬리콥터 등 첨단 감시장비가 투입되었다. 오바마 대통령이 불법이주자를 추방시키는 데에는 E-Verify, 287(g), 그리고 '안전한 사회'(Secure Communities)라는 세 개의 프로그램이 활용되었다. E-Verify는 앞에서도 언급한 것처럼 노동자의 서류를 정부의 기록과 대조하여 불법 이주노동자를 적발하여 해고시키거나 추방하는 인터넷 프로그램이다. 287(g)은 이민세관단속국이 지역의 법 집행기관과 협력하여, 지역의 경찰이 연방 이민국 관리의 역할을 대신하도록 한다. '안전한 사회' 프로그램은 지역 관리들이 체포한 용의자의 지문을 이민세관단속국과 함께 점검하여 불법이주자를 가려내어 추방하는 것이다(Gonzalez, 2010: 16). 라티노들은 2012년 대통령 선거가 오바마의 승리로 확정된 다음에, 2008년의 대통령 선거에서도 이민법을 개정하겠다고 공약을 내세워놓고 지키지 않았다고 주장하면서, 이제는 오바마 대통령이 행동으로 보여주어야 한다고 주장했다. 매사추세츠 주지사였던 공화당의 미트 롬니 후보는 불법이주자에 대해 강경한 자세를 유지했다. 그는 불법이주자들은 시민권을 신청하기 이전에 미국을 떠나야 한다고 주장했다. 롬니의 태도는 백인들에게는 지지를 받을 수 있었지만, 라티노들에게는 지지를 받기 어려웠다.

Part 6

이주의 확산과 라틴아메리카의 변화

1. 송금과 사회경제적 발전

(1) 송금과 라틴아메리카 사회

라틴아메리카에서 미국으로의 국제노동이주는 미국 사회뿐 아니라, 라틴아메리카 사회에도 많은 변화를 초래하고 있다. 국제노동이주가 사회적, 정치적, 문화적으로 많은 영향을 남기고 있지만, 경제적인 부분도 예외는 아니다. 국제노동이주의 경제적 영향은 이주자들이 본국으로 보내는 송금에 의해 뚜렷하게 나타난다. 멕시코나 다른 라틴아메리카에서 미그라돌라레스(migradólares)라고 불리는 송금은 규모도 상당히 크고 계속해서 증가하는 경향이 있다. 2008년 한 해 동안 멕시코가 송금으로 벌어들인 돈은 약 250억 달러로 전 세계에서 인도와 중국 다음으로 많다(Acosta et al., 2008: 27; Calderón et al., 2008a: 89; Ruiz, 2006: 47; VanWey et al., 2005: 84). 멕시코의 송금 수입은 석유와 국경 지역의 마킬라도라(maquiladora)[18] 산업 다음으로 중요한 외환 획득수단이다 (Orrenius et al., 2012: 187). 그렇기 때문에 현대 라틴아메리카의 국제노동이주를 이해하는 데에 송금의 성격과 형태, 용도에 대한 체계적인 이해가 필요하다. 경제적인 측면에서 송금은 빈곤한 국가의 지역발전에 상당한 공헌을 하

---

18) 멕시코의 산업발전을 목표로 시행된 자유무역지대에 위치한 제조업체를 의미한다. 기업들은 관세혜택을 받아 원료와 장비를 수입해서 조립이나 가공을 한 다음에 미국이나 다른 국가로 수출한다. 초창기에는 국경지역에서만 허용되었으나, 이제는 내륙지역에서도 인정된다.

며(Eversole, 2005: 295), 비교적 일정하게 들어오는 안정적인 수입원이다. 또한 원조나 투자, 다른 형태의 재정적 지원에 비해 가난한 나라 사람들에게 비교적 공평하게 분배되는 특징이 있으며, 가난한 나라에서도 특히 매우 가난한 사람들에게 많은 혜택이 주어진다. 특정한 국가의 송금을 국민 전체가 아니라 송금을 받는 가구의 입장에서만 보면, 송금이 빈곤을 축소시키는 데 기여하는 역할은 더욱 크다(Özden and Schiff, 2007: 5). 그밖에도 재정 위기, 자연재해, 정치적 갈등 등 사회가 정치경제적으로 곤란을 겪을 때 송금의 규모가 증가한다. 이런 사실을 고려하면 정치경제적 불안이 지속적으로 반복되며, 계층 간의 불균형이 날이 갈수록 심각해지는 라틴아메리카 사회에서 송금의 역할이 더욱 중요하다는 것은 분명하다. 국제노동이주가 라틴아메리카 사회에 끼치는 영향은 상당하지만 경제위기로 이주노동의 빈도와 기간이 확대되면서 더욱 많은 문제가 일어난다. 그중에서 이주결과로 나타나는 송금은 사회에 막대한 영향을 미치고 사회의 급격한 변화를 초래하는 원인이 된다.

라틴아메리카로 들어오는 송금액수는 1980년 이후부터 빠르게 늘어나기 시작해서, 지금은 거의 30배 정도 많아졌다. 1980년에는 라틴아메리카의 송금액은 19억 달러에 불과했다. 이렇게 되어 현재 라틴아메리카는 총송금액이나 1인당 송금액수가 세계에서 가장 많다(Acosta at al., 2007: 64). 라틴아메리카의 국제노동이주가 활성화되면서 송금수입을 얻는 가구의 비율도 자연스럽게 늘어나고 있다. 당연히 국가마다 현격한 차이도 있다. 아이티의 경우에는 전체 가구의 25% 이상이 송금을 받고 있다. 반면에 페루의 경우에는 송금을 받는 가구의 비율이 3%에 머물고 있다. 도미니카공화국과 엘살바도르, 니카라과, 온두라스에서는 10%에서 25%의 가구가 송금수입을 얻고, 멕시코와 과테말라는 5%에서 10%, 그리고 볼리비아, 에콰도르, 파라과이에서는 3%에서 5%의 가구가 송금의 혜택을 입는다(Acosta et al., 2007: 67). 물론 송금의 액수를 정확하고 객관적으로 파악하기는 거의 불가능하다. 왜냐하면 송금의 상당 부분이 비공식적으로 개인적인 차원에서 전달되기 때문에, 공식적인 확인이 곤란하다. 예를 들면 이주자의 송금이 은행 등의 공식적인 금융기관을 통하는 것이 아니라, 친구나 친척 아니면 이주자 본인에 의해 직접 전달되기도 한다. 빈곤한 국가일수록 금융기관이 제기능을 하지 못하고, 국민들이 이런 기관을 신뢰하지도 않아서, 이주자들도 이용하지 않는 경우가 흔하다. 따라서 국제기구나 각국 정부에서 추산하는 송금의 규모는 실제보다 축소되었을 가능성이 크다(Adams, 2009: 94).

<표 22> 2005년의 라틴아메리카 주요국의 송금액(단위: 백만 달러, %)

국가	송금액	GDP에서 차지하는 비율
멕시코	20,034	2.8
브라질	6,411	1.1
콜롬비아	3,314	3.3
과테말라	2,993	9.3
엘살바도르	2,830	17.1
도미니카공화국	2,682	9.1
페루	2,495	3.2
에콰도르	2,005	6.4
온두라스	1,763	21.2
자메이카	1,651	19.0
아이티	1,077	20.7
볼리비아	860	8.5
니카라과	850	16.9
아르헨티나	780	0.4
파라과이	550	7.2
라틴아메리카 전체	52,608	

자료: Khoudour-Castéras, 2007: 144

    <표 22> 2005년에 라틴아메리카의 이주자들이 본국에 보낸 송금액의 현황을 보면, 규모가 상당히 크다는 것을 알 수 있다. 송금액이 라틴아메리카 전체로는 526억 달러에 달하고, 국가별로 액수가 가장 많은 국가는 멕시코로 200억 달러에 달한다. 멕시코가 얻는 송금수입은 1990년

대 중반부터 빠르게 증가했다. 이런 추세는 세계 경기침체가 심화된 2008년까지 지속되었다. 1995년에서 2002년 사이에 인플레이션을 반영한 멕시코로의 송금액은 연평균 15.9% 상승했다. 2003년에서 2006년의 기간에는 24.3%로 더욱 높아졌다. 그러나 세계경제가 침체되기 시작하면서 멕시코의 송금수입도 영향을 받아서, 2007년은 전년에 비해 1% 감소하였으며, 2008년에는 하락 폭이 더욱 커져서 다시 7.2%가 내려갔다. 2010년 이후에는 다시 예전의 규모로 돌아왔다(Orrenius et al., 2012: 188). 멕시코 다음으로 송금액이 많은 국가는 브라질 64억 달러, 콜롬비아 33억 달러이다. 중미국가들은 대개 20억에서 30억 달러를 이주자의 송금으로 받아들인다. 국가별로 송금액의 규모를 보면 대체로 인구가 많아서 이주자가 많은 국가들이 송금액도 많다는 것을 알 수 있다. 그러나 송금액이 GDP에서 차지하는 비율을 보면 다소 상이한 결과를 발견할 수 있다. 국가별로는 온두라스가 21.2%로 가장 높고, 아이티가 20.7%, 자메이카가 19.0%, 엘살바도르가 17.1%, 니카라과가 16.9%를 보인다. 아이티를 제외하면 모두 중미국가들로서 인구에 비해 이주자가 많기 때문에, 송금이 GDP에서 차지하는 비중도 높게 나온다. 송금의 규모는 미국의 경기에 따라 다소 영향을 받지만, 최근에도 꾸준하게 증가하는 추세이다. 2011년도 라틴아메리카의 송금액을 보면 약 693억 달러에 달해서, 2005년보다 160억 달러 이상이 증가했다(Orozco, 2012: 1). 주요국가의 2011년 송금액을 보면, 멕시코 227억 달러, 과테말라 44억 달러, 콜롬비아 42억 달러, 엘살바도르 37억 달러, 도미니카공화국 31억 달러, 온두라스 29억 달러, 에콰도르 27억 달러, 자메이카 20억 달러, 니카라과 11억 달러이다. 송금을 많이 받아들이는 이 9개국의 송금액의 합계는 467억 달러이다.

송금은 이주한 지 얼마 되지 않는 사람들이 많이 한다. 이들은 가족의 경제적 문제를 해결하기 위해 이주를 결정했기 때문에 초기에는 비교적 돈을 고향에 보내는 일에 적극적이다. 또한 기술수준이 낮은 사람들이 송금을 많이 한다. 이들은 미국에서의 일자리도 일시적이고 항상 불안하기 때문에 수입의 상당 부분을 본국에 보내서, 만약에 다시 고향으로 돌아가게 되면 그 돈을 이용해서 생계를 해결하려는 생각을 갖고 있다. 반면에 기술수준이 높고 상대적으로 수입도 많은 이주자들은 송금을 그다지 많이 하지 않는다. 이들은 안정적인 직업을 가질 확률이 많아서 가족을 불러들일 계획을 세우는 경우가 많다. 자연히 본국으로 돌아가지 않을 가능성이 커서 송금에 많은 관심을 가지지 않을 수 있다(Adams, 2009: 99). 합법이주자의 경우에도 송금액은 그리 많지 않다. 이들은 미국에서 어느 정도 안정적인 기반을 확립한 다음에, 바로 가족을 미국으로 초청하기 때문에 미국에서 저축을 하는 경우가 많다(Escobar Latapí, 2009: 83). 처음에는 기술이 많이 부족한 사람도 미국에 와서 일을 하면서 기술을 습득하여, 수입을 늘리는 이주자도 있다. 따라서 이주자들의 거주기간이 길어진다고 해서 반드시 송금액이 그것에 비례해서 계속 상승하지는 않는다.

송금이 가난한 라틴아메리카 사람들에게는 경제적으로 상당히 중요한 역할을 한다. 때로는 일자리가 부족한 라틴아메리카 사회에서 새로운 소득을 얻는 수단으로 활용되기도 한다. 그러나 가난한 사람들이 국제노동이주를 한다고 해도 이주노동자들이 원하는 만큼 항상 충분한 송금수입을 얻을 수 있는 것은 아니다. 때로는 송금의 규모가 기대한 수준에 미치지 못해 오히려 문제가 발생하기도 한다. 한 예로 과테말라의 마야 원주민 마을인 네바흐(Nebaj)에서 송금을 둘러싼 심각한 문제를 확인할 수 있다(Stoll, 2010: 124~129). 약 20여 년 동안 네바흐에서는 내전이 종식된 뒤에, 이 지역의 개발을 위해 다양한 국제기구에서 원조와 저금리의 대출이 줄을 이었다. 마을 사람들은 이런 자금을 활용하여 비교적 과거보다 풍족하고 편안한 생활을 즐길 수 있었다. 일부의 사람들은 대출받은 돈을 미국으로 이주를 희망하는 사람들에게 빌려주었다. 이주노동자들이 나중에 미국에서 돈을 벌어 송금을 하면 갚겠다는 약속을 받아들인 것이었다. 이주자들은 미국으로 가는 데에 비용이 들고, 또 미국에서 정착하여 생활하는 데에도 적지 않은 비용이 필요해서 돈을 빌렸다 나중에 미국에 가서 돈을 벌면 송금을 보내서 조금씩 갚으려는 계획이었다. 그러다가 미국의 금융기관들이 신용위기를 겪으면서 문제가 발생했다. 미국의 금융기관들이 대출금을 갚을 것을 요구하자, 갑자기 대출을 상환해야 할 처지에 놓이게 된 네바흐 사람들은 경제적 문제로 고통을 받게 되었다. 게다가 미국으로 간 이주노동자들도 미국의 경기침체와 다른 라틴아메리카 이주노동자들과 일자리를 놓고 경쟁을 해야 하기 때문에, 일자리를 제대로 얻지 못해서 기대한 수준의 임금을 받지 못하게 되었다. 부채를 이용하여 이주를 한 일부의 사람들과 그의 가족들은 빌린 돈을 갚을 능력을 상실하게 되었고, 결국에는 집이나 생산활동에 필요한 자산을 잃게 되었다. 네바흐에서는 보통 한 달에 10%의 이자를 받는데, 일 년이 안 되어 부채가 2배로 증가하고, 2년이 안 되어 3배로 늘어난다. 국제노동이주로 인해 빚을 지게 된 사람들은 그나마 마을에서는 다른 경제적 소득원이 없기 때문에 소득을 확보하려는 목적으로 더 많은 가구원을 미국으로의 국제노동이주에 참여시켰다. 이렇게 되어 송금과 국제노동이주를 둘러싼 악순환이 지속되어 마을의 경제가 붕괴될 위기에 빠지게 되었다.

(2) 멕시코의 농촌사회와 송금

앞에서 살펴본 바와 같이 멕시코는 송금수입이 많은 국가이다. 그중에서도 이주자를 많이 보내는 농촌사회에서는 송금의 역할과 영향이 더욱 크다고 할 수 있다. 그런 의미에서 멕시코의 산 환 델 에스타도의 경우에 송금의 규모가 어느 정도이고 송금의 역할과 의미, 용도, 그것이 지역사회 및 농촌가구에 미치는 영향은 무엇인지를 살펴보고 이어서 송금수입을 늘리려는 가구의 전략은 어떤 것이 있는지를 분석한다(주종택, 2009: 105~118).

1) 송금과 가구 경제

산 환 델 에스타도에서 1950년대부터 미국으로의 국제노동이주가 시작되면서 송금은 꾸준하게 증가하고 있다. 그러나 이주자가 몇십 명에 불과했던 1980년대까지는 이주자들이 보낸 송금을 받는 가구가 제한되어 있어서, 그다지 큰 문제가 되지 않았다. 그러나 1990년대가 되면서 이주자가 급격히 증가하고 전체 가구원이 이주를 하는 등 가구당 이주자도 늘어나면서, 송금에 대한 관심은 대단히 커졌다. 현재는 전체 가구 중에서 절반 정도가 미국에서 일을 하고 있는 국제노동이주자를 보유하고 있어서, 송금의 규모와 영향은 가구와 마을의 유지에 무시하지 못할 기능을 하고 있다. 현재 너무 가난해서 미국으로 일을 하러 가기 어렵거나 일을 하러 갈 노동력을 갖고 있는 사람이 없는 소수의 가구를 제외하면 거의 대부분의 젊은 사람들이 노동이주를 했거나, 하고 있거나, 아니면 앞으로 할 예정이라고 볼 수 있다.

2006년 현재 마을 전체의 549가구 중에서 면접조사를 실시한 163가구의 사례를 살펴보면 76가구에서 194명의 이주자를 보내고 있다. 76가구 중에서 9가구는 가구 구성원 모두가 미국으로 이주하였다. 국제노동이주에 참여하고 있는 가구당 평균 이주자의 수는 2.14명이다. 1994년 조사 당시에는 31가구에서 53명의 국제노동이주자가 있어서 이주자를 보낸 가구당 1.71명이었다(Joo, 1995). 이 자료를 비교해보면 동일한 조사집단 내에서 이주자를 보내는 가구 수는 2.45배, 이주자의 수는 3.66배, 가구당 평균 이주자의 수는 1.25배로 증가하였다. 이주자 전체의 절반 정도가 송금을 보낸다고 답하였는데, 1994년과 비교해서 크게 달라진 것은 없고 개인당 송금액이 약간 증가하였다.

<표 23> 가구별 이주자 수와 월 평균 송금액(단위: 페소, 2006년 현재 US$1=10.48페소)

송금액 \ 이주자 수	1명	2명	3명	4명	5명	6명	7명	계
0	5	2	0	0	0	0	0	7
1~1,000	9	5	1	1	0	0	0	16
1,001~2,000	7	11	7	1	1	0	0	27
2,001~3,000	3	4	2	3	1	0	1	14
3,001~4,000	1	0	0	2	1	1	0	5
4,001~5,000	0	0	1	0	2	1	1	5
5,001~6,000	0	0	0	0	0	0	0	0
6,001~7,000	0	0	0	0	0	1	0	1
7,001~8,000	0	0	0	0	0	0	1	1
계	25	22	11	7	5	3	3	76

가구당 이주자의 수는 1명과 2명이 전체의 2/3를 차지하고 있지만 3명 이상인 경우도 29가구나 된다. 1994년에는 3명 이상의 이주자가 있는 가구가 5가구밖에 없었다는 점을 고려하면, 가구당 국제노동이주자의 수는 매우 가파르게 증가하고 있다는 사실을 알 수 있다. 송금액수는 정기적으로 보내는 돈의 평균을 나타내는 것으로, 이주자가 있는 전체 가구의 2/3가 2,000페소 이하, 그리고 1/3이 1,000페소 이하의 송금수입을 갖고 있다. 7,000페소가 넘는 송금수입이 있는 가구도 있지만 전체적으로 송금액수가 그다지 많은 것은 아니다. 그렇지만 각 가구의 월 평균소득이 약 3,000페소라는 것을 생각하면 송금이 생계유지에 상당한 도움이 된다는 것을 확인할 수 있다. 1994년에는 2,000페소 이상의 송금수입이 있는 가구가 단지 3개에 불과했다. 한편 미국에서 일하는 이주자들이 고향에 사는 가족들이 큰돈이 드는 물건을 구입하거나 아파서 치료를 받아야 할 때 등, 긴급을 요하는 시기에는 별도로 돈을 보내는 경우가 흔하다. 그리고 이주자들이 미국에서 조금씩 돈을 모아놓았다가 마을을 방문하거나 돌아올 때 목돈을 가져오기도 한다는 것을 고려하면, 실제로 이주자가

있는 가구가 이주자들로부터 받는 경제적 혜택은 상당하다.

2) 경제행위와 송금의 사용

대부분의 연구결과는 송금이 생산적인 부분에 투자되지 않는다고 주장한다. 즉, 송금이 농업이나 농촌의 산업생산에 투자되기보다는 소비물품을 구입하는 데 주로 쓰인다는 것이다(Butterworth and Chance, 1981: 84; Durand and Massey, 1992: 25; Gledhill, 1991: 237; Grindle, 1998: 79; Kearney, 1986: 346; Massey et al., 1987: 216; Russel, 1986: 688). 실제로 이런 현상은 여러 학자들의 경험적 조사에서 사실로 드러난다. 심지어 루벤스타인(Rubenstein, 1992: 132)은 라틴아메리카 농촌의 경제적 상황이 송금의 부정적인 사용으로 인해 악화되었다고 한다.

그러나 송금이 당장 생산적인 부분에 사용되지 않는다고 해서 장기적으로 이것이 농촌경제에 항상 부정적인 영향을 미치는 것은 아닐 것이다. 즉, 농촌가구의 경제적 여건을 고려해서 송금의 역할과 영향을 따져보면 다음과 같은 사실을 알아낼 수 있다. 첫째, 농민들은 자신들의 농업이나 농업 외의 소득만으로 생계를 유지할 수 없기 때문에 송금으로 들어오는 현금을 가구 내의 소비에 사용한다. 즉, 송금이 생계유지를 부분적으로 도와줌으로써 농촌가구와 농촌사회의 유지에 생산적인 기여를 하는 것이다. 만일에 자신들의 농촌소득이 충분하면 당연히 송금을 생산적인 분야에 투자하게 될 것이다. 따라서 송금의 활용은 각 가구의 특수한 경제적 형편에 따라 달라진다. 둘째, 대부분의 라틴아메리카 농촌지역은 부족한 하부구조, 낮은 기술수준, 자연자원의 결여, 시장의 협소 등으로 생산적인 투자의 가능성이 상대적으로 낮다(Durand and Massey, 1992: 27). 따라서 송금이 직접적으로 생산적인 분야에 투자되기 어려운 실정이다. 셋째, 농촌의 실정으로 보면 상당한 금액의 송금 중에서 생산적인 부문에 투자되는 비율은 낮을지 몰라도 현재의 농촌산업에서 차지하는 비중은 상당히 크다(Massey et al, 1987: 232; Hulshof, 1991: 70~71). 송금으로 얻은 수익이 소규모이지만 정기적으로 또 지속적으로 농촌산업에 투자된다면 농촌산업의 자본화가 촉진될 수 있다는 가능성을 완전히 무시할 수 없다(Cook and Binford, 1990; Stephen, 1991 참조). 어쨌든 외부로 노동이주를 했다가 돌아온 사람들이 가져와서 농촌지역에서 사용되는 돈은 "지역의 임금노동과 자영업이 발생할 가능성을 만든다"(Rothstein, 1992: 36)고 볼 수 있다. 경우에 따라서는 소비와 투자의 구분이 모호한 사례도 많다(Russel, 1992: 270). 예를 들어 집에서 사용하기 위해 송금으로 산 자동차도 소유자가 그것을 상업적으로 이용할 기회가 생기면, 소득을 얻는 수단으로 이용할 수도 있을 것이다. 이주자들이 보내오는 돈이 소비적인 곳에 많이 쓰이게 되면서 여러 가지 부정적인 현상도 나타나지만, 토지가 전혀 없는 농촌가구에게는 그나마 빈곤을 경감할 수 있는 소중한 자원이다(Adelman et al., 1988: 21~22).

① 소비분야

멕시코의 다른 농촌사회와 마찬가지로 이주자를 가진 대부분의 가구에서는 송금을 생계에 필요한 물품을 구입하는 데 사용하는 실정이다. 많은 사람들이 송금이 가계의 수지를 맞추는 데 상당한 도움이 된다고 밝힌다. 소비에 사용되는 송금이 투자에 이용되는 경우보다 변동이 덜 심하기 때문에(Chimhowu et al., 2005: 86; Ratha, 2005: 26) 생활에 곤란을 느끼는 가구에서는 송금에 의존하는 경향이 많다. 이렇게 조사지의 가구들이 송금을 일상생활을 유지하는 데 쓸 수밖에 없는 이유는, 농업생산이 자급자족을 이루기에도 턱없이 부족한 상태이기 때문이다. 조사대상인 163가구의 경우에 농업용수를 공급할 수 있는 수리답은 1/3만 소유하고 있으며, 나머지 가구는 토지가 전혀 없다. 이것은 마을 내의 다른 가구에서도 비슷한 상황이다. 토지가 있는 경우에도 경작지 규모는 매우 작아서 60% 정도가 0.5ha 미만을 소유하는 실정이다. 물론 마을의 공동 토지인 천수답을 소유하는 가구도 있지만, 이런 토지에서 얻는 작물의 생산량은 미미한 수준이고, 비가 오지 않거나 해충이나 전염병이 발생하면 전혀 수확량을 기대할 수 없다. 더욱이 젊은 노동력이 미국으로 일자리를 찾아 떠나면서 농작물에 대한 관리가 제대로 이루어지지 않아서 농업생산성은 매우 낮은 수준이다. 163가구의 약 1/5만 주곡인 옥수수를 자급자족할 수 있고, 나머지 가구들은 모두 일 년 중에 일정한 시기는 옥수수를 사서 먹고 있다. 특히 약 1/3의 가구는 일 년 내내 옥수수를 사먹어야 하며, 평균적으로 모든 가구들이 옥수수 수확이 끝난 다음에 일 년에 6~7개월은 시장이나 마을의 가게에서 옥수수를 구입해서 먹는다. 물론 마을이나 오아하카 등지에서 상업을 하거나 농촌산업, 그밖에 다양한 직업을 갖는 사람이 있지만, 소득은 매우 불안정하고 많지 않아서 생계를 유지하는 데에는 충분하지 않다.

식량문제를 해결하는 것 다음으로 사람들에게 송금이 유용하게 활용되는 분야가 교육과 보건의료라고 할 수 있다. 먼저 송금의 상당한 부분이 자녀들의 교육비로 쓰이고 있다. 특히 국제이주노동자들은 자녀들도 미국에 가서 일을 하기를 원하는 사례가 많아서, 다른 마을 사람들보다도 교육을 중시하고 있다. 미국에 가서 일을 하면서 적절한 대우를 받으려면 기본적인 것은 배워야 되고 영어도 어느 정도 습득하는 것이 유리하기 때문에, 자녀가 고등학교나 대학 과정을 마치기를 선호한다. 마을에는 중학교까지 있어서 고등학교나 대학을 진학하려면 인근의 에틀라(Etla)나 오아하카 시내로 나가야 되어 상당한 비용이 든다. 사립학교에 비하면 공립학교는 학비가 대단히 저렴하지만, 가난한 농민들로서는 송금수입이 없으면 그나마도 불가능하다. 한꺼번에 많은 비용이 드는 의료 분야도 송금의 혜택이 상당한 영역이다. 다른 지역에서도 비싼 의료보험을 감당하지 못하는 사람들이 사고를 당하거나 질병을 얻게 되었을 때 송금된 돈을 사용하는 것과 마찬가지로(Airola, 2007: 858; Joo, 1995: 146), 산 환 델 에스타도에서도 건강문제를 해결하기 위해 송금을 이용한다. 미국에서 3년간 일을 하던 한 가장은 가족을 돌보기 위해 마을로 돌아올 예정이었으나, 갑자기 아들이 사고로 무릎을 다쳐서 수술을 하는 통에 치료비를 마련하기 위해 2년간 미국에 더 남아서 일을 하였다.

기본적인 욕구가 어느 정도 충족되면 남은 송금은 생활에 편리한 가전제품이나 그 밖의 공산품을 사거나 서비스를 이용하는 데 사용된다. 이주자가 많아지고 송금액수가 증가하면서 마을에 여러 개의 상점이 새로 문을 열었다. 특히 1990년대 이후에 인터넷 카페, 철물점, 미용실, 구둣가게, 주류 상점, 문구점 등 전에는 없던 상점들이 새로 생겼다. 1998년에는 식당도 하나 개업을 해서 손님들을 맞고 있다. 마을 사람들의 의견으로는 가게가 많아지면서 씀씀이가 헤퍼지기도 하지만, 고객의 입장에서는 판매자 간에 경쟁이 심해서 서비스가 좋아지고 선택의 폭이 넓어져서 바람직하다고 한다. 과거에는 마을의 중심지에만 몇 개의 가게가 영업을 해서 불편했지만, 지금은 변두리 지역에도 집 주변에 적어도 하나나 그 이상의 상점이 자리 잡고 있다. 상점의 수가 손을 꼽을 정도였을 시기에는 사람들이 물건을 살 때 상점 주인과 고객의 관계가 분명해서 자신들의 친척이나 친구가 운영하는 특정한 상점을 찾았다. 그러나 지금은 다 사정을 이해하게 되어서 자신들에게 편리하거나 물건 값이 싼 상점을 방문해도 전혀 문제가 될 것이 없다고 한다.

송금액이 상대적으로 넉넉해서 생활을 하는 데 약간의 여유가 있는 가구에서는 자신들의 경제적 성공을 자랑하기 위해 과시적 소비를 하는 경우가 있다. 차를 사거나 새집을 짓는 경우가 보편적이다. 특히 새집을 지으면 남의 눈에도 쉽게 인식되고 오래 가기 때문에 사람들은 송금수입이 충분하면 집을 짓기를 원한다(Pauli, 2008: 179). 마을에서도 집을 흙벽돌이나 나무로 지어서 주거환경이 그다지 좋지 않았던 외곽지역에서 벽돌이나 시멘트로 새로 지은 집들이 많이 생겼다. 마을 사람들의 견해로는 벽돌로 지은 2층 집을 새로 짓는 데 약 15만 페소가 든다고 한다. 일을 할 수 있는 젊은 건축 노동자들이 감소하여 일꾼을 구하려면 식사를 제공하고 150~250페소의 일당을 기술수준에 따라 지급해야 되기 때문에 상당한 부담이 된다.

이런 정도의 돈은 송금수입이 없는 가구에서는 쉽게 구할 수 없다. 이런 이유로 새집을 짓는 데에는 몇 년이 걸리고, 어떤 집은 완성되지 못하고 건축이 중단된 형태로 남아 있다. 송금으로 주택을 신축하려고 했으나 계속 돈이 많이 들고, 또 완공한 다음에도 새집을 유지할 비용이 없어서, 집을 놓아두고 다시 미국으로 가서 일을 하는 경우가 많다. 관리비에다가 새집에 들여 놓을 가구나 가전제품을 구입하는 데에 생각보다 많은 비용이 지출되고, 가스나 전기도 예전보다 많이 사용하게 된다. 그래서 짓다 말거나 비어 있는 집이 많다. 비슷한 맥락에서 집에서 사용하기 위해 차를 사기도 한다. 대중교통 수단이 마을까지 잘 연결되어서 차가 꼭 필요한 것은 아니지만, 차를 소유하고 있다는 것이 마을 사람들에게 자신들이 다르게 보인다는 것이다. 역이주를 해서 고향으로 돌아오는 이주자들은 미국에서 차를 사서 직접 가져오기도 한다. 차도 집과 마찬가지로 여러 이유로 송금수입이 과거보다 줄면 유지비 부담이 커서 그냥 세워 놓는 경우도 있다.

국제노동이주가 광범위하게 발생하는 멕시코의 농촌지역에서는 송금은 이제 없어서는 안 될 중요한 수입의 원천이다. 비록 지역에 따라서 국제노동이주와 송금의 영향은 달라지지만(Adams and Page, 2005a; 2005b: 292; Calderón et al., 2008: 90), 안정적이고 주기적인 송금수입이 가난한 사람들의 소비행위를 보조함으로써 빈곤을 줄이는 데 엄청난 효과를 가져다준다는 것은 부인할 수 없다(Eversole, 2005: 300; Hamilton et al., 2003; Niimi and Özden, 2008: 69). 결국 송금이 들어오면서 가난한 사람들의 생활형편은 전보다 개선된다.

② 생산분야

송금액의 규모가 일정 수준 이상이고 정기적으로 들어오는 가구의 일부는 농업 혹은 비농업 부문에 생산적인 투자를 한다. 한 가구에 보통 3명 이상의 이주자가 있고 송금액이 월 평균 2,000페소를 넘는 경우에 이런 효과가 확연히 드러난다. 조사대상 가구 중에 농업 및 비농업분야에서 충분한 소득이 있는 3가구는 송금액 전부를 투자하는 예외적 사례도 존재한다. 한 가구 내에서 이주자가 많아지면 그 가구의 입장에서는 마을에서 거주하는 가구원 수가 감소하여 생활비가 전에 비해 줄어들고 대신에 이주자들이 보내는 송금액은 늘어난다. 따라서 생활비가 전보다 적게 드는 상태에서 일정한 송금이 정기적으로 들어오면 생산적 분야에 투자할 여력이 발생하는 것이다. 조사대상인 163가구 중에 단지 15가구가 송금을 투자하고 있어서, 송금을 생산적인 분야에 활용하는 가구는 전체 이주자 가구의 1/10도 되지 않는다.

송금수입에 약간의 여유가 있는 가구에서는 옥수수나 콩 같은 기본작물을 재배하거나 가축의 사료로 쓰이는 알팔파(alfalfa)를 재배하기 위해 농지를 구입한다. 토지 이외에는 소, 염소, 나귀, 말 등의 가축이나 트랙터 같은 농기계를 주로 구입한다. 마을에서 이주자와 송금액의 급증으로 지난 20여 년간 토지를 구입하려는 수요가 빠르게 상승하여 토지가격이 가파르게 오르고 있다. 사람들은 토지가격이 그동안 거의 2배나 올라서 수리답 1ha에 보통 20만 페소를 요구한다고 불평한다. 천수답은 1ha에 2만 페소밖에 하지 않지만 사려는 사람이 거의 없다. 특히 마을의 중심지에 수량이 풍부하고 비옥한 토지는 다른 지역보다 서너 배는 비싸게 부른다. 그럼에도 불구하고 토지가 안전한 투자처이고 자신의 성공을 용이하게 과시할 대상이라는 생각에서(Jokisch, 2002: 541), 토지에 대한 관심은 항상 폭발적이다. 현재는 토지를 사려는 사람은 많아도 토지를 팔겠다는 사람은 그다지 많지 않다. 송금으로 일단 토지를 산 경우에도 계속해서 농사를 짓는 사람은 드물다. 그것은 기술의 부족, 불충분한 농업용수, 비싼 비료와 농약 등으로 제대로 생산을 하기 어렵기 때문이다. 주기적으로 가뭄 같은 자연재해나 병충해로 고통을 받는 경우도 있어서 농사짓기를 중간에 그만두는 경우도 종종 있다. 또 젊은이들이 이주를 많이 해서 큰 규모로 농사를 지으려고 해도 일꾼(mozo)을 구하기가 어려워서, 이주자를 미국으로 보내서 마을에서 일손이 절대적으로 부족한 가구는 불리할 수밖에 없다. 젊은이들은 농업노동자로 일을 하기보다 자신들도 국제노동이주를 하기를 원한다. 그래서 지금은 하루에 250페소의 임금과 점심을 제공해도 바쁜 농사철에는 젊은 일꾼을 찾기가 매우 어렵다. 자연히 일꾼들에게 조금만 힘든 일을 시켜도 다른 곳으로 가버리기 때문에 신경 써야 할 문제가 많다. 결과적으로 송금수입으로 산 토지도 제대로 농업생산으로 이어지지 못하고, 농사를 짓기 위해 토지를 구매했던 사람도 시간이 지나면 다시 국제노동이주를 하러 미국으로 가는 경우도 있어서, 오히려 전보다 토지가 적절하게 활용되지 못한다.

비농업 부문에서는 소규모 농촌산업이 송금을 얻는 가구의 관심을 끈다. 산 환 델 에스타도에는 여러 명이 제빵업자, 가구 제조업자, 치즈 생산자로 일을 하고 있으며, 송금을 이용하여 새롭게 이 분야에 투자하는 사람들이 많다. 지역 내의 농촌 산업생산이 이미 어느 정도 포화상태에 이르렀지만, 사람들은 경험이 별로 없는 상태에서 소규모로 쉽게 사업을 할 수 있을 것이라고 생각한다. 그렇지만 이미 단골고객을 확보해놓은 기존의 업자들과 경쟁을 해야 되기 때문에 불리하다. 게다가 국제노동이주가 계속해서 발생하면서 주요한 소비층인 젊은 사람들이 대거 빠져나가면서, 새로운 고객을 창출하기가 그다지 용이하지 않다. 이런 이유로 새롭게 농촌의 상업생산에 진입한 사람들은 기대한 만큼의 이윤을 얻지 못하고 겨우 먹고살 정도라고 한다.

송금이 조사지에서 생산적인 분야에 투자된다는 것은 농촌사회의 경제활동을 활성화한다는 점에서 분명히 의미 있는 일이라고 하겠다. 그렇지만 송금의 지극히 일부분만 농업이나 비농업분야에 투자되고 있다. 이렇게 되는 이유는 송금의 다양한 문제와 농촌가구의 경제적 여건에 기인한다. 첫째, 송금이 항상 규칙적으로 오는 것이 아니어서 지속적으로 농업이나 산업생산에 투자하기 어렵다. 마을 사람들은 미국에서 일을 하는 이주자들이 개인적인 사정이 있어서 돈을 적게 보내거나 송금을 미루는 경우도 자주 있어서 뚜렷한 계획을 세워서 실천하기 곤란하다고 한다. 특히 이주자에게 심각한 문제가 발생하여 송금액수가 현저하게 줄어들거나 갑자기 중단되는 경우에 지속적으로 운영자금이 필요한 산업생산자들은 타격을 입는다. 예를 들면 자본이 부족해서 갑자기 단골고객의 수요를 충족시키지 못하면 신용이 떨어져서 계속 사업을 하는 데 매우 불리한 상황에 빠지게 된다. 사업을 하다가 갑자기 송금이 중단되거나 줄어들면 빚을 얻어야 되는데, 신용등급이 낮은 상태에서 돈을 빌릴 곳이 마땅치 않은 농촌지역에서는 문제가 커질 수 있다. 둘째, 송금의 규모가 그다지 크지 않아서 규모의 경제를 이루어 보다 부유한 전통적인 농촌 산업가들과 경쟁하기 어렵다. 보통 한 달에 2,000페소 이상의 송금수입이 있는 경우에 지속적인 투자가 가능하다고 보면, 앞의 자료에 나타난 것처럼 일부의 제한적인 가구들만 그나마 이 범주에 속한다. 셋째, 마을 사람들이 송금수입에 의존하는 이유는 자신들의 농업 혹은 비농업분야의 소득이 생계를 유지하는 데 충분하지 않아서 송금액을 소비에 사용하기 때문이다(Joo, 1995: 144). 농촌에서의 소득만으로도 생계를 해결하기에 충분하다면 송금수입은 생산적인 영역에 투자될 가능성이 매우 높다. 실제로 송금의 규모가 큰 가구에서 자신들의 돈을 투자하는 경우가 훨씬 많다. 마지막으로 오아하카를 비롯하여 대부분의 멕시코 중부와 남부의 농촌지역은 시장의 규모도 협소하고, 상품생산을 위한 기술이나 기반시설, 자원이 결여되어 있어서 생산활동을 하기에 불리한 여건이다.

③ 송금의 의미

조사지에서는 송금의 대부분이 소비재를 획득하는 데 사용되고, 지극히 일부의 송금만이 실제로 생산적 경제활동에 사용되고 있다. 종종 송금으로 토지나 농기계를 구입하는 경우도 있지만, 농업에 새로 투자를 한 사람도 계속해서 농업생산에 몰두하지 않기 때문에 농업발전으로 자동적으로 이어지지 못한다. 따라서 송금으로 토지를 산 사람들이 처음의 생각과는 달리 농업에 종사하지 않고 토지를 버려둔 채 다시 이주를 하거나 농업 이외의 분야에서 경제활동을 하는 경향이 많아서, 가난한 농촌사회에 송금이 대규모로 유입되면 탈농업화와 비농업분야의 발전이 두드러진다.

다음으로 송금의 의미를 이주자를 직접 보내는 가난한 사람들의 입장에서 파악해야 할 것이다. 별다른 소득이 없는 가난한 사람들에게는 작은 규모의 송금이라도 생존에 막대한 영향을 미칠 수 있다. 조사지에서도 나타나지만 직접 이주자들이 주기적으로 고향에 부치는 송금의 규모는 매우 작다. 그러나 이런 돈도 가난한 사람들에게는 여러 모로 유용하게 사용될 수 있다. 사회경제적 영역에서 송금은 그렇지 않으면 생계유지가 곤란한 가구를 유지시켜주고 안정시키는 데 기여한다. 산 환 델 에스타도에서도 대부분의 가구들이 송금을 일상생활에 필요한 물건을 구입하고, 극히 일부의 송금을 투자하거나 저축한다. 송금의 액수가 일정하지 않고 수시로 변한다는 것도 생산활동에 송금이 지속적으로 사용되지 못하는 이유이다. 돌아오는 이익이 충분하지 않다는 이유로 송금수입이 넉넉한 일부의 가구조차도 생산적 경제활동에 송금을 사용하는 것을 꺼린다. 또한 기반시설이 부족한 것도 송금을 투자하지 못하는 걸림돌이 된다. 그렇지만 소비수준이 그다지 높지 않은 가난한 가구의 입장에서는 언젠가 자신이 기대하던 것보다 많은 송금을 받게 되면, 어느 정도 생산적인 활동에 관심을 가질 수 있다. 결국 장기적으로는 송금의 유입이 가난한 사람들의 복지와 농촌사회의 유지에 매우 중요하다. 송금의 역동적인 면을 인식하려면 국제노동이주와 송금을 가구의 소득 다양화 전략의 하나로 이해하는 것이 필요하다. 그리고 송금의 의미와 영향은 각 가구와 사회의 사회경제적 여건에 따라 달라진다.

송금의 대부분이 일상적 소비에 사용된다고 해도, 송금의 사용형태를 비생산적이며 소비적인 것으로 쉽게 단정해서는 안 된다. 왜냐하면 송금의 생산적 사용과 관련하여 많은 학자들이 '생산적'이라는 용어의 사용을 서로 다르게 사용하면서 문제가 일어난다. 어떤 학자들은 '생산적'이라는 것을 협의로 해석하여, 송금이 원재료나 노동력, 생산에 직접적으로 필요한 기계나 물품을 구입하는 경우에만 생산적인 것으로 인정한다. 그렇지만 소비분야에 사용된 송금도 새로운 경제적 기회를 만들어낼 수 있고 생산행위를 부분적으로 촉진시킬 수 있다. 조사지에서도 송금의 사용형태와 방법, 영향에 있어서 많은 귀중한 이차적, 간접적, 혹은 승수 효과(multiplier effect)가 있다는 것을 발견할 수 있다. 지역에서 생산된 물건을 사거나 집을 지을 때 송금을 이용하면, 그 지역에서 원자재와 노동력에 대한 수요가 늘어나서 경제적 기회가 발생하고, 이것은 더 많은 고용기회를 만들어낸다(Binford, 2003: 315; Eversole, 2005: 302; Massey et al., 1998: 273). 예를 들어 조사지에서 주기적으로 천주교의 성인을 기리는 마요르도미아 축제를 열기 위해서 고기, 옥수수, 빵, 치즈, 음료수, 술 등을 구입하게 되는데, 이것들을 마을에서 사게 되면 많은 가게들이 경제적 이익을 얻게 되고 일부의 품목들은 마을에서 직접 생산된 것이어서 생산활동을 직접적으로 자극한다. 결국 표면적으로는 송금이 비생산적인 분야에 사용되는 것처럼 보이지만, 사회에서 다양하게 소득을 얻을 수 있는 가능성을 넓힌다. 동시에 실제로 비생산적인 송금의 사용도 직접적 혹은 간접적으로 여러 가지의 생산적 경제행위와 연결되어 있다(Grigolini, 2005: 195; Koc and Onan, 2004: 109). 이런 까닭으로 생산수단이나 원재료, 노동력을 구입하는 '생산적 투자'와 고용기회의 창출을 촉진시키고 약간의 이윤을 남기는 데 기여할 가능성이 있는 경제행위와 관련 있는 '간접적 투자'를 구분할 필요가 있다(Binford, 2003: 313). 가끔 송금으로 인해 나타나는 생산성을 발견하지 못하거나 과소평가되기도 한다. 따라서 송금의 사용과 영향에 대한 일반적, 보편적, 피상적 분석에서 탈피하여 구체적인 가구와 사회의 실정을 고려하여 다양한 송금의 형태를 이해해야 한다. 결국 송금의 사용을 '생산적' 혹은 '비생산적' 그리고 '긍정적' 혹은 '부정적'으로 명확하게 구분할 수 없다는 점에서 송금이 개인과 가구, 사회의 복지에 미치는 광범위한 유용한 효과에 세심한 관심을 가져야 한다.

3) 송금의 사용에 대한 가구의 전략

송금은 주기와 규모라는 측면에서 유용성이 평가되는데, 이것은 송금을 보내는 이주자의 수, 가구의 발달주기, 지역사회의 이주단계에 의해 결정된다. 이주자 수와 가구의 발달주기는 시간의 흐름에 따라 가구의 인구구성이 변화하면서 달라지는 것이고, 이주단계는 특정한 사회에서 이주가 언제 시작되어서 현재까지 얼마나 지속되었느냐에 의해서 이주정보와 비용이 바뀌는 것이다. 시간이 지날수록 송금의 규모도 늘어나거나 줄어들어서, 송금의 의미와 영향이 변화한다(Cohen, 2004: 104). 이것은 송금의 사용형태가 항상 일정한 것이 아니라, 가구와 사회의 사회경제적 조건에 의해 다양하게 변화한다는 것을 의미한다. 그렇기 때문에 세밀한 분석을 통해서 송금의 사용형태와 영향이 변화하는 과정을 밝힐 필요가 있다. 다시 말해 송금의 역동적 사용 유형을 파악하려면 송금을 받는 가구의 다양한 전략을 이해해야 한다. 앞에서 보는 것처럼 송금의 사용이 단순한 소비나 투자처럼 계속해서 지속되는 것이 아니라, 탄력적으로 바뀌는 현상에 주목해야 된다. 조사지에서는 송금에 관한 가구의 전략이 다음의 세 가지로 정리된다.

첫째, 상당한 규모의 송금을 얻는 가구의 상당수는 저축을 많이 한다. 통상적으로 송금으로 기본적 욕구를 충족시킨 다음에 남는 돈은 미래에 사용할 생각으로 모아둔다. 조사대상 가구 중에서 절반 정도의 가구가 가끔 혹은 정기적으로 송금을 저축한다고 답하였다. 대개 여윳돈이 생겨도 이것으로 무엇을 해야 할지 몰라서 그냥 돈을 모으기만 한다. 이렇게 되는 이유는 먼저 농촌사회의 경제구조가 불확실해서 당장 투자할 곳이 마땅치 않고, 돈을 사용할 정보가 결여되어 있어서 구체적 계획을 수립할 수 없기 때문이다. 다른 면에서는 송금이 불규칙적이고 많지 않아서 당장 돈을 생산적인 영역에 체계적으로 사용하기 어렵다. 다만 사람들은 이렇게 저축을 하다가 이주자들이 고향으로 돌아오면 그동안 모은 돈으로 마을에서 조그만 가게라도 열 수 있을 것이라고 생각한다. 실제로 마을 사람들이 송금으로 집을 신축할 때 자신의 가구의 인구구성에 비해 크게 짓는 이유는 자신의 집에서 가게를 열거나 다른 사업을 할 가능성을 염두에 두기 때문이다. 실제로 2남 2녀의 자녀들을 미국에 국제이주노동자로 두고 있는 부부는 2층짜리 집에 10개의 방을 짓고 있다. 일부의 방은 개조해서 약대와 의대를 마친 자녀들이 돌아오면 약국과 병원을 열 계획을 갖고 있다. 이런 움직임은 다른 가구에서도 유사하게 나타난다.

둘째, 송금을 소비행위에만 사용하다가 점차로 투자를 하는 가구가 있다. 송금액이 전보다 확연하게 늘어나면 송금으로 생활에 필요한 물건을 산 다음에 나머지는 서서히 투자를 한다. 마을 내에서 이주가 보편적으로 많은 사람에게 확산되면서 과거에 비해 월등히 많은 가구원이 이주대열에 참여하고 그렇게 됨으로써 더 많은 송금이 기대된다. 보통 이주자가 3명 이상으로 증가하고 송금액도 평균적으로 2,000페소가 넘어서면 투자가 가능하다. 국제노동이주의 초기에는 가구원 중에서 아버지나 아들 1명이 이주하는 경향이 보편적이었지만, 그 후 이주자가 해마다 늘어나서 현재는 노동력이 있는 가구원 모두가 이주하는 경우도 비일비재하다. 마을 사람들은 미국에서 혼자 생활하는 것보다 여러 사람이 함께 생활하면서 일을 하면 생활비를 크게 줄일 수 있어서, 더 많은 돈을 송금하거나 저축할 수 있는 장점이 있다고 말한다. 조사 당시에 투자를 하고 있는 15가구의 대부분이 이런 유형에 속한다. 투자를 하는 경우에는 완전히 새로운 분야에 뛰어들기보다 과거에 소규모로 해본 경험이 있거나 이주자의 친구나 친척이 하는 사업에 참여하는 경우가 흔하다. 그래서 마을 내에서 가구 제작이나 제빵, 치즈 생산이 전보다 크게 증가하여, 이제는 생산한 제품을 팔기 위해 마을 밖의 시장을 개척해야 된다. 이렇게 되면서 예전부터 이런 일을 수행했던 마을 사람들이 이주자들을 곱지 않은 시선으로 본다.

셋째, 시간이 지나면서 전보다 송금의 규모가 축소되어 더 이상 투자를 하지 못하고 소비에 머물러야 하는 가구도 있다. 2000년대에 들어서면서 급격히 송금액이 증가했던 가구 중에서 이런 문제가 조금씩 발생한다. 특히 송금을 생산적인 분야에 투자했던 사람들은 운영자금이 부족해지면서 생산활동을 그만두고 다시 소비에만 송금을 사용하게 된다. 실제로 마을에서는 전에는 송금으로 한층 여유 있는 생활을 하고 여러 사업을 했던 사람들이 갑자기 송금액이 줄면서 생활고를 겪는 가구도 있다. 이런 일이 발생하는 주요한 원인은 미국에서 일을 하던 이주노동자의 신상에 문제가 발생했기 때문이다. 종종 이주자들은 미국에서 사고를 당하거나 심각한 질병에 걸리기도 하고, 사기 등 불행한 사건에 휘말리거나 일자리를 잃는 사례도 있다. 심지어는 이주자들이 아무 이유도 없이 고향에 소식도 남기지 않고 갑자기 연락이 두절되면서 송금도 중단하는 경우도 있다. 심지어 남편 혼자 혹은 남편과 자녀들이 이주하고 부인은 고향에 남은 경우에는, 남자가 미국에서 다른 여자를 만나서 같이 살면서 연락도 끊기고 돈도 더 이상 보내지 않는 사례도 있다. 이주자의 결혼도 송금의 규모에 영향을 미칠 수 있다. 미혼의 상태에서 미국에서 일을 하는 이주자들은 그곳에서 배우자를 만나서 결혼을 한 경우에 자신의 가족을 돌보고 미래에 닥칠 일을 대비할 계획으로, 고향에 살고 있는 부모나 형제들에게 송금을 중지하거나 송금액수를 크게 줄이는 경우가 많다고 한다. 송금이 완전히 중단되지는 않았지만 액수가 줄어든 가구에서는 그동안 토지를 사거나 사업을 운영했던 것을 그만두고 생계를 유지하는 데에만 송금을 쓰거나 불확실한 미래를 고려하여 저축을 한다. 흔하지 않은 경우이지만 미국에서 일을 했던 이주자가 역이주를 한 다음에 다시 미국이나 오아하카 시 등 멕시코의 다른 도시로 이주를 하게 되어 생산 활동에서 손을 떼는 경우도 존재한다. 이주자와 이주에 참여하는 가구 수가 갈수록 많아진다는 것을 고려하면 이런 현상은 앞으로 더 자주 발생할 가능성이 크다.

(3) 송금과 사회문화 구조

송금이 이주자를 보내는 사회에 경제적으로 유용하게 사용되면서, 송금의 경제적 역할이 매우 중요하다는 것을 알 수 있다. 그러나 송금은 생산과 소비라는 분명한 경제적 영역 이외에 다양한 사회문화적 영역에서도 활용되고 있다. 여기서는 송금이 사회문화적 분야에서 어떤 방식과 절차를 거쳐 사용되며, 그것이 갖는 의미는 무엇인지를 파헤쳐본다(주종택, 2012c: 35~42). 송금이 생산과 소비에 직접적으로 관계되는 분야에 활용되기도 하지만, 산 환 델 에스타도에서는 송금의 일정한 부분이 카르고(cargo)[19] 제도를 위해 이용된다. 다른 원주민 마을과 마찬가지로 이 마을에서도 남성들이 카르고 제도에 참여하기 위해서는 3년마다 1년 동안 마을을 위해 육체적인 봉사를 하거나 아니면 비용이 드는 마요르도미아를 주최해야 한다. 통상적으로 공민적 혹은 종교적 카르고를 수행하려면 약 500달러에서 2천 달러 정도의 비용이 들기 때문에, 이주자 중에 카르고를 맡을 의사가 있으면, 자신의 미국에서의 수입의 약 1/3 정도를 저축해야 한다. 심지어 카르고의 의무가 주어지지 않는 여성 이주자의 경우에도 자신들의 수입의 일부를 이주자의 아버지나 남성 형제의 카르고를 위해 사용하기도 한다. 물론 카르고의 의무는 남성들에게만 요구되며, 남성들도 해마다 카르고를 맡아야 하는 것은 아니다. 그러나 마을 사람들의 말로는 보통 한 가족에 아버지와 아들 등 여러 명의 남성들이 있어서 항상 가족 구성원들의 다음 카르고를 염두에 두고 준비해야 된다고 한다. 카르고에 참여한다는 것은 이주자들에게도 바람직한 영향을 미친다. 카르고 제도를 통해서 필요한 재화와 용역을 제공함으로써 남성은 물론 여성 이주자들도 자신들과 마을의 네트워크를 강화하여 필요한 정보를 수시로 확보할 수 있다. 다시 말해 이주자들은 비록 마을에서 멀리 떨어진 다른 국가에서 생활하지만, 카르고 제도를 통해 소속감과 정체성을 유지할 수 있다. 이주자들도 자신들의 송금의 일부가 공동체의 의무를 위해 사용된다는 사실 때문에 마을의 문제에 더욱 관심을 갖게 된다고 한다. 송금이 경제적인 측면에서 이주자를 보내는 가구의 사회경제적

---

19) '공민적－종교적 위계체계'(the civil-religious hierarchy)라고도 불리는 카르고 제도는 중부와 남부 멕시코 및 중미지역의 원주민 사회에서 적용되는 것으로, 마을을 유지하기 위한 목적으로 남성들에게 공민적, 종교적 지위를 부과하는 것이다(Chance and Taylor, 1985; Dewalt, 1975). 카르고 제도는 남성들이 사회의 구성원으로서 주기적으로 일정한 기간 보수를 받지 않고, 마을을 위해서 의무적으로 봉사하는 관습을 의미한다. 이것은 보통 정치적 영역과 종교적 영역이 혼합되어 있다. 직책을 맡은 사람은 지역 행정기관이나 마을의 교회를 위해 봉사한다. 마을의 공적인 직책을 담당하는 공민적 카르고 이외에, 천주교의 성인을 기리는 공적인 축제인 종교적 카르고를 마요르도미아(mayordomía) 라고 부른다. 각 개인에게 주어지는 카르고에 따라 남성들이 마을을 위해 재화나 노동력을 제공한다. 카르고의 종류에 따라 예외도 존재하지만, 보통 1년 동안 주어진 직책을 맡는다. 산 환 델 에스타도에서는 21세에서 60세 사이의 모든 성인 남성들이 의무적으로 카르고 제도에 참여해야 한다. 일찍 결혼을 한 젊은 남자는 18세가 되면 카르고를 부여받는다. 해가 갈수록 개인에게 중요한 직책이 주어지고, 이런 의무를 개인이 체계적으로 수행해 나가면, 나중에는 마을의 중요한 의사결정을 할 수 있는 원로의 위치에 오르게 되어 사회적 위신을 획득한다.

상황에 따라 때로는 극심한 빈곤을 완화시키는 역할을 한다. 그러나 카르고를 위해 사용되는 송금은 마을과 가족들에게 더욱 중요한 문화적 의미를 남겨놓게 된다. 한편 종교적 카르고를 수행하려면 음식, 술, 음료수나 각종 장식품을 구입하고 성인을 기리기 위한 축제에 음악 밴드를 초청해야 하기 때문에, 지역의 경제행위를 활성화시키는 부수적 혹은 승수효과를 가져오기도 한다. 카르고의 의무를 다하기 위해 송금의 일부를 사용한 이주자들은, 몸은 멀리 떨어져 있어도 진정한 마을의 구성원이라는 자부심을 가질 수 있다. 따라서 어떤 측면에서는 카르고 제도에 이용되는 송금이 직접적으로 경제적인 소비와 투자에 사용되는 송금보다 전반적으로 훨씬 광범위한 사회경제적, 문화적, 정치적 의미를 지닌다.

1) 산 환 델 에스타도의 카르고 제도

카르고의 의무를 수행하려면 적지 않은 돈과 시간이 필요하기 때문에 많은 사람들은 카르고를 맡는 것을 그다지 달갑게 여기지 않는다. 그렇지만 카르고 제도를 통해서 식민시대 이전부터 원주민 사회는 별다른 외부의 간섭이나 지원 없이 자신들의 정치적 자치를 지속할 수 있었다. 산 환 델 에스타도에서도 모든 성인 남성들은 주기적으로 마을로부터 아무런 보상을 받지 않고 1년 동안 봉사해야 한다. 그러나 마을에 계속해서 거주하지 않는 사람들은 카르고를 맡아야 할 의무가 부과되지 않는다. 오아하카나 메소아메리카의 다른 마을과는 상이하게, 이 마을에서는 공민적 카르고와 종교적 카르고를 뚜렷하게 구분하지 않는다. 즉, 다른 마을처럼 두 개의 카르고를 각각 별도의 방식으로 운영하지 않기 때문에, 개인의 선택에 의해 언제든지 어떤 카르고도 자유롭게 맡을 수 있다. 예를 들면 사람들은 무니시피오(municipio)[20]의 관리로 선출되거나 무니시

―――――――――

20) 멕시코의 말단 행정단위로서 규모에 따라 우리의 시, 읍, 면, 동, 리 등에 해당한다. 산 환 델 에스타도도 하나의 무니시피오이다.

피오나 교회의 공복으로 봉사하거나, 아니면 마요르도미아를 주관함으로
써 의무를 다할 수 있다. 무니시피오 정부(H. ayuntamiento)는 다른 지역
처럼 최고 책임자인 의장(presidente) 1명, 사법권을 가진 법률고문(síndico)
1명, 그리고 특별한 행정적 직책을 갖는 행정위원(regidor) 3명으로 구성
되어 있다. 위의 5명의 관리(propietario)들은 대리인(suplente)을 각각 1명
씩 거느리고 있다. 그밖에 4명의 무니시피오 관리들의 심부름꾼(ministro),
4명의 무니시피오 청사 미화원(mesonero), 5명의 관리들의 서기(secretario),
2명의 교회 관리인(sacristán), 2명의 청사와 정원의 관리인(topil)이 해마
다 12월 첫 일요일에 열리는 전체회의에서 주민들에 의해 임명된다. 그
밖에 1명의 치안판사(alcalde), 1명의 회계(tesorero), 1명의 마을의 공동토
지 관리자(representante de bienes comunales), 30명의 마을 경찰, 다수의
위원회 구성원들은 전체회의가 끝난 다음에 관리들에 의해서 지명된다.
카르고의 의무를 수행해야 되지만, 무니시피오나 교회에 봉사하기를 원
하지 않는 사람들은, 마을에서 정한 날에 천주교의 성인을 기리는 축제
인 마요르도미아를 주관해야 한다.

  마을의 구성원들에게 카르고의 임무를 부여하는 과정은 매우 미묘하
고 복잡하다. 소유하고 있는 토지의 규모가 커서 경제적으로 부유하고
정치적으로도 권한이 있는 사람들은 마을의 농업체계에 영향력을 행사할
수 있는 관리를 선호한다. 반면에 마을 밖에 나가서 돈을 벌거나 마을 내
에서 사업을 하는 사람들은 카르고 의무를 위한 별도의 시간을 내기 어
려워서 마요르도미아를 원한다. 이들은 자신이 카르고를 해야 할 해의
전년도 12월에 열리는 주민총회에 앞서서 마을 관리들을 만나서 자신이
마요르도미아를 맡겠다고 요구한다. 특히 주민총회에서 결정하는 5개의
카르고인 심부름꾼, 무니시피오 청사 미화원, 관리들의 서기, 교회 관리
인, 청사와 정원의 관리인은 힘이 들고 시간이 많이 들어서 사람들이 기
피한다(주종택, 1998: 52). 이렇게 어려우면서 사회적 위신이 주어지지도

않는 카르고를 자발적으로 원하는 사람들이 거의 없어서, 이런 종류의 카르고들은 공적으로 모든 사람들이 모인 곳에서 결정한다. 주민총회에서 다음 해에 카르고를 맡아야 할 사람들의 명단을 관리들이 불러주면 마을 사람들이 적절한 사람을 추천한다. 원하지 않은 카르고에 추천받은 당사자들이 가끔 반발하기도 하지만, 노골적으로 불만을 제기하거나 거부할 수는 없다.

마을 밖에 나가서 경제활동을 하거나 자신의 사업으로 인해 주어진 카르고를 수행할 수 없을 경우에는 자신의 카르고를 대신할 대리인을 찾아야 한다. 보통 일 년에 800달러 정도를 지불한다. 심부름꾼이나 마을 경찰 같이 아주 힘든 카르고는 1천 달러 이상을 요구하기도 한다. 농업 이외의 직업을 가진 사람들은 카르고의 의무를 일종의 세금으로 인식한다. 마을 사람들은 도시에 살려면 카르고를 하는 대신에 더 많은 세금을 내야 할 것이라고 주장한다. 토지가 없고 일정한 직업이 없는 사람들 중에 일부는 다른 사람들의 카르고를 대신 맡아서 생계를 해결하기도 하다. 이런 일들이 아주 빈번하게 발생하지는 않지만, 경제적으로 열악한 형편에 놓인 사람들로서는 이것도 소득을 얻는 하나의 방법이다. 어떤 사람들은 동시에 두 사람의 카르고를 맡아서 하기도 한다. 이런 일이 가능한 이유는 마을 경찰 같은 경우에 매일 같이 일을 하는 것이 아니라, 한 달에 두 주만 봉사를 하면 되기 때문이다. 그러나 모든 카르고가 다 대리인을 둘 수 있는 것은 아니다.

카르고를 맡아야 하지만 무니시피오 청사에서 시간을 낭비하고 싶지 않은 사람들은 종교적 카르고를 담당할 수 있다. 종교적 카르고는 마을에서 개최하는 마요르도미아 중에 하나를 책임지는 것이다. 마요르도미아는 비용이 많이 들지만 정해진 날에만 행사를 하기 때문에 경제적으로 여유가 있는 사람들은 공민적 카르고보다 종교적 카르고를 원한다. 산환 델 에스타도에는 다른 마을과 비교해도 적지 않은 수의 마요르도미아

<표 24> 산 환 델 에스타도의 마요르도미아(단위: 명)

날짜와 축제	마요르도모의 수
1. 1월 1일, 신년	1
2. 1월 6일, Santos Reyes	1
3. 2월 2일, Calendaría	1
4. 사순절의 셋째 금요일, Sr. Buen Viaje	7
5. 성주간의 일요일	1
6. 성 목요일	1
7. 성 금요일	1
8. Gloria의 토요일	1
9. 유월절의 일요일	1
10. 그리스도 승천의 목요일	1
11. 5월 15일, San Isidro	1
12. Corpus Cristi의 목요일	1
13. 오순절	1
14. 6월 24일, San Juan Bautista	5
15. San Juan Bautista의 참수일	1
16. 11월 1일, 모든 성인의 날	1
17. 12월 12일, Guadalupe 성녀의 날	1
18. 12월 24일, 크리스마스이브	2
19. 12월 25일, 크리스마스	1
20. 12월 31일, 신년 이브	2

※ 날짜가 명시되지 않은 것은 해마다 변함

를 가지고 있다. 마을 사람들은 자신들의 종교적 신념이 이웃 마을보다 매우 강해서 마요르도미아의 수도 많다고 설명한다. 이렇게 마요르도미아를 선호하는 현상은 종교적 신앙심과도 관련이 있겠지만, 경제적 여유만 있으면, 마요르도미아가 힘을 들이지 않고 카르고를 마치는 좋은 수단이기 때문이기도 하다. 그러나 그들도 가난한 사람들의 입장을 고려하면 마요르도미아의 수가 너무 많다는 것을 인정한다. 이런 문제에 대처하기 위해 1974년에 당시의 무니시피오 의장이 주민총회에서 마요르도미아의 수를 줄이자는 안을 제시했다. 그는 수호성인을 위한 축제 등 4개나 5개 정도만 남기고 나머지는 없애는 것이 좋겠다고 주장했다. 그러나 일부의 주민들이 강력하게 반대의사를 표명하여 이런 노력은 결실을 거두지 못했다. <표 24>에서처럼 마을에는 모두 20개의 마요르도미아가 있다. 마요르도미아를 주최하는 마요르도모(mayordomo)의 수는 모두 32명으로 천주교의 성인이나 기타 축제일을 기린다. 4개의 중요한 마요르도미아에 2명 이상이 관여하는데, 사순절의 금요일과 수호성인인 세례 요한의 날에 가장 많은 마요르도모가 참여한다. 교회에서 사용하는 전기세를 부담하는 한 명도 마요르도모로 인정받고 있다.

짧은 시간에 자기가 맡은 축제에만 책임을 지기 때문에, 경제적으로 여유가 있는 사람은 카르고의 의무를 완수하는 방편으로 마요르도미아를 선호한다. 그래서 카르고를 지명하기 전에 지원자를 받는 마요르도미아는 항상 인기가 좋다. 특히 개인적인 사업을 가지고 있는 사람들이 마요르도미아를 선호한다. 그들은 카르고를 맡아 무니시피오의 청사에서 시간을 낭비하는 것보다, 일을 해서 돈을 버는 것이 낫다고 생각한다. 환(Juan, 47세)이라는 목수는 지금까지 계속해서 마요르도미아만 해왔다고 말하면서, 공민적 카르고를 한다고 해서 돈을 저축할 수 있는 것이 아니라고 했다. 위의 사실을 고려하면 공민적 카르고를 선호하는 사람과 종교적 카르고를 하는 사람들 사이에 뚜렷한 정치적, 경제적 구분이 가능하다는 것을 알 수 있다. 부유한 사람들은 정치적 성향에 따라서 투표로 선출하는 무니시피오 관리를 선호하거나 아니면 마요르도미아를 선택한다. 가난한 사람들은 사회적 위신이 낮고 힘든 카르고를 부여받을 수밖에 없다. 대부분의 사람들이 이 점에 동의했다. 돈이 있으면 자신이 어떻게 카르고의 의무를 담당할지 자신이 결정할 수 있으나, 가난한 사람들의 운명은 무니시피오 관리들이나 주민총회의 결정에 의해 정해진다. 지금까지 다른 사람들이 싫어하는 힘들고 어려운 카르고를 여러 개 거친 한 노인의 말이 이런 현상을 함축적으로 설명하고 있다.

　　결혼해서 가족이 있는 사람들은 카르고를 수행하면서 가족도 제대로
돌보지 못하고 시간을 낭비해야 한다. 그래서 많은 고통을 받는다. 그
렇지만 마요르도미아는 훨씬 쉽다. 누구든지 돈만 있으면 마요르도미
아를 해낼 수 있다. 단지 가난한 사람들만 마을을 위해서 힘들고 더러
운 카르고를 맡는다. 당신도 돈이 없으면 매일같이 마을 경찰로서 무
니시피오 청사 앞에서 추운 겨울밤을 참아내야 한다(Gustavo, 87세).

마요르도미아에 사용되는 비용은 축제의 중요도와 인기에 따라서 달
라진다. 예를 들면 이 마을의 가장 중요한 성인인 세례 요한을 기리는 6
월 24일의 축제나, 사순절의 셋째 금요일의 축제는 2천 달러 이상의 경
비가 든다. 그렇지만 아주 작은 마요르도미아는 500달러로도 가능하다.
사람들은 자신의 사회경제적 조건에도 맞고, 마을에서 자신의 위신을 유
지하는 선에서 적절한 마요르도미아를 선정한다고 한다. 대체로 돈이 아
주 적게 드는 마요르도미아는 가난하지만 신체적으로 육체노동을 할 수
없는 사람들에게 돌아간다고 한다. 마요르도모는 초대된 손님들을 위해
서 음식과 음료수, 술을 준비해야 되고, 자신의 집과 교회를 장식할 꽃과
양초, 화약 등 여러 가지 장식용품을 구입하며, 마을의 교회를 담당하는
신부에게도 미사비용을 지불한다. 낮에 동네를 행진하려고 하거나, 밤에
춤을 추려면 밴드를 별도로 초대한다. 마을 사람들은 물가가 상승하고,
사람들의 소비수준이 증가하며, 미국에서 이주자들의 송금이 몰려오면서,
마요르도미아에 드는 돈이 크게 늘어났다고 한다. 1990년대까지는 가장
중요한 마요르도미아도 1천5백 달러면 충분히 해결할 수 있었다고 한다.
　카르고를 마치려면 많은 시간과 비용을 들여야 하기 때문에, 카르고
제도에 대한 불만이 많을 수밖에 없다. 특히 마을 밖에 직장을 가지고 있
는 사람들은 카르고 때문에 돈을 벌기가 어려워져서 경제적 고충이 상당
하다고 한다. 그래서 될 수 있으면, 카르고를 맡지 않으려고 한다. 점점
더 많은 사람들이 마을 밖으로 나가서 경제활동을 하려고 하기 때문에
카르고 제도를 운영하는 데에 어려움이 따른다. 젊은 사람들의 경우에는

보통 시간이 많이 소요되고 힘든 카르고를 맡는 경우가 많은데, 그들이 3년에 1년씩 공민적 카르고의 의무를 수행하려면, 3년마다 한 번씩 직업을 바꿔야 하는 경우도 발생한다. 이렇게 마을 내에서 농업에 대한 관심이 줄어들고 외부의 경제활동에 관심이 증가하면서 종교적 카르고에 대한 관심이 더욱 증가하는 경향이 있다. 이와 더불어 최근에 미국으로의 이주가 마을에서 활성화되면서 마요르도미아에 대한 관심과 수요는 더욱 많은 영향을 받는다.

2) 이주자의 카르고 의무

점점 더 많은 젊은이들이 농촌마을에서 농작물을 재배하거나 근처의 도시지역에서 일자리를 구하는 대신에 미국으로 가서 돈을 버는 것을 선호하면서, 멕시코 사회에서는 대규모의 급격한 국제노동이주로 필연적으로 공민적—종교적 위계체계에 참여할 젊은 사람이 부족해졌다(Cohen, 2004: 44). 이런 상황에서 이 마을에서도 많은 젊은 남성들이 일시적 혹은 영구적으로 미국에서 일자리를 찾으면서, 전통적인 카르고 제도를 운영하는 데 필요한 인력을 확보해야 하는 문제가 발생한다. 멕시코의 다른 농촌사회와 마찬가지로 오아하카에서도 최근에 이주자가 많아지면서 카르고 제도를 운영하는 데에 어려움을 경험하는 마을이 많아졌다. 특히 작은 마을인 경우에도 기본적으로 무니시피오를 관리하고 천주교의 성인을 기리는 축제에 필요한 최소한의 인력이 요구되기 때문에, 인구가 1천 명이 되지 않는 마을에서 이주가 많이 발생하면 곤란하게 된다. 카르고를 둘러싼 갈등과 대립이 많아지면서 오아하카지역의 마을에서는 카르고의 의무를 담당할 젊은 사람들이 줄어드는 것에 대한 나름대로의 대처방안을 강구하고 있다. 일부의 마을에서는 이주자나 그의 가족에게 카르고를 대신할 대리인을 구할 것을 강제적으로 요구하기도 하며, 그렇지 않으면 마을에서 돈을 주고 사람을 구해서 카르고의 의무를 완수하게 한다. 다른 마을에서는 이주자들에게 일시적으로 카르고의 의무를 부여하지 않고, 그들이 고향으로 돌아왔을 때 다시 의무를 수행할 것을 요구한다(VanWey et al., 2005: 88). 인구의 감소로 카르고 제도가 붕괴될 위기에 처한 마을에서는, 이주자들에게 미국에서 일을 하고 있는 중간에도 고향에 돌아와서 카르고의 의무를 수행하거나, 아니면 이주자 대신에 이주자의 가족 중 한 명이 대신해서 카르고를 마칠 것을 요구한다. 심한 경우에는 시에라 노르테(Sierra Norte)지역의 산타 크루스(Santa Cruz) 마을처럼 카르고의 의무를 완수하지 못한 사람을 마을에서 추방하기도 한다(Mutersbaugh, 2002: 490). 그러나 산 환 델 에스타도처럼 인구가 약 2,500명 정도 되어 카르고에 참여할 남성들의 수가 아직 여유가 있는 마을에서는 이주자들에게 카르고의 의무를 강요하지 않고, 개인의 자발적 의사에 따라 카르고에 참여하는 것을 허용한다.

산 환 델 에스타도에서는 미국에 일 년 이상 머무는 이주자에게는 카르고의 의무를 강제하지 않는다. 그러나 이주자에게 카르고의 의무가 면제되어도 일부의 이주자들은 사회문화적 혜택과 정치경제적 권리를 유지하려는 생각에서 자발적으로 카르고를 맡는다. 사회문화적 맥락에서 이주자들이 마을의 의무를 계속적으로 완수하면 마을과의 연결망도 잃지 않고, 미국에서 일을 하는 기간에도 마을에 소속감을 갖고 문화적 정체성을 지킬 수 있다. 만일에 이주자들이 카르고를 계속 맡아서 마을의 원로의 지위를 획득하면, 나중에 마을에 돌아와서도 마을의 주요한 의사결정권을 행사할 수 있다. 실제로 많은 이주자들이 미국에서 일을 하는 동안에도 중요한 문화적 행사나 통과의례를 위해 주기적으로 마을을 방문한다. 예를 들면 이주자들이 자신들의 자녀의 세례를 위해서 마을을 찾기도 한다.

정치적 혹은 경제적으로 카르고를 소홀히 하면 마을에서 생활하는 데 필요한 여러 가지 필수적인 권리를 제한받게 된다. 예를 들면 몇 년 동안 연속해서 카르고에 참여하지 않으면 마을 관리들이 수도와 전기 공급을 중단한다. 마찬가지로 마을의 공동토지도 경작할 권리를 상실하게 된다. 이주자들이 경작권을 갖고 있던 공동토지를 3년 이상 농작물을 재배하지 않고 방치하면, 마을의 관리들이 이 토지를 농경지가 필요한 다른 마을 사람들에게 인계한다. 즉, 공동체의 의무를 완수하면 마을에서 시민으로서의 권리를 갖게 되고, 마을의 공동토지도 경작할 권리를 소유하게 된다. 실제 마을에서는 매우 적은 규모의 사유지(pequeña propiedad)를 제외하면 거의 다 공동토지이어서, 마을에서 생활하려면 공동체의 의무를 무시할 수 없다. 결국 이런 전통적인 관행은 집단의 가치를 존중하게 만들고, 사회적 갈등을 줄이며, 공동체 구성원의 자격을 제한함으로써 전통적 사회질서를 용이하게 준수할 수 있도록 만든다. 게다가 이주자들이 오랫동안 마을을 떠나 있다가 다시 돌아와도, 그동안 카르고의 의무를 소홀히 하지 않았으면 마을의 원로가 되어 사회적 위신을 유지하면서 마을을 위해 공헌할 기회가 주어진다. 마을 사람들의 말로는 국제이주노동자의 수가 매우 적었던 1990년대까지는 카르고 제도에 관심을 갖는 이주자들이 별로 없었다고 한다. 그러나 미국의 국경강화 정책이 본격적으로 진행되고, 미국 경제가 침체에 빠지면서, 미래에 어떤 예상하지 못했던 일이 닥칠지 모른다는 불안한 생각에서, 마을의 카르고 제도에 자발적으로 참여하는 사람들이 생겨났다고 한다.

보통 미국에서 일을 하는 이주자 한 명당 1천5백 달러 정도를 카르고나 마요르도미아를 위해서 사용한다. 대부분의 이주자들을 공민적 카르고보다 마요르도미아를 선호한다. 마요르도미아의 경우에는 주최하는 사람이 모든 비용을 부담하기만 하면, 축제 당일에 참석하지 않아도 되기 때문에 이주자들도 전혀 부담이 없다. 마요르도모가 축제를 직접 준비하지 못하면, 가족들이 대신 일을 도와서 할 수 있다. 주로 가족 중에 여성이나 다른 여성 친척들이 이런 일을 도맡아서 한다. 국제노동이주를 하는 사람들 중에 고향의 마요르도미아에 관심을 갖는 경우는 오아하카의 다른 마을에서도 쉽게 찾아볼 수 있다(Cohen, 2001: 962). 마요르도미아가 공민적 카르고보다 좋은 다른 이유는 그것이 훨씬 명망 있는 일이기 때문이다. 마요르도모는 축제를 주도하면서 자신들의 신앙심이 강하다는 것을 다른 사람들에게 과시할 수 있다. 이주자들이 마요르도모가 되기를 원하는 경우가 발생하면서, 마을 내에서 마요르도미아를 주최하려는 신청자들이 전보다 늘어났다. 마요르도미아를 원하는 사람들이 많아져서 경쟁이 치열해지면서 축제를 담당하는 데 드는 비용이 과거보다 증가했다고 불평하는 사람들도 있다. 경쟁을 뚫고 마요르도모가 되었으면 더욱 신경을 써서 행사를 진행해야 되기 때문에, 돈이 자연히 많이 들 수밖에 없다. 지금은 산 이시드로(San Isidro)의 날처럼 신체적으로 문제가 있으며 매우 가난한 사람들을 위해 남겨 놓은 아주 작은 규모의 마요르도미아를 제외하면, 대부분의 마요르도미아를 이주자나 이주자들의 가족이 차지하는 실정이다. 그럼에도 불구하고 이주자들이 마을의 주요한 행사에 상당한 재정적 지원을 하기 때문에 노골적으로 불만을 제기하는 사람은 별로 없다.

3) 카르고 제도에서의 송금의 역할

마요르도미아를 맡아서 치르려면 500달러에서 2,000달러의 경비가 든다. 가장 비용이 많이 들고 권위 있는 마요르도미아는 크리스마스와 사순절의 셋째 금요일, 그리고 세례 요한을 기리는 6월 24일의 축제이다. 보통 마요르도모와 그의 가족들이 일손을 도와서 축제의 준비를 한다. 친척들이 일을 해주거나 다른 일꾼을 한시적으로 고용할 경우에 마요르도모는 하루에 일당으로 15달러를 지급한다. 종종 이주자 본인도 의례의 종교적 의미를 되새기기 위해 마을을 직접 방문하기도 한다. 비록 각 마요르도미아마다 사용해야 할 액수가 분명하게 정해진 것은 아니지만, 오래된 전통을 참고하여 각 마요르도미아마다 어느 정도의 비용을 사용해야 하는지 마을 사람들은 알고 있다. 만약에 마요르도모가 중요한 마요르도미아를 치르는 과정에 충분한 비용을 사용하지 않아서 마을 사람들의 기대치를 충족시키지 못하면, 마을 사람들의 비난을 감수해야 한다. 이렇게 되면 그 마요르도모는 마을에서 험담의 대상이 되고, 마을 관리들은 그에게 다음번에는 마요르도미아를 허용하지 않는다. 이주자와 그의 가족들이 공동체의 의무를 이행하는 방편으로 마요르도미아를 선택하면서, 자연스럽게 송금이 카르고를 위해 사용되게 된다. 산 환 델 에스타도는 가난한 마을이어서 과거에는 소수의 부유한 사람들만 마요르도미아를 주최할 수 있었다. 따라서 많은 가난한 이주자의 가족들은 송금을 사용하지 않고서 마요르도미아를 준비할 수 없다. 약 3/4 정도의 이주자 가족들이 마요르도미아를 위해 송금을 사용한다. 이것을 보면 송금이 마요르도미아에 사용되는 경우에 즉각적이고 긍정적인 경제적 효과를 기대하기는 어렵지만, 마을의 정치적, 문화적 분야에서 의미 있는 결과를 가져다준다.

말할 필요 없이 시간이 많이 드는 공민적 카르고 대신에 종교적 카르고를 원하는 소수의 부유한 마을 사람들은 이주자와 그들의 가족들이 마요르도미아에 참여하는 것을 바람직하지 않게 여긴다. 심지어 자신들의 종교적 신앙심을 표현하기 위해 평생에 한 번 정도 종교적 카르고를 담당하려는 마음을 가지고 있는 가난한 사람들도, 이제는 마요르도미아를 준비하려면 현금 수입이 있는 이주자 가족들과 경쟁을 해야 하기 때문에 불만이다. 그렇지만 이주자들이 마을의 공적인 일에 관심을 갖게 되면서 미국에서 일을 하는 이주자와 지역사회가 강한 네트워크로 연결된다. 실제로 1990년대 말부터 미국의 남부 캘리포니아에는 산 환 델 에스타도 출신의 이주자들이 모여서 향우회를 결성하여 일자리와 거주지에 관한 정보를 주고받는다. 그러다가 이주자들이 마요르도미아를 맡기 시작하면서 이런 모임은 더욱 활성화되었다. 물론 아직도 약 3/4 이상의 이주자들은 미국에서 일을 하는 동안에 마을에서 실시되는 카르고를 가능하면 피하려고 노력한다. 그렇지만 이런 이주자들도 만약에 자신들이 카르고의 의무를 이행하게 되면, 자신들과 마을의 관계가 더욱 부드러워지고 개선될 것이라고 인정한다. 미국으로 가는 이주자가 그리 흔하지 않았던 1990년대 초까지는 멕시코의 주기적인 경제위기와 우호적이지 않은 멕시코의 농업정책으로 인해 대규모의 축제를 개최하는 것에 관심을 두는 마을 사람들이 적었다. 그러나 일부의 이주자들과 그의 가족들이 과거보다 많은 이웃과 친척들을 초청하여 마요르도미아를 준비하고, 또 자신들의 경제적 성공을 과시하기 위해 풍부한 음식과 마실 것을 마련하면서, 마요르도미아를 즐기려는 마을 사람들이 더 많아졌다. 마을 사람들은 이주자들이 마요르도미아에 관심을 쏟기 시작하면서 춤, 노래, 행진 등 마요르도미아와 관계된 문화행사가 더욱 풍성해져서 축제 분위기가 좋아졌다고 한다.

처음에 마을 사람들은 많은 젊은이들이 미국으로 일을 하러 나가면 성인 남성의 수가 줄어들어서 카르고 제도를 운영하는 데 문제가 생길 것을 우려하여 국제노동이주를 그다지 탐탁지 않게 여겼다. 그래서 마을에 남아 있는 사람들은 카르고의 부담이 더 커질 것이라면서 불평했다. 더욱이 종종 미국에 간 이주자들이 고향을 방문할 때에 멕시코의 문화보다는 미국 문화를 선호하는 듯한 행동을 하면서 이주자들에 대한 마을 사람들의 평가는 썩 좋지 않았다. 예를 들면 이주자들이 돌아와서 길거리에서 사람들을 만나면 영어를 사용하려 하고, 마을에서 소중하고 의미 있게 생각하는 관습이나 의례를 소홀히 하는 경향도 있었다(주종택, 2007: 101~112). 일부의 이주자들은 마을 관리들의 교육수준이 낮다고 비난하고, 심지어 천주교의 성인을 기리는 축제를 우상숭배라고 비난하기까지 했다. 다시 말해 미국에서 일하는 동안에 새로운 문화와 이념을 수용한 다음에, 마을로 돌아와서 미국식의 사고와 생활방식을 과시하고 마을의 전통적인 관행을 경시했던 것이었다. 특히 마을의 원로들은 지역의 문화와 정치적 권위를 무시하려는 젊은 이주자들을 못마땅하게 여겼다. 일부의 이주자들은 마을에서 권위를 누리는 원로들이 돈과 시간을 허비하는 카르고 제도와 천주교회 때문에 교육과 사회적 경험이 부족함에도 불구하고 혜택을 입었다고 비판했다.

이주자와 그의 가족들은 미국에서 몇 년 동안 일을 해서 충분한 송금수입을 얻은 다음에, 자신들의 이익을 위해 카르고 제도에 자발적 혹은 비자발적으로 참여했다. 이제는 경제적으로 어느 정도 여유가 생긴 이주자들이 더욱 풍성한 마요르도미아를 책임질 수 있게 되었고, 이렇게 함으로써 마을과 이주자들 그리고 마을 사람들 사이의 관계를 강화시키게 되었다. 요약하면 이주자들이 해외에서 보낸 송금이 제한된 의미에서 지역의 전통을 되살리는 역할을 수행했다. 이런 현상은 과테말라나 포르투갈 등 다른 국가에서도 흔히 발견된다(Brettell, 2003: 54; Burrell, 2005: 12). 이주자들이 마요르도미아에 참여하면서 마을의 문화적 유형 혹은 무형 유산을 다음 세대에 전달할 수 있게 도와주었으며, 이주자 자신들도 지역정체성을 다시 가다듬고 자신들의 문화적 배경에 대해서도 자부심을 갖게 되었다. 이제는 미국의 이주자들도 수시로 모여서 마을의 소식에 관심을 기울이고, 각자의 의사와 형편에 맞추어 다음 카르고를 계획하는 사람들도 존재한다. 결과적으로 이주자들은 독특하고 소중한 카르고 제도를 통해서 강력한 지역정체성과 더불어 마을에 대한 소속감을 발전시킬 수 있다.

2. 사회문화적 영향의 확산

미국으로의 국제노동이주가 보편화되면서 많은 라틴아메리카 사회에서 미국 문화가 유입되어 라틴아메리카 사회가 변하고 있다. 이렇게 미국의 생활을 경험한 사람들이 많아지면서 미국의 문화가 라틴아메리카 사회 각 분야에 광범위하게 퍼지는 현상을 '미주대륙의 미국화'(La americanización de las Américas)라고 한다. 산 환 델 에스타도에도 이런 문제가 나타나기 시작했다. 이 마을의 예를 들어 국제노동이주가 농촌지역의 사회문화적 변화에 어떤 역할을 했는지, 그리고 마을 사람들은 어떻게 대응했는지를 알아본다(주종택, 2007: 101~115).

(1) 국제노동이주와 사회문화 변화

1) 전통문화와 관습

국제노동이주가 흔해지면 이주자를 보낸 사회의 전통이 서서히 약화되면서, 그 사회의 역사와 문화가 타격을 입는다. 이주자들이 돌아오면서 마을 사람들과는 다른 새로운 사회문화적 이념을 가져오면서 혼란이 생기기도 한다(Cantú et al., 2007: 145). 멕시코 농촌지역에서 국제노동이주의 문화적 영향이 가장 크게 미치는 분야는 앞에서 논의한 카르고 제도이다. 이 밖에도 필요에 따라 마을을 위해 공동부역인 '테키오'(tequio)의 의무가 주어지며, 마을을 위한 주민들의 재정적 지원인 '코오페라시온'(cooperación) 제도를 통해 수시로 기부금도 납부하여야 한다. 이런 의무를 수행하면서 마을 내부에서 개인의 위치가 확립되고 시민으로서의 권리도 주어져서 마을의 공동토지를 경작할 수 있다. 이런 문화적 관습은 공동체의 구성원을 제한하고 공동의 가치관을 강화시키며, 사회 내의 갈등을 줄이고 전통적 질서를 지지하는 기능을 해오고 있다. 이런 실정에서 마을의 많은 젊은 사람들이 국제노동이주를 위해 마을을 떠나가면 공동체의 질서를 유지할 인적 자원이 줄어들어 제도의 유지에 어려움을 겪게 된다.

일반적으로 학업이나 농업 이외의 경제행위를 위해 마을을 벗어나서 활동을 하는 젊은이들은 시간을 많이 빼앗기는 카르고를 싫어한다. 그래서 마을에 남아 있기보다는 미국으로 가서 돈을 벌려고 한다. 곧 미국으로 일을 하러 가려는 젊은이는 카르고의 부담에 대해 이렇게 불만을 털어 놓았다. "마을 내에 경작할 만한 공동토지가 남아 있지 않아서 새롭게 가구를 형성한 젊은 사람들은 농사를 짓고 싶어도 농사를 지을 수 없다. 마을에서 토지가 없는 사람들은 거의 오아하카 시내에 나가서 직장을 다니거나 장사를 한다. 그런데 회사나 가게에 다니다가 카르고의 의무를 수행하기 위해 1년 동안 일을 중단하면 다시 예전의 일을 찾기 어렵다. 과거처럼 마을에서 생계활동을 하고 대부분의 사람들이 농업에 종사했을 때에는 큰 문제가 없지만 지금은 다르다. 나도 카르고 때문에 두 번이나 다니던 직장을 바꾸어야 했는데 이제는 더 이상 어떻게 해볼 방법도 없다(페드로, 29세)." 이런 생각은 다른 젊은이들에게도 흔하게 나타난다. 어떤 이주자들은 심지어 미국에 가서 일을 하다가 잠깐 마을을 방문하는 경우에도 마을 관리들이 자신에게 카르고를 부과할까봐 전전긍긍한다. 그래서 마을 관리들을 만나지 않고 피해 다니며 자신들이 마을을 방문했다는 사실을 알리지 않으려고 노력한다. 특히 나이가 어리고 경험이 적은 사람들은 마을의 청사나 교회 정원의 관리인이나 경찰 같이 매일 일정한 시간을 봉사해야 하는 힘든 카르고를 주로 맡기 때문에 카르고의 의무를 수행하기를 더욱 꺼린다.

카르고 제도에서 보듯이 국제노동이주를 경험한 젊은 사람들은 미국에서 새로운 문화와 이념을 받아들이면서 전통적으로 지켜왔던 관습을 부정적으로 보는 경향이 있다. 일반적으로 다른 나라에서 일을 하다가 돌아온 사람들은 자신의 사회가 지닌 문제를 지적하면서 사회변화를 시도하는데(Gmelch, 1992: 302; Malkin, 2004: 76; Martin et al., 2006: 75; Sowell, 1996: 22), 멕시코 농촌지역의 경우도 예외는 아니다. 예를 들면 기존의 사회질서를 바람직하지 않은 것으로 생각하면서 정치적, 종교적 변화를 시도한다. 이런 현상은 라틴아메리카의 다른 지역에서도 유사하게 나타나는데, 과테말라의 토도스 산토스(Todos Santos) 사회에서도 이주노동자들은 자신들의 경제력을 활용하여 정치적, 문화적 영역에서 영향력을 행사한다(Burrell, 2005: 13). 산 환 델 에스타도에서도 이런 현상이 예전보다 심해지고 있어서 이주노동을 하고 돌아온 사람들은 마을의 지도자를 선출하는 방식으로 불합리한 카르고 제도보다는 민주적인 선거를 활용할 것을 요구한다. 젊은이들은 전통적 관습인 카르고 제도에 의해 인정이나 마을 내의 혈연 혹은 사회관계를 활용하여 마을의 지도자와 관리를 뽑는 대신에, 유능하고 학식이나 경험이 많고 지방정부나 중앙정부와 활발한 교류를 할 수 있는 사람을 직접 투표에 의해 선출하는 것이 필요하다고 주장한다. 미국에서 7년 동안 일을 하고 마을을 잠깐 방문한 한 젊은이는 이 문제에 대해 이렇게 지적했다. "현재 우리 무니시피오의 중요한 의사결정을 하는 관리들은 대부분 학력도 낮고 바깥 세계에 나가서 활동을 해본 일이 별로 없어서 세상 물정을 잘 모른다. 마을의 지도자도 거의 농사를 짓는 사람이나 상인, 혹은 가게나 사업체의 종업원이 담당하는데 이런 사람들은 마을의 발전을 위한 제대로 된 생각이나 이념을 갖지 못한다(사무엘, 34세)."

또한 미국에서 돌아온 사람 중에는 개신교로 개종을 한 사례도 있어서 천주교 신자가 대부분인 마을에서 갈등을 야기하는 경우도 있다(주종택, 2007: 152~154). 예를 들면 새롭게 개신교로 개종한 사람들은 마을의 천주교 신자들이 기독교를 제대로 이해하지 못하고 맹목적으로 교회를 다니며, 예수를 믿는 것이 아니라 천주교의 성인을 숭배하는 잘못을 범하고 있다고 말한다. 한 젊은 여성은 개신교에 대한 마을 사람들의 이해 부족을 이렇게 비판했다. "아직도 이 마을 사람들은 신부의 말만 그대로 따르면 된다고 생각하며 성경에 대한 이해도 부족하다. 무엇 때문에 성인들을 위한 축제를 해야 되는지 생각하지 않는다. 예전처럼 이 마을은 개신교에 대해 맹목적인 배타성을 보이지는 않지만 아직도 심각한 수준이다(라우라, 29세)." 물론 아직까지는 마을의 개신교 신자 수가 매우 적어서 멕시코의 다른 지역처럼 개신교 신자와 천주교 신자의 갈등이 폭력, 방화, 추방, 살인 등과 같은 심각한 문제로 발전하지는 않는다(주종택, 2004: 28~35 참조). 그렇지만 개신교로 개종을 한 사람들이 천주교가 중심이 된 마을 단위의 행사나 모임에 참여하기를 거부하면서 기존의 사회 질서가 다소 위축되는 것은 사실이다.

그러나 국제노동이주가 항상 전통문화와 관습에 부정적인 영향을 미치는 것은 아니고 경우에 따라서 오히려 문화적 전통을 유지시키거나 발전시키는 역할을 하기도 한다. 앞에서도 논의한 것처럼 그동안 경제적 부담이 커서 천주교의 성인을 기리는 각종 축제가 위축되어 가는 실정에서 이주노동자들이 보내는 송금은 마을의 전통적 문화를 되살리는 역할을 한다. 조사지에서도 특히 마을의 수호성인인 세례 요한을 기리는 축제나 사순절의 금요일에 벌어지는 대규모의 축제에는 미국에서 일을 하고 있는 마을 사람들이 돈을 모아서 보내주어 폭약이나 술, 음식 등을 구입하는 데 사용하고 있다. 물론 모든 이주자들이 마을의 행사에 적극적으로 참여하는 것은 아니지만, 경제적으로 여유가 없는 마을로서는 일부 이주자들의 조그만 경제적 기여도 상당한 도움이 된다. 그밖에도 미국에서 오랜 기간 살았던 많은 이주자들이 결혼은 마을에 돌아와서 한다. 심지어 여자를 미국에서 만나거나 아니면 다른 마을 여자와 결혼을 하는 경우에도 마을에서 전통적인 결혼식을 올리기를 선호한다. 마을에서 결혼식을 올리고 다시 미국으로 돌아가려는 젊은이의 말에서 이들의 생각을 엿볼 수 있다. "이 마을은 부족한 것이 많아서 생활하기는 미국이 훨씬 좋다. 그러나 결혼은 멕시코식으로 해야 진정한 결혼이 된다고 생각한다. 전통을 따른 결혼식을 하면서 친구나 친척들의 축복도 받을 수 있고, 우리 자신이 누구이며 앞으로 태어날 자녀들에게 무엇을 가르칠 것인지를 생각할 수 있다. 미국은 개인주의적 성향 때문에 누가 어디서 어떻게 결혼을 한다는 것에 별다른 의미를 두지 않는 것 같아서 좋지 않다(호르헤, 28세)." 이렇듯 부분적으로 이주자들이 전통문화를 유지하는 데 도움이 되는 사례도 있어서 마을의 관습이 급격하게 변하는 것을 어느 정도 지연시키는 역할을 한다.

2) 사회관계와 네트워크

이주를 결정하거나 이주 후에 일자리를 구하는 과정에서 사회적 네트워크가 중요하다. 미국으로의 국제노동이주는 국경을 넘어서 익숙하지 않은 지역에서 일자리를 찾아야 하기 때문에 혼자로서는 감당하기 어렵다. 그래서 출발하기 전부터 친구 혹은 친척 등 다양한 사람으로부터 유익한 정보와 도움을 얻을 필요가 있다. 이런 의미에서 국제노동이주는 마을 사람들이 기존에 유지했던 사회관계와 네트워크를 강화하거나 새로운 네트워크를 개발시키는 데 기여한다. 한편 노동이주가 실현된 다음에도 이런 네트워크는 지속적으로 발전하여 고향 마을과 새로운 정착지를 연결하는 연결고리로 작용하고 '초국가적 공동체'로 발전한다(Trager 2005: 21). 노동이주를 하기 전과 노동이주를 하고 난 다음에 네트워크가 어떻게 이주자들에 의해 활용되고 있는지 다음의 두 사례들이 잘 보여주고 있다. "처음에는 미국에 일을 하러 가는 것이 두려워서 가고 싶은 생각은 있었지만 갈 엄두를 내지 못했다. 그러나 주변의 친구들이 하나둘씩 갔다가 오면서 여러 가지 이야기를 많이 해주어서 미국으로 가기로 결정했다. 1999년에 친구 세 명과 함께 국경을 넘었고 친구가 일하고 있는 농장 주인의 소개로 일자리를 얻어서 지금까지 일하고 있다. 지금도 그때 도움을 준 친구들과 가끔 만나서 정보도 얻는다(나탈리오, 26세).” “코요테를 고용해서 국경을 넘은 뒤에 여러 곳을 다니다가 현재의 자동차 정비업체에서 일을 하기 시작했다. 미국에 와서 처음에는 나만 열심히 일을 해서 돈을 벌면 된다고 생각했는데, 점차로 같은 동향 사람들과의 관계가 필요하다고 느끼게 되었다. 우선 불법으로 체류하는 형편이라서 혼자 있으면 이민국의 단속에 쉽게 걸릴 수 있다. 또한 불법체류자에 대한 사면도 있을 수 있어서, 지금은 같은 마을 출신자들이 결성한 모임에 가끔 참석하거나 연락을 한다. 모임에 나가면 미국에서의 문제에 관한 정보를 얻을 수 있을 뿐 아니라, 고향마을에 대한 소식도 주기적으로 접할 수 있다. 그밖에도 가족에게 급하게 돈을 보내거나 필요한 물건을 보내야 할 경우에도 모임에 나오는 사람들에게 부탁할 수 있어서 좋다(피덴시오, 31세).” 미국에서 공동체를 구성하여 생활하면 정보를 쉽게 얻는 동시에 함께 거주하면서 생활비를 줄일 수도 있고, 인종차별과 같은 문제에도 공동으로 대처할 수 있어서 이런 관계는 지속적으로 유지된다(Chierici, 2004: 49; Mooney, 2004: 60). 국경을 넘어선 사회관계와 네트워크는 항상 일정하게 존재하는 것은 아니고 수시로 참여하는 사람들이 변하면서 다양한 형태를 띠고 있으며, 참여하는 사람들의 관계도 과거의 고향 마을에 비하면 상대적으로 유연하다.

국제노동이주로 인해 만들어지는 사회관계와 네트워크의 성격이 과거와는 확연하게 달라지면서 마을에서 상당한 변화가 발생하고 있다. 국제노동이주를 희망하는 사람이 실질적인 도움을 얻으려면 자신과 연령이나 지위가 비슷한 사람으로부터 도움을 받기가 훨씬 용이하다. 따라서 지위가 서로 높고 낮은 사람들이 형성하는 불평등한 전통적 사회관계보다는 평등하거나 유사한 지위를 차지하는 친척이나 남성들 간의 친구 혹은 여성들 사이의 수평적 관계가 더욱 중요하게 되었다(주종택, 2007: 161).

실제로 산 환 델 에스타도에서도 지역에 기반을 둔 비공식 정치지도자인 카시케(cacique)[21]로부터 도움을 받아서 노동이주를 결심하는 사례는 거의 없었다. 이렇게 되면서 마을의 지도자나 원로들은 젊은이들이 미국으로 갈 생각만 하면서 자신들의 말을 듣지 않거나 무시한다고 불평한다. 마을 관리를 여러 번 역임한 중년 남자는 새로운 사회관계에 대해 이렇게 평가했다. "미국으로의 이주의 영향으로 마을이 많이 변했다. 전에는 마을이 훨씬 단결이 잘 되었고 마을 사람들과의 교류도 빈번했다. 예를 들면 전에는 사람들이 마을의 모든 노인들을 삼촌(tío)이라고 불렀으며, 마을이 하나의 커다란 가족이라고 생각했었다. 지금은 젊은이들이 전보다 개인주의적으로 바뀌었고 더 공격적이며 마을 일에 관심이 별로 없다. 자기들에게 필요한 사람들 사이에 관계를 형성하려고 하고 기존의 마을의 사회질서에는 신경을 덜 쓴다(알폰소, 47세)." 이렇게 과거의 사회관

---

21) 카시케는 카리브지역의 아라왁(Arawak) 원주민들이 사용하던 용어였다(주종택, 1998: 46~49). 스페인 정복자들이 라틴아메리카를 식민지화하면서, 그곳에서 그 지역의 지도자를 카시케라고 부르는 것을 보고, 이것을 다른 지역에서도 사용하게 되었다(Gibson, 1984: 390). 식민지시대 초기에는 스페인의 제도와 문화를 주입시키는 데 원주민 지도자들의 역할이 매우 중요했고, 그래서 카시케의 독특한 의미와 기능에 대단한 관심을 가지게 되었다. 카시케들은 식민정부와 원주민 사이의 중개자로서, 원주민들의 노동력과 공물이 효과적으로 식민 정부에 전달되게 하였다. 그래서 식민시대 이전의 지배적인 원주민 귀족과 종속적인 평민들 간의 이원적 체계는 식민시대를 맞아 더욱 강화되었다. 카시케는 16세기까지만 해도 상당히 영향력 있는 존재였지만, 18세기가 다가오면서 그들 중의 일부는 평민과 다름없는 상태에 빠지게 되었다(Gibson, 1984: 391). 이것은 식민지 후반기에 정치체제가 안정되면서, 식민정부는 더 이상 전통적 지도자인 카시케에 의존할 필요가 없어졌음을 의미한다. 원주민 귀족 출신으로 막강한 권력과 자치권을 가진 카시케들은 시간이 흐를수록 스페인의 통제가 강화되자, 가지고 있던 일부의 부와 권력을 상실하게 되었다. 스페인 정부에 대항해서 독립전쟁을 할 때에, 그동안 고통을 겪었던 카시케들은 적극적으로 가담하였다. 그리하여 그들은 일정한 정치적 지위를 다시 확보할 수 있었다. 독립 이후에는 외국의 자본가들도 교역을 하는 데 있어서 지방의 유지인 카시케들과 협력하는 것이 유리하다고 판단했다. 그렇게 됨으로써 식민사회에서 식민주의의 확장에 기여를 했던 카시케들은 독립 이후에 자본주의를 확산시키는 장본인이 되었다(Cockcroft, 1983: 86, 193; Esteva, 1983: 106). 멕시코 혁명시기에 많은 카시케가 소멸되거나 권력을 상실하게 되었으나, 일부 지역에서는 이런 혼란기를 틈타서 새로운 카시케가 등장하기도 했다. 즉, 중앙정부의 통제가 제대로 미치지 않는 지역에서는 언제라도 카시케가 나타날 수 있다는 것을 의미한다. 오늘날 카시케의 존재유무와 영향력의 정도는 각각의 농촌사회가 처해 있는 형편에 따라 달라진다. 긴급할 때나, 경제적으로 어려운 시기에 도움을 주는 카시케의 역할은 예나 지금이나 변화가 없다. 그러나 도시 근교에 위치하고 있어서 외부의 취업기회가 상대적으로 많고, 농업에 종사하는 사람이 많지 않은 산 환 델 에스타도 같은 마을에서는 카시케가 유명무실해지고 있다. 카시케의 직업도 예전에는 대토지소유자가 대부분이었으나, 현재는 다양한 업종에 종사하고 있다. 카시케는 카르고 제도와 밀접한 관련이 있다. 경제적 부를 효과적으로 운영하기 위해서는 정치적 통제를 이용하는 것이 유리하기 때문에 양자 사이에는 불가분의 관계에 있다. 그래서 카시케들은 항상 마을 내에서 높은 카르고를 차지하거나, 관리들의 선출에 관여한다(Ouweneel, 1995: 759; Vogt, 1990: 39).

계와 네트워크가 약화되고 새로운 관계가 중시되면서 기존의 위계질서에 기반을 둔 사회문화적 이념들이 상당한 변화를 겪을 수밖에 없게 되었다.

3) 가족과 친족관계

가족과 관련된 문화적 전통도 국제노동이주에 의해 파생된 변화의 물결에 휩쓸리고 있다. 멕시코의 농촌사회에서는 공동체와 가족의 중요성을 강조하면서 가족 구성원 간의 사회관계는 비교적 밀접하다. 그렇지만 국제노동이주의 경우에는 이주자들이 다른 가족 구성원과 장기간 멀리 떨어지게 되고, 가족 내의 의사결정도 젊은이들의 의견이 주로 반영되면서 가족 구성원 사이에 예기치 않은 문제가 발생하기도 한다. 상당수의 젊은 사람들이 가족들 사이의 문제를 회피하기 위해서 아니면 가족들이 자신들을 위해 할 수 없는 일이 많다고 생각하면서 미국으로의 노동이주를 결정한다. 마을 내에서 밴드를 결성해서 음악을 하면서 건축 일을 했던 한 젊은이는 가족으로부터 이탈하기 위해 국제노동이주가 선택되는 경우가 많다고 했다. "집안에 형편도 넉넉하지 않고 토지도 없으며 가족 수가 많은 경우에는 젊은 사람들이 별로 할 일이 없다. 그래서 집안에서 부모와 자녀들 사이에 심각한 갈등이 생기는 수가 흔하다. 이럴 때에 젊은이들은 가족 구성원들 사이의 문제에서 벗어나면서 자신들의 미래를 위해 미국으로 떠나게 된다(마누엘, 33세)." 이런 현상은 오아하카의 다른 지역에서도 유사하게 발생하는 것으로 젊은이들이 빠른 시간에 돈을 벌고 부모로부터 벗어나서 자유를 누리기 위해 이주를 선택한다고 한다(Grigolini, 2005: 203).

한편 국제노동이주는 일정한 기간 동안 마을을 떠나 있어야 하고 경우에 따라서는 이주자가 돌아오지 않는 영구이주를 선택할 수도 있어서, 가족의 해체가 촉진되거나 가족의 불안정성이 높아진다. 이렇게 되면 가구의 규모가 축소되는 동시에 여가장 가족 등 안정적이지 못한 가족형태가 늘어날 가능성도 있다. 먼저 젊은 부부와 아주 어린 자녀로 구성된 가족 중에는 남자만 혼자 미국에 가서 일을 하면서 부부관계에 문제가 발생하는 사례가 있다. 물론 남자가 일을 잘하고 아무 문제없이 주기적으로 고향을 방문하거나 송금을 하면서 가족의 경제적 형편이 개선되면서 안정된 가족구조를 이루기도 한다. 그렇지만 오랫동안 서로 떨어져 있다가 남편이 미국에서 다른 여자를 만나서 이혼을 요구하거나 일방적으로 소식이 끊기는 경우도 있다. 이런 사례가 마을에서 자주 있기 때문에 한 중년 여성은 미국으로의 노동이주에 대한 여성들의 입장을 이렇게 표현했다. "미국에 가서 남자들이 돈을 벌어 오는 것은 좋지만 그곳에 가서 그링가(gringa)[22]를 만나서 돈도 안 보내고 돌아오지 않는 경우도 있어서 나쁘다(마르가리타, 42세)." 그나마 이혼을 요구하는 경우는 무엇이 문제인지 알 수 있지만 남편이 미국에 간 뒤 돈도 보내지 않고 연락이 전혀 없으며 다른 친구들로부터 소식도 듣지 못하게 되면, 여자나 자녀들은 어떻게 해야 될지 몰라서 당황하게 된다. 이런 까닭으로 자녀가 아주 어린 가족 중에는 미국으로의 노동이주를 결정할 때 많은 갈등과 다툼이 일어나게 된다.

국제노동이주로 인해 부모와 자녀가 서로 떨어져서 생활하면서 부모들이 자녀를 제대로 돌볼 수 없어서 어려움을 겪는 수도 있다. 이주가 시작된 초기에는 대체로 가장들만 미국으로 일하러 갔으나, 지금은 아내도 같이 가고 아이들은 할아버지와 할머니에게 맡긴다. 특히 자녀들이 유치원이나 초등학교를 다닐 정도가 되면 아이를 조부모에게 맡기고 부부가 함께 미국으로 일을 하러 가면서 자녀들의 문제가 두드러진다. 대부분의 부모들이 미국에서 주기적으로 자녀를 위해 송금을 하여 아이들이 물질적으로 여유가 생기면서 자녀들의 문제가 야기된다(Eversole, 2005: 299). 마을 사람들은 이런 가족의 자녀 문제를 이렇게 설명했다. "미국에서 번

---

22) 미국 여성의 경멸적 표현.

돈으로 여기서는 볼 수 없는 미국제 물건을 아이들이 갖게 되고, 또한 아이들이 부모가 보내준 돈으로 가게에서 자유롭게 물건을 구입하면서 좋지 않은 일이 많이 발생했다. 심지어 비디오 게임기를 가진 아이들도 많아졌다. 이렇게 되면서 아이들이 마을 어른들의 말은 듣지도 않고 자신들이 최고라고 생각한다(아르헤오, 45세)." 물질적으로는 여유가 있지만 부모의 통제가 없는 이주가족의 자녀들은 점차 성장하면서 탈선을 하기도 한다. "상당수의 부모들이 어린아이들을 놓고 미국으로 가기 때문에 어린 학생들이 탈선하는 경우가 많다. 부모가 돈을 보내기 때문에 경제적으로는 여유가 있어서 아이들도 돈을 잘 쓴다. 중학생이 되면 술을 먹고 담배를 피우는 등 조부모들이 통제하기 매우 어려운 실정이다. 심지어 마을 근처의 사창가에 가는 학생도 빠르게 늘고 있다(로베르토, 55세)." 국제이주노동자들이 늘어나면서 자녀문제가 날이 갈수록 심각해져서 마을에서 여론도 좋지 않다. 그래서 아이들은 보통 마을에서 중학교를 마치면 부모를 따라 미국으로 간다. 그렇지만 이렇게 한다고 해서 가족관계에 대한 근본적 문제가 해결되는 것은 아니다.

4) 일상생활과 소비

마을 내에서 토지가 부족하거나 전혀 없는 사람, 그 밖의 다른 일자리도 구하기 힘든 사람들이 국제노동이주라는 경제적 기회를 맞이하면서 새로운 소비문화가 확산됨과 동시에 기존의 전통적 계층구조도 변화하고 있다. 과거에는 경제적으로 빈곤하기 때문에 생활도 어렵고 마요르도미아 같은 축제도 열지 못해서 마을에서 낮은 지위를 점유하던 사람들도 새로운 소득원을 확보하여 훨씬 여유로운 생활을 하게 되었다. 특히 경제적 궁핍과 더불어 전통적 규범이나 질서에 만족하지 못하거나 불만을 가진 사람들은 이주를 통해서 마을에서는 얻을 수 없는 경제적 부를 획득한다. 주로 젊은이들인 이들은 미국의 소비문화를 훨씬 적극적으로 수용하면서 마을의 문화적 전통이 달라지기를 희망하고 있으며, 새롭게 축적된 부를 이용해서 상층으로의 계층이동도 시도한다. 대체로 미국에서 일을 하고 왔거나 일을 하러 가려는 젊은이들은 산 환 델 에스타도에 대해 그다지 긍정적인 생각을 갖지 않는다. 이들은 마을이 낙후되고 불편하며 부족한 것이 많다고 주장한다. 그렇기 때문에 미국에서 생활하다 온 사람들은 자신들이 마을 사람들과 다른 생활양식을 지니고 있다는 것을 의도적으로 과시하려는 경향이 있다. 한 노인은 이런 문제에 대해 이렇게 자신의 불만을 토로했다. "이주자들은 미국에서 돌아오면 우리 마을과는 다른 생활방식을 추구하는 경우도 있다. 음식의 경우에도 콩이나 옥수수는 쳐다보지도 않고 햄버거나 피자를 선호한다. 마을에서는 이런 음식을 구할 수 없으니까 오아하카 시내에 가서 사먹는다(에네디노, 72세)." 심지어 마을에서 젊은이들은 자기들끼리 영어를 사용하기도 하고 미국의 텔레비전 프로그램을 즐겨 시청한다. 최근 들어서 위성접시를 설치하여 미국의 텔레비전 방송을 보는 가구가 매우 많아졌다. 젊은이들은 미국에서 벌어온 돈이 있기 때문에 술을 많이 마시고 마약을 사용하기도 하면서 마을 사람들과 갈등을 일으키기도 한다. 다른 마을에서도 이주자들이 좋지 않은 행동을 하는 사례가 많다. 특히 이주자들의 행동이나 태도가 지나치게 자유스럽다는 것을 지적하는 노인들이 많다. 특히 이런 이주자들 때문에 마을의 젊은 여성들이 영향을 받을 것을 걱정하는 사람들이 많다(Cantú et al., 2007: 143).

결국 이런 젊은이들은 마을의 관습을 어기는 것을 대수롭지 않게 여기면서 미국에서 경험하거나 가져온 이념을 과시하는 경향이 있다. 또한 토지의 소유나 천주교회 내에서의 지위 같은 내부적 조건에 의해 규정되던 전통적 사회질서가 이제는 이주를 통해서 돈을 번 사람들이 증가하면서 보다 복합적인 새로운 질서로 개편되고 있다. 이렇듯 국제노동이주로 인해 기존의 위계질서가 위협받는 현상은 다른 나라에서도 나타나고 있다(Bracking, 2003: 634). 예전처럼 농업이 주요한 생계수단이 아니기 때문에 농사를 위한 수로의 보수나 농업용수의 관리를 위한 마을 부역에도 사람들이 참여하기를 꺼린다. 이런 현상은 이주자가 있는 가구와 없는 가구, 그리고 젊은 세대와 늙은 세대 사이의 사회적 이질성을 크게 확대하는 결과를 초래한다. 한편으로는 마을 사람들끼리 함께 힘을 모아 생활한다는 공동체 의식이 약화되고 있다.

⑵ 이주의 증가와 농촌사회의 대응

마을에서 미국으로의 국제노동이주가 증가하고 사회문화적 영향이 날이 갈수록 심각해지면서 이주자들에 대해 부정적으로 생각하는 경향이 많다. 특히 이주자가 그다지 많지 않았던 1980년대까지는 이주자들의 행위나 이념이 두드러지게 나타나지 않았지만, 1990년대 이후 이주자가 빠르게 증가하면서 마을 원로를 중심으로 이주자들을 비판하는 목소리가 많아졌다. 예를 들면 이주자들이 생기면서 농촌에서 일하기를 싫어하며 쉬운 일만 찾고, 멕시코의 전통적 모자인 솜브레로(sombrero)도 쓰지 않으면서, 미국에서 가져온 이상한 야구 모자만 쓴다는 것이다. 또한 마을을 돌아다닐 때에도 해변에서나 입는 영어나 그림이 그려져 있는 셔츠를 입고 다녀서, 어린 아이들에게 좋지 않은 결과를 초래한다는 것이다. 실제로 마을의 노인들이 젊은이들의 이런 행동을 바로잡아야 한다고 마을회의에서 주장하는 일이 많다. 그렇지만 이런 노력에도 불구하고 별다른 개선의 기미도 없었고, 예전에는 상대적으로 이주자의 수가 많지 않아서 마을 내의 심각한 문제로 비화되지는 않았다. 그러나 1990년대부터 이주자의 수가 크게 늘어나서 이주자들이 전통적 사회문화구조에 미치는 영향이 커지면서 문제가 달라졌다. 이주자의 증가로 마을의 전통적 구조가 훼손되고 사회제도의 유지가 곤란을 겪을 가능성이 제기되면서, 이주자에 대한 마을 사람들의 생각은 한층 복잡해졌다.

이주자들에 대한 마을의 대응은 적극적으로 변화에 대처하거나 소극적으로 변화를 수용하는 두 가지로 나누어진다. 적극적 대처가 필요하다는 사람들은 이주자들이 마을에 경제적 지원 등 별다른 기여를 하지 않으면서 카르고나 마요르도미아, 공동부역과 같은 의무를 회피하는 것을 제도적으로 막아야 마을의 질서가 유지된다고 주장한다. 다시 말해 이주자들이 방문하거나 일정한 기간 미국에서 돌아와서 마을에 머물 때 카르고의 임무를 수행하거나 아니면 벌금을 부과하도록 요구해야 된다는 것이다. 이주자에게 카르고를 수행하기 위해 강제적으로 돌아올 것을 규정하는 마을에서는 이주자들이 이것을 지키지 않았을 때, 이주자들의 부모나 자녀, 혹은 친척을 처벌한다. 이러 실정을 고려하여 문제가 더 커지기 전에 다른 마을의 사례를 참고하여 이주자들이 카르고를 회피하는 것을 방지할 수 있는 제도를 마련해야 된다고 주장한다. 한 젊은이는 이런 주장에 동의하는 의견을 이렇게 제시했다. "다른 마을에서는 미국에서 일을 하다가도 카르고를 하기 위해 마을로 돌아와야 한다. 그렇게 되니까 자연히 마을에 대한 애착도 생기고 문화적 전통도 존중한다. 그러나 산 환에서는 미국에서 일하는 사람들은 자신이 원하지 않으면 카르고를 하지 않는다. 그렇지만 3월과 6월의 마을 축제에는 많은 미국의 이주자들이 단지 즐기려고 온다. 이렇게 이주자들이 의무는 하지 않고 권리만 누린다고 하면 마을에 사는 사람들은 별다른 혜택도 없으면서 피해만 볼 것이다(마우로, 42세)."

이주자에 대한 소극적 대응을 주장하는 사람들은 이주자가 많아지고 있지만, 아직은 카르고를 수행할 사람의 수가 모자라지 않는다는 점에 주목한다. 오아하카의 인근 지역에서는 마을의 규모가 작아서 이주자가 많이 빠져 나가면 카르고 제도를 유지하기가 불가능하지만 산 환 델 에스타도는 아직 그 정도는 아니라는 것이다. 현재도 이주자들 중에 카르고를 해야 되면 자발적으로 돈을 지불하거나 아니면 마요르도미아를 수행할 수 있다는 사실도 지적한다. 물론 자발적으로 카르고를 대신해서 마요르도미아를 맡는 사람은 아직 소수에 불과하다. 2004년의 카르고 지명을 위한 마을회의에서 이주자에게도 카르고를 의무적으로 수행하게 해야 한다는 의견이 제시되기도 했지만, 대부분의 마을 사람들이 반대했다. 아들이 미국에 가서 일을 한다는 한 여성은 자신의 생각을 이렇게 표현했다. "아들이 미국에 가서 일을 한 지 4년이 되었다. 마을이 싫어서 떠난 것이 아니라, 여기서는 일거리가 없어서 굶어 죽을 형편이기 때문에 어쩔 수 없었다. 미국에 일을 하러 간 사람들에게 카르고를 하라고 하는 것은 있을 수 없다. 현재 이 마을에 살지도 않고 마을의 공동토지도 경작하지 않는 데 왜 의무를 부과하려고 하는지 이해가 안 된다. 마을이 우리 가족을 위해 도와주는 것도 없으면서, 왜 먹고 살려고 애를 쓰는 것을 좋지 않게 보는 것인가?(델피나, 47세)"

이렇게 이주자에 대한 부정적 인식이 광범위하게 퍼져 있지만 소극적 대응이나 이주자들의 입장을 이해해야 된다는 주장이 커지는 것은 몇 가지 이유가 있다. 먼저 카르고 제도처럼 직접적으로 이주자의 증가가 영향을 미치는 분야는 많지 않고, 대부분이 간접적인 사회문화적 영향이 많아서 통제하기가 용이하지 않다는 것이다. 또한 어린아이들이나 학생들도 미국의 문화를 긍정적으로 평가하면서 접촉하기를 원하는 실정에서 이것을 제재하는 것이 현실적으로 불가능하다는 것도 고려해야 된다. 마지막으로 이주자의 수가 늘어나면서 2000년대에 이르러 마을 전체에서 거의 절반에 가까운 가구가 국제노동이주자를 갖고 있는 실정이다. 또한 아직 미국으로의 노동이주자가 없는 가구에서도 조만간 미국으로 일을 하러 가려는 계획을 가진 경우가 많다. 그렇기 때문에 이주자에게 불리한 규정이 생기는 것을 많은 사람들이 찬성하지 않게 되는 것이다.

3. 정치적 영향과 의미

미국에서 일하는 라틴아메리카 이주노동자들의 수가 증가하고, 그들이
향우회 등을 조직하여 이주자들의 네트워크가 활성화되면서, 다양한 새
로운 움직임이 보이고 있다. 그중의 하나가 이주자들이 라틴아메리카 국
내 정치에 개입하여, 라틴아메리카 국가들의 정치적 변화에 기여한다는
것이다. 이주자들의 초국가적 공동체가 처음에는 자신들의 이익을 도모
하다가 점차로 자신들을 보낸 마을을 돕기 위한 계획을 추진하였는데,
이제는 자신들의 국가나 사회의 민주적 발전에도 관심을 보이기 시작했
다. 초국가적 공동체에 열심히 관여하는 사람들은 대체로 나이가 많고,
생활도 어느 정도 안정되어 있으며, 교육수준도 상대적으로 높은 편이다.
이런 실정에서 이주자 사회는 자신들을 보낸 국가와 지역사회의 정치적
영역에서 예상하지 못했지만 분명하게 인식할 수 있는 행동을 하고 있다
(Portes et al., 2007: 244). 물론 아직까지는 참여하는 이주자 사회가 많지
않고, 지역적으로도 라틴아메리카 전체를 아우르는 집단적인 행동까지는
미치지 못하지만, 라틴아메리카의 정치적 변화를 위한 새로운 계기를 마
련하고 있다. 여러 지역의 성과가 결집되면 이주자들이 정치에 미치는
영향은 더욱 커지고, 라틴아메리카의 사회변화에도 엄청난 기여를 하게
될 것이다. 이주노동자들의 구체적인 정치적 성과를 사례별로 알아보면
다음과 같다.

앞에서도 언급한 것과 같이, 멕시코의 오아하카 지역의 원주민 이주자
들의 조직적인 운동이 활발해지면서, 이들이 오아하카 지역의 정치적 민
주화에도 관심을 두게 되었다. 오아하카는 그동안 정치적으로 보수적인 세력이
지배하였다. 특히 제도혁명당(Partido Revolucionario Institucional: PRI)이 꾸
준하게 이 지역에서 영향력을 행사했다. 제도혁명당이 1929년에 창당한
이후에 2000년까지 71년 동안 제도혁명당 출신의 대통령이 멕시코를 일

당 독재체제로 지배했을 때는 물론이고, 2000년에 최초로 정권교체가 발생하여 국민행동당(Partido Acción Nacional: PAN)의 폭스가 대통령에 취임했던 시기에도 오아하카의 주지사는 제도혁명당 소속이었다. 이런 실정 때문에 오아하카 주는 전체 인구에서 원주민의 비율이 높은 주임에도 불구하고, 인접한 치아파스 주의 사파티스타 민족해방군 같은 원주민 운동이 제대로 활성화되지 못했다. 그러다가 미국에 있는 오아하카 출신의 이주노동자들이 중심이 되어 마침내 제도혁명당 정부를 몰아내는 데에 성공했다(Gutiérrez, 2010: 32~35). 2010년 7월 오아하카에서 제도혁명당의 80년 동안의 통치가 마침내 종지부를 찍었다. '평화와 진보동맹'(La Coalición Unidos por la Paz y el Progreso: CUPP) 소속의 가비노 쿠에 몬테아구도(Gabino Cué Monteagudo)가 제도혁명당의 후보였던 에비엘 페레스 마가냐(Eviel Pérez Magaña)를 주지사 선거에서 물리쳤다. 이 선거의 투표율은 56%였는데, 오아하카의 주지사 선거에서는 유례를 찾기 힘든 매우 높은 투표율이었다. 쿠에는 2004년에도 주지사 후보로 나왔으나 당시에는 제도혁명당의 울리세스 루이스 오르티스(Ulises Ruiz Ortiz)에게 패배했었다. 울리세스 루이스는 2006년에 오아하카 주에서 좌파세력이 시위를 벌이고 저항했을 때, 무력으로 진압했던 주지사여서 오아하카 주민들의 원성이 자자했었다.

쿠에가 선거에서 승리하기까지는 캘리포니아의 오아하카 출신의 원주민 이주자들의 조직적 활동이 결정적인 역할을 했다. 특히 앞에서 살펴본 FIOB가 쿠에 후보를 강력하게 지지하였다. FIOB의 목적은 원주민과 비원주민의 인권을 수호하고, 지역과 멕시코-미국 양 국가 간의 조직활동을 촉진시키고, 정부와 사회의 투명성을 높이고, 정의와 성 평등을 위해 투쟁한다고 되어 있다. 따라서 이들이 정치적인 입장을 제시하며, 자신들과 비슷한 성향의 정치인을 지지하는 것은 놀랄 만한 일은 아니었다. 다만 그 이전까지는 미국의 이주노동자들이 자신들의 경제적 문제를 해결하기에 급급해서, 멕시코의 국내정치에는 관심을 쏟지 못했다. FIOB는 약 5천에서 6천 명의 회원으로 구성되어 있는데, 여성이 대부분을 차지한다. '원주민 여성 지도자'(Mujeres Indígenas en Liderazgo: MIEL)라는 모임을 구성하여 로스앤젤레스 지역에서 여성들의 힘을 증진시키기 위한 노력을 경주했다. 이런 과정을 거치면서 여성들이 앞장서서 자신들의 문제뿐 아니라 멕시코의 정치적 변화에도 관심을 갖게 되었다. 현재 FIOB는 '캘리포니아 오아하카 원주민 사회 및 조직연맹'(Federación Oaxaqueña de Comunidades y Organizaciones Indígenas en California: FOCOICA), '오아하카 주민조직'(Organización de Residentes de Oaxaca: ORO), '오아하카 원주민 발전을 위한 양국 센터'(Centro Binacional para el Desarrollo Indígena Oaxaqueño) 등의 조직과 함께 협력하고 있다. 쿠에는 주지사 선거가 있기 전에 4월에 로스앤젤레스를 방문해서 이주자들에게 자신을 지지해줄 것을 호소했다. 그는 캘리포니아를 오아하카 주의 571번 구역[23]이라고 불렀다.

주지사 선거에서 FIOB는 다양한 활동을 전개했다. 국경 너머 멕시코에 사는 가족이나 친구, 그리고 다른 조직에 정치적 메시지를 전달할 공간과 전화를 제공했고 인력자원도 동원했다. 그리고 선거 당일에는 많은 오아하카의 여성들 그리고 젊은이들과 힘을 합쳐서 투표소를 감시했다. 이와 더불어 로스앤젤레스의 라디오 방송에서 '가비노 쿠에와 함께하는 이주자들'(Migrantes con Gabino Cué)이라는 프로그램을 만들어서 원주민 지도자들, 이주 관련 학자들, 원주민 여성들, 그리고 젊은이들이 참여하도록 유도했다. 여기서 오아하카의 정치적 환경, 자치와 민주주의의 의

---

23) 오아하카 주는 570개의 무니시피오로 구성되어 있다. 오아하카 주는 규모가 아주 크지 않은 주이지만, 무니시피오의 수는 멕시코의 31개 주에서 가장 많다. 이렇게 많은 무니시피오로 나누어진 것은, 그만큼 과거에 정치적 갈등이 많았다는 것을 의미한다. 그래서 전국에서 인구가 가장 작은 무니시피오도 오아하카에 있는데, 산타 마그달레나 히코틀란(Santa Magdalena Jicotlán)의 인구는 102명에 불과하다. 반면에 다른 주에는 인구가 1백만 명이 넘는 무니시피오도 존재한다. 멕시코는 수도인 멕시코시티를 제외하고, 2,438개의 무니시피오로 이루어진다. 오아하카 다음으로 푸에블라(Puebla) 주의 무니시피오가 217개로 많다. 가장 적은 수의 무니시피오를 가진 주는 바하 칼리포르니아(Baja California)와 바하 칼리포르니아 수르(Baja California Sur)로 각각 5개밖에 없다.

미, 여성의 역할, 가정폭력, 에이즈 바이러스(Human Immunodeficiency Virus: HIV), 멕시코의 2010년 선거와 투표의 중요성, 오아하카의 정치적 변화와 투명성을 위한 양국의 지원 등을 논의했다. 사실 FIOB가 멕시코의 국내정치에 참여한 것은 상당히 오랜 역사를 지니고 있다. 이미 1998년에 민주혁명당과 느슨한 형태의 동맹관계를 형성하여 정치에 참여하기 시작했고, 그 결과 오아하카 주 의회에 처음으로 의원을 배출하기도 했다(Perry et al., 2009: 226).

오아하카의 지역적인 사례 이외에 미국의 멕시코 이주노동자 조직들은 정치적 참여, 다원주의, 대표성을 강조하면서 멕시코의 정치를 바꾸려고 시도했다. 이주자들은 미국과 멕시코의 양 국가에서 관계를 형성하고 있어서, 멕시코의 민주화과정에서 앞장설 수 있었다(Chiu and Gutiérrez, 2007: 149~152). 이주노동자들이 멕시코 정치에 참여하기 위한 제도를 확립하려고 노력하는 한편, 멕시코 정부에서는 가능하면 이주자들을 통제하고 이들의 영향력을 제한하려는 계획을 갖고 있었다. 멕시코 정부는 해외에 거주하는 이주자들을 위한 조직을 구성하고, 이주자들의 행위를 규제할 법을 정비하며, 이주자들의 요구를 효율적으로 관리하려는 노력을 병행했다. 이주자들의 정치활동에 관련한 정부방침은 3개의 시기로 구분된다. 즉 2000년 이전에 투표권을 얻기 위한 운동, 폭스 재임기간인 2000년에서 2006년 사이의 정치적 활동과 2005년의 투표권의 통과, 2006년부터 해외의 이주자들의 선거참여(Smith, 2008: 709)이다. 각 시기마다 구체적인 과정을 살펴보면 다음과 같다.

해외의 이주자들로서 투표권을 얻기 위한 최초의 시도는 1980년대에 미국에서 활동하던 좌파 행동가들에 의해 이루어졌다. 특히 1988년의 대통령 선거를 앞두고 여당인 제도혁명당의 쿠아우테목 카르데나스(Cuauhtémoc Cárdenas Solórzano)가 이념적 문제를 제기하면서 탈당하고, 민주혁명당(Partido de la Revolución Democrática: PRD)을 창당하면서 이런 운동이 더욱 탄력을 받게 되었다. 1988년의 캠페인 기간에 카르데나스는 로스앤젤레스와 다른 지역 등 미국에서 활발한 선거운동을 성공적으로 벌였다. 7월 6일의 선거에서 제도혁명당의 카를로스 살리나스 후보가 카르데나스를 50.70% 대 31.10%로 제치고 대통령에 당선되었다. 선거가 끝난 뒤에는 부정선거 논란으로 상당한 혼란이 지속되었다. 부정선거의 의혹에 대한 문제가 커지자, 정부는 선거부정에 대한 정치적 신뢰의 문제를 해결하려는 시도로 연방선거관리위원회(Instituto Federal Electoral: IFE)를 설립했다. 멕시코 정부도 이주자들의 역할이 커지는 것을 고려하여, 이들에 대해 관심을 두기 시작했다. 1990년에는 외교부에 '해외 멕시코 사회 프로그램'(el Programa para las Comunidades Mexicanas en el Exterior: PCME)을 설립하여 미국의 멕시코인들의 초국가적 공동체의 조직을 지원하고, 이들과 협력하여 멕시코에서 사회적, 경제적 과제를 발전시켜 나가려고 했다.

그다음 1994년의 대통령 선거에서는 미국의 이주자들에 대한 관심이 더욱 커졌다. 주요 정당 소속의 후보들이 모두 미국의 이주자 사회를 방문했다. 당시에 이주자 사회에서 등장한 구호가 '우리 없는 멕시코는 다시 안 돼!'(Never Again a Mexico without Us!)였다. 1994년 8월의 선거결과는 제도혁명당의 에르네스토 세디요가 48.69%, 국민행동당의 디에고 페르난데스(Diego Fernández de Cevallos)가 25.92%, 민주혁명당의 카르데나스가 16.59%를 각각 얻었다. 선거가 끝난 다음인 1996년에 야당들은 제도혁명당을 압박하여 대대적인 국가개혁의 일환으로 헌법을 개정하여, 해외에 거주하는 멕시코인들이 대통령선거에 참여할 수 있도록 허용할 것을 요구했다. 국민행동당과 민주혁명당은 해외 거주자의 투표를 환영했으나, 제도혁명당은 자신들을 반대하는 세력들이 대거 투표에 참여할 것을 우려하여 이런 법의 제정을 막아왔다. 제도혁명당 관계자들은 말로는 해외의 거주자들이 투표하는 과정에서 부정의 소지가 많다고 했지만, 사실은 야당을 지지하는 표가 늘어나고, 이것이 멕시코 사회에 광범위한 파장을 몰고 올 것을 걱정했다. 그러나 국내외의 집요한 노력 덕분에 이주자들의 정치참여는 서서히 현실화되고 있었다. 먼저 의회에서 야당의 의석이 늘어나고 시민사회의 활동이 증가하면서, 미국의 멕시코 이주자 사회는 부재자 투표에 관한 문제를 공론화시킬 수 있었다. 1999년 4월에 국민행동당과 민주혁명당에서 각각 3명의 지도자가 참여하여 해외의 이주자들에게 부재자 투표를 허용하는 선거법 개정안을 제출했다. 이주자 조직은 멕시코에서 공공 포럼을 조직하고, 해외 거주자의 투표권과 이주자들도 주정부 및 연방정부에서 공직을 맡을 권리를 주장했다. 이주자들의 노력은 부분적으로 결실을 맺어서 미초아칸 주와 사카테카스 주에서 법안이 마련되었다. 이렇게 되어 이주자들이 멕시코의 정치에 참여할 수 있는 길을 열었다.

2000년의 대통령 선거는 미국의 이주자 사회에도 중요한 변화를 가져다주었다. 국민행동당의 폭스 후보는 이주자들을 '멕시코의 영웅'(heroes of Mexico)으로 칭송했고, 제도혁명당과 민주혁명당 후보보다 미국에서 선거운동을 많이 했다. 그렇지만 2000년의 멕시코 대통령 선거에서 이주자들의 투표는 기대한 만큼 그다지 영향을 발휘하지 못했다. 미국에 살고 있는 대부분의 멕시코인들은 유효한 투표 신분증을 소지하지 않고 있어서, 투표에 참여할 수가 없었다. 해외에 거주하는 멕시코인들이 투표 신분증을 발급받으려면, 직접 자신의 고향에 있는 연방선거관리위원회를 방문해서 신청을 하고, 신분증이 도착할 때까지 4주에서 6주를 기다려야 한다. 그런 다음에 투표소를 방문해서 투표를 해야 한다. 그나마 투표소를 방문하는 불편을 조금이라도 해결하기 위해, 2000년의 대통령 선거를 위해 멕시코의 국경도시에 64개의 특별 투표소가 마련되었다. 그러나 이주자의 투표율은 매우 저조했다. 투표율이 높지 않은 이유는 미국에서 생활하는 멕시코인들이 멕시코 대통령을 위한 선거에 참여할 의지가 매우 낮기 때문이었다. 더욱이 국경을 넘어 멕시코로 와서 투표를 하고, 다시 국경을 넘어 미국으로 돌아가는 것이 불법이주자들에게는 매우 위험하고, 비용이 많이 들며, 귀찮은 일이기도 했다. 2000년 7월에 실시된 대통령 선거의 결과는 국민행동당의 폭스가 42.52%, 제도혁명당의 프란시스코 라바스티다(Francisco Labastida Ochoa)가 36.11%, 민주혁명당의 카르데나스가 16.64%의 표를 얻었다.

2000년에서 2005년 사이에는 이주자들의 정치참여에 대한 희망이 매우 컸고, 좌절도 맛보았으며, 이주자들이 인내를 해야 했던 시기였다. 폭스가 재임했던 처음 5년간은 해외의 이주자 사회와 멕시코 정부가 관계를 제도화하는 중요한 시기였다. 폭스는 이주자들에 대해 관심을 표명했기에, 이주자들의 입장에서는 자신들의 요구사항을 관철시킬 좋은 기회가 찾아온 것이었다. 게다가 해외의 이주자들을 위한 정부기관도 만들어져서 이주자들이 투표권을 요구하기가 한결 수월해졌다. 이런 변화된 환경에 발맞추어 이주자들은 지역과 주 차원에서도 자신들의 정치적 권리를 향상시키기 위해 노력을 배가하였다. 이주자들의 두드러진 활동의 목적은 그들이 멕시코의 국내정치에 직접 참여할 수 있도록 법을 개정하는 것이었다. 미국의 멕시코 이주자들은 부재자 투표를 강력히 요구했고, 마침내 2005년 중반에 의회의 승인을 받아 2006년 대통령 선거부터 해외 거주자의 부재자 투표(el voto remoto)가 실시되었다. 물론 폭스의 선거가 있기 전부터 미국의 이주자 사회는 주정부와 지역정부의 차원에서 다양한 조직을 구성하여 정치적 기회의 확대를 목표로 활동했다. 구체적인 조직의 예를 보면, 'Pro Vote 2000 운동', '해외 멕시코인들의 정치권리연맹'(the Coalition for the Political Rights of Mexicans Abroad), '사카테카스 시민전선'(Frente Civico Zacatecano) 등이 있었다.

사카테카스에서는 주 헌법을 개정하여 2003년에 이주자에게 투표권을 부여했다. 개혁의 주요한 골자는 미국에 살고 있는 사카테카스 사람들의 양 국가 사이의 생활을 인정하는 것이었다. 즉, 그동안 미국의 이주자들이 사카테카스의 마을과 주를 위해 무시하지 못할 공헌을 했기 때문에, 그들을 정치적 권리를 가진 사람으로 인정하고 부재자 투표권을 준다는 것이었다. 법이 규정한 바를 따르면 이중국적의 거주자는 해외와 사카테카스에 주소를 두고, 사카테카스에 가족과 집, 그리고 그 밖의 다른 이해관계를 가진 사람을 의미한다. 개혁안은 이주자들도 주 의회의 의원이나, 무니시피오 의장, 기타 관리로 출마할 수 있도록 허용했다. 이런 변화의 결과로 이주자 중에 두 명의 무니시피오 의장과 두 명의 주 하원 의원이 나올 수 있었다. 이렇게 제도가 바뀌기 이전에는 이주자들이 공적인 직책을 담당하기 위해서는 여러 가지 넘어야 할 장벽이 많았다. 예를 들면 사카테카스의 헤레스(Jerez)에서 안드레스 베르무데스(Andres Bermudez)라는 사람이 선거에서 무니시피오 의장에 당선되었으나, 선거 전에 그 도시에 1년을 거주하지 못해서 거주요건을 갖추지 못해 당선이 취소된 적이 있었다. 베르무데스는 캘리포니아에서 30년을 살았고, 사카테카스를 주기적으로 방문했으며, 사카테카스에 집도 있고 사업도 운영했었다. 이런 사례가 문제가 있다는 지적이 나오면서 이주자들에 대한 제한이 조금씩 사라졌다.

미초아칸 주에서도 유사한 법안이 2007년 2월에 통과되었다. 미초아칸 지역의 이주자가 투표권을 얻어내는 데에는 '미국 미초아칸인 양국 전선'(Frente Binacional Michoacano en Estados Unidos: FREBIMICH)의 활약이 두드러졌다. 그러나 이런 노력에도 불구하고 미초아칸의 지방선거에서도 해외 부재자 투표에 참여한 이주자들의 수는 매우 적었다. 이렇게 되면서 이주자 조직 지도자들의 대표성도 의심받고, 이주자들이 멕시코와 확고한 정치적 연결고리를 확보하는 데에도 문제가 발생했다. 그 밖의 다른 주에서는 부재자 투표권을 위한 개혁이 중단되었다. 이주자들은 이제 폭스 대통령이 해외의 이주자들에게 투표할 권리를 마련한다는 약속을 믿고 무작정 기다리기만 할 수 없는 상태가 되었다. 이주자들은 직접 자신들이 정치적 직위를 획득하면서 영향력을 행사하려고 노력했다. 결과적으로 일부의 이주자들이 선거에 나서서 당선되었다. 그렇지만 지방정부에서는 이주자들이 정치적으로 어느 정도 성공적이었으나, 연방정부에서는 이렇다 할 성과를 거두지 못했다. 그럼에도 불구하고 과거보다는 이주자들이 정치에 참여할 분위기가 많이 호전되었다. 이런 변화를 잘 보여주는 예가 '해외 미초아칸 이주자 협회'(Institute of Michoacanos Abroad)의 회장이었던 헤수스 마르티네스 살다나(Jesus Martinez Saldana)였다.

이런 예외적인 일부의 사례를 제외하면, 다른 이주자들의 경우에는 장애물을 만나기도 했다. 캘리포니아에 살고 있는 루페 고메스(Lupe Gomez)는 자신의 고향인 사카테카스에서 공직에 진출하기를 원했다. 그러나 사카테카스에서 6개월 동안 고용되지 않았다는 사실 때문에 부적합하다는 판정을 받았다. 고메스는 이런 규정이 지역 주민들에게는 적용이 되지 않고, 이주자들에게만 적용되는 것은 차별이라고 주장했다. 마누엘 델 라 크루스(Manuel de la Cruz)도 비슷한 경험을 겪었다. 그는 캘리포니아에서 큰 이주자 조직을 이끌고 있으면서, 전직 사카테카스 주지사와 친분이 있었다. 그는 대통령 후보로 폭스를 지지했는데, 2000년에 자신들과 이주자들이 그를 지지한 것에 대한 아무런 보상도 받지 못했다고 말했다. 폭스 행정부로부터 소식을 기다리는 대신에 그는 민주혁명당에 2004년에 연방 하원의원에 나갈 수 있게 해달라고 요청했다. 그는 선거에서 승리하였고, 의원직을 누릴 수 있었다. 위의 사례들을 보면 사회적으로 어느 정도 이주자들이 정치에 참여하는 것을 지지하는 여건이 갖추어져 있다고 볼 수 있다. 그러나 정권을 장악한 세력은 새로운 정치집단들과 권력을 나누기를 원하지 않는다. 그래서 이주자들이 새롭게 정치적 기반을 닦아나가기가 어려운 것이다. 이주자들이 자유롭게 투표를 하도록 허용하면 선거의 결과가 뒤바뀔 수도 있고, 그렇다면 기존의 정치집단에게 매우 위협적인 상황이 다가올 것을 우려하는 것이다.

멕시코에서 이주자들에게 투표권을 주고 정치에 기여할 수 있는 통로를 만들어주자는 주장이 힘을 얻고 있지만, 이런 움직임을 거부하는 세력도 분명하게 존재한다(Smith, 2008: 724). 이주자의 투표권을 인정하기를 원하지 않는 사람들은 이주자들이 아직 멕시코와 강력한 연결고리를 공유하지 않는다고 주장한다. 그리고 이주자들이 정치의 결과에 대해서도 책임을 지지 않을 것이라고 말한다. 한편 멕시코 정부가 이주자와 관계를 강화시키면 멕시코의 이해관계에도 별 도움이 되지 않고, 이주자들이 미국 사회에 동화되는 데에도 오히려 역효과가 난다는 것이다. 반면에 이주자의 투표권을 지지하는 사람들은 이미 이주자들이 멕시코 사회에서 사회적, 경제적으로 중요한 역할을 달성했다는 것이다. 이들의 시각으로는 이주자들은 미국과 멕시코에서 실질적으로 동시에 생활하는 새로운 정치적 주체로 존재한다. 이주자의 투표권에 부정적인 사람들의 또 다른 견해는 투표 자체를 시행하기가 복잡하고, 비용이 많이 들며, 안전하지 못하다는 것이다.

일반 대중들의 여론과 정치지도자들의 공개된 여론은 이주자들에게 정치적 참여기회를 주는 방안을 지지하는 것으로 나타난다. 2004년에 멕시코 의회가 조사한 여론조사 결과를 보면 73%가 이주자의 투표권을 지지했고, 27%가 반대하는 것으로 나왔다. 이렇게 이주자들에게 긍정적인 의견이 많았던 것은 이주자 지도자들이 지지를 넓히려고 적극적으로 홍보를 해서, 이주자들의 정치 참여운동이 소수의 인사들에 의해 주도된다는 비판에 잘 대처했기 때문이었다. 2001년에 이주자들은 '해외 멕시코인 정치권리 연맹'(La Coalición por los Derechos Políticos de los Mexicanos en el Extranjero: CDPME)을 조직하여 이주자들이 멕시코의 대통령 선거나 각종 주와 지방정부의 선거에서 투표할 권리를 얻기 위해 노력했다. 이들은 이메일 등을 이용하여 세력을 확산시키려고 애썼다. 2004년부터는 라울 로스 피네다(Raul Ross Pineda)를 편집장으로 내세우면서 '국경 없는 멕시코'(MX sin Fronteras)라는 잡지를 발행해서 미국과 멕시코에서 상당한 호응을 이끌어냈다(Smith, 2008: 725).

많은 논란과 우려 속에서 마침내 2005년 6월 28일에 이주자들의 투표권을 인정하는 법안이 통과되었다(Delgado Wise, 2006: 42). 헌법에서 이주자들의 투표권을 인정하도록 수정된 지 거의 10년이 지난 다음에 이주자의 권리가 실현되었다. 1996년 8월에 이중국적 개혁안과 함께 이주자의 투표권을 명시한 헌법 수정안이 이미 통과되었다. 그러나 의회가 이런 권리를 어떻게 행사할 것인가를 결정할 멕시코 선거법을 개정할 것을 요구한 조항이 포함되었기 때문에 그동안 지연되었다. 이주자의 투표권이 인정되기까지 '일리노이 미초아칸 향우회 연맹'(Federación de Clubes Michoacanos en Illinois: FEDECMI)과 '해외 멕시코인 정치권리 연맹'의 역할이 컸다. 미국의 멕시코 이주자들에게 투표권이 주어지자, 미국의 보수진영에서는 라티노들이 자신들만의 정치적, 언어적 집단을 형성하여 미국의 가치관이 훼손될 수 있을 것이라고 주장했다. 멕시코 의회는 해외의 부재자 투표에 관한 규칙과 요구조건, 그리고 과정을 명시했다. 미국에서는 투표소를 설치하지 않으며, 투표를 위한 카드도 멕시코 밖에서는 발행하지 않으며, 해외에서는 선거 캠페인이나 모금을 하지 않고, 투표용지는 우편으로 보내며, 대통령 선거에만 국한한다는 내용이 포함되었다.

해외의 이주자들에게도 대통령 선거에서 투표를 할 기회가 생기면서, 정치권에서는 각 진영마다 손익계산을 하기 바빴다. 일부에서는 극단적으로 이주자들이 선거결과를 결정지을 것이라고 말했다. 실제로 해외의 이주자 약 1천1백만 명이 투표를 한다고 가정하면, 이것은 멕시코 유권자 인구의 14%를 차지한다. 2006년의 선거가 실제로 23%의 차이로 결정된 것을 보면, 이런 예측은 완전히 허황된 것은 아니었다. 그러나 실제 선거에 돌입하면서 이주자 중에 투표하기를 희망하는 사람들은 극소수로 확인되었다. 결과적으로 연방선거관리위원회에 단지 54,780명의 이주자가 유권자로 등록했고, 그중에서 40,876명이 승인을 받았다(Smith, 2008: 726~727). 즉, 이 법이 시행되었어도 선거에서 이주자들의 영향력은 그리 크지 않았다. 멕시코의 선거법이나 선거관리위원회의 규정에 의하면, 멕시코 이외의 지역에서 선거 캠페인, 모금, 그리고 기타 정치적 행위를 할 수 없었다. 따라서 2006년의 대통령 선거에서 미국의 멕시코인들은 적극적인 선거활동을 할 수 없었다. 그렇기 때문에 이주자들이 사실상 투표를 하기에는 어려움이 많이 수반되었다. 게다가 선거를 실제로 집행하려면 많은 비용과 자원이 필요해서 해외의 이주자들을 위한 선거운동은 사실상 불가능하였다. 비록 실제 투표에 참여한 사람들의 수는 적었지만, 멕시코 정부가 해외의 부재자 투표를 허용한 것은 해외의 멕시코 이주자 조직의 입장에서는 역사적인 이정표이며, 멕시코 정부가 이주자들의 정치적 권리를 인정하는 사건이었다.

2006년의 대통령 선거에는 해외 거주자들이 멕시코를 방문하지 않고도 참여할 수 있었으나, 부재자 투표를 하는 것이 매우 번거롭고, 비용이 많이 들며, 시간이 많이 소요되는 일이었다. 또한 투표 신분증을 소지하지 않은 사람들은 여전히 제외되었다. 실제로 미국에 거주하는 멕시코인들 중에 약 4백만 명이 투표를 할 수 있지만, 그들 가운데 33,131명이 투표를 했고, 이것은 멕시코 전체 유권자의 0.06%에 해당하며, 2006년 7월 2일 당시에 미국에 거주하면서 투표권이 있는 멕시코인 인구의 0.46%에 불과하다. 이런 수치는 당초에 멕시코 정부가 예상했던 약 10%의 투표율보다는 현저히 낮은 것이었다. 선거결과는 국민행동당의 펠리페 칼데론(Felipe Calderón Hinojosa) 후보가 35.89%의 득표율로 대통령에 당선되었다. 이어서 민주혁명당의 안드레스 마누엘 로페스 오브라도르(Andrés Manuel López Obrador)가 35.31%, 제도혁명당의 로베르토 마드라소(Roberto Madrazo)가 22.26%의 표를 얻었다. 해외의 이주자들의 투표성향을 보면 칼데론을 지지한 사람이 압도적으로 많았다. 부재자 투표에 참여한 이주자 중에 전체의 57.40%인 19,016명이 칼데론에게 투표했고, 34.47%인 11,088명이 로페스 오브라도르에게 표를 던졌다. 마드라소는 단지 투표한 이주자의 4.10%인 1,360명의 표만 가져갔을 뿐이었다. 2006년의 대통령 선거에서 해외의 이주자들이 부재자 투표를 할 수 있게 되었지만, 실제로 투표에 참여한 사람들의 수는 미미했다. 그나마 경제적 형편이 다소나마 좋고, 법적으로 미국에 체류할 자격을 갖춘 사람들 일부분만 투표에 참여했다고 보인다. 그래서 처음에 예상한 것처럼 대통령 선거에서 이주자들의 영향은 그다지 크지 않았다.

2012년의 대통령 선거는 2006년 이후 6년의 시간이 흘렀기 때문에 이주자들의 선거에 대한 관심이 높아졌을 것이라고 생각했다. 이주자들도 이제는 어느 정도 투표를 하는 방법도 알았고, 정부도 이주자에 대해 신경을 많이 쓰고 있다는 것을 다양한 경로를 통해 홍보했기 때문이었다. 그러나 이런 기대는 그대로 실현되지 않았다. 연방선거관리위원회는 2012년 2월 15일에 해외 100개국 이상에서 61,687명이 부재자 투표를 신청했다고 발표했다. 이것은 2006년의 56,749명보다는 다소 증가한 수치이지만 만족할 만한 수준은 전혀 되지 못했다. 연방선거관리위원회는 해외의 이주자들이 좀 더 용이하게 부재자 투표에 등록할 수 있도록 제도를 변경했지만, 확연하게 눈에 띄는 성과는 거두지 못했다. 2006년과 마찬가지로 절대 다수의 부재자 투표신청은 미국에서 이루어졌다. 다음으로 스페인, 캐나다, 프랑스, 독일, 영국에서 아주 소수의 이주자가 신청했다. 2012년의 대통령 선거결과는 해외의 이주자들에게는 매우 충격적이었다. 7월에 실시된 투표의 결과를 보면, 제도혁명당의 엔리케 페냐 니에토(Enrique Peña Nieto) 후보가 39.10%, 민주혁명당의 안드레스 마누엘 로페스 오브라도르 후보가 32.43%, 그리고 국민행동당의 호세피나 바스케스 모타(Josefina Vázquez Mota) 후보가 26.04%를 득표하여, 제도혁명당 후보가 12년 만에 다시 대통령에 당선되었다. 미국에서 일하는 많은 멕시코 출신의 이주노동자들이 멕시코에 사는 동안 제도혁명당의 부패하고 잘못된 정책으로 인해 극심한 피해를 보았고, 이런 문제에서 벗어나기 위해 1980년대와 1990년대에 대거 멕시코를 떠났기 때문에, 2012년의 선거결과는 이주자들이 그대로 수용하기 어려웠다. 미국에서 불법 이주노동자로 일하는 일부의 사람들은 2012년 선거에서 좌파의 안드레스 마누엘 로페스 오브라도르 후보가 승리하면 멕시코 사회도 변할 것이기 때문에, 미국의 일자리도 불안하고 국경통제도 더욱 심해져서 멕시코로 다시 돌아갈 생각을 가졌다고 한다(Associated Press, 2012.07.03). 그러나 제도혁명당 후보가 승리하면서 앞으로 미국－멕시코 국경을 넘는 일이 더욱 어려워져도, 멕시코에서 미국으로의 이주가 줄어들지 않을 수도 있다.

2006년과 마찬가지로 2012년에도 이주자들은 제도혁명당에 많은 표를 주지 않았다. 연방선거관리위원회의 발표를 보면, 해외의 이주자들은 모두 40,714명이 투표를 했는데 그중에 호세피나 바스케스에게 17,169표(42.17%), 로페스 오브라도르에게 15,878표(39.00%), 그리고 페냐 니에토에게 6,359표(15.61%)를 던졌다고 한다. 이주자의 투표결과를 분석해보면 일반 멕시코 국민들의 투표행위와는 전혀 다르다는 것을 알 수 있다. 다시 말해 해외의 이주자들이 투표에 적극적으로 참여한다면, 대통령 선거의 결과를 바꿔 놓을 수도 있다는 것이다. 국민행동당의 칼데론 전임 대통령은 안정된 경제정책으로 상당한 성과를 이루었다. 그러나 그가 마약문제를 해결한다는 명목으로 마약 카르텔과의 전쟁을 선언하면서 문제는 복잡해지기 시작했다. 마약거래업자들은 과거에는 부패한 제도혁명당 정부와 원만한 관계를 유지했기 때문에, 구태여 사회불안을 일으켜 정치권을 자극할 이유가 없었다. 그러나 국민행동당 정부가 자신들을 적대시하면서 사업을 방해하자, 이에 대항하여 정부와 군 세력에 대한 대대적인 보복공격에 나서면서, 과거에는 자제하던 민간인에 대한 공격도 발생했다. 국민들은 사회불안에 떨 수밖에 없는 상태가 되었다. 칼데론이 2006년에 당선된 이후에 47,500명 이상의 사람들이 마약으로 인한 폭력 때문에 사망했다는 것을 보면, 문제의 심각성을 잘 알 수 있다. 그러나 이제는 제도혁명당 정권이 다시 들어섰기 때문에, 앞으로 이주자들과 멕시코 정부 사이의 관계가 어떻게 설정될지 주목된다.

멕시코 이외에도 엘살바도르에서도 이주자들의 정치적 역할이 두드러졌다. 2004년 3월에 5년 임기의 엘살바도르의 대통령 선거를 위한 캠페인 기간에 엘살바도르의 텔레비전에는 미국의 공화당 하원의원 대표들이 나와서 홍보를 하였다. 이들은 우파의 '민족공화연맹'(Alianza Republicana Nacionalista: ARENA)의 후보인 안토니오 토니 사카(Antonio Tony Saca)를 지지했다. 구체적인 방송의 내용은 만약에 엘살바도르의 유권자들이 좌파인 '파라분도 마르티 민족해방전선'(Frente Farabundo Martí para la Liberación Nacional: FMLN)의 후보인 샤픽 안달(Schafik Jorge Handal)에 투표를 해서 그가 결국 승리하면, 미국에 살고 있는 엘살바도르인들의 친척들이 추방당하고, 그들의 송금은 중단될 것이라고 경고하는 것이었다. 미국에 있는 엘살바도르인들이 일 년에 약 20억 달러 이상을 본국으로 송금한다는 점을 고려하면, 송금의 중단은 엘살바도르 경제를 위기에 빠뜨릴 수도 있다. 투표결과는 67%의 투표율을 기록한 가운데, 안토니오 사카가 57.71%, 샤픽 안달은 35.68%의 득표를 해서 안토니오 사카가 이겼다. 2004년의 경험을 바탕으로 2009년에는 미국의 엘살바도르 이주노동자들이 선거에 적극적으로 개입했다. 1999년에 이주노동자의 노동권과 인권을 증진시키기 위해 설립되어 로스앤젤레스에 근거지를 두고 있던 엘살바도르인들의 초국가적 공동체인 '미국 엘살바도르인 전국협회'(Salvadoran American National Association: SANA)는 2009년의 대통령 선거에서 선거 참관인으로 참여했을 뿐 아니라, 미국 정부에 압력을 행사해서 선거에서 중립을 지킬 것을 요구했다. 특히 엘살바도르의 이주자들이 많이 거주하는 워싱턴 D. C., 메릴랜드, 버지니아 지역에서 활발한 활동을 전개했다(Portillo, 2010). 이주자들의 활약으로 2009년 3월의 대통령 선거에서 파라분도 마르티 민족해방전선의 마우리시오 푸네스(Mauricio Funes)가 민족공화연맹의 로드리고 아빌라(Rodrigo Ávila)를 51.3% 대 48.7%로 물리치고 대통령에 당선되었다. 이렇게 되어 20년 동안 대통령 선거에서 승리하던 민족공화연맹이 처음으로 야당에게 정권을 내어주었다. 결과적으로 미국의 엘살바도르 이주자들이 노력을 해서 공정한 선거가 이루어졌고, 이것이 새로운 엘살바도르의 정치적 변화를 이끌어냈다.

4. 이주자와 라틴아메리카의 정책변화

미국에서 일하는 자국 출신의 이주노동자의 수가 그다지 많지 않을 때에는 라틴아메리카 국가들이 이렇다 할 이주자 정책을 준비하지 않았다. 그러나 이주자의 수가 늘어나고 미국의 이주자 정책이 급격하게 변화하면서, 이제는 라틴아메리카 국가들도 이주자 문제를 그대로 놓아두고 볼 수 없는 상황에 이르렀다. 당연히 라틴아메리카에서도 이주자가 가장 많은 멕시코가 가장 적극적으로 이주자들을 위한 다양한 정책을 내어놓고 있다. 멕시코 정부는 1980년대 후반부터 이주자 문제에 조금씩 관심을 두기 시작했고, 1990년대에 들어서면서 이주자를 대상으로 하는 여러 가지 정책을 제시하고 있다(Délano, 2009: 765). 멕시코는 미국에 엄청나게 많은 불법 혹은 합법이주자를 보내고 있기 때문에 이주자들에 대해 관심을 갖고 있었지만, 20세기 말까지 구체적인 별도의 계획을 세우지는 않았다. 즉, 이주자들이 계속 미국에 가서 일할 수 있는 분위기를 조성하려면, 미국과의 마찰이나 갈등을 최소화하는 것이 유리하다고 판단했다. 그래서 그 당시에는 미국의 이주정책에 대해서도 이의를 제기하는 경우가 거의 없었다. 즉, 미국에서 일을 하는 멕시코의 이주노동자들이 노동력 착취와 사회적 차별에 시달려서 고통을 받고 있어도, 미국의 이주정책과 제도에 반응을 자제하고 이주의 흐름을 통제하거나 방해하지 않는, '무정 책의 정책'(policy of no policy)이라는 원칙을 고수했다. 예를 들면 1917년 에 제정된 헌법 제11조에 의해 멕시코 국민은 자유롭게 출국과 입국을 할 수 있다는 조항을 들어, 해외로 나가려는 이주자들에게 아무런 제재 도 하지 않았다(Délano, 2009: 770~771). 멕시코 정부는 과거 20세기 중 반에 미국과 브라세로 계획에 관한 협정을 체결하여 이주를 관리하려고 노력했으나 미국의 사정으로 일방적으로 중단된 다음에는, 이주를 통제 하기 위한 정책이 제대로 집행되기 어렵다고 생각했다. 다시 말해 멕시 코인들의 미국으로의 이주 문제에 개입하려고 하면 항상 멕시코에게 불 리한 결과를 초래한다는 과거의 경험을 고려하여, 이주자 문제를 손대지 않는 것이 멕시코 정부나 이주자들에게 유익하다고 판단했다. 1990년대 까지는 이런 불간섭의 원칙을 고수하면서 미국 정부를 상대로 로비도 하 지 않았고, 이주자 문제를 다룰 협상도 전혀 요구하지 않았다.

그러다가 미국에서 1986년에 '이민개혁 및 통제법'이 통과되고 이 법 안을 실제로 실행하는 등, 1990년대 중반에 국경을 넘는 행위를 강력하 게 규제하는 정책을 잇달아 내놓아 상황은 급격하게 달라졌다(Délano, 2009: 774). 특히 국경근처에서 멕시코인들이 국경을 넘다가 죽거나 다 치는 사고가 빈번하게 발생하고, 미국의 국경 관리부서의 인권침해가 극 심해지면서, 멕시코 정부로서도 무작정 불간섭의 원칙을 고수하기 어려 운 지경에 이르렀다. 또 국경뿐만 아니라 미국에서 일을 하고 있는 멕시 코의 이주노동자들이 불합리한 여건에서 노동을 하는 사례가 많아서, 이 들을 적극적으로 보호할 필요가 생겼다. 한편 미국에서 일을 하기 위해 국경을 건너는 사람들에 대한 멕시코인들의 여론도 달라졌다. 그동안 멕 시코에서는 이주자들을 반역자 혹은 '미국 문화에 물든 멕시코 사람'(pochos)이라고 다소 경멸적이고 부정적으로 묘사했다. 이주자들을 자신들만의 이익을 위해 국가와 사회에 등을 돌리는 존재라고 간주했던 것이었다. 그러다가 이주자들이 보낸 송금이 급증하자, 이주자가 멕시코 사회에 긍정적인 기여를 한다면서, 이제는 미국의 멕시코 이주노동자들을 영웅이라고 표현하기까지 했다. 앞에서 이야기한 바와 같이 2000년도에 폭스 대통령 후보도 이주자들을 영웅이라고 치켜세우면서, 이주자 문제에 대한 적극적인 대처를 약속했다. 이런 흐름을 감지한 멕시코 정부도 이주자 문제에 대한 그동안의 불간섭원칙을 파기하고, 미국과 대화를 통해 문제를 해결하려는 입장을 취하기 시작했다. 멕시코 정부는 한발 더 나가서 미국의 멕시코인들과 멕시코계 미국인들과의 관계를 개선하기 위한 노력도 병행했다. 앞에서 언급한 1990년의 해외 멕시코 사회 프로그램도 이런 노력의 하나였다. 멕시코의 사례와 유사하게 중미의 엘살바도르에서도 최근에 이주자에 대한 인식과 정책이 확연하게 달라졌다(Coutin, 2007: 98). 1980년대에 엘살바도르에서 미국으로 간 이주자들은 게릴라 활동과 연관되어 있거나 국가의 이해보다는 마르크스주의에 물들어 있는 의심스러운 사람들이라고 간주되었다. 그러다가 1990년대와 2000년대가 되면서 이주자들은 엘살바도르를 위해서 희생하는 영웅으로 재정의되었다. 심지어 정부는 이주자들을 '가까운 형제'(hermanos cercanos)라고 부르면서 지리적으로 멀리 떨어져 있지만, 실질적으로는 엘살바도르에 거주하는 사람으로 인정하면서 이들을 위한 다양한 정책을 제시했다.

이주자에 대한 인식이 변하면서 이주자들을 대상으로 하는 멕시코의 정책도 바뀌었다. 구체적인 멕시코의 정책변화는 다음과 같이 정리될 수 있다. 이주자들에게 이중국적을 허용하고, 부재자 투표 등 제한적이기는 하지만 멕시코에서의 정치적 권리를 인정하고, 그들을 과거처럼 모국을 배신하고 자신의 이익만을 추구하는 배신자들이 아니라 희생하면서 사업가 정신을 가진 영웅이라고 칭송하고, 마지막으로 이주자들이 멕시코 사회를 위해 제공하는 자금에 정부 차원의 대응자금을 지원하는 것이다. 이렇게 이주자들을 대하는 멕시코 정부의 정책이 달라지면서 이주자를 보는 사회적 분위기가 확연하게 달라졌다. 이에 따라서 종교단체도 이주자 문제에 대해 이전과는 다른 모습을 보여주었다. 과거에는 천주교회는 이주자들에게 그다지 호의적이지 않았다. 특히 이주자들의 상당수가 미국에서 개신교나 다른 종교로 개종을 하면서, 멕시코의 천주교회에 부정적인 영향을 준다는 견해가 지배적이었다. 그래서 이주자들을 위한 지원 프로그램 같은 것이 천주교회 내에 존재하지 않았다. 그러나 이제는 천주교회의 주교들이나 신부들이 나서서 이주자들을 적극적으로 돌보아주거나 도와주고, 미국으로 일을 하러 가기 위해 국경을 건너기 전에 특별 야외 미사를 열어주기도 한다. 또 이주자들이 멕시코로 돌아오면 정화를 위한 의례도 수행하고, 미국에서 지은 죄를 고백하는 미사를 열어서 이주자들이 다시 고향 마을의 구성원으로 잘 통합될 수 있게 지원한다. 이런 변화 속에서 이주자들도 과거처럼 미국으로의 이주를 수치스럽게 생각하지 않게 되었다. 전에는 남의 눈에 띄지 않게 몰래 미국으로 가는 경우가 많아서, 누가 마을에서 이주를 했는지 마을 사람들이 모르기도 했지만, 지금은 그런 사례가 많이 줄었다.

멕시코 정부가 이주자들에 관한 정책을 수동적인 입장에서 능동적인 자세로 전환하게 된 것은 멕시코의 정치적 민주화와 경제적 자유화, 1994년의 북미자유무역협정, 그리고 미국의 멕시코 이주자들의 초국가적 공동체의 발전 등 국내외의 여건이 확연하게 달라졌기 때문이기도 했다. 2000년에 대통령에 취임한 폭스는 미국의 멕시코인 초국가적 공동체와 긴밀한 관계를 강화하고 제도화하기 위해 다양한 방안을 제시했고 이것을 국가적 의제로 만들었다. 이와 더불어 연방정부뿐 아니라 주정부와 지방정부도 이주자에 대한 관심을 두기 시작했다. 이주자들을 위한 멕시코 정치인들의 또 다른 노력은 이주자들을 담당할 기구를 설립하는 것이었다. '전국 주지사 협회'(la Conferencia Nacional de Gobernadores: CONAGO)
는 이주자 문제에 대한 위원회를 구성하여 32개 주지사들의 이주문제에
대한 작업을 총괄한다. 그 이전에는 2000년에 32개 중에 29개 주의 관리
들이 모여서 '전국 주별 이주자국 연합'(Coordinación Nacional de
Oficinas Estatales de Atención al Migrante: CONAGO)을 만들어 각주와
이주자의 관계, 그리고 연방정부의 이주자 문제에 초점을 맞추었다. 연방
정부의 입장에서도 1990년부터 해외의 이주자들을 위한 조직을 확대해
나갔다. 그중의 하나가 미국에 있는 영사관의 수를 늘리는 것이었다. 10
년 전의 영사관 수는 39개였는데 이것을 47개로 늘리고 전문적인 직원들
도 파견해서 이주자들에게 도움을 주려고 했다.

미국에 있는 멕시코인들과 멕시코계 미국인들과의 관계를 개선하기
위한 노력은 꾸준하게 진행되었다. 폭스는 2000년 12월에 대통령 직속의
'해외이주자 관련 사무소'(Oficina Presdencial para los Mexicanos en el
Exterior: OPME)를 열었다. '해외이주자 관련 사무소'는 '해외 멕시코 사
회 프로그램'과 합쳐서 2003년 4월에 '해외 멕시코인 협회'(Instituto de los
Mexicanos en el Exterior: IME)로 이름을 변경했다. 해외 멕시코인 협회를
설립한 목적은 멕시코 정부와 이주자들과의 관계를 개선하고, 멕시코에
서 이주자들의 권리와 복지를 옹호하는 것이었다. 또 이주자들에게 멕시
코의 국내정치에 참여할 기회를 주고, 미국의 멕시코인 초국가적 공동체
를 강화할 수단을 지원하려고 했다. 세부적으로 이주자들에게 교육, 건
강, 정보, 문화 서비스를 제공할 뿐 아니라, 미국의 멕시코인 사회지도자,
지역의 관리, 사업가, 그리고 그 밖의 뛰어난 인물들 간의 네트워크를 발
전시키기를 원했다(Délano, 2009: 778; Smith, 2008: 721). 이 협회는 멕
시코인, 멕시코계 미국인, 그리고 멕시코계 캐나다인 등 152명의 자문위
원을 두고 있다. 2003년과 2005년 사이의 최초의 자문위원회는 105명의
멕시코 이주자, 멕시코계 미국인, 그리고 멕시코계 캐나다인들과 더불어

10명의 미국 내의 라티노 조직 관계자들, 그리고 10명의 특별고문으로 구성되었다. 2006년에서 2008년 사이의 2기 자문위원회는 미국에서 선출된 100명과 경력을 고려하여 추천된 15명, 그리고 라티노 조직에서 10명이 참여했다.

해외 멕시코인 협회가 수행한 과제 중에 가장 성공적인 것은 멕시코인들이 미국에서 사용하도록 만든 영사관 등록증이었다. 불법이주자들이 겪는 가장 심각한 문제는 신분을 증명할 서류가 전혀 없다는 것이다. 그래서 9·11 이후에 이주자들이 경찰과 같이 의심이 가는 사람들의 신분을 적극적으로 확인하려는 미국의 정부기관이나 관리들을 만나면 문제가 발생했다. 영사관 등록증은 멕시코 여권을 소지할 수 없는 멕시코인으로서 미국에 거주하는 사람들과 미국에서 어떤 형태의 신분증도 소유할 수 없는 사람들을 대상으로 했다. 그 외에도 미국에 주소를 두고 있으면서 휴대하기 간편한 신분증을 원하는 사람들에게도 발급되었다. 해외 멕시코인 협회는 첨단기술을 반영하여 영사관 등록증이 안전한 신분증의 역할을 하도록 만들었고, 미국의 지역과 주정부 기관에서 광범위하게 인정될 수 있게 했다. 이런 신분증이 있으면 미국의 금융기관에서 신용거래를 할 수 있고, 미국의 재무부에서도 통용된다. 멕시코 정부는 영사관 등록증이 미국에서 통용될 수 있도록 다양한 로비를 했다. 멕시코 정부는 영사관 등록증의 장점을 널리 홍보했고, 이주자들이 이것을 발급받을 것을 촉구했다. 이 등록증이 활용되면 특히 이주자들이 긴급상황에 부딪히거나 경찰과 접촉을 할 때 겁내지 않고 증언을 하거나 범죄를 신고할 수 있도록 만드는 데에 유용한 역할을 할 것이라고 주장했다. 2007년 말까지 미국에서 400개의 금융기관과 435개의 도시, 265개의 카운티, 1,439개의 경찰서에서 멕시코 영사관 등록증을 그 지역에서 안전하고 유효한 신분증으로 인정했다. 약 400만 명 이상의 멕시코인들이 영사관 등록증을 발급받았다고 한다(Délano, 2009: 794~795).

멕시코 정부가 미국의 멕시코 이주자들에게 영사관 등록증을 발급하는 것을 장려하는 이유는 경제적인 측면도 있다. 상당수의 불법 이주노동자들이 본국으로 송금을 하는 과정에서 신분증이 없어서 금융기관을 이용하지 못하는 경우가 많았다. 그래서 불법 혹은 비공식의 방법으로 금융거래를 하는 사례가 흔했다. 이러다 보니 중간에 사고가 발생하고 이주자들이 경제적 손실을 보는 경우도 비일비재했다. 그러나 이주자들이 영사관 등록증을 사용하면 안전하고 저렴하게 멕시코로 송금할 수 있고, 멕시코 정부의 입장에서는 송금수입을 늘릴 수 있게 되었다. 멕시코의 성공사례는 라틴아메리카의 다른 국가들에도 확산되었다. 지금은 과테말라, 아르헨티나, 콜롬비아, 엘살바도르, 온두라스에서도 해당 정부가 유사한 신분증을 이주자들에게 발급한다. 해외 멕시코인 협회가 그다음으로 한 일은 미국의 라티노 지도자들을 인정하는 것이었다. 2003년에 처음으로 발족되었을 때, 협회는 '연합 라틴아메리카 시민연맹'(the League of United Latin American Citizens: LULAC)의 모임에서 호세 루아노(Jose Ruano)에게 오틀리(Ohtli)상을 수여했다. 그다음에도 미국에서 뛰어난 활동과 업적을 남긴 라티노 지도자 약 300명에게 오틀리상이 주어졌다(Smith, 2008: 722). 이런 과정을 통해서 멕시코의 이주자 사회가 라티노 조직을 끌고 나가는 역할을 수행하게 되었다.

멕시코 정부는 다양한 분야에서 해외의 이주자들의 생활에 불편을 초래하는 제도를 없애고, 이주자와 멕시코 사회의 연결고리를 단단하게 구축하기 위해 지속적으로 노력했다. 이런 노력의 하나로 1997년에 멕시코 의회는 이중국적법을 통과시켰다. 해외의 이주자들이 다른 나라의 국적을 취득할 때, 멕시코와의 관계를 계속 유지할 수 있게 하기 위해서 이런 법이 제정되었다. 이어서 1998년에 세디요 행정부는 '국적 무상실'(no pérdida de la nacionalidad) 법을 통과시켜서, 이주자들의 불편을 최소화하였다. 이 법은 미국에 정착해서 살고 있는 멕시코인들이 미국 시민권을 신청할 때, 멕시코 국적을 포기하지 않아도 가능하게 만들었다(Fitzgerald, 2006: 278; Ruiz, 2006: 50). 이렇게 이중국적이 허용되면 미국의 멕시코 이주자들은 아무런 부담 없이 자신의 필요에 따라 기회가 주어진다면 미국 시민권을 신청할 수 있게 되었다. 2002년에 폭스 행정부는 이주자의 부담을 줄이기 위해 멕시코 여권을 신청하는 사람들에게 요구되었던 군 복무 의무사항도 폐지하였다. 즉, 예전에는 군 복무의 의무를 마치지 않으면 여권을 발급받을 수 없었으나, 이제는 병역 미필자도 합법적으로 여권을 받아서 출국을 할 수 있게 되었다. 이렇게 되면 젊은이들의 다른 국가로의 합법적 이주가 용이해지는 효과가 발생할 수 있다.

위와 같은 다양한 정책이나 프로그램이 멕시코 정부에 의해 주도되었는데, 이것은 과거와는 달리 멕시코가 일시적 혹은 영구적 이주를 오히려 장려하고 있다는 사실을 보여주는 것이다. 이렇게 된 데에는 다음의 두 가지 이유가 있다(Fitzgerald, 2006: 280). 첫째, 전통적으로 멕시코 정부가 해외로의 이주를 통제하기 위해 한정된 정책을 실시했지만, 결과적으로는 모두 실패했다. 이런 맥락에서 이주 자체를 관리하려고 노력하기보다 이주자들이 존재하고 또 계속해서 많은 사람들이 이주대열에 합류한다는 것을 인정하고, 대신에 해외에서 일을 하고 있는 멕시코인들로부터 경제적, 정치적 자원을 이끌어내겠다는 것이다. 다시 말해 국제노동이주가 단지 각 개인이나 가구의 경제적 이익을 실현시키기 위해 활용되는 것이 아니라, 국가나 사회에도 유용한 경제행위로 변화될수록 노력한다는 것이다. 둘째, 멕시코가 정치적, 경제적 측면에서 미국의 입장을 지지하는 정책을 내세우면서, 이제는 북쪽으로 이주하는 멕시코인들을 적대시하거나 부정적으로 볼 필요가 없게 되었다. 그래서 이제는 멕시코 정부도 당당하게 국제노동이주 문제를 무역이나 투자에 관한 정책처럼 미국과 쌍무적인 관계에서 논의할 수 있게 되었다. 국제적인 관점에서 멕시코 정부도 더 이상 이주 문제를 없는 것처럼 방치할 수도 없고, 또 그렇게 할 필요도 없어졌다.

　멕시코의 폭스 대통령은 이전의 대통령과는 달리 미국과 협력하여 이주자 문제를 해결하기 위해 능동적인 자세를 취했다. 이주자와 관련된 의제를 최우선 순위로 올려놓고 미국과 멕시코의 시각에서 바람직한 방안을 찾겠다는 것이었다. 이런 과정에서 2001년에 미국－멕시코의 이주 패널을 구성하여 5가지 안건을 미국에 제안했다(Délano, 2009: 779～780). 세부적인 내용을 보면 다음과 같다. 첫째, 이미 미국에서 일하고 있는 불법 이주노동자들을 합법화한다. 둘째, 멕시코에서 오는 이주자들을 위해 비자의 수를 늘린다. 셋째, '한시적 노동자 프로그램'(temporary worker programs: TWP)의 범위를 확대한다. 넷째, 국경의 안전을 증진시킨다. 다섯째, 멕시코의 이주 압력을 감소시키기 위해, 이주가 많이 발생하는 지역의 발전을 위한 계획을 수립하고, 멕시코의 경제를 강화시킨다. 이어서 2001년 2월 16일에는 부시와 폭스 사이에 공동선언문을 발표했다. 양국 대통령은 북미지역의 경제공동체를 강화시키고, 국경통제, 마약 유통, 에너지자원, 그리고 이주문제 등을 해결하기 위해 협력을 증진시키기로 협의했다. 폭스 행정부가 이 당시에 제안한 것이 북미자유무역협정을 확대하는 '나프타 플러스'(NAFTA Plus)이다. 폭스 정권에서 외교부 장관을 하던 호르헤 카스타녜다(Jorge Germán Castañeda Gutman)에 의해 제안된 나프타 플러스는 북미자유무역협정의 폭을 넓히고, 10년 안에 미국과 멕시코의 국경을 개방하여 인적 자원의 자유로운 이동을 허용하자는 것이었다. 폭스는 멕시코가 자국의 노동자들에게 미국과 같은 수준의 급료를 지불하거나 생활수준을 보장하지 못한다고 인정했다. 그래서 국경을 개방해서 미국의 고용주들이 필요한 노동력을 멕시코로부터 제공받아야 한다고 주장했다. 실제로 그가 멕시코의 과나화토(Guanajuato)의 주지사 재임 시기에 주민들에게 미국에서 일자리를 찾기 위해 필요한 조경, 건축, 공장노동, 가사노동 같은 일을 훈련시켰다(Hing, 2010: 143).

그러나 이런 멕시코의 제안은 미국의 거부로 더 이상 진전을 보지 못했다. 곧 이어서 9·11 사태가 발생하면서 더 이상 미국도 멕시코와 협상을 원하지 않게 되었다. 9·11 이후에 미국은 이주자 문제를 더 이상 경제와 사회통합, 인권의 관점에서 보지 않고, 국가안보라는 새로운 시각에서 해결하려고 했다. 따라서 국경의 통제나 이와 관련된 문제를 멕시코와 협력하기보다는 자신들의 입장에서 해결하려고 했다. 2003년 1월에 자신의 제안이 더 이상 진전되지 못하게 되자, 호르헤 카스타녜다는 외교부 장관직에서 물러났다. 이렇게 상황이 바뀌면서 국경을 무시하고 자유로운 노동력의 이동을 원했던 멕시코의 요구는 실현될 수 없었다. 앞에서도 논의했듯이 9·11 사태 이후에 미국의 연방정부와 주정부가 앞다투어 국경 및 이주자 통제를 위한 보다 엄격한 정책을 내어놓으면서 멕시코의 입지는 더욱 좁아졌다.

설상가상으로 2006년에 '안전 장벽법'이 미국의회의 승인으로 통과하자, 멕시코 정부는 당황스러운 상황에 놓이게 되었다. 폭스 대통령은 미국−멕시코 국경에 장벽을 확대하는 것은 양국 관계를 후퇴시키는 부끄러운 일이라고 비난했다. 멕시코는 미국 의회의 지도자들을 중심으로 강력한 로비를 전개할 것을 선언했다. 또한 보다 포괄적인 이민개혁안을 제시할 것을 미국에 요구했다(Délano, 2009: 787~788). 2006년 11월에는 우루과이의 수도인 몬테비데오(Montevideo)에서 개최된 이베로아메리카 정상회의에서 멕시코의 대표단은 참가국들의 대통령과 정부대표와 함께 몬테비데오 선언을 발표했다. 선언문에서는 이주문제를 인권의 차원에서 해결해야 하며, 국경 사이에 장애물이나 장벽을 설치하려는 노력을 거부한다는 내용을 담고 있다. 멕시코 정부는 미국 정부와 이주자에 관한 협상이 원하는 대로 진행되지 않자, 미국국민들을 상대로 직접 홍보하는 방법도 실시했다. 2006년 3월 20일에 멕시코 정부는 미국의 3개 일간지인 뉴욕 타임스, 워싱턴 포스트, 로스앤젤레스 타임스에 '이주에 관

한 멕시코의 메시지'(A Message from Mexico about Migration)라는 전면광
고를 냈다(Délano, 2009: 790). 메시지는 크게 원칙, 권고 및 약속, 미국의
이민개혁안에 포함되어야 할 요소 등 3가지로 구분된다. 구체적인 내용
을 살펴보면 다음과 같다.

첫째, 원칙 부분에서는 멕시코가 이주현상에 대한 깊은 이해를 갖고
있으며, 공유된 책임이라는 원칙 아래에서 이웃 국가들과 협력해서 이주
문제를 다루어야 한다고 되어 있다. 다음으로 멕시코의 사회경제적 현실
에서 이주가 발생할 수 있다는 것을 인정하면서, 멕시코 정부도 이주자
의 인권을 존중하는 이주법과 정책을 마련할 것을 강조했다. 또한 인신
매매와 이와 관련된 범죄행위를 해결할 것을 약속했다. 마지막으로 멕시
코의 이주는 중미국가들과도 연관이 있어서 지역적 차원을 고려해야 한
다고 주장했다. 둘째, 권고 및 약속 부분에서는 약 15년에서 20년의 시간
을 고려하여 멕시코의 이주정책과 법률적 문제를 평가하고 개선할 것이
라고 다짐했다. 먼저 멕시코의 사회경제발전을 촉진시켜서 멕시코인들이
국내에 머물러 있도록 만드는 것이 중요하다고 지적했다. 그리고 현재
많은 불법이주자들이 적절한 비자를 얻지 못해 합법적이지 못한 경로로
국경을 넘고 있는데, 이들이 합법적인 절차를 밟을 수 있게 하는 것이 멕
시코의 책임이라고 했다. 또한 인신매매, 허위문서 등에 단호하게 대처하
고, 국경에서 합법적으로 안전하게 사람들이 이동할 수 있게 노력한다고
강조했다. 이와 더불어 멕시코의 북쪽과 남쪽의 국경을 안전한 지역으로
만들고 국경지역의 발전을 도모할 것이라고 말했다. 2005년에 합의된 미
국, 캐나다, 멕시코 사이의 '안보 및 번영 협력관계'에 따라 협력할 것과
멕시코 국내에서 이주 문제를 다룰 다양한 프로그램을 개발할 것을 약속
했다. 셋째, 미국의 이민개혁안에 포함되어야 할 요소의 부분에서는 멕시
코는 불법이주를 장려하지 않으며, 미국에 살고 있는 불법이주자들이 내
국인과 동일한 권리와 의무를 지니며 사회에 통합될 수 있게 만들어야

한다고 주장했다. 구체적인 대안으로는 초청노동자 제도가 필요하다고 언급하면서, 이런 제도를 구상하는 데에 멕시코도 참여해야 한다고 했다. 또 초청노동자 제도가 실시되면 인신매매와 허위문서 등의 범죄행위와 폭력 그리고 국경지역의 불안이 사라질 것이고, 멕시코 정부로서도 불법 이주를 줄일 조치를 취하는 데에 유익할 것이라고 말했다. 멕시코 정부 는 만약에 한시적 초청노동자 제도가 실현되면, 이주자들이 멕시코에 돌 아와서 거주할 수 있도록 이주자들의 고향에 집을 지을 수 있게 세금을 감면해주는 프로그램을 운영할 것이라고 약속했다. 또한 이주자들이 미 국에서 일하는 동안 그의 가족들이 의료보험이나 연금의 혜택을 받게 하 고, 이주노동자들이 멕시코로 돌아와서 사회에 잘 적응할 수 있게 도와 줄 것이라고 했다.

　해외이주자들의 미국에서의 생활을 개선하기 위한 연방정부의 노력과 는 별도로, 각 주정부는 이주자들을 지역사회의 발전에 끌어들이려는 노 력을 시작했다. 처음에는 1993년 살리나스 행정부에서 이주자 사회를 돕 기 위한 재정지원 계획을 마련했다. 2*1(dos por uno)라는 프로그램으로 시작한 이 계획은 이주자들의 향우회가 자신의 고향에 공공사업을 벌이 기 위해 재정지원을 하면, 연방정부와 주정부에서 2배의 대응자금을 분 배한다는 내용을 담고 있었다(Goldring, 2002). 그러나 1994년 세디요 행 정부가 들어서면서 재정위기가 겹치게 되어 이 프로그램은 폐기되었다. 그렇지만 사카테카스 주에서는 이주자 사회와 협약을 맺어 이 프로그램 을 자체적으로 계속 진행했다. 이것은 캘리포니아의 '사카테카스 주 연 맹'(Zacatecas State Federation)과 사카테카스 주 사이의 협의에 의해 마련 되었다. 사카테카스는 2002년에 이 프로그램의 명칭을 3*1(tres por uno) 라고 바꾸고, 실시하는 방법도 약간 변경하였다(Porters et al., 2007: 271). 상세한 내용은 '사카테카스 주 연맹'과 향우회가 멕시코의 이주자 마을 의 발전을 위해 자금을 조성하면, 연방정부와 주정부, 지역정부가 각각 힘을 합쳐서 3배의 대응자금을 마련해준다는 계획이었다. 이렇게 형성된 자금은 주로 마을의 공공사업과 사회발전을 위해 사용된다. 이런 이주자 참여 프로그램을 통해서 미국의 이주자들이 멕시코 사회에 더욱 관심을 갖게 되고, 이주자 사회와 멕시코의 관계가 발전될 수 있을 것이라는 생각이었다. 2005년 한 해에만 이주자의 향우회는 약 2천만 달러를 모금했고, 약 6천만 달러의 대응자금이 멕시코 정부로부터 지원되었다. 2003년이 되면, 3*1 프로그램은 게레로(Guerrerro), 할리스코(Jalisco), 과나화토, 산 루이스 포토시(San Luis Potosí), 미초아칸 같은 다른 주에서도 실시되었다(Bada 2003a; Rose and Shaw, 2008: 98). 현재는 멕시코 전역에서 이 프로그램을 운영하고 있다(Escobar Latapí, 2009: 92). 지금은 이주자들의 참여를 촉진하고, 사업이 잘 마무리되는지를 감독할 장치를 마련하고 있다.

3*1 프로그램이 이주자와 멕시코 사회에서 비교적 좋은 평가를 받고 있지만, 문제가 전혀 없는 것은 아니다. 다음의 두 가지가 대표적인 비판이라고 할 수 있다(Escobar Latapí, 2009: 93). 첫째, 대부분의 자금이 상대적으로 가난하지 않은 마을에 집중되고 있다. 이런 마을은 사실상 별다른 정부의 지원이 없어도 스스로 여러 가지 개발사업을 추진할 여력이 있는 곳이다. 문제는 미국으로의 이주가 장기간의 준비가 필요하고 비용이 많이 들기 때문에, 산간지역 등과 같이 고립되어 있는 가난한 마을에서는 이주자가 많지 않다는 것이다. 이런 지역에서는 이주의 역사도 짧고, 이주자들의 수도 적어서 충분한 기금을 확보하기가 대단히 어려운 상황이다. 따라서 이주자를 통한 정부의 지원은 오히려 잘살고 있는 마을을 도와주는 경우가 많아진다. 둘째, 상당 부분의 공공사업이나 사회발전 계획이 별로 생산적이지 못하다는 문제가 있다. 사실 이주자들은 오랫동안 마을을 떠나 있어서, 자신들의 고향의 생활상이 어떤지 잘 모르는 경우가 많다. 그러다가 보니 실제로 마을 사람들의 경제활동에 실질적으로 도움을 주는 생산적인 활동보다는, 외관상 확연하게 드러나는 가

시적 효과에만 치중하는 경우가 많다. 이주자들은 자신들이 기부한 자금이 어떻게 사용되었는지 눈으로 쉽게 확인하는 사업을 선호한다는 것이다. 이런 여러 가지 논란에도 불구하고 지금까지 멕시코를 방문하는 이주자들의 약 14% 정도가 고향 마을을 개선하고 발전시키는 사업에 참여했다고 한다.

이주자를 위한 정책에서 빼놓을 수 없는 것이 미국에서 일하는 멕시코 이주자를 환영하고, 이주자들이 멕시코를 방문하는 데 유익한 정보를 제공하며, 이주자들이 느끼는 불편한 점을 개선하기 위해 멕시코 정부가 1989년 4월 6일부터 시행하는 제도인 '동포 프로그램'(Programa Paisano)이다. 이주자가 증가하면서 미국에서 돌아오는 이주자를 상대로 강도 등 다양한 범죄가 발생하였고, 또 이주자들을 괴롭히는 정부 관리나 국민들도 많았다. 이런 문제를 해결하기 위해 기업, 사회 및 종교단체, 정치조직, 그리고 미국의 이주자 사회 관계자들이 모여서 논의한 결과, 이주자를 돕는 프로그램을 마련하도록 합의했다. 그래서 1989년 12월에 처음으로 프로그램이 운영되었다. 이주자들에게 도움을 주기 위해서 관광부와 외교부 등 정부의 다양한 부처가 이 사업에 직접 참여하고 있다. 동포 프로그램은 매년 진행되는데 주로 크리스마스 휴일을 앞두고 시행된다. 이 시기에 미국에서 일하는 멕시코인들도 휴가를 얻을 수 있기 때문에, 이 시기에 수백만 명의 멕시코인들이 자신들의 가족과 시간을 보내기 위해 멕시코를 찾는다. 이 프로그램에 따라서 국경지역에서 멕시코로 들어오는 이주자들에게 소책자를 나누어주고 정보도 제공한다. 또 이주자들이 멕시코를 방문할 때 적용되는 그들의 권리나 세관 관련사항, 그리고 미국에서 자동차를 멕시코로 반입한 다음에 가지고 나가는 절차 등을 안내한다. 긴급전화도 설치하여 이주자들이 부당한 대우를 받을 경우에 전화로 불만을 제기하면 관계 당국에 연락해서 문제를 해결할 수 있게 한다. 보통 이주자들이 멕시코로 들어올 때, 너무 많은 물건을 들여오거나 금지된 품목을 반입하려다가 몰수당하는 경우가 많다. 이주자들이 많은 사람들에게 선물을 주기를 원하기 때문에 가져오는 짐이 많고, 또 자신들을 과시하려고 금지되어 있는 물건들을 화물에 포함시키는 사례도 종종 있다. 이주자들은 국경을 건널 때에는 많은 물건을 들여오거나 고가의 물건을 반입할 경우에는 복잡한 서류를 작성해야 하는 경우가 있는데, 이런 규정을 잘 숙지하지 못해서 문제가 발생하기도 한다. 처음에는 이런 프로그램을 잘 아는 이주자들이 드물었지만, 지금은 멕시코를 방문하는 이주자의 약 2/3가 이 프로그램을 잘 알고 이용한다. 멕시코 정부도 이 프로그램을 미국에서 다양한 경로로 홍보하고 있다. 주로 미국의 스페인어 텔레비전 방송에 광고를 하고, 영사관이나 국경지역에서 직접 홍보물을 나누어주기도 한다(Escobar Latapí, 2009: 95). 이밖에도 '해외 멕시코인 협회' 주관으로 '멕시코의 나의 집'(Mi Casa en Mexico)이라는 프로그램을 만들었다. 이 프로그램을 이용하면 이주자들이 멕시코에서 집을 구입할 경우에 담보대출도 도와주는 등 이주자들이 멕시코에 투자를 할 수 있는 환경을 만들었다. 또 '멕시코에 투자'(Invierte en Mexico)라는 프로그램도 시작하여 이주자와 그의 가족들이 소규모 사업을 위한 투자를 용이하게 하도록 제도를 마련했다(Délano, 2009: 800).

이렇게 멕시코 정부가 미국의 이주자 사회와의 관계를 강화하면서, 이주자 조직이 적극적으로 로비집단을 형성해서 자신들이 이익을 추구하는 경향이 있다. 그러나 문제가 전혀 없는 것은 아니다. 아직도 이주자들의 내부적인 성격이 매우 다양해서, 자신들이 로비활동을 해야 하는지 아니면 멕시코 정부와 협력해야 하는지에 대한 합의도 완전하게 이루어지지 않았다. 아무래도 이주자들 중에는 미국에 정착해서 생활하려는 생각을 가진 사람들이 많이 있기 때문에, 이런 멕시코인들은 이주자 사회가 지나치게 멕시코 정부와 긴밀한 관계를 발전시키는 것을 못마땅하게 여길 수도 있다. 이와 더불어 멕시코에서 온 이주자들과 멕시코계 미국인들을 어떤 의제로 서로 엮을 수 있는지도 해결하기 쉽지 않은 과제이다(Délano, 2009: 801~802). 멕시코의 국내 정치경제적 상황에 민감한 반응을 보이는 이주노동자들과, 미국의 사정을 잘 알기를 원하고 미국 사회에 적응하기 위한 노력을 최우선 순위로 삼는 멕시코계 미국인들은 여러 가지 측면에서 지향하는 바가 상이할 수 있다. 다시 말해 멕시코 정부가 미국의 멕시코 이주자 사회와 관계를 개선하기 위해서 적극적인 정책을 실시한다고 해도, 모든 멕시코 이주자들이나 멕시코계 미국인들을 포용하기가 용이하지 않다는 것이다.

멕시코 정부가 근래에 들어서서 미국에서 일하고 있는 이주자들에게 상당한 관심을 갖고 정책을 펴고, 또 이들이 미국에서 생활을 하는 데 필요한 여러 형태의 지원을 하면서 미국 내에서 이를 반기는 집단도 있지만 우려의 목소리를 보내는 집단도 있다. 인권단체 등에서는 불법이주자의 경우에 미국에서 생활하면서 피해를 보거나 부당한 대우를 받을 가능성이 크기 때문에, 이들에 대한 멕시코 정부의 지원과 관심이 절실하다고 강조한다. 그렇지만 대다수의 많은 사람들은 멕시코 정부가 불법 이주노동자들을 제한하고 통제하는 노력은 등한시하면서, 이들의 잘못된 행동을 부추기는 역할만 한다고 비난한다. 예를 들면 미국은 멕시코의 주정부와 연방정부가 멕시코인들에게 불법으로 국경을 넘는 방법이나 미국에서 의료혜택을 받는 방법, 자녀들을 공립학교에 취학시키는 방법, 본국으로 송금하는 방법을 알려줌으로써 불법이주를 돕는다고 생각한다. 실제로 멕시코 정부는 2004년 12월에 '이주자 가이드'(Guía del Migrante)라는 32쪽짜리 만화책을 발간했다. 이 책에서는 미국-멕시코 국경을 건널 경우에 위험한 지역을 설명하고, 합법적인 문서 없이 미국에서 생활하는 방법도 소개했다(Délano, 2009: 796). 그동안 정보를 제대로 얻지 못해서 어려움을 경험하는 가난한 사람들에게 조금이라도 도움을 주겠다는 의도로 보인다. 이외에도 2005년에 멕시코의 유카탄 주는 미국과 멕시코 사이의 국경을 넘는 데 수반되는 위험과 정보를 소책자와 DVD로 만들어서 이주를 희망하는 사람들에게 배포했다. 또한 미국 도착 후에 해서는 안 되는 행위들을 만화로 만들어서 나누어주었다. 멕시코의 정책을 탐탁하지 않게 생각하는 사람들은, 연방정부가 불법이주자들에게 신분증을 발행하는 행위도 불법이주를 촉진시킨다고 믿는다. 미국에서 새로운 이민법을 지지하는 사람들은 대체로 강력한 불법이주의 통제와 국경감시의 강화를 요구하기 때문에, 불법이주자들을 미국에 정착시키려고 노력할 것이 아니라 멕시코로 돌려보내야 한다고 주장한다. 그런 맥락에서 멕시코 정부가 영사관을 통해 이주자들에게 발행하는 신분증인 영사관 등록증을 반대한다. 미국에서 합법적인 체류자격을 갖추지 못한 사람들이 이런 신분증을 이용하여 생활하는 데 아무런 불편함이 없다고 하면, 더욱 많은 불법이주자들이 몰려올 것을 우려하기 때문일 것이다.

라틴아메리카에서 가장 많은 이주자를 보내는 멕시코 이외에 다른 국가에서도 서서히 이주자들을 위한 정책을 내어놓기 시작했다. 이런 국가의 대표적인 사례가 페루이다. 페루는 오늘날 남미에서 가장 많은 이주자를 보내는 국가 중의 하나이고, 이에 따라 페루 정부도 이주자들에게 관심을 갖고 국경을 넘어서서 이주자들을 포용하는 정책을 실시하고 있다. 페루의 경우에는 이주자들이 페루의 국내정치에 참여할 수 있는 여건이 잘 조성되어 있었다. 1979년에 작성된 헌법에 의하면 모든 페루인은 페루에 있든 아니면 다른 국가에 있든 투표를 할 권리가 주어진다(Escrivá et al., 2010: 106). 자연히 미국에서 일을 하는 페루의 이주자들도 국내의 선거에서 투표를 할 권리가 있다. 따라서 멕시코와 같이 부재자 투표의 권리를 얻기 위한 투쟁이 페루에서는 나타나지 않았다.

2001년과 2006년의 대통령 선거를 살펴보면 후보 간의 표 차이가 크게 나타나지 않았다. 이것을 보면 해외에 거주하는 페루인들의 투표가 상당히 중요한 역할을 했다는 것을 알 수 있다. 2001년의 대통령선거

에서는 1차 투표에서 '페루 가능당'(Peru Posible)의 '알레한드로 톨레
도'(Alejandro Toledo Manrique) 후보가 36.5%, '페루 아메리카 민중혁명
동맹당'(Partido Aprista Peruano)의 '알란 가르시아'(Alan Gabriel Ludwig
García Pérez) 후보가 25.8%, 그리고 '전국연합당'(Unidad Nacional)의 '로
우르데스 플로레스'(Lourdes Celmira Rosario Flores Nano) 후보가 24.3%를
얻었다. 2차 투표에서는 알레한드로 톨레도가 53.1%의 득표율로 46.9%
의 득표율에 그친 알란 가르시아를 물리치고 대통령에 당선되었다. 1차
투표에서 플로레스가 매우 근소한 차이로 3위를 한 것은 해외의 이주자
들이 플로레스를 많이 지지했기 때문이었다. 플로레스는 보수적인 우익
정당의 지도자였다. 그녀는 부유한 사람들을 대변하고, 가난한 사람들에
게 그다지 관심을 두지 않는다는 비판을 받았다. 페루의 해외이주자들은
라틴아메리카 다른 국가의 이주자들보다 학력과 소득 수준이 높아서 다
소 보수적인 성향을 지닌다고 보면, 이주자들이 보수적인 플로레스를 지
지하는 것이 그다지 이상한 일은 아니다. 물론 아직 페루의 해외이주자
의 수는 그다지 많지 않아서 페루의 정치에 결정적인 역할을 할 수 있는
수준은 아니다.

이런 현상은 2006년의 선거에서도 그대로 재현되었다. 특히 2006년의
대통령 선거에서는 해외 부재자 투표의 영향이 상당히 컸다. 1차 투표에서
는 '페루연합당'(Unión por el Perú)의 오얀타 우말라(Ollanta Humala Tasso)
후보가 30.62%, '페루 아메리카 민중혁명동맹당'의 '알란 가르시아' 후
보가 24.32%, 그리고 '전국연합당'의 '로우르데스 플로레스'가 23.81%의
표를 얻었다(Escrivá et al., 2010: 111). 여기서도 해외의 이주자들이 플로
레스를 지지하여, 2위와 3위의 차이가 그다지 크지 않았다. 결선 투표에
서는 '알란 가르시아'가 52.63%의 득표율로 47.38%의 표를 얻은 오얀타
우말라를 누르고 대통령에 당선되었다. 2011년에는 1차 투표에서 '페루
승리당'(Gana Perú)의 오얀타 우말라 후보가 31.70%, '세력 2011당'(Fuerza

2011)의 '케이코 후지모리'(Keiko Fujimori) 후보가 23.55%의 득표율을 기록했다. 1차 투표에서 과반수를 얻은 후보가 없어서 2차 투표가 실시되었는데, 결과는 오얀타 우말라 51.45%, 케이코 후지모리 48.55%로 우말라가 대통령에 당선되었다. 이렇게 되어 페루에서는 1975년 이후 36년 만에 좌파 정부가 들어섰다.

해외의 이주자들에 대한 페루 정부의 관심은 이주자들을 상징적으로 페루의 '다섯 번째 지역'(El Quinto Suyo)[24]에 포함시킨 것에서 잘 나타난다. 또 해외의 이주자들을 지원하기 위한 새로운 국가기관도 설립하고, 정책도 개발했다(Takenaka et al., 2010: 7). 이외에도 '해외 페루 사회를 위한 프로그램과 계획'(Programas y Proyectos para las Comunidades Peruanas en el Exterior), '세계 속의 페루인 한 명'(Un Peruano en el Mundo), '페루의 직업 하나'(Un empleo en el Perú) 같은 정책을 제시했다. 이런 프로그램들은 해외의 페루 이주자들이 본국으로 원활하게 송금을 보낼 수 있도록 돕고, 이주자들이 페루산 상품을 해외에 잘 홍보하도록 만들기 위해 구상되었다(Takenaka and Pren, 2010a: 31). 실제로 페루의 이주자들이 정부의 관심을 끌게 된 것은 알레한드로 톨레도(2001~2006) 행정부 시절부터 시작되었다. 2001년 8월에 톨레도는 '해외 페루 사회부'(Subsecretariado de Comunidades Peruanas en el Exterior)를 신설하였다. '해외 페루 사회부'의 목표는 진실성, 합법성, 신속성, 효율성, 단순성의 원칙 아래에서 해외 페루 이주자들의 복지를 증진시키고, 이주를 한 국가에서 이주자들의 이해관계와 권리가 보호될 수 있게 돕는 것이다. 이 부서를 통해서 해외의 페루 이주자들을 직접적으로 지원하기 위한 사업도 수행했다. 구체적인 예를 들면 2005년에 '역이주법'을 제정하여, 역이주자들에게 세금을 면제해주고 좋은 조건에서 담보대출을 받을 수 있게 만들었다. 최근에는 해

---

24) 케추아(Quechua) 원주민어로 잉카제국을 부를 때, '4개의 지역'이라는 의미로 '타완틴수유'(Tawantinsuyu)라고 부른다. 여기다가 하나의 지역을 더 보탠 것이다.

외의 이주자들을 위한 별도의 선거구를 마련할 것을 구상하고 있다. 이렇게 되면 해외의 이주자들이 직접 수도인 리마의 의회에 자신들의 대표를 갖게 될 것이다(Berg, 2010: 127).

Part 7
결론

라틴아메리카의 사회정치적 불안과 경제위기로 많은 사람들의 생활여건이 과거보다 어려워졌다. 게다가 신자유주의 정책으로 시장경제에 기반한 제도의 도입으로 물가는 오르는 데 비해 일자리가 감소하고 상대적으로 임금은 감소하는 현상이 발생했다. 국내의 빈부격차가 심화되어 가난한 사람들이 막대한 피해를 보면서, 이들이 보다 좋은 일자리를 찾아서 미국으로 국제노동이주를 떠나게 되었다. 라틴아메리카 사회의 경제적 궁핍 때문에 미국으로의 노동이주가 지속적으로 진행되는 것이지만, 미국의 이주자에 대한 수요도 무시할 수 없다. 미국은 자국의 경기가 좋아서 많은 노동력을 필요로 할 때는 국경의 통제를 완화해서 불법노동자의 유입을 어느 정도 묵인하는 한편 수시로 불법으로 체류하는 이주노동자들에게 사면을 허용했다. 그러나 경기가 악화되었을 때는 여러 제도적 장치를 마련해서 불법 노동이주를 적극적으로 통제한다. 그럼에도 불구하고 이런 미국의 노력이 항상 성공적인 것은 아니어서 라틴아메리카에서의 불법 노동이주를 완전히 근절시키지는 못하고 있다. 그것은 미국 정부의 정책과 상관없이 항상 임금이 낮은 노동자를 구하지 못해서 라틴아메리카의 싼 노동력을 선호하는 미국의 고용주들이 있기 때문이다. 즉, 라틴아메리카 국가들의 국내 경제적 문제가 심각해지면서 이것을 해결하기 위한 하나의 방편으로 미국으로의 국제노동이주가 증가하는 것이다. 특히 멕시코의 경우에는 1994년에 북미자유무역협정이 체결되면서 시장경제와 경쟁의 원리가 도입되어 가난한 사람들의 경제적 형편이 더욱 열

악해졌다. 이런 실정에서 최근에는 가난한 농민들이나 원주민들도 미국
으로의 이주에 대규모로 참여하고 있다.

라틴아메리카의 국제노동이주의 특징은 미국으로의 이주자가 절대적
으로 많다는 것이다. 역사적으로 라틴아메리카는 미국과 밀접한 관계를
가지고 있었고, 아직도 정치적, 경제적으로 교류가 많다는 점을 고려하면
그다지 놀랄 만한 일은 아니다. 그러나 미국으로 이주가 편중되면서 발
생하는 문제도 많이 있다. 예를 들면 미국의 정치경제적 상황이 악화되
었을 때, 이주자들이 영향을 받을 수밖에 없는데, 그런 경우에 미국으로
이주자를 많이 보내는 라틴아메리카 사회는 치명적인 타격을 입기도 한
다. 한편으로는 미국과의 교류만 왕성하게 촉진되면서, 라틴아메리카의
미국화도 빠르게 진행되고 있다. 이렇게 되면 정치경제적으로 라틴아메
리카 사회의 미국에의 의존성은 커질 수밖에 없다.

라틴아메리카에서 미국으로 가장 많은 이주자를 보내는 국가는 멕시
코이지만 중미나 남미, 카리브지역 국가도 과거보다 많은 이주자들을 미
국으로 보내고 있다. 특히 중미와 카리브지역은 미국과 지리적으로 가깝
기 때문에, 인구가 적은 국가들로 구성되어 있지만 미국으로 국제노동이
주를 하러 가는 사람들의 비율은 매우 높다. 최근에는 남미국가들의 경
제적 형편이 어려워지면서 이 지역에서 미국으로 이주를 하는 사람들도
증가하고 있다. 이렇게 되면서 라틴아메리카에서 미국으로의 노동이주가
더욱 다양한 현상을 보이고 있다. 라틴아메리카의 이주자들을 지역별로
구분해보면 상당한 차이가 난다. 멕시코는 역사적으로 미국과의 긴밀한
관계를 유지했었기 때문에, 미국과 멕시코의 경제적 상황에 따라 계속해
서 많은 이주자들이 미국으로 갔다. 중미의 경우에는 처음에는 내전을
치르면서 정치적 이유로 고국을 떠나서 미국으로 향하는 사람들이 많았
다. 그러나 점차로 경제적 의미의 난민이 많아지면서, 이제는 멕시코의
국제노동이주자들과 큰 차이가 없다. 다만 중미에서 오는 이주자들의 경

우에는 국경을 적어도 2번 이상 건너야 하기 때문에 위험 부담이 크다고 볼 수 있다. 카리브지역도 정치적 갈등으로 인해 많은 수의 사람들이 미국으로 이주를 했고, 최근에는 중미국가들처럼 경제적 이유로 미국으로 가려는 사람들이 많다. 바다에 위치해 있는 지리적 특성 때문에 상당수의 사람들은 합법적으로 미국으로 이주를 하고 있다. 최근에는 멕시코로 이동하여 미국-멕시코 국경을 넘어 미국으로 불법이주를 하는 카리브 사람들도 많이 있다. 남미의 경우에는 최근에 이 지역의 경제적 사정이 나빠지면서 미국으로 이주를 하려는 사람들이 많아졌다. 이 지역은 미국과의 거리도 멀고 비행기를 이용해야 미국이나 미국 근처로 갈 수 있기 때문에, 비용과 시간도 많이 들고 충분한 정보도 필요하다. 상당수의 이주자들은 항공기를 이용하여 관광비자로 입국해서 체류기간을 넘겨 불법 이주자가 되는 경우가 흔하다. 따라서 현실적으로 빈곤층은 미국으로 이주를 하기 어려워서, 중산층이나 전문직 종사자가 많다.

1993년부터 미국의 이주정책이 획기적으로 변하고, 국경통제가 엄격해지면서 라틴아메리카에서 미국으로의 국제노동이주는 많은 변화를 겪었다. 이주의 방식과 형태, 시기, 미국에서의 생활 등 여러 가지 측면에서 이주자들이 과거와는 다른 삶을 살게 되었다. 이주자들의 생활이 과거보다 힘들어졌지만, 이주자들이 미국을 대규모로 떠나거나, 새로운 이주자들의 유입이 완전히 중단되는 것은 아니다. 국경강화 등 최근의 미국의 이주정책은 멕시코나 다른 라틴아메리카 국가로부터의 이주를 근본적으로 제어하지 못하는 반면에, 이주자를 보내는 사회에 엄청난 변화를 초래하고 있다. 이주자들이 고향을 자주 방문하지 못하고 송금도 줄어들게 되면, 이주자를 보내는 사회는 사회경제적으로 상당한 난관에 봉착하게 된다. 송금이 줄어들면서 이주자를 보내는 사회의 경제활동이 위축되고 농업생산도 타격을 받고 있다. 이런 현상은 마을의 경제적 침체와 경제활동 인구의 감소를 초래했다. 이주자와 마을의 네트워크가 훼손되면서 마을의 사회문화적 활동이 감소되고, 일부의 가구에서는 이주자와의 연락이 단절되면서 가족의 해체가 발생하기도 한다. 한편으로는 마을에서 이주자의 영향력이 크게 줄어들게 되었다. 결국 미국의 이주 억제정책의 실시로 발생한 급격한 노동이주 형태의 변화는 경제적, 사회문화적 영역에서 이주자를 보내는 멕시코와 라틴아메리카 사회에 돌이킬 수 없는 부정적 결과를 가져다준다.

지금까지 미국의 강력한 국경통제가 불법이주를 완전히 막지 못하였다. 통계적으로 미국의 국경강화 이후에 불법이주가 어느 정도 영향을 받기는 했지만, 이주가 완전히 중단되거나 크게 줄어들지는 않았다. 이주자들은 감시가 엄격한 지역을 피해서 다른 지역으로 이동해서 미국－멕시코 국경을 넘는다는 것이다. 결국 미국의 이주정책이 멕시코나 라틴아메리카 사람들의 미국으로 이주하려는 결정에 별다른 영향을 미치지 못한다는 것이다(Cornelius, 2007: 12). 이러다 보니 실질적으로 불법이주자들의 수를 감소시키지는 못하면서, 국경을 넘으려다 죽거나 다치는 이주자들의 수만 증가시키는 현상이 발생했다. 라틴아메리카에서 미국으로의 이주를 근본적으로 막으려면 미국이 라틴아메리카 국가의 생활수준을 획기적으로 향상시키기 위해 상당한 규모의 투자를 지속적으로 수행해야 할 것이다. 사실상 유럽연합은 역내의 가난한 국가에서의 이주를 억제하기 위해 가난한 유럽국가에 많은 투자를 감행했다. 라틴아메리카의 경제발전이 이루어지면 일자리가 많이 생길 것이고, 그렇게 되면 자연히 미국으로 이주를 하려는 사람들의 수도 적어질 것이다(Hing, 2010: 134). 또 라틴아메리카의 교육체계를 바꾸어, 전반적인 교육수준을 향상시켜야 한다. 그러면 각 개인들의 경쟁력이 향상되어 생활수준이 올라갈 가능성이 있다(Hing, 2010: 138).

국제이주노동자들은 미국에서도 좋은 환경에서 일하며 생활하는 것은 아니다. 인종차별이 존재하는데다가, 불법이주자의 경우에는 자신들의 권리를 제대로 행사하기도 어렵다. 그렇기 때문에 이주자들은 노동조건이 열악하고 임금수준이 낮으며 별다른 기술이 필요 없는 직업에 주로 종사하고 있다. 이주노동자들이 특정한 직업에 많이 몰려 있는 이유도 이런 차별 때문이다. 게다가 이주자들도 라틴아메리카에서 교육수준이 상대적으로 낮고, 경제적으로도 빈곤한 계층에 속하는 사람들이 많아서, 미국에서의 생활수준도 짧은 기간에 개선되기는 곤란하다. 최근에는 불법이주자들을 감시하려는 미국 정부의 노력이 한층 강화되면서, 그렇지 않아도 불안한 이주자들의 생활은 더욱 힘들게 되었다.

이런 여러 가지 문제에도 불구하고 라틴아메리카에서 미국으로의 이주는 계속 이어져서 라틴아메리카 출신의 사람들이 만든 초국가적 공동체도 늘어나고 있다. 초기에는 자신들의 시급한 욕구를 충족시키기 위해 시작된 초국가적 공동체가 이제는 미국과 라틴아메리카 사회를 연결하는 중요한 도구로 활약하기 시작했다. 이런 초국가적 공동체의 활성화는 라티노들이 미국 사회에 보다 안정적으로 정착할 수 있게 만든다. 현재 라티노의 인구는 빠른 속도로 증가하고 있다. 이미 라티노 인구는 아프리카계 미국인 인구보다 많아져서, 백인 다음으로 많은 인구를 가진 종족집단이 되었다. 이에 따라 미국 사회에도 라틴아메리카의 영향이 점점 커지고 있다. 미국의 라티노 인구의 증가는 필연적으로 정치경제, 사회문화 분야에서 라티노의 영향력이 증가하게 만들 것이다. 더욱이 라티노의 인구구성을 보면, 다른 인종이나 종족집단에 비해 젊은이와 어린이들의 비율이 매우 높다. 이것은 앞으로 라티노의 인구증가율이 매우 높아질 수 있음을 말해주는 것이다. 라티노의 출산율이 높아지고 라틴아메리카로부터 계속 새로운 이주자가 들어온다면, 미국의 전체인구에서 라티노가 차지하는 비중은 더욱 높아질 것이다. 미국 내의 라티노의 증가는 미국 사회의 인종 및 종족구성의 변화를 초래하여 미국 사회를 전혀 다른 사회로 만들어놓을 것이다.

라틴아메리카 이주자들은 미국 사회뿐 아니라 라틴아메리카 국가도 여러 가지 측면에서 변화시키고 있다. 먼저 송금의 규모가 확대되면서, 빈곤한 라틴아메리카 가구의 생활에 큰 도움을 주고 있다. 물론 대부분의 이주자 가구가 생계를 해결하기 용이하지 않을 정도로 가난해서 송금이 생산적인 투자에 활용되는 비율은 매우 낮다. 그런 맥락에서 송금이 라틴아메리카 사회를 발전시키는 데에는 아직 그다지 큰 기여를 하지 못하고 있다. 그러나 송금의 존재로 가난한 가구의 경제가 많이 안정되는 효과를 가져왔다. 한편으로는 송금의 부정적인 효과에 대해서도 신중하게 접근할 필요가 있다. 가난한 국가에 송금이 많이 들어오면 국가에서는 가난한 사람들에게 자원을 분배하지 않고 다른 분야에 낭비하는 경우가 많다. 따라서 정부가 국민들의 생활에 별다른 관심을 보이지 않으면서, 도덕적 해이로 부패가 더욱 심해지는 현상도 나타난다(Yasser et al., 2012: 664). 사회문화적인 분야에서는 이주자들이 역이주를 하거나 일시적으로 모국을 방문하면서, 미국의 문화나 생활 관습, 이념, 가치관 등이 별다른 통제 없이 라틴아메리카 사회로 흘러들어가고 있다. 이주자들은 고향에 남아 있는 사람들보다 경제적으로 나은 형편인 경우가 많아서 지역사회에서 이주자들의 영향을 무시할 수 없다. 따라서 장기적으로 이주자가 많은 사회에서는 문화적인 갈등이나 충돌이 발생할 여지도 있다. 21세기에 들어 라틴아메리카에서 이주자들의 정치적 위상도 크게 달라졌다. 이주자들에 대한 평가가 변하기 시작하면서, 이주자들에게도 정치적 권리를 부여하려는 움직임이 멕시코를 중심으로 발생하기 시작했다. 물론 아직까지는 미국의 이주자들이 모국의 선거에 적극적으로 참여할 여건이 완전하게 성숙되어 있지 않아서, 이들의 정치적 영향력은 제한적이다. 그러나 앞으로 이주자들의 정치적 참여가 증가하면, 라틴아메리카의 정치구조를 변화시키는 데에 이주자들이 중요한 역할을 할 수도 있다.

미국에 라틴아메리카 이주자들이 많아지면서 라티노의 활동이 증가하는 것은 한국인과 한국 사회에도 영향을 줄 것이다. 예를 들면 미국 사회에 스페인어의 사용과 라틴 문화가 확산되기 때문에, 미국 사회를 이해하는 데에 라틴아메리카의 문화에 대한 올바른 지식을 갖는 일이 무엇보다 중요해질 것이다. 또 한국 기업의 입장에서도 라티노들은 소비성향이 높은 인구구조를 가지고 있기 때문에, 이들이 선호하는 제품을 잘 만드는 것이 미국 시장에서 성공할 가능성을 높이는 지름길일 것이다. 미국에 사는 한국 교민들의 입장에서는 라티노의 증가는 긍정적인 영향과 부정적인 영향을 모두 가져다 줄 것이다. 긍정적인 관점에서 보면 라티노 같은 소수집단의 증가는 백인들의 인종차별에 공동으로 대처할 인구가 증가한다는 점에서 바람직하다. 즉, 소수민족들끼리 유대관계를 발전시켜서 사회에서 발생하는 정치경제적 문제에 함께 맞서서 사회에서 정당한 대우를 받을 수 있도록 노력할 수 있다. 한편으로는 소수민족 집단이 다양해지면 상호 간에 예상하지 못했던 갈등과 경쟁이 심화될 수도 있다. 한국인들의 경우에는 이미 여러 차례 아프리카계 미국인들과 갈등을 겪은 경험도 있다. 라티노들의 인구가 증가하고 이들이 무시하지 못할 힘을 가진 세력으로 등장한다면, 미국 사회에서 주도권을 장악하기 위해 소수 집단 내에서 경쟁이 심해져서 문제가 발생할 소지도 있다. 즉, 한국인들과 라티노 사이의 갈등이 표면화될 가능성도 있는 것이다. 여러 가지 측면에서 라티노의 증가는 한국인으로서 미국에서 생활하는 이주자들에게 직접적 관련이 있다.

한편 미국의 라틴아메리카 이주자들의 문제는 우리 사회에도 적지 않은 시사점을 제공해준다. 미국의 라틴아메리카 이주노동자들의 문제는 한국에 들어와 있는 동남아시아, 중국, 몽골, 서남아시아 등지의 이주노동자들의 문제와 밀접한 관련이 있다. 우리나라의 경우에도 다른 국가에서 오는 불법이주자들의 수가 꾸준하게 증가하고 있다. 한국 정부도 이들을 통제하기 위해 다양한 정책을 펼치고 있지만, 효율적이고 획기적인 방안은 아직 찾지 못하고 있다. 그런 의미에서 미국의 이주정책의 효과와 문제점을 면밀히 분석하면, 우리의 문제를 해결하는 데에도 어느 정도 참고가 될 것이다. 라틴아메리카에서 미국으로의 이주를 살펴보면 단순히 미국으로 들어오는 불법이주자의 증가를 막으려고 그들의 입국을 어렵게 하거나, 일자리를 잡기 어렵게 하거나, 혹은 불법 이주노동자를 고용하는 사업자를 처벌하는 등의 모든 방법이 현실적으로 이주노동자의 유입을 감소시키지 못한다는 것이다. 미국의 국경통제 정책으로 이주를 막기에는 한계가 있기 때문에, 미국으로 들어오는 불법이주자 문제를 근본적으로 해결하려면, 라틴아메리카의 사회적 불안과 경제문제를 해결하는 것이 급선무이다. 우리도 우리의 입장에서만 불법 이주노동자의 문제를 파악하고 해결하려고 노력할 것이 아니라 이주자를 보내는 사회의 정치경제적 현실이 어떠하며, 그 사회의 문제를 해소하기 위해서는 어떤 지원이 필요한지를 고려해야 할 것이다. 이렇게 이주자를 보내는 사회와 이주자를 받는 사회를 연관시켜서 이들 국가 사이에 발생하는 상호작용을 분석하는 것이 유용할 것이다.

참고문헌

주종택

1998, 「멕시코 농촌지역의 정치참여: 정치행위와 정치문화」, 『라틴아메리카 연구』, 11(1): 39~84.

2000, 「멕시코의 경제위기와 농촌지역의 국제노동이주」, 『라틴아메리카 연구』, 13(1): 165~204.

2004, 「라틴아메리카의 사회변화와 축제」, 『라틴아메리카 연구』, 17(3): 131~161.

2006, 「멕시코 농촌지역에서의 마치스모의 사회적 변화와 의미」, 『비교문화연구』, 13(1): 137~172.

2007, 「멕시코의 국제노동이주와 농촌지역의 사회문화적 변화」, 『한국문화인류학』, 40(2): 93~124.

2009, 「멕시코의 국제노동이주와 송금」, 『라틴아메리카연구』, 22(1): 99~128.

2011, 「미국의 이주정책과 멕시코의 국제노동이주의 형태」, 『라틴아메리카연구』, 24(2): 1~26.

2012a, 「라틴아메리카」, 『세계의 풍속과 문화』, 한국방송통신대학 문화교양학과 (편), pp.275~302, 한국방송통신대학 출판부.

2012b, 『라틴아메리카의 종족성과 신사회운동』, 한국학술정보.

2012c, "International Migration and the Use of Remittances in the Local Sociocultural Structure in Oaxaca, Mexico," 『라틴아메리카연구』, 25(4): 25~48.

Abbots, Emma-Jayne

2012, "In the Absence of Men?: Gender, Migration and Domestic Labour in the Southern Andes," *Journal of Latin American Studies*, 44(1): 71~96.

Acosta, Pablo

2007, "Entrepreneurship, Labor Markets, and International Remittances: Evidence from El Salvador," in *International Migration, Economic Development & Policy*, Çağlar Özden and Maurice Schiff(eds.), pp.141~159, New York: Palgrave Macmillan.

Acosta, Pablo, Pablo Fajinzylber, and J. Humberto López

2007, "The Impact of Remittances on Poverty and Human Capital: Evidence from

Latin American Household Surveys," in *International Migration, Economic Development & Policy*, Çağlar Özden and Maurice Schiff(eds.), pp.59~98, New York: Palgrave Macmillan.

2008, "How Important Are Remittances in Latin America?," in *Remittances and Development, Lessons from Latin America*, Pablo Fajinzylber and J. Humberto López(eds.), pp.21~49, Washington, DC: The World Bank.

Adams, Richard H. Jr.

2009, "The Determinants of International Remittances in Developing Countries," *World Development*, 37(1): 93~103.

Adams, Richard H. Jr. and John Page

2005a, "Do International Migration and Remittances Reduce Poverty in Developing Countries?," *World Development*, 33(10): 1645~1669.

2005b, "The Impact of International Migration and Remittances on Poverty," in *Remittances, Development Impact and Future Prospects*, Samuel Munzele Maimbo and Dilip Ratha(eds.), pp.277~306, Washington, DC: The World Bank.

Adelman, Irma, J. Edward Taylor, and Stephen Vogel

1988, "Life in a Mexican Village: A SAM Perspective," *The Journal of Development Studies*, 25(1): 5~24.

Aguilar, Arturo, Georgia Hartman, David Keyes, Lisa Markman, and Max Matus

2010, "Coping with *La Crisis*," in *Mexican Migration and the U. S. Economic Crisis*, Wayne A. Cornelius, David S. Fitzerald, Pedro Lewin Fischer, and Leah Muse-Orlinoff(eds.) pp.15~45, La Jolla, CA: Center for Comparative Immigration Studies, UCSD.

Airola, Jim

2007, "The Use of Remittance Income in Mexico," *International Migration Review*, 41(4): 850~859.

Allegro, Linda

2010, "Latino Migrations to the U. S, Heartland: 'Illegality' State Control, and Implications for Transborder Labor Rights," *Latin American Perspectives*, 37(1): 172~184.

Alves Pena, Anita

2009, "Locational Choices of the Legal and Illegal: The Case of Mexican Agricultural Workers in the U. S.," *International Migration Review*, 43(4): 850~880.

Appleby, Clare, Nancy Moreno, and Arielle Smith

2009, "Setting Down Roots: Tlacotepense Settlement in the United States," in

Migration from the Mexican Mixteca: A Transnational Community in Oaxaca and California, Wayne A. Cornelius, David S. Fitzerald, Jorge Hernández-Díaz, and Scott Borger(eds.) pp.63~85, La Jolla, CA: Center for Comparative Immigration Studies, UCSD.

Arizpe, Lourdes

1978, Migración, etnicismo y cambio económico, México: El Colegio de México.

1981, "The Rural Exodus in Mexico and Mexican Migration to the United States," *International Migration Review*, 15(4): 626~649.

Bacon, David

2008, "Displaced People: NAFTA's Most Important Product," *NACLA: Report on the Americas*, 41(5): 23~27.

Bada, Xóchitl

2010, "Mexican Migrants: The Attractions and Realities of the United States," *Latin American Research Review*, 45(2): 236~244.

Berg, Ulla

2010, "El Quinto Suyo: Contemporary Nation Building and the Political Economy of Emigration in Peru," *Latin American Perspectives*, 37(5): 121~137.

Binford, Leigh

2003, "Migrant Remittances and (Under)Development in Mexico," *Critique of Anthropology*, 23(3): 305~336.

2005, "A Generation of Migrants: Why They Leave, Where They End Up," *NACLA: Report on the Americas*, 39(1): 31~39.

Bracking, Sarah

2003, "Sending Money Home: Are Remittances Always Beneficial to Those Who Stay Behind?," *Journal of International Development*, 15: 633~644.

Brettell, Caroline B.

2002, "Migrants and Transmigrants, Borders and Identity: Anthropology and the New Immigration," *Reviews in Anthropology*, 33(1): 43~59.

2003, *Anthropology and Migration: Essays on Transnationalism, Ethnicity, and Identity*, Walnut Creek, CA: Altamira.

Burrell, Jennifer L.

2005, "Migration and Transnationalization of Fiesta Customs in Todos Santos Cuchumatán, Guatemala," *Latin American Perspectives*, 32(5): 12~32.

Bustamente, Jorge A.

1997, "Mexico-United States Labor Migration Flows," *International Migration Review* 31(4): 1112~1121.

Butterworth, Douglas and John K. Chance
1981, *Latin American Urbanization*, N. Y.: Cambridge University Press.
Caamaño, Carmen
2011, "Toward a Transnational Conception in the Study of and Attention to Costa
    Rican Migration," in *Shattering Myths on Immigration and Emigration in Costa
    Rica*, Carlos Sandoval-García(ed.), pp.159~181, Lanham, MD: Rowman &
    Littlefield.
Calderón, Cesar, Pablo Fajnzylber, and J. Humberto Lopez
2008a, "What is the Impact of International Remittances on Poverty and
    Inequality in Latin America," *World Development*, 36(1): 89~114.
2008b, "Remittances and Growth: The Role of Complementary Politics," in
    Remittances and Development: Lessons from Latin America, Pablo Fajinzylber and
    J. Humberto López(eds.), pp.335~368, Washington, DC: The World
    Bank.
Campbell, Howard
2007, "American Men, Mexican Women, Cross-border Attraction," *Critique of
    Anthropology,* 27(3): 261~283.
Campbell, Mary E. and Melissa R. Herman
2010, "Politics and Policies: Attitudes toward Multiracial Americans," *Ethnic and
    Racial Studies*, 33(9): 1511~1536.
Canales, Alejandro I.
2007, "The Incorporation of Latin American Immigrants into the U. S. Labor
    Market," *Latin American Perspectives*, 34(1): 73~82.
Cantú, Brisella, Fawas Shaiq, and Anjanette Urdaniva
2007, "Migration and Local Development," in *Impacts of Border Enforcement on
    Mexican Migration*, Wayne A. Cornelius and Jessa M. Lewis(eds.), pp.129~
    147, La Jolla, CA: Center for Comparative Immigration Studies, UCSD.
Carlsen, Laura
2008, "Armoring NAFTA: The Battleground for Mexico's Future," *NACLA Report
    on the Americas*, 41(5): 17~22.
CEPAL
2006, *International Migration, Latin America and the Caribbean Demographic Observatory.*
Chance, John K. and William B. Taylor
1985, "Cofradías and Cargos: An Historical Perspective on the Mesoamerican
    Civil-Religious Hierarch," *American Ethnologist*, 12(1): 1~26.

Chaves, Erika
2011, "Family Remittances Sent by Costa Ricans In the United States," in *Shattering Myths on Immigration and Emigration in Costa Rica*, Carlos Sandoval-García (ed.), pp.131~142, Lanham, MD: Rowman & Littlefield.

Chierici, Rose-Marie
2004, "Caribbean Migration in the Age of Globalization: Transnationalism, Race, and Ethnic Identity," *Reviews in Anthropology*, 33(1): 43~59.

Chimhowu, Admos, Jenifer Piesse, and Caroline Pinder
2005, "The Socioeconomic Impact of Remittances on Poverty Reduction," in *Remittances, Development Impact and Future Prospects*, Samuel Munzele Maimbo and Dilip Ratha(eds.), pp.83~102, Washington, DC: The World Bank.

Chiu, William and Marisol Raquel Gutiérrez
2007, "Migration and Political Involvement?," in *Impacts of Border Enforcement on Mexican Migration*, Wayne A. Cornelius and Jessa M. Lewis(eds.), pp.149~162, La Jolla, CA: Center for Comparative Immigration Studies, UCSD.

Clark, Ximena, Timothy J. Hatton, and Jeffrey G. Williamson
2004, "What Explains Emigration out of Latin America?," *World Development*, 32(11): 1871~1890.

Coates, David
2009, "The Economic Impact of Immigration," in *Getting Immigration Right: What Every American Needs to Know*, David Coates and Peter M. Siavelis(eds.), pp.83~96, Dulles, Virginia: Potomac Books.

Coates, David and Peter M. Siavelis
2009, "Introduction," in *Getting Immigration Right: What Every American Needs to Know*, David Coates and Peter M. Siavelis(eds.), pp.1~12, Dulles, Virginia: Potomac Books.

Cobas, José A. and Joe R. Feagin
2008, "Language Oppression and Resistance: The Case of Middle Class Latinos in the United States," *Ethnic and Racial Studies*, 31(2): 390~410.

Cockcroft, James D.
1983, *Mexico: Class Formation, Capital Accumulation, and the State*, N. Y.: Monthly Review.

Cohen, Jeffrey. H.
2001, "Transnational Migration in Rural Oaxaca, Mexico: Dependency, Development, and the Household," *American Anthropologist*, 103(4): 954~967.
2004, *The Culture of Migration in Southern Mexico*, Austin: University of Texas Press.

Cook, Scott and Leigh Binford

1990, *Obliging Need: Rural Petty Industry in Mexican Capitalism*, Austin: University of Texas Press.

Cornelius, Wayne A.

2007, "Introduction: Does Border Enforcement Deter Unauthorized Immigration?," in *Impacts of Border Enforcement on Mexican Migration*, Wayne A. Cornelius and Jessa M. Lewis(eds.), pp.1~15, La Jolla, CA: Center for Comparative Immigration Studies, UCSD.

Cota-Cabrera, Bribrilia, Emily Hildreth, Andrea Rodríguez, and Viridiana Canseco Zárate

2009, "San Miguel Tlacotepec as a Community of Emigration," in *Migration from the Mexican Mixteca: A Transnational Community in Oaxaca and California*, Wayne A. Cornelius, David S. Fitzerald, Jorge Hernández-Díaz, and Scott Borger(eds.), pp.1~29, La Jolla, CA: Center for Comparative Immigration Studies, UCSD.

Coutin, Susan Bibler

2007, *Nations of Emigrants: Shifting Boundaries of Citizenship in El Salvador and the United States*, Ithaca: Cornell University Press.

Dávila, Alberto and Marie T. Mora

2000, "English Skills, Earnings, and the Occupational Sorting of Mexican Americans along the U. S.-Mexico Border," *International Migration Review,* 34(1): 133~157.

Délano, Alexandra

2009, "From Limited to Active Engagement: Mexico's Emigration Policies from a Foreign Policy Perspective(2000~2006)," *International Migration Review,* 43(4): 764~814.

Delgado Wise, Raúl

2006, "Migration and Imperialism: The Mexican Workforce in the Context of NAFTA," *Latin American Perspectives,* 33(2): 33~45.

Delugan, Robin Maria

2010, "Indigeneity across Borders: Hemispheric Migrations and Cosmopolitan Encounters," *American Ethnologists,* 37(1): 83~97.

DeVivo, Dan and Valeria Fernández

2009, "Crossing Arizona: Rooting out the Problem," in *Getting Immigration Right: What Every American Needs to Know*, David Coates and Peter M. Siavelis(eds.) pp.115~131, Dulles, Virginia: Potomac Books.

Dewalt, Billie R.
1975, "Changes in the Cargo Systems of Mesoamerica," *Anthropological Quarterly* 48(2): 87~105.

Díaz González, Eliseo
2009, "The Impact of Remittances on Macroeconomic Stability: The Cases of Mexico and Central America," *CEPAL Review*, 98: 83~101.

Donato, Katharine M. and Evelyn Patterson
2004, "Women and Men on the Move: Undocumented Border Crossing," in *Crossing the Border: Research from the Mexican Migration Project*, Jorge Durand and Douglas S. Massey(eds.), pp.111~130, N. Y.: Russell Sage Foundation.

Donato, Katharine M., Brandon Wagner and Evelyn Patterson
2008, "The Cat and Mouse Game at the Mexico-U. S. Border: Gendered Patterns and Recent Shifts," *International Migration Review*, 42(2): 330~359.

Duncan, Whitney L., Laurel Korwin, Miguel Pinedo, Eduardo González-Fagoaga, and Durga García
2009, "Lucharle por la Vida: The Impact of Migration on Health," in *Migration from the Mexican Mixteca: A Transnational Community in Oaxaca and California*, Wayne A. Cornelius, David S. Fitzerald, Jorge Hernández-Díaz, and Scott Borger(eds.), pp.165~205, La Jolla, CA: Center for Comparative Immigration Studies, UCSD.

Durand, Jorge
2010, "The Peruvian Diaspora: Portrait of Migratory Process," *Latin American Perspectives*, 37(5): 12~28.

Durand, Jorge and Douglas S. Massey
1992, "Mexican Migration to the United States," *Latin American Research Review*, 27(2): 3~42.
2004, "What We Learned from the Mexican Migration Project," in *Crossing the Border: Research from the Mexican Migration Project*, Jorge Durand and Douglas S. Massey(eds.), pp.1~14, N. Y.: Russell Sage Foundation.
2010, "New World Orders: Continuities and Changes in Latin American Migration," *The Annals of the American Academy of Political and Social Science*, 630: 20~52.

Eades, Jeremy
1987, "Anthropologists and Migrants: Changing Models and Realities," in *Migrants, Workers, and the Social Order*, Jeremy Eades(ed.), pp.1~16, London: Tavistock.

Eisenbrey, Ross
2009, "The H-2 Visa Programs: Real Need for Reform," in *Getting Immigration Right: What Every American Needs to Know*, David Coates and Peter M. Siavelis(eds.), pp.201~216, Dulles, Virginia: Potomac Books.

Erickson, Emily, Tanya Menéndez, and Peter Nichols
2009, "The Economics of Migration: Agriculture, Remittances, and Investment," in *Migration from the Mexican Mixteca: A Transnational Community in Oaxaca and California*, Wayne A. Cornelius, David S. Fitzerald, Jorge Hernández-Díaz, and Scott Borger(eds.), pp.237~258, La Jolla, CA: Center for Comparative Immigration Studies, UCSD.

Escobar, Agustín, Mercedes González, and Bryan Roberts
1987, "Migration, Labour Markets, and the International Economy," in *Migrants, Workers, and the Social Order*, Jeremy Eades(ed.), pp.42~64, London: Tavistock.

Escobar Latapí, Agustín
2009, "Can Migration Foster Development in Mexico?: The Case of Poverty and Inequality," *International Migration Review*, 47(5): 75~113.

Escrivá, Angeles, Ursula Santa Cruz, and Anastasia Bermúdez
2010, "Migration, Gender, and Politics," *Latin American Perspectives,* 37(5): 106~120.

Esteva, Gustavo
1983, *The Struggle for Rural Mexico*, South Hadley, MA: Bergin & Garvey.

Eversole, Robyn
2005, "Directed to the Poor Revisited, Migrant Remittances and Development Assistance," in *Migration and Economy: Global and Local Dynamics*, Lillian Trager(ed.), pp.289~322, Lanham, MD: Altamira.

Farrag, Mayar
1997, "Managing International Migration in Developing Countries," *International Migration* 35(3): 315~336.

Fennelly, Katherine and Christopher Federico
2008, "Rural Residence as a Determinant of Attitudes Toward US Immigration Policy," *International Migration*, 46(1): 151~190.

Fernández-Kelly, Patricia
2009, "Undocumented Workers, Documented Mendacity: How the Criminalization of Immigrants Threatens America's Future," in *Getting Immigration Right: What Every American Needs to Know*, David Coates and Peter M. Siavelis(eds.), pp.133~147, Dulles, Virginia: Potomac Books.

Fitzgerald, David
2006, "Inside the Sending State: The Politics of Mexican Emigration Control,"
    International Migration Review, 40(2): 259~293.
Fraga, Luis Ricardo and Gary M. Segura
2009, "The Immigration Aftermath: Latinos, Latino Immigrants, and American
    National Identity," in *Getting Immigration Right: What Every American Needs
    to Know*, David Coates and Peter M. Siavelis (eds.), pp.63~79, Dulles,
    Virginia: Potomac Books.
Fuentes, Jezmin, Henry L'esperance, Raúl Pérez, and Caitlin White
2007, "Impacts of U. S. Immigration Policies on Migration Behavior," in *Impacts of
    Border Enforcement on Mexican Migration*, Wayne A. Cornelius and Jessa M.
    Lewis (eds.), pp.53~73, La Jolla, CA: Center for Comparative Immigration
    Studies, UCSD.
Gabbarot, Mariana and Colin Clarke
2010, "Social Capital, Migration and Development in the Valles Centrales of
    Oaxaca, Mexico: Non-Migrants and Communities of Origin Matter,"
    Bulletin of Latin American Research, 29(2): 187~207.
Gálvez, Alyshia
2007, "'I too was an Immigrant': An Analysis of Differing Modes of Mobilization
    in Two Bronx Mexican Migrant Organizations," *International Migration*,
    45(1): 87~121.
Gammage, Sarah
2006, "Exporting People and Recruiting Remittances: A Development Strategy for
    El Salvador?," *Latin American Perspectives*, 33(6): 75~100.
García, Victor
2008, "Problem Drinking among Transnational Mexican Migrants: Exploring Migrant
    Status and Situational Factors," *Human Organization*, 67(1): 12~24.
Gaytán, Seidy, Evelyn Lucio, Fawad Shaiq, and Anjanette Urdanivia
2007, "The Contemporary Migration Process," in *Impacts of Border Enforcement on
    Mexican Migration*, Wayne A. Cornelius and Jessa M. Lewis(eds.), pp.33~51,
    La Jolla, CA: Center for Comparative Immigration Studies, UCSD.
Gell-Redman, Micah, Elí Andrade, Alpha Martell, and Zoila Jiménez Pacheco
2010, "Inhabiting Two Worlds: Tunkaseños in the Transnational Labor Market,"
    in *Mexican Migration and the U. S. Economic Crisis*, Wayne A. Cornelius, David
    S. Fitzerald, Pedro Lewin Fischer, and Leah Muse-Orlinoff(eds.), pp.105~129, La
    Jolla, CA: Center for Comparative Immigration Studies, UCSD.

Gibson, Charles,

1984, "Indian Societies under Spanish Rule," in *The Cambridge History of Latin America, v. II*, Leslie Bethell(ed.), pp.381~419, Cambridge: Cambridge University Press.

Girman, Chris

2004, *Mucho Macho: Seduction, Desire, and the Homoerotic Lives of Latin Men*, N. Y.: Harrington Park.

Gledhill, John

1991, *Casi Nada: A Study of Agrarian Reform in the Homeland of Cardenismo*, Albany, N. Y.: State University of New York Press.

1998, "The Mexican Contribution to Restructuring US Capitalism: NAFTA as an Instrument of Flexible Accumulation," *Critique of Anthropology*, 18(3): 279~296.

Glick, Jennifer E.

1999, "Economic Support from and to Extended Kin: A Comparison of Mexican Americans and Mexican Immigrants," *International Migration Review*, 33(3): 745~765.

Gmelch, George

1992, *Double Passage: The Lives of Caribbean Migrants Abroad and Back Home*, Ann Arbor: The University of Michigan Press.

Golash-Boza, Tanya and William Darity, Jr.

2008, "Latino Racial Choices: The Effects of Skin Colour and Discrimination of Latinos' and Latinas' Racial Self-Identifications," *Ethnic and Racial Studies*, 31(5): 899~934.

Goldring, Luin

2002, "The Mexican State and Transmigrant Organizations: Negotiating the Boundaries of Membership and Participation," *Latin American Research Review*, 37(3): 55~99.

Gomberg-Muñoz, Ruth

2010, "Willing to Work: Agency and Vulnerability in an Undocumented Immigrant Network," *American Anthropologist*, 112(2): 295~307.

Gonzales, Alfonso

2010, "Beyond the Consensus: Oppositional *Migrante* Politics in the Obama Era," *NACLA Report on the Americas*, 43(6): 15~19.

Grigolini, Silvia

2005, "When Houses Provide More Than Shelter: Analyzing the Uses of Remittances within Their Sociocultural Context," in *Migration and Economy: Global and Local Dynamics*, Lillian Trager(ed.), pp.193~223, Lanham, MD: Altamira.

Grindle, Merilee S.

1998, *Searching for Rural Development: Urban Migration and Employment in Mexico*, Ithaca, Cornell University Press.

Griswold, Daniel T.

2009, "Market-Based Solutions to Illegal Immigration," in *Getting Immigration Right: What Every American Needs to Know*, David Coates and Peter M. Siavelis(eds.), pp.183~200, Dulles, Virginia: Potomac Books.

Gutiérrez, Marisol Raquel

2010, "The Power of Transnational Organizing: Indigenous Migrant Politics in Oaxacalifornia," *NACLA Report on the Americas*, 43(6): 32~35.

Gutmann, Matthew C.

1997, "Trafficking in Men: The Anthropology of Masculinity," *Annual Review of Anthropology*, 26: 385~409.

1998, "For Whom the Taco Bells Toll: Popular Responses to NAFTA South of the Border," *Critique of Anthropology*, 18(3): 297~315.

Hagan, Jacqueline, Karl Eschbach and Nestor Rodriguez

2008, "U. S. Deportation Policy, Family Separation, and Circular Migration," *International Migration Review*, 42(1): 64~88.

Hamilton, Sarah, Billie R. DeWalt, and David Barkin

2003, "Household Welfare in Four Rural Mexican Communities: The Economic and Social Dynamics of Surviving National Crises," *Mexican Studies/Estudios Mexicanos*, 19(2): 433~462.

Hayduk, Ron

2009, "Racial Responses to Neoliberalism: Immigrant Rights in the Global Era," *Dialectical Anthropology*, 33(2): 157~173.

Hellman, Judith Adler

2011, "Migration in the Americas: Permanent, Cyclical, Temporary, and Forced," *Latin American Research Review*, 46(2): 235~250.

Henríquez, Luz María, Monica Cornejo, and Sofía Aguilar

2007, "Migration and Generational Cohorts," in *Impacts of Border Enforcement on Mexican Migration*, Wayne A. Cornelius and Jessa M. Lewis(eds.), pp.115~ 128, La Jolla, CA: Center for Comparative Immigration Studies, UCSD.

Herman, Emma

2006, "Migration as a Family Business: The Role of Personal Networks in the

Mobility Phase of Migration," *International Migration,* 44(4): 191~230.

Hicken, Jonathan, Mollie Cohen, and Jorge Narvaez

2010, "Double Jeopardy: How U. S. Enforcement Policies Shape Tunkaseño Migration," in *Mexican Migration and the U. S. Economic Crisis*, Wayne A. Cornelius, David S. Fitzgerald, Pedro Lewin Fischer, and Leah Muse-Orlinoff (eds.), pp.47~92, La Jolla, CA: Center for Comparative Immigration Studies, UCSD.

Hing, Bill Ong

2010, *Ethical Borders: NAFTA, Globalization, and Mexican Migration*, Philadelphia: Temple University Press.

Hiskey, Jonathan and Diana Orces

2010, "Transition Shocks and Emigration Profiles in Latin America," *The Annals of the American Academy of Political and Social Science*, 630: 116~136.

Hondagneu-Sotelo, Pierrette

2009, "Ten Things You Need to Know about Mexican Immigration," in *Getting Immigration Right: What Every American Needs to Know*, David Coates and Peter M. Siavelis(eds.), pp.51~62, Dulles, Virginia: Potomac Books.

Hulshof, Marije

1991, *Zapotec Moves: Network and Remittances of U. S.-Bound Migrants from Oaxaca, Mexico*, Amsterdam: University of Amsterdam Press.

Ilias, Shayerah, Katherine Fennelly, and Christopher M. Federico

2008, "American Attitudes toward Guest Worker Policies," *International Migration Review*, 42(4): 741~766.

Jasso, Guillermina

2012, "Is It Remittances or Is It Tickets to America?: A First Look at Financial Transfers among New U. S.-Legal Immigrants Born in Mexico," in *Migration and Remittances from Mexico: Trends, Impacts, and New Challenges*, Alfredo Cuecuecha and Carla Pederzini(eds.), pp.203-241, Lanham, MD: Lexington.

Jokisch, Brad D.

2002, "Migration and Agricultural Change: The Case of Smallholder Agriculture in Highland Ecuador," *Human Ecology*, 30(4): 523~550.

Joo, Jong-Taick

1995, "Corn-Buying Peasants: The Capitalist Development of Forestry Production and its Impact on the Diversity of Local Economy in Oaxaca, Mexico," Ph.D. Dissertation, University of Connecticut.

Karjanen, David

2008, "Gender, Race, and Nationality in the Making of Mexican Migrant Labor in the United States," *Latin American Perspectives*, 35(1): 51~63.

Kearney, Michael

1986, "From the Invisible Hand to Visible Feet: Anthropological Studies of Migration and Development," *Annual Review of Anthropology*, 15: 331~361.

Koc, Ismet and Isil Onan

2004, "International Migrants' Remittances and Welfare Status of the Left-Behind Families in Turkey," *International Migration Review*, 38(1): 78~112.

Khoudour-Castéras, David

2007, "International Migration and Development: The Socioeconomic Impact of Remittances in Colombia," *CEPAL Review*, 92: 141~158.

Lichter, Daniel T.

2009, "Immigrant Gateways and Hispanic Migration to New Destinations," *International Migration Review*, 43(3): 496~518.

Light, Ivan and Elsa von Scheven

2008, "Mexican Migration Networks in the United States, 1980~2000," *International Migration Review*, 42(3): 704~728.

Linton, April and Tomás R. Jiménez

2009, "Contexts for Bilingualism among US-born Latinos," *Ethnic and Racial Studies*, 32(6): 967~995.

López, Henry, Rob Oliphant, and Edith Tejeda

2007, "U. S. Settlement Behavior and Labor Market Participation," in *Impacts of Border Enforcement on Mexican Migration*, Wayne A. Cornelius and Jessa M. Lewis(eds.), pp.75~96, La Jolla, CA: Center for Comparative Immigration Studies, UCSD.

Maldonado, Marta María

2006, "Racial Triangulation of Latino/a Workers by Agricultural Employers," *Human Organization*, 65(4): 353~361.

Malkin, Victoria

2004, "We Go to Get Ahead: Gender and Status in Two Mexican Migrant Communities," *Latin American Perspectives*, 31(5): 75~99.

Mancina, Peter Anthony

2011, "Crisis-management: Tzeltal-Maya Transnational Migration and the Foucauldian Apparatus," *Dialectical Anthropology*, 38(1): 78~112.

Marcelli, Enrico A. and Wayne A. Cornelius

2001, "The Changing Profile of Mexican Migrants to the United States: New Evidence from California and Mexico," *Latin American Research Review*,

36(3): 105~131.

Marcelli, Enrico A. and David M. Heer
1997, "Unauthorized Mexican Workers in the 1990 Los Angeles County Labour Force," *International Migration*, 35(1): 59~83.

Martin, David A.
2009, "Eight Myths about Immigration Enforcement," in *Getting Immigration Right: What Every American Needs to Know*, David Coates and Peter M. Siavelis(eds.), pp.149~167, Dulles, Virginia: Potomac Books.

Martin, Philip, Manolo Abella, and Christiane Kuptsch
2006 *Managing Labor Migration in the Twenty-first Century*, New Haven: Yale University Press.

Martínez, Óscar
2011, "The Border: Funneling Migrants to their Doom," *NACLA Report on the Americas*, 44(5): 5~8.

Massey, Douglas, Rafael Alarcón, Jorge Durand, and Humberto González
1987, *Return to Aztlán: The Social Process of International Migration from Western Mexico*, Berkeley: University of California Press.

Massey, Douglas S, Joaquín Arango, Graeme Hugo, Ali Kouaouchi, Adela Pellegrino, and J, Edward Taylor
1998, *Worlds in Motion: Understanding International Migration at the End of the Millennium*, Oxford: Oxford University Press.
2006, "Theories of International Migration: A Review and Appraisal," in *The Migration Reader: Exploring Politics and Policies*, Anthony M. Messina and Gallya Lahav(eds.), pp.34~62, Boulder, CO: Lynne Rienner.

Massey, Douglas S. and Fernando Riosmena
2010, "Undocumented Migration from Latin America in an Era of Rising U. S. Enforcement," *The Annals of the American Academy of Political and Social Science*, 630: 294~321.

McConnell, Eileen Diaz
2008, "The U. S. Destinations of Contemporary Mexican Immigrants," *International Migration Review*, 42(4): 767~802.

Miller, Mark J.
2009, "Sketching the Age of Migration: Contextualizing the U. S.-Mexico Migration Impasse," in *Getting Immigration Right: What Every American Needs to Know*, David Coates and Peter M. Siavelis(eds.), pp.15~32, Dulles, Virginia: Potomac Books.

Mooney, Margarita

2004, "Migrants' Social Capital and Investing Remittances in Mexico," in *Crossing the Border: Research from the Mexican Migration Project*, Jorge Durand and Douglas S. Massey(eds.), pp.45~62, N. Y.: Russell Sage Foundation.

Mora, Marie T.

2006, "Self-Employed Mexican Immigrants Residing along the U. S.-Mexico Border: The Earnings Effect of Working in the U. S. versus Mexico," *International Migration Review,* 40(4): 885~898.

Muse-Orlinoff, Leah, Maximino Matus Ruiz, Chelsea Ambort, and John E. Cárdenas

2009, "Long-Distance Lives: International Migrant Networks and Technology in the United States and Mexico," in *Migration from the Mexican Mixteca: A Transnational Community in Oaxaca and California*, Wayne A. Cornelius, David S. Fitzerald, Jorge Hernández-Díaz, and Scott Borger(eds.) pp.87~ 120, La Jolla, CA: Center for Comparative Immigration Studies, UCSD.

Mutersbaugh, Tad

2002, "Migration, Common Property, and Communal Labor: Cultural Politics and Agency in a Mexican Village," *Political Geography* 21(4): 473~494.

Niimi, Yoko and Cağlar Özden

2008, "Migration and Remittances in Latin America: Patterns and Determinants," in *Remittances and Development: Lessons from Latin America*, Pablo Fajinzylber and J. Humberto López(eds.), pp.51~86, Washington, DC: The World Bank.

Ochoa, Gilda L.

2009, "Mexican American Assimilation, Mexican Migration, and U. S. Power and Exclusion," *Latin American Perspectives*, 36(3): 136~144.

Ogren, Cassandra

2007, "Migration and Human Rights on the Mexico-Guatemala Border," *International Migration,* 45(4): 203~243.

Orozco, Manuel

2012, "Future Trends in Remittances to Latin America and the Caribbean," Inter-American Dialogue Report.

Orrenius, Pia M.

2004, "The Effect of U.S. Border Enforcement on the Crossing Behavior of Mexican Migrants," in *Crossing the Border: Research from the Mexican Migration Project*, Jorge Durand and Douglas S. Massey(eds.), pp.281~298, N. Y.: Russell Sage Foundation.

Orrenius, Pia M., Madeline Zavodny, Jesús Cañas, and Roberto Coronado
2012, "Remittances as an Economic Development Engine: Regional Evidence from Mexico," in *Migration and Remittances from Mexico: Trends, Impacts, and New Challenges*, Alfredo Cuecuecha and Carla Pederzini(eds.), pp.187~201, Lanham, MD: Lexington.

Ouweneel, Arij
1995, "From Tlahtocayotl to Gobernadoryotl: A Critical Examination of Indigenous Rule in 18th-century Central Mexico," *American Ethnologist*, 22(4): 756~785.

Özden, Çağlar and Maurice Schiff
2007 "Overview," in *International Migration, Economic Development & Policy*, Özden, Çağlar and Maurice Schiff(eds.), pp.1~16, New York: Palgrave Macmillan.

Paerregaard, Karsten
2010, "The Show Must Go On: The Role of Fiestas in Andean Transnational Migration," *Latin American Perspectives*, 37(5): 50~66.

Parks, Kristen, Gabriel Lozada, Miguel Mendoza, and Lourdes García Santos
2009, "Strategies for Success: Border Crossing in an Era of Heightened Security," in *Migration from the Mexican Mixteca: A Transnational Community in Oaxaca and California*, Wayne A. Cornelius, David S. Fitzerald, Jorge Hernández-Díaz, and Scott Borger(eds.), pp.31~61, La Jolla, CA: Center for Comparative Immigration Studies, UCSD.

Parsons, Christopher R., Ronald Skeldon, Terrie L. Walmsley, and L. Alan Winters
2007, "Quantifying International Migration: A Database of Bilateral Migrant Stocks," in *International Migration, Economic Development & Policy*, Çağlar Özden and Maurice Schiff(eds.), pp.17~58, New York: Palgrave Macmillan.

Passel, Jeffrey S. and D'Vera Cohn
2009, "Mexican Immigrants: How Many Come? How Many Leave?," Pew Research Center Report July 22, 2009, pp.1~21.

Pauli, Julia
2008, "A House of One's Own, Gender, Migration, and Residence in Rural Mexico," *American Ethnologist*, 35(1): 171~187.

Pérez, Ricardo
2005, "Unbound Households: Trajectories of Labor, Migration, and Transnational Livelihoods in (and from) Southern Puerto Rico," in *Migration and Economy: Global and Local Dynamics*, Lillian Trager(ed.), pp.49~75, Lanham, MD: Altamira.

Perry, Elizabeth, Nishima Doshi, Jonathan Hicken, and Julio Ricardo Méndez García
2009, "Between Here and There: Ethnicity, Civic Participation, and Migration in San Miguel Tlacotepec," in *Migration from the Mexican Mixteca: A Transnational Community in Oaxaca and California*, Wayne A. Cornelius, David S. Fitzerald, Jorge Hernández-Díaz, and Scott Borger(eds.), pp.207~235, La Jolla, CA: Center for Comparative Immigration Studies, UCSD.

Pilcher, Jeffrey M.
2001, "Tex-Mex, Cal-Mex, New Mex, or Whose Mex?: Notes on the Historical Geography of Southwestern Cuisine," in *On the Border: Society and Culture between the United States and Mexico*, Andrew Grant Wood(ed.), pp.199~219, Lanham, MD: SR Books.

Portes, Alejandro, Cristina Escobar and Alexandria Walton Radford
2007, "Immigrant Transnational Organizations and Development: A Comparative Study," *International Migration Review,* 41(1): 242~281.

Portillo, Esther
2010, "Latinos and U. S. Foreign Policy: A Lesson for the Future," *NACLA Report on the Americas,* 43(6): 28~29.

Raijman, Rebeca and Marta Tienda
2003, "Ethnic Foundations of Economic Transactions: Mexican and Korean Immigrant Entrepreneurs in Chicago," *Ethnic and Racial Studies,* 26(5): 783~801.

Ratha, Dilip
2005, "Workers' Remittances: An Important and Stable Source of External Development Finance," in *Remittances, Development Impact and Future Prospects*, Samuel Munzele Maimbo and Dilip Ratha(eds.), pp.19~51, Washington, DC: The World Bank.

Reichert, Joshua S.
1981, "The Migrant Syndrome: Seasonal U. S. Wage Labor and Rural Development in Central Mexico," *Human Organization,* 40(1): 56~66.

Reichman, Daniel
2011, "Migration and Paraethnography in Honduras," *American Ethnologist,* 38(3): 548~558.

Reyes, Belinda I.
2001, "Immigrant Trip Duration: The Case of Immigrants from Western Mexico," *International Migration Review,* 35(4): 1185~1204.

Reynolds, Tracey
2006, "Caribbean Families, Social Capital and Young People's Diasporic Identities," *Ethnic and Racial Studies,* 29(6): 1087~1103.

Riosmena, Fernando
2004, "Return versus Settlement among Undocumented Mexican Migrants," in *Crossing the Border: Research from the Mexican Migration Project*, Jorge Durand and Douglas S. Massey(eds.), pp.265~280, N. Y.: Russell Sage Foundation.

Riosmena, Fernando
2010, "Policy Shocks: On the Legal Auspices of Latin American Migration to the United States," *The Annals of the American Academy of Political and Social Science*, 630: 270~293.

Rose, Susan and Robert Shaw
2008, "The Gamble: Circular Mexican Migration and the Return on Remittances," *Mexican Studies/Estudios Mexicanos*, 24(1): 79~111.

Roth, Wendy D.
2009, "'Latino Before the World': The Transnational Extension of Panethnicity," *Ethnic and Racial Studies*, 32(6): 927~947.

Rothstein, Frances Abrahamer
1992, "What Happens to the Past? Return Industrial Migrants in Latin America," in *Anthropology and the Global Factory: Studies of the New Industrialization in the Late Twentieth Century*, F. Rothstein and M. Blim(eds.), pp.33~46, N. Y.: Bergin & Garvey.

Rubenstein, Hymie
1992, "Migration, Development and Remittances in Rural Mexico," *International Migration*, 30(2): 127~153.

Rubio Goldsmith, Raquel and Robin Reineke
2010, "Border Deaths and Federal Immigration Enforcement," *NACLA Report on the Americas*, 43(5): 48~49.

Ruiz, Olivia
2006, "Migration and Borders: Present and Future Challenges," *Latin American Perspectives*, 33(2): 46~55.

Russel, Sharon Stanton
1986, "Remittances from International Migration: A Review in Perspective," *World Development*, 14(6): 677~696.
1992, "Migrant Remittances and Development," *International Migration*, 30(3/4): 267~283.

Sandoval, Claudia
2010, "Citizenship and the Barriers to Black and Latino Coalitions in Chicago," *NACLA Report on the Americas*, 43(6): 36~39.

Siavelis, Peter M.

2009, "Beyond Push and Pull: Neoliberalism, NAFTA, Immigration Policy, and the Structural Incentives for Mexican Immigration," in *Getting Immigration Right: What Every American Needs to Know*, David Coates and Peter M. Siavelis(eds.), pp.97~112, Dulles, Virginia: Potomac Books.

Singer, Audrey and Douglas S. Massey

1998, "The Social Process of Undocumented Border Crossing among Mexican Migrants," *International Migration Review*, 32(3): 561~592.

Smith, Rebecca A. and Susan E. Mannon

2010, "'Nibbling on the Margins of Patriarchy': Latina Immigrants in Northern Utah," *Ethnic and Racial Studies*, 33(6): 986~1005.

Smith, Robert Courtney

2008, "Contradictions of Diasporic Institutionalization in Mexican Politics: The 2006 Migrant Vote and Other Forms of Inclusion and Control," *Ethnic and Racial Studies*, 31(4): 708~741.

Smith, Rogers M.

2007, "Alien Rights, Citizen Rights, and the Politics of Restriction," in *Debating Immigration*, Carol M. Swain(ed.), pp.114~126, Cambridge: Cambridge University Press.

South, Scott J., Kyle Crowder, and Erick Chavez

2005, "Geographic Mobility and Spatial Assimilation among U. S. Latino Immigrants," *International Migration Review,* 39(3): 577~607.

Sowell, Thomas

1996, *Migrations and Cultures: A World View*, N. Y.: Basic.

Stephen, Lynn

1991, *Zapotec Women*, Austin: University of Texas Press.

Stoll, David

2010, "From Wage Migration to Debt Migration?: Easy Credit, Failure in El Norte, and Foreclosure in a Bubble Economy of the Western Guatemalan Highlands," *Latin American Perspectives,* 37(1): 123~142.

Striffler, Steve

2007, "Neither Here Nor There: Mexican Immigrant Workers and the Search for Home," *American Ethnologist*, 34(4): 674~688.

Swain, Carol M.

2007, "The Congressional Black Caucus and the Impact of Immigration on African American Unemployment," in *Debating Immigration*, Carol M. Swain(ed.), pp.175~188, Cambridge: Cambridge University Press.

Takenaka, Ayumi, Karsten Paerregaard, and Ulla Berg

2010, "Introduction: Peruvian Migration in a Global Context," *Latin American Perspectives,* 37(5): 3~11.

Takenaka, Ayumi and Karen A. Pren

2010a, "Leaving to Get Ahead: Assessing the Relationship between Mobility and Inequality in Peruvian Migration," *Latin American Perspectives,* 37(5): 29~49.

2010b, "Determinants of Emigration: Comparing Migrants' Selectivity from Peru and Mexico," *The Annals of the American Academy of Political and Social Science,* 630: 178~193.

The World Bank

2008, *Migration and Remittances Factbook 2008,* Washington, DC: The World Bank.

Trager, Lillian

2005, "Introduction: The Dynamics of Migration," in *Migration and Economy: Global and Local Dynamics,* Lillian Trager(ed.), pp.1~45, Lanham, MD: Altamira.

U. S. Census Bureau

2011, *The Hispanic Population: 2010,* U. S. Department of Commerce, Economics and Statistics Administration.

U. S. Department of Homeland Security

2012, *2011 Yearbook of Immigration Statistics,* Office of Immigration Statistics.

VanWey, Leah K.

2005, "Land Ownership as a Determinant of International and Internal Migration in Mexico and Internal Migration in Thailand," *International Migration Review,* 39(1): 141~172.

VanWey, Leah K., Catherine M. Tucker and Eileen Diaz McConnell

2005, "Community Organization, Migration, and Remittances in Oaxaca," *Latin American Research Review,* 40(1): 83~107.

Vertobec, Steven

2007, "Introduction: New Directions in the Anthropology of Migration and Multiculturalism," *Ethnic and Racial Studies,* 30(6): 961~978.

Vogt, Evon Z.

1990, *The Zinacantecos of Mexico: A Modern Maya Way of Life,* 2nd.(ed.), Fort Worth, TX: Holt, Rinehart and Winston.

Waldinger, Roger

2008, "Between 'Here' and 'There': Immigrant Cross-Border Activities and Loyalties," *International Migration Review,* 42(1): 3~29.

Wiest Raymond E.

1973, "Wage-Labor Migration and the Households in a Mexican Town," *Journal of Anthropological Research*, 29(3): 180~209.

Wilson, Tamar Diana

1998, "Weak Ties, Strong Ties: Network Principles in Mexican Migration," *Human Organization*, 57(4): 394~403.

2002, "Counterhegemony: Undocumented Mexican Immigrants Crossing the Border," *Urban Anthropology*, 31(2): 163~197.

2010, "The Culture of Mexican Migration," *Critique of Anthropology*, 30(4): 399~420.

Yasser Abdih, Ralph Chami, Jihad Dagher, and Peter Montiel

2012, "Remittances and Institutions: Are Remittances a Curse?," *World Development*, 40(4): 657~666.

Zarrugh, Laura

2008, "The Latinization of the Central Shenandoah Valley," *International Migration*, 46(1): 19~58.

Zepeda-Milán, Chris

2010 "*Migrante* Mobilization in *El Nuevo South*," *NACLA Report on the Americas*, 39(1): 34~35

Zermeño, Sergio

2008, "Desolation: Mexican Campesinos and Agriculture in the 21st Century," *NACLA: Report on the Americas*, 41(5): 28~32.

Zlolniski, Christian

2011, "Confronting the Risks of Undocumented Migration on the U. S.-Mexico Border and Beyond," *Latin American Research Review*, 46(2): 251~258.

찾아보기

주종택

서울대학교 인류학 학사
미국 University of Texas at Austin 인류학 석사
미국 University of Connecticut 인류학 박사
미국 University of Connecticut 인류학과 강사
서울대학교 지역종합연구소 연구원
국립민속박물관 학예연구사
현) 순천향대학교 인문대학 국제문화학과 교수

라틴아메리카의 국제노동이주와 초국가적 공동체

초 판 인 쇄 | 2013년 9월 1일
초 판 발 행 | 2013년 9월 1일

지 은 이 | 주종택
펴 낸 이 | 채종준
펴 낸 곳 | 한국학술정보㈜
주   소 | 경기도 파주시 문발동 파주출판문화정보산업단지 513-5
전   화 | 031) 908-3181(대표)
팩   스 | 031) 908-3189
홈 페 이 지 | http://ebook.kstudy.com
E-mail | 출판사업부 publish@kstudy.com
등   록 | 제일산-115호(2000. 6. 19)

ISBN   978-89-268-4408-3 93330 (Paper Book)
          978-89-268-4409-0 95330 (e-Book)